근대계몽기 학술 잡지의 학문 분야별 자료
권6 정치·종교·지리

이 자료집은 한국학중앙연구원 '한국학 총서' 개발 사업 '근현대 학문 형성과 계몽운동의 가치'(AKS-2014-KSS-1230003)의 지원으로 이루어졌음.

〈근현대 학문 형성과 계몽운동의 가치〉 연구진

허재영(연구 책임자, 단국대)
김경남(공동 연구원, 단국대)
김슬옹(공동 연구원, 인하대)
강미정(공동 연구원, 서울여대)
김정애(공동 연구원, 건국대)
서민정(공동 연구원, 부산대)
고경민(공동 연구원, 건국대)
김혜련(공동 연구원, 성신여대)
정대현(공동 연구원, 협성대)

근대계몽기 학술 잡지의 학문 분야별 자료
권6 정치·종교·지리

© 허재영, 2017

1판 1쇄 인쇄_2017년 06월 20일
1판 1쇄 발행_2017년 06월 30일

엮은이_허재영
펴낸이_양정섭

펴낸곳_도서출판 경진
    등록_제2010-000004호
    블로그_http://kyungjinmunhwa.tistory.com
    이메일_mykorea01@naver.com

공급처_(주)글로벌콘텐츠출판그룹
    대표_홍정표 편집디자인_김미미 노경민
    주소_서울특별시 강동구 천중로 196 정일빌딩 401호
    전화_02) 488-3280 팩스_02) 488-3281
    홈페이지_http://www.gcbook.co.kr

값 29,000원
ISBN 978-89-5996-545-8 94000
ISBN 978-89-5996-539-7 94000(세트)

근대계몽기 학술 잡지의 학문 분야별 자료
권6 정치·종교·지리

허재영 엮음

경진출판

근대 학술 잡지의 학문 분야별 자료

1880년대 이후 한국의 학문은 급속도의 변화를 보인다. 황준헌의
『조선책략』, 정관응의 『이언』을 비롯하여 서양 학문과 접촉한 중국인
들의 저서가 국내에 유입되고, 『한성순보』, 『한성주보』와 같은 신문 매
체가 등장했으며, 각종 근대식 학교가 설립되기 시작했다.

이러한 흐름에서 1894년 갑오개혁과 1895년 근대식 학제의 도입, 재
일 유학생의 출현, 독립협회 조직, 『독립신문』 발행 등 일련의 근대화
과정은 사상뿐만 아니라 각 분야별 학문 진보에도 큰 영향을 미친다.
특히 1896년 재일 관비 유학생 파견과 독립협회 조직에 따라 『대조선
재일유학생 친목회회보』와 『독립협회회보』가 발행된 것은 비록 잡지
형태이기는 하지만, 학술 담론에도 큰 변화를 가져왔다.

이로부터 일제에 의해 국권이 상실되기까지 이른바 '애국계몽시대'
에 발행된 학술 잡지가 대략 40여 종에 이른다. 이는 이 시기 조직된
학술 단체의 활동과 밀접한 관련이 있는데, 『만세보』 1907년 3월 30일
자 '논설'을 참고하면 이 시기 활동한 각종 학회와 단체가 대략 40개
이상에 이르는 것으로 보인다. 이들 단체의 명칭을 살펴보면 다음과
같다.

> 1907년 당시의 각종 단체
>
> (…전략…) 近日 我國 民族의 智識이 漸次 開進ᄒᄂ 現狀이 有ᄒ야 各般
> 社會를 組織홈이 雨中竹筍과 如ᄒ니 其名目을 略擧ᄒ건ᄃ
>
> 自彊會, 一進會, 國民教育會, 東亞開進教育會, 萬國基督靑年會, 憲法會,

西友學會, 漢北學會, 同志親睦會, 法案研究會, 普仁學會, 大東學會, 天道
教會, 天主教會, 基督教會, 淨土教會, 佛宗會, 神籬敎會, 眞理教會, 神宮敬
奉會, 婦人學會, 女子敎育會, 國債報償會(各種), 養正義塾討論會, 普專親
睦會, 實業研究會, 殖産奬勵會, 商業會議所, 手形組合, 農工銀行, 漢城銀
行, 天一銀行, 韓一銀行, 合名彰信會社, 湖南鐵道會社, 東洋用達會社, 紳
商會社, 少年韓半島社, 夜雷雜誌社, 朝陽雜誌社, 大東俱樂部, 官人俱樂部
(…하략…)

—『만세보』, 1907.3.30

한국 근현대 학문 형성과 계몽운동의 가치를 연구하는 과정에서 학술 잡지는 매우 귀중한 자료가 된다. 〈부록 1-1〉에 제시한 바와 같이, 이 시기 학술 잡지(또는 격주 신문 형태 포함)는 대략 55종 정도로 파악된다. 이 가운데 일부 자료는 원자료를 보기 어려운 경우도 있고, 일부 자료는 발굴되지 않은 경우도 있다. 근현대 학술 담론을 좀 더 철저히 규명하기 위해서는 이와 같은 자료를 좀 더 체계적으로 수집하고 분류할 필요가 있다. 구장률(2012)의 『근대 초기 잡지와 분과 학문의 형성』(케이포북스)과 같은 분류 시도가 없었던 것은 아니나, 분과 설정이나 자료에 대한 전수 조사가 이루어진 것은 아니기 때문에, 이 시기 학술 담론의 전모를 파악하는 데는 어려움이 따른다.

이 자료집은 2014년 한국학중앙연구원 '근대 총서 개발' 사업 가운데 '근현대 학문 형성과 계몽운동의 가치'(AKS-2014-KSS-1230003)를 연구하는 과정에서 수집·분류한 자료를 모은 것이다.

작업을 처음 시작할 때에는 온라인상 자료 공개가 활발하지 않았던 데 비해, 현재 일부 자료는 '한국사데이터베이스'(db.history.go.kr) 근현대 잡지 자료나 빅카인즈(www.bigkinds.or.kr), 네이버 뉴스라이브러리 등에서 자료를 확인할 수도 있다. 일부 자료는 국립중앙도서관의 디지털 라이브러리에서도 전자문서 형태로 열람할 수 있다. 그렇지만 각각의 자료를 수집하고 분류하는 작업은 쉬운 일이 아니다.

처음에는 각 자료를 수집·분류하고 가급적 현대어로 번역하고자 하였으나, 분량이 방대하여 짧은 연구 기관에 번역 작업을 수행하기 어렵다는 판단 아래, 분류 작업만 진행하기로 의견을 모았다. 특히 총서 7권을 개발하는 과정에서 다수의 통계 자료가 산출되었는데, 이를 총서에 싣기 어려워 자료집의 부록 형태로 수록한다.

이 자료집이 나올 수 있도록 연구를 지원해 주신 한국학중앙연구원의 한국학진흥사업 관계자 여러분과 묵묵히 작업을 수행해 준 연구원, 그리고 수익 사업과는 전혀 무관한 자료집 출간을 결심해 주신 도서출판 경진 양정섭 대표님께 감사의 말씀을 드린다.

2017년 2월 13일
'근현대 학문 형성과 계몽운동의 가치' 연구책임자 허재영이 자료집은 '근현대 학문 형성과 계몽운동의 가치'를 연구하는 과정에서 근대 학술지에 수록된 글을 학문 분야별로 분류하여 편집한 것이다. 1896년 『대조선독립협회회보』와 재일유학생 친목회의 『친목회회보』 이후 1910년까지 발행된 근대 학술지(잡지 형태 포함)는 55종이 발견된다. 이 자료집에서는 현재까지 발굴된 학술지를 전수 조사하고, 그 가운데 필요한 자료를 모아 분야별로 분류하고자 하였다. 자료집의 편집 원칙은 다음과 같다.

1. 학문 분야별 분류 기준은 『표준국어대사전』의 전문 용어 분류 원칙을 따르고자 하였으며, '격치(格致)', '이과(理科)', '지문(地文)', '학문 일반(學問一般)', '해외 번역 자료(海外飜譯資料)'는 근대계몽기의 학술상의 특징을 고려하여 별도로 분류하였다.
2. 분류 항목은 '가정, 격치, 경제, 광물, 교육, 농업, 동물, 문학, 물리, 법, 사회, 생물, 수산, 수학, 식물, 심리, 언어, 역사, 윤리, 이과, 정치, 종교, 지리, 지문, 천문, 철학, 학문 일반, 화학, 해외 번역 자료' 등 29개로 하였다.
3. 분류 항목의 배열은 가나다순으로 하였으며, 부록의 분류표를 포함하여 총 9권으로 발행한다.
4. 각 항목마다 수록한 글의 분류표(순번, 연도, 학회보명, 필자, 제목, 수록 권호, 분야, 세분야)를 실었다.
5. 한 편의 논문이 여러 차례 연재될 경우, 한 곳에 모아 편집하였다.

일부 논문은 학술지 발행이 중단되거나 필자의 사정으로 완결되지 못한 것들도 많다.

6. 현토체의 논문과 한문체의 논문 가운데 일부는 연구 차원에서 번역을 하였으나, 완결하지 못한 상태로 첨부한 것들도 있다.

7. 권9의 부록은 근대 학회보 목록(총 55종), 학문 담론 관련 분야별 기사 목록, 일제강점기 발행된 잡지 목록, 근대 교과서 목록, 일제강점기 교과용 도서 목록, 일제강점기 신문의 서적 광고 목록 등 연구 과정에서 산출한 목록을 별도로 구성하였다.

이와 함께 근현대 학문 형성과 계몽운동의 가치를 연구하는 과정에서 살펴본 지석영의 상소문, 논학정(論學政), 박영효의 '건백서', '동문학', '원산학사', '육영공원' 관련 한문 자료와 조사시찰단 보고서인 조준영의 『문부성소할목록』을 번역하여 별도의 책으로 구성하였다.

총 7권의 학술 교양서를 집필하고 10여 권의 자료집을 발행하기까지 어려움이 많았다. 특히 방대한 자료를 체계적으로 다루는 일은 결코 쉽지 않았는데, 자료 편집상의 오류, 번역상의 오류가 적지 않을 것으로 판단된다. 이러한 잘못은 모두 편자의 책임이다.

목차

21.
정치

순번	연대	학회보명	필자	제목	수록 권호	분야	세분야
1	1896	대조선독립협회회보	미상	독립론	제13호	정치	국가론
2	1896	대조선독립협회회보	편집국	국시유지론	제16호	정치	국가론
3	1896	대조선독립협회회보	편집국	국가와 국민의 흥망	제11호	정치	국가론
4	1896	친목회회보	김기장	정치본원	제4호	정치	국가론
5	1896	친목회회보	정인소	국가의 관념	제4호	정치	국가론
6	1896	친목회회보	유창	국민의 의무	제3호	정치	국민론
7	1896	친목회회보	남순희	외교상 여하	제4호	정치	국제외교
8	1896	친목회회보	신해영	무신경 계약의 결과	제6호	정치	국제외교
9	1896	친목회회보	김성은	애국심이 유한 후 국민	제5호	정치	애국론
10	1896	친목회회보	유창희	정치가의 직책론	제4호	정치	정치일반
11	1896	친목회회보	안명선	정도론	제5호	정치	정치일반
12	1896	친목회회보	안명선	정치의 득실	제3호	정치	정치일반
13	1896	친목회회보	윤세용	정치가 언행론	제3호	정치	정치일반
14	1896	친목회회보	김용제	입헌정체의 개론	제5호	정치	정치학
15	1906	태극학보	장계택	경찰 탐정	제7, 8, 9호	정치	경찰학
16	1906	태극학보	장계택	경찰지목적	제4, 5, 6호(3회)	정치	경찰학
17	1906	서우	최응두	경찰 시찰담	제9호	정치	경찰학
18	1906	태극학보	이대형	경찰의 정의	제24호	정치	경찰학
19	1906	서우	한광호	통치의 목적물	제5호	정치	국가학
20	1906	대한자강회월보	심의성	정치학의 국가주의	제12, 13호(2회)	정치	국가학

순번	연대	학회보명	필자	제목	수록 권호	분야	세분야
21	1906	대한자강회월보	김성희	국가 의의	제11호, 제13호(2회)	정치	국가학
22	1906	서우	편집부	국가의 개념	제16, 17호	정치	국가학
23	1906	소년한반도	이각종	國家學	제2~6호	정치	국가학
24	1906	대한자강회월보	김성희	정부의 직분	제11호	정치	국가학
25	1906	대한자강회월보	해외유객	국가의 본의	제3호	정치	국가학
26	1906	태극학보	최석하	국가론	제1호	정치	국가학
27	1906	서우	차종호	법률상 자치의 개념	제9호	정치	국가행정
28	1906	서우	채수현	국법상 국무대신의 지위	제9호	정치	국가행정
29	1906	조양보	편집국	논 군국주의론	제8, 9, 11호(3회)	정치	군국주의
30	1906	조양보	편집국	인인이 당주의어 권리사상	제6, 7호	정치	권리론
31	1906	태극학보	전영작	입법 사법 급 행정의 구별과 기 의의	제8, 10, 12호(3회)	정치	삼권 분립론
32	1906	태극학보	김지간	보호국론	제21호	정치	식민주의
33	1906	대한자강회월보	대원장부	일본의 자치제도	제4, 5, 6, 8, 10, 11, 12호(7회)	정치	자치제도
34	1906	대한자강회월보	윤효정	지방자치제도론	제4호	정치	자치제도
35	1906	태극학보	최석하	정부론	제3호	정치	정부론
36	1907	대한유학생회 학보	이규정	경찰위국가간성	제1호	정치	경찰학
37	1907	대한유학생회 학보	정석내	경찰 요의	제3호	정치	경찰학
38	1907	낙동친목회학보	애우생	국가설	제3호	정치	국가론
39	1907	공수학보	한용	국체지효력	제1호	정치	국가론
40	1907	공수학보	김지간	국가사상을 논함이라	제1호	정치	국가사상

순번	연대	학회보명	필자	제목	수록 권호	분야	세분야
41	1907	야뢰	김성희	민족국가설	제2호	정치	국가학
42	1907	공수학보	윤거현	국가의 본질과 형체	제2호	정치	국가학
43	1907	낙동친목회학보	문내욱	국민의 자격	제2호	정치	국민론
44	1907	낙동친목회학보	최린	국민의 품격	제4호	정치	국민론
45	1907	낙동친목회학보	한흥교	민족론	제1호	정치	민족론
46	1907	낙동친목회학보	남기윤	동포의 최급무	제3호	정치	애국론
47	1907	야뢰	김성희	지방자치제도 속론	제4, 5, 6호(3회)	정치	자치제도
48	1907	낙동친목회학보	이승근	정치문답	제4호	정치	정치일반
49	1907	공수학보	장홍식	노동자와 기업자의 대항	제3호	정치	정치현상
50	1908	대한학회월보	이한경	단합은 국의 요소	제1호	정치	국가론
51	1908	대한협회회보	김광제	국가지보	제4호	정치	국가론
52	1908	대동학회월보	김대희	국력	제3호	정치	국가론
53	1908	대한학회월보	홍성연	국가 정도는 필자 개인지자조 품행	제3호	정치	국가사상
54	1908	대동학회월보	편집부	국가 형벌권의 근거	제2호	정치	국가학
55	1908	대동학회월보	편집부	국가의 성질	제2호	정치	국가학
56	1908	대한협회회보	대한자	토지와 국민의 관계	제6호	정치	국가학
57	1908	호남학보	이기·현채	국가학설	제1, 2, 3, 4호(이기) 제5, 6, 7, 8, 9호(현채의 동국사략)	정치	국가학
58	1908	소년	편집실	國家의 競爭力	제2권 제10호	정치	국가학
59	1908	대한학회월보	김갑순	대성질호 아국민적 정신	제3호	정치	국민론
60	1908	대한학회월보	박병철	자주와 자유	제1호	정치	자유론

순번	연대	학회보명	필자	제목	수록 권호	분야	세분야
61	1908	대한협회회보	정달영	자치의 의의를 개론함	제8호	정치	자치제도
62	1908	대한협회회보	금릉생	지방자체제도 문답	제9, 10, 11호(3회)	정치	자치제도
63	1908	기호흥학회월보	민병두	지방자치행정	제4, 5, 6, 7호(4회)	정치	자치제도
64	1908	대한협회회보	안국선	정당론	제3, 4, 5, 6, 7, 8, 11, 12호(8회)	정치	정당 정부
65	1908	대한협회회보	정교	정당득실	제3, 4호	정치	정당론
66	1908	대한협회회보	김성희	정당의 사업은 국민의 책임	제1, 2, 3, 4, 6, 9, 12호(7회)	정치	정당론
67	1908	대한협회회보	원영의	정체개론	제3, 5, 7, 8, 9, 10, 11, 12호(8회)	정치	정치학
68	1908	대한학회월보	한흥교	정치상으로 관한 황백 인종의 지위(라인 씨 약설)	제8, 9호(2회)	정치	정치학
69	1908	대동학회월보	김상연	인류의 정치적 생활을 요하는 원인	제2호	정치	정치학
70	1908	기호흥학회월보	안국선	정치학	제2, 4호	정치	정치학
71	1908	대동학회월보	법률 독서인	통치권의 성질 외	제7, 8, 9, 10, 14, 15, 16호(7회)	정치	정치현상
72	1909	대한흥학보	남기윤	경찰 성질의 관념	제1호	정치	경찰학
73	1909	대한흥학보	박해원	국가 종류의 대략	제3호	정치	국가학
74	1909	대한흥학보	편집인	자치의 모범	제3호	정치	자치제도
75	1909	대한흥학보	에스케이생	정치론	제8, 9호(2회)	정치	정치학
76	1909	대한흥학보	한흥교	정치상으로 관한 황백 인종의 지위(라인 씨)	제1호	정치	정치학

◎ 獨立論, 寄書, 〈대조선독립협회회보〉 제13호, 1897.5.31.
  (한문)

  (10개의 자강 방책을 서술함)

1896	대조선독립협회회보	편집국	국시유지론	제16호	정치	국가론

◎ 國家와 國民의興亡,
  〈대조선독립협회회보〉 제11호, 1897.04.30. (국한문)

  大抵 國家가 興ᄒ고 亡흠은 其國 大小에 有흠이 안이오 國民이 盛ᄒ
고 衰흠은 其民 多少에 有흠이 안이라. 國家ᄂ 大本이 確立ᄒ고 不確立
흔 되 由ᄒ야 興亡ᄒ고 國民은 元氣가 旺盛ᄒ고 不旺盛흔 되 由ᄒ야
盛衰ᄒᄂ니--

◎ 政治本原, 金基璋, 〈친목회 회보〉 제4호, 1896.12.15.
  (국한문, 정치)

  1) 정치학

  2) 국가의 정의

  凡事가 必須를 因ᄒ야 成흠은 萬象의 定則이라. 國家ᄂ 吾 人生息의
所在나 何에 必須를 因ᄒ야 成ᄒ며 政治ᄂ 吾人 安危의 所係니 何에

必須를 由ᄒᆞ야 設ᄒᆞ리오, 그 原理를 不究ᄒᆞ면 與ᄒᆞ야 國事를 可論치 못ᄒᆞᆯ지니 講컨ᄃᆡ 政治學을 據ᄒᆞ야 國家의 定義를 說ᄒᆞ노라.

自古로 國이라 稱ᄒᆞ며 國家라 稱ᄒᆞ며 天下라 稱ᄒᆞᄂᆞᆫ 者ᄂᆞᆫ 그 所指가 各異ᄒᆞᆫ지라. 近世에 西學이 東漸ᄒᆞ야 社會의 說이 乃有ᄒᆞ니 社會ᄂᆞᆫ 人人이 集合ᄒᆞ야 協力 分勞者의 所有를 謂ᄒᆞᆷ이니 그 所指ᄂᆞᆫ 事를 專以ᄒᆞ야 爲主ᄒᆞ고 國이라 稱ᄒᆞᄂᆞᆫ 者ᄂᆞᆫ 境域을 以ᄒᆞ야 爲主ᄒᆞ고 人民을 專指치 아니ᄒᆞᆷ이요, 國家라 稱ᄒᆞᄂᆞᆫ 者ᄂᆞᆫ 土地와 人民을 倂稱ᄒᆞᆫ 거시니 卽 一定의 地에 生息ᄒᆞ야 協力 分勞者를 有ᄒᆞ이요, 天下라 稱ᄒᆞᄂᆞᆫ 者ᄂᆞᆫ 昔時에 當ᄒᆞ야 一國을 指ᄒᆞ야 言言이요 近世에 至ᄒᆞᆫ즉 世界 萬國을 擧ᄒᆞ야 稱ᄒᆞᆷ이라. 然이나 文勢와 詞調에 由ᄒᆞ야 社會라 稱ᄒᆞ며 國이라 稱ᄒᆞ며 天下라 稱ᄒᆞ야 國家의 義를 立ᄒᆞᆷ은 舊慣通用을 因ᄒᆞ야 然ᄒᆞᆫ 거시오, 實은 正義에 殆非ᄒᆞᆫ지라. 抑 國家의 完全ᄒᆞᄂᆞᆫ 者ᄂᆞᆫ 土地에 境界가 有ᄒᆞ며 居住에 定所가 有ᄒᆞ며 庶民이 制度가 有ᄒᆞ며 主權이 自主가 有ᄒᆞ리니 四者에 缺一ᄒᆞ면 可히 獨立 完全의 國이라 難稱ᄒᆞᆯ 거시라. 假令 海島蠻民이 그 土地에 境界가 有ᄒᆞ며 居住에 定所가 有ᄒᆞ나 制度가 無ᄒᆞᆷ며 主權이 又 無ᄒᆞ면 國이라 可稱ᄒᆞᆯ 거시요 國家라 豈稱ᄒᆞ며 水草를 逐ᄒᆞᄂᆞᆫ 民이 制度가 有ᄒᆞ며 主權이 有ᄒᆞ나 居住에 定所가 無ᄒᆞ며 土地에 境界가 又無ᄒᆞ면 社會라 可謂ᄒᆞ려니와 國家라 豈謂ᄒᆞ며, 群盜가 一方을 割據ᄒᆞᆯ지라도 國家라 可謂ᄒᆞ리오. 그 居住 法度가 旣定ᄒᆞ야 邦國의 體를 備ᄒᆞᆷ에 至ᄒᆞ면 可히 認ᄒᆞ야 國家라 稱ᄒᆞᆯ지니라. 夫 主權이란 者ᄂᆞᆫ 國家 自能으로 內外의 事를 處理ᄒᆞ야 他邦에 聽命치 아니ᄒᆞᆷ이요 自主란 者ᄂᆞᆫ 그 主權을 全有ᄒᆞᆷ이라. 故로 비록 上國에 進貢ᄒᆞ나 그 主權을 全ᄒᆞᄂᆞᆫ 者ᄂᆞᆫ 自主國이라 謂ᄒᆞ고 비록 進貢치 아니ᄒᆞ나 그 他國을 依ᄒᆞ야 權을 行ᄒᆞᄂᆞᆫ 者ᄂᆞᆫ 半主國이라 謂ᄒᆞᆷ은 萬國의 通ᄒᆞᆫ 義라.

夫 國家의 本原이 自立과 由來의 別이 有ᄒᆞ니 土人이 國을 自成ᄒᆞᆷ을 謂ᄒᆞ되 自立本原이니 東亞ᄀᆞᆺᄒᆞᆫ 者ㅣ 是요 移民ᄒᆞ야 國을 新成ᄒᆞᆷ을 謂ᄒᆞ되 由來本原이니 米洲ᄀᆞᆺᄒᆞᆫ 者ㅣ 是라. 二者가 建國의 情狀이 雖異ᄒᆞ나 그 所致ᄒᆞᆫ 要ᄂᆞᆫ 同氣로 相求ᄒᆞ며 同類로 相依에 踰ᄒᆞ면 得지 못ᄒᆞᆯ지라.

故로 人이 以ᄒ야 國을 成ᄒᄂ 者ᄂ 生存의 必須에 由ᄒ야 出ᄒᄂ니 生存의 必須에 四要가 有ᄒ니 曰 生命, 曰 自由, 曰 名譽, 曰 財産이라. 然이나 人은 智愚가 有ᄒ고 事ᄂ 善惡이 有ᄒ지라. 故로 四者의 完全을 保코져 ᄒ면 愚ᄒ 者롤 不可不 放요 惡ᄒ 者롤 不可不 懲ᄒᆯ 거시라. 是에 有智ᄒ 者롤 推選ᄒ야 萬事롤 平章케 ᄒ니 是ᄂ 卽 國政이라. 故로 政治ᄂ 四者의 必須롤 因ᄒ야 起ᄒᆷ이니라. (未完)

◎ 國家의 觀念, 鄭寅昭, 〈친목회 회보〉 제4호, 1896.12.15.

*갑오개혁 이후 아관파천에 이르기까지의 국내 사정을 개탄하며, 국가 운명을 위해 학문에 힘써야 함을 강조한 논설임

嗟ᄒ다. 國家라 謂ᄒᆷ은 何를 云ᄒᆷ이뇨. 鴻濛 初闢ᄒ 以後로 東西의 疆界와 六洲 五洋의 區域을 自然히 定ᄒ얏스니 五洋은 *洋ᄒ고 六洲ᄂ 廣大ᄒ지라. 此間의 五色 人種이 漸漸 滋殖ᄒ고 六派 宗敎가 各各 布施ᄒ야 社會롤 組織ᄒ야 權利롤 競爭ᄒ며 人民을 敎育ᄒ야 文明을 發達케 ᄒ니 一個 國과 一個 國이 星羅碁列ᄒ 듯ᄒ지라. 然ᄒ나 其間의 或 政治를 改良ᄒ야 興隆ᄒ 國도 有ᄒ고 或 頑固懦弱ᄒ야 衰亡ᄒ 國도 有ᄒ니 優勝劣敗之勢와 弱肉强食之獘ᄂ 萬國 歷史上의 記載ᄒ야 昭昭히 人의 耳目에 鏡ᄀ치 照한지라. 嗚呼ㅣ라. 我 大朝鮮國은 元來 亞細亞洲 半島國이라. 全國 人民이 大朴이 未散ᄒ야 內地의 文物과 習俗만 專尙ᄒᄂ 故로 最近ᄒ 淸國과 日本의 事實도 詳知치 못ᄒᆯ 쑨 아니라 歐米諸國의 難測ᄒ 機變 運動과 無雙ᄒ 文明 進就의 如何ᄒᆷ을 覺치 못ᄒ다가 開國 五百四年의 至ᄒ야 維我 大君主 陛下게읍서 自主獨立之基를 刱ᄒ시며 中興 維新之業을 建ᄒ실ᄉ 年號를 改ᄒ야 建陽이라 ᄒ야 上告下布ᄒ시니 猗歟盛矣(의여성의)라. 우리 國家가 世界 中에 有名ᄒ 國이 되기롤 日을 指ᄒ고 待ᄒᆯ 쑷더니 嗚呼라 무슴 일을 因ᄒ야 內閣은 朝夕

變迭ᄒᆞ고 人民은 東西潰散(동서궤산)ᄒᆞ야 上下 維持ᄒᆞᆯ 策이 無ᄒᆞᆯ ᄲᅮᆫ 아니라, 王輦(왕연) 播遷ᄒᆞ셔 外舘에 棲遑(서황)ᄒᆞ시니 大權이 墜地(추지)ᄒᆞ고 王靈이 降風ᄒᆞ야 空然히 萬邦의 *笑를 受ᄒᆞ시니 엇지 慨然 痛嘆치 아니ᄒᆞ리요. 內乏懷保之計ᄒᆞ고 外鮮平和之機ᄒᆞ니 此誠危急存亡之秋라. 이러ᄒᆞᆫ 時를 當ᄒᆞ야 비록 肝腦塗地 赴湯蹈火(부탕도화)ᄒᆞ야도---

◎ 國民의 義務, 劉昌, 〈친목회 회보〉 제3호, 1896.10.23.

　　*국민의 공정한 의무

　國은 何를 謂함이뇨. 萬人의 公衆을 謂ᄒᆞᆷ이라. 國은 一人의 有ᄒᆞᆷ이뇨. 萬人의 有ᄒᆞᆫ 則 萬人이 公正ᄒᆞᆫ 義務를 各自 愛護ᄒᆞ야 國勢를 鞏固ᄒᆞ고 民權을 擴張ᄒᆞ야 自己 確建ᄒᆞᆷ이 國民의 公正ᄒᆞᆫ 義務로다. 大抵 國이 有ᄒᆞ고--

◎ 外交上 如何, 南舜熙, 〈친목회 회보〉 제4호, 1896.12.15.
　　(국한문, 외교)

　余球 近世의 史를 開ᄒᆞ야 外交의 關係를 察ᄒᆞ건ᄃᆡ 實是 智者로 以ᄒᆞ야---

◎ 無神經 契約의 結果 不善變, 申海永, 〈친목회 회보〉 제6호, 1898.4.9.

(忽於大而察於小 屈於外而牧於內)

큰 것을 무시하고 작은 것을 살피며, 외부에 굴종하고 내부를 죽인다.

*국가 간의 조약 / 한국의 여러 조약이 갖고 있는 문제점
*이 시기 일본 유학과 관련된 조약(특히 게이오 의숙과 체결한 조약)의 문제점을 분석하고, 게이오 의숙에 들어가는 경비, 유학생 실태 등을 종합적으로 보고하고 문제점을 정리한 방대한 글임(표를 포함하여 51쪽)

國事는 深遠廣大ᄒ야 活用 不可器홀 바이라. 民生의 休戚이 係ᄒ얏도 ᄃ. 此를 擔任ᄒ 者 ᄒᄉ 責任이 在身홈을 顧念치 아니치 못홀지라. 대개 擔任者의 勢力이 大ᄒ 則 其 責任도 또ᄒ 隨重ᄒ야 百人을 動홀 勢力이 有ᄒ 則 百人의 責任을 擔抱ᄒ 者요, 萬人을 感홀 勢力이 有ᄒ 則 萬人의 責任을 擔抱ᄒ 者로ᄃ. 世人이 或 客氣에 使ᄒ야 快意를 劇談에 取ᄒ며 或 酒에 使ᄒ야 輕易히 起論ᄒ며 或 世事로써 戲謔의 資를 슴으며 或 他 一邊의 好를 따(협)코ᄌ ᄒ야 自己의 不信ᄒᄂ 說을 立ᄒ며 或 事實을 曲書ᄒ야 自說의 便을 供ᄒ며 或 强辯으로 言語舌爭間에 捷홈을 好ᄒ며 或 事理 當否를 不顧ᄒ고 權力의 消長을 關ᄒᄂ 者 有ᄒ니 此는 다 國事를 不重이 너기는 行爲의 所爲가 아닌가. 英米 國會에셔는 祈天後 開議ᄒᄂ니 事狀이 文에 屬ᄒ 듯ᄒ나 予는 其國事에 不輕議홈을 微意에 甚感ᄒ노라. 予不肖 우리 政府의 大疑問을 把來ᄒ야 此를 陋蕪ᄒ 文에 托ᄒ야 世의 公益을 望홈이 職分 外의 事ᄂ 然ᄒ나 每一字에 責任 歸宿處를 不忘홈이니 有志者는 勿孤홀지어ᄃ.

國과 國이 契約 締結ᄒᄂ 權의 有無를 認ᄒ야 其國의 獨立 與否를 知ᄒᄂ니 一國의 契約 締結홈은 곳 獨立의 表를 公布홈이라. 此權은 專制國에ᄂ 專혀 君主, 憲政 及 共和國에ᄂ 議院 及 君主大統領에 在ᄒᄂ니 如斯홈으로 條約 締結홈은 若干 利害에 止홈이 아니오 實노 全國에 關ᄒ 大問題라. 突然히 結ᄒ고 突然히 廢홀 바ᅵ 아니오 國家 永久 利害에 係ᄒ 者인 故로 此의 得失을 考홀진ᄃ 深思熟慮ᄒ야 其顚末을 究ᄒ며 事實을 明知ᄒ 後 公平無私ᄒ 斷案을 下홀 바ᅵ라. 故로 列國 訂約ᄒ

는 定則 範圍는 到底히 其國 憲法上에 載在ᄒᆞ야 千秋不變ᄒᆞᄂᆞ니, 獨逸 帝國 憲法 第十一條에ᄂᆞᆫ 曰 "外國과 條約ᄒᆞᄂᆞᆫ 事件은 帝國 立法權 內에 涉ᄒᆞ야 議會 協諾을 得ᄒᆞᆫ 後 有效ᄒᆞᆷ", 李漏士 王國[1] 憲法 第四十八條에 ᄂᆞᆫ 曰 "國王은 交戰 媾和ᄒᆞᄂᆞᆫ 權은 有ᄒᆞᄂᆞ 通商 及 人民에 關ᄒᆞᆫ 條約은 兩院 協議ᄅᆞᆯ 經ᄒᆞᆫ 後 有效ᄒᆞᆷ". 奧地利 帝國[2] 憲法 (…중략…)

凡 我交涉通商 以來로 締約ᄒᆞᆫ 國의 其 次第ᄅᆞᆯ 査ᄒᆞᆷ애 丙子 二月 二日 에 日과 條規ᄅᆞᆯ 始結ᄒᆞᆫ 後 漸次로 壬午 四月 一日 米와 締結ᄒᆞ고 癸未 十月 二十七日에 英과 밋 獨으로 締約ᄒᆞ며 伊의 約은 甲申 潤五月 四日 에 在ᄒᆞ고 露의 約은 同年 月 十五日에 在ᄒᆞ며 丙戌 五月 三日에 至ᄒᆞ야 佛과 締約ᄒᆞ고 壬辰 五月 二十九日에 至ᄒᆞ야 墺와 締約ᄒᆞ야 到今 八個 國에 至ᄒᆞ얏스니 其 條約 成文의 利害는 아즉 一一 閱覽치 못ᄒᆞᆫ 中 今日 에 至ᄒᆞ기 外他國의 關係 影響은 尠見ᄒᆞ고 目下 日과 露의 無厭ᄒᆞᆷ에 最觸ᄒᆞᆷ과 余의 得考ᄒᆞᆷ이 若干의 不過ᄒᆞᆷ으로 世人의 參考ᄅᆞᆯ 資ᄒᆞ야 左 에 載ᄒᆞ노라.

修好條規(取畧特以漢字綴載) = 병자수호조규 (12관)
(…중략…)
대조선개국 사백팔십오년 병자 이월 초이일

合同條約(取畧特以漢字綴載) = =
(…중략…)
광무 원년 십일월 일

此外에 淸에 關ᄒᆞ야(中江 通商條約), 米에 關ᄒᆞ야(京仁鐵路), 露에 關

---

1) 패루사 왕국(李漏士 王國): 페르시아 왕국.

2) 오지리 제국(奧地利 帝國): 오스트리아 제국.

ᄒ야(森林, 鑛山), 各國에 關ᄒ야 仁釜元 及 木浦 鎭南 居留地 規則 諸等 條約은 일즉 手閱치 못ᄒᆷᄋᆞ로 後日을 待ᄒ야 縱陳ᄒᆷ을 志ᄒ고 兼ᄒ야 日에 關ᄒ야(續約, 附錄, 沿海里程 約書, 通商章程, 沿海漁船章程) 等은 闕略ᄒ고 몬저 此 二度約 丙子에 起ᄒ야 光武에 及ᄒ 者 中 最大 炎炎ᄒ 禍害를 指言ᄒ노라. 嗟홉다. 前者를 觀ᄒᆷ애 人身 私權 及 土地 所有와 法稅의 權利를 抛却(포각)ᄒ야 他에 讓與ᄒ고 後者를 觀ᄒᆷ애 政權과 ᄯᅩ ᄒ 財權을 抛却ᄒ야 政府機關을 他에 讓與ᄒ지라. 當局者ᄂᆞᆫ 何方法을 講究ᄒ야 奄奄ᄒ 國家의 元氣를 收拾ᄒ랴ᄂᆞᆫ고. 前者를 試觀ᄒ라. 法律 에 抵觸됨과 國民에 損害됨과 財産에 關係됨이 如何ᄒ고. 當時 擔任委 員이 右約을 結ᄒ면서 鎖國主義를 守ᄒ야 國民이 域外에 不出ᄒᆷ과 商民 이 海外에 不通ᄒᆷ만 幸事로 너겨 右約의 範圍 結果ᄂᆞᆫ 何處에 歸ᄒ든지 一文一條가 開口 輒諾ᄒ야 妄思臆斷ᄋᆞ로 眼前 彌縫ᄒᆷ애 不過ᄒᆷ이라. 兩 國間 人民의 犯罪ᄂᆞᆫ 其國 官吏가 審判ᄒᆫᄃᆞ 約ᄒ고 治外法權을 見奪ᄒ 야도 我政府ᄂᆞᆫ 如何로 黙視ᄒᆯ 쑨이며 土地 賃借ᄂᆞᆫ 有期限 無期限을 不 問ᄒ고 如何로 隨意任之ᄒ얏ᄂᆞᆫ고. 沿海 測量은 如何로 任許ᄒ얏스며 沿 海 漁業은 如何로 任許ᄒ얏ᄂᆞᆫ고. 人權을 不保ᄒ고 土地 所有權을 不保 ᄒ며 財産 所有權을 不保ᄒ얏스니 곳 國ᄋᆞ로써 敵에 予ᄒᆷ이로ᄃᆞ. 玆에 踵(종)ᄒ야 各國 人에게 內地 雜居를 任許ᄒ니 從此로 我膏之沃壤은 外 人 所有에 歸ᄒᆯ 터이며 我 金坑銅鑛은 外人 專有에 屬ᄒᆯ 터이라. 此에 一轉ᄒ야 人民 知識 優劣을 觀ᄒᆫ 則, 彼 外人은 事物에 通達ᄒ야 智力이 我國民에 超過ᄒ니 優劣競爭間에 畢竟 我 同胞ᄂᆞᆫ 彼等 雇使에 不過ᄒᆯ지 라. 其 結果를 思ᄒᆫ 則 此處에 ᄯᅩᄒ 人民과 土地와 財産의 權을 抛擲ᄒ 야 米가 布哇[3]의 土人 驅出ᄒᆷ과 英이 印度의 版圖[4] 占有ᄒᆫ 患이 目下에 將迫ᄒ얏도ᄃᆞ. 後者를 試觀ᄒ라. ᄯᅩᄒ 前者와 同一 轍이ᄂᆞ 더욱 那個邊 의 蟄衍(학연)과 現局의 積極的 勢ᄂᆞᆫ 云云 件에 在ᄒᆷᄋᆞ로 曩에 兵制와

---

3) 포규(布哇): 호놀롤루.

4) 판도(版圖): 편잡(?). 인도의 지명. 지역 전체를 일컫는 말.(?)

今에 財政이 其 目的에 滿足되얏스니 當頭 禍害가 如許來逼ㅎ거늘 우리 社會上 同胞ᄂ 當局者에 向ㅎ야 此 問題 提抗ㅎᄂ 者 無一夫홈은 엇전인고. 우리 政躰ᄂ 元來 立憲이 아니라 這箇 斷案을 議會에 經ㅎ야 大公議 大制限으로 成立치ᄂ 못ㅎ얏스ᄂ 當時에도 萬人을 感動홀 勢力者ᄂ 有홀 듯. 今에 至ㅎ야 人에 關혼 契約으로 認홀가. 事에 關혼 契約으로 認홀가. 詐欺 手段으로 歸홀가. <u>政躰 變更홀 時를 期홀가. 無神經으로 結혼 約은 맛당히 有神經으로 改홀지ᄂ 余ᄂ 아즉 容易히 自說노 社會에 向ㅎ야 公言치 못ㅎ고 杞天의 墮落홈을 憂홀 쑨이로라.</u> 今日에 ᄯ혼 一種 疑問이 現出ㅎ야 決코 泯黙지 못홀 事件이 有ㅎ니 곳 <u>海外 留學者 一部分에 關혼 바ㅣ라.</u>

最初 當局 大臣이 留學生을 海外에 派遣홈애 一時 風聲이 宇內에 轟動홈으로 同時에 應選被遣者 多數額에 至ㅎ지라. 當局者의 設心과 留學生의 志氣가 國界를 爲홈인지 大勢에 驟홈인지 下回에 可見홀지ᄂ 確乎堂堂혼 우리 政府의 擧措를 玆에 擧ㅎ야 一世 衆瞻公聆에 供ㅎ노라.

學部大臣 訓示(取略特以漢字綴報)

(…중략…)＝＝개국 오백사년 삼월 학무아문 대신 박정양

追示

留學生 宣誓書

嗟홉다. 訓示의 丁寧 懇悓홈과 宣誓의 重切홈을 觀홈이 當局 大臣의 設心은 國計를 念홈이오 留學生의 應赴도 國計를 念홈이로ᄃ. 비록 彼 應赴가 大勢에 聚홈과 己利에 傾혼 形質上 幾分子의 別種 事情이 有ㅎᄂ <u>明日 得歸ㅎᄂ 바ᄂ 곳 我政府의 所得</u>이라. 得寸亦我寸이 아닌가. 然則 此 結果ᄂ 如何홀고. 在學中 善惡 黜陟은 곳 當局 大臣의 權利오 成業ㅎ

기</지 給資繼費홈은 其 義務로드. <u>留學生의 權利는 何오 問혼 則 修業 大小와 年期 早晚은 곳 自家所由요 成業 後 奉公酬忠은 其義務로드</u>. 다만 余의 一種 疑問은 何를謂홈이뇨. 無神經으로 結혼 契約이라. 此롤 把하 야 當局 大臣에 諸責지 아니치 못홀지라. 故로 玆에 幷擧하노라.

此關留學生派遣之件 大朝鮮學部大臣 及 大日本慶應義塾 締結 左記之 契約(取略特以漢字綴載)

[번역] 이것은 유학생 파견과 관련된 건으로 좌기의 계약은 대조선 학부대신 및 대일본 게이오 의숙이 체결한 것이다. (한자로 간략히 취하여 게재한다.)

第一條 在大朝鮮國學部 每年選拔 一定額學生使留學 大日本東京慶應義塾 修普通學 但年少者修得本修學科後 亦可履修高等科.

제1조 대조선국에 있는 학부는 매년 일정액의 학생을 선발하여 대일본 게이오 의숙에 유학하게 함으로써, 보통학을 수학하게 한다. 단 연소자는 본과를 수학한 후 또한 고등과를 수학하게 할 수 있다.

第二條 慶應義塾 留學 學生 初年三百名 自次派送學生 則互相通報後 施行 而先自學部檢體實查學識 若察其性狀才智關於他日所可專攻之學業指定其大綱 每年陰曆二月 陽曆三月例可派遣.

제2조 게이오 의숙에 유학하는 학생은 연초 300명으로 차츰 학생을 파송함은 곧 상호 통보 후 시행한다. 그리고 학부가 먼저 학식을 검증하여 만약 그 성상 재질이 타일 전공 학업을 수행할 만한 것을 대강 지정하여 매년 음력 2월, 양력 3월에 파견할 수 있다.

第三條＝＝

(15조로 되어 있는 계약임)

嗟홉다. 右約은 全國 關係의 大問題는 아니느 一文一款이 隨請趣應ᄒ야 其 事實이 以上 兩度 契約의 一個 小分子라 稱홈이 可ᄒ야 法理上 及 經濟上에 抵觸 阻碍(조애)홈이 不尠ᄒ도드. 如何로 自國 官吏를 棄ᄒ고 多數 學生을 外人 手下 監督에 任予ᄒ야 人權을 抛擲ᄒ며 如何로 本 公館을 棄ᄒ고 多額 金錢을 外人 手中 出納에 任予ᄒ야 財産을 抛却ᄒ며 如何로 課年 定額 學生은 一向 私塾으로 派遣ᄒ야 躰貌를 不顧ᄒ는고. 監督人 以外者 指揮 未奉ᄒ기를 請求홈은 本國 官吏로 着手치 못ᄒ게 홈이오, 每年 預金 先送ᄒ기를 請求홈은 本 政府를 不信用홈이로드. 如何로 當局 大臣이 深思遠慮로 國家 永久 利害의 關係를 不究하고 妄思臆斷으로 一時 眼前 彌縫의 奇貨를 作ᄒ얏는고. 各國의 規程은 留學生 派遣ᄒ는 一款을 議會院에서 裁定ᄒ야 一國 敎育의 大本을 作ᄒ거늘 我國에는 國會는 無ᄒ느 當時 內閣 諸 大臣의 公議도 無ᄒ든가. 此는 畢竟 學部大臣 一 個人의 所見으로 突然히 結ᄒ고 突然히 廢ᄒᆯ 戱具로 알고 訂約ᄒᆫ 바ㅣ로드.

余 不肯는 無神經ᄒᆫ 契約 中 一個法人이 되야 다만 學問 從事ᄒᆯ 쑨이오, 藝身(집신)ᄒᆫ 契約에는 騁言ᄒᆯ 權利가 乏ᄒ느 흥상 本 政府의 面目을 顧ᄒ야 同學人으로 홈긔 此 訂約 裁制를 一擧手 轉移ᄒ기를 熟論 咄嗟(돌차)ᄒᆫ 바ㅣ로라.

嗟홉다. 留學者의 頭霜覆露ᄒᆫ 海外 日月을 默數ᄒ야 以來 政府의 育養ᄒᆫ 恩費와 自家覊旅 生活의 甘苦憂樂을 略擧ᄒ노라.

第一回 留學生 經濟 實況表(自 日本 明治 二十八年 五月 至 同年 十二月 準時 物價取平均度 以一定費用極約分配)

(제1회 유학생 경제 실황표): 1896년 5월 -12월

(…중략…)

第二回--

第三回--

(이 표에는 게이오 의숙에 들어간 돈을 세목별로 정리하였음)

以上 三表는 平日 自身의 生活力과 用度의 大略을 比較ᄒᆞ야---

◎ 愛國心이 有ᄒᆞᆫ 後 國民,
   金成殷, 〈친목회 회보〉 제5호, 1897.9.26.

愛者는 何오. 性情이라. 見치도 못ᄒᆞ며 聞치도 못ᄒᆞᆷ에 由ᄒᆞ야---

◎ 政治家의 職責論, 劉昌熙, 〈친목회 회보〉 제4호, 1896.12.15.
   (국한문, 정치)

政治家는 卽 政海에 操棹(조도)ᄒᆞᆫ 者라. 故로 社稷의 存亡과 人民의
安危는 其 外物의 妨碍에 在ᄒᆞᆷ이 아니오 其人의 手段에 在ᄒᆞᆷ이니 엇지
此에 職責이 至重至大ᄒᆞ다 云치 아니리오. 由此觀之컨딕 凡人에 有ᄒᆞᆫ
能力 外에 卓越ᄒᆞᆫ 資格이 無ᄒᆞ면 決코 此에 重任을 能負치 못홀 거시ᄂᆞ
然이ᄂᆞ 自古로 虛名無的으로 私利를 謀ᄒᆞ며 權柄을 爭ᄒᆞ는 愚蠢(우준)
이 政海에 操縱ᄒᆞᆷ이 世間에 頗多ᄒᆞᆫ지라. 嗟홉다. 彼에 晧晧ᄒᆞᆫ 日月도

흥상 光明치 못흐고 有時로 陰흐며 彼에 洋洋흔 流水도 흥상 淸澄치 못흐고 有時로 濁흐느니 陰晴의 變化는 日月에 本性이며 淸澄의 無常은 流水에 本質인가. 曰 否라. 陰흠은 陰케 흠이 有흠이오, 濁흠은 濁케 흠이 有흠이니 此와 如흐야 人心의 精良도 外物에 刺衝흠을 被흐면 有時로 其 本體를 失흐야 渾然 否塞흠에 至흐느 然이나 此는 一時와 一瞬의 事라 엇지 光明흔 日月과 淸澄흔 流水의 精良흔 人心의 本體를 永久히 消滅흐는 理由가 有흐리오. 玆에 政治家의 重要흔 職責을 畧論흐노라.

(第一) 廣大의 忠義를 要흠: 凡 爲國民者ㅣ 誰가 此心이 無흐리오. 然이나 此心은 地位 情況에 因흐야 特히 廣大흠을 要흠과 不要흠에 差別이 有흐니 政治家는 其 性質上에 此心 廣大흠을 要흠은 其 本務가 忠義로 以흐야 國利 公益에 進흐야 計畫을 立흠에 在흔 故로 本務를 發達코져 흘진딕 唯一에 忠義가 滿腔치 못흐면 能치 못흘 거시오.

(第二) 正直의 言行을 要흠: 政治家에 一言一行은 國運存亡에 係흔 故로 其 言行의 趨向은 民衆에 知고시흐는 바ㅣ라. 此를 知흠과 不知흠은 民衆 安危를 由흐야 定흠이니 然則 其 言行을 正直히 흐야 邪隱曲蔽를 拒絶흐고 職務를 執行흠에 當흐야 千種萬狀을 一一히 公表흐야 一國의 和平를 保흐며 萬民의 安堵를 得케 흘 거시오.

(第三) 聰明의 慧眼을 要흠: 一個人의 處世흠을 當흐야도 其人의 慧眼에 有無로 利害得失에 至흐야 其影響흐는 處를 可推치 못흠이 有흐거든 況 內로 以흐야 民衆 一般의 團心을 控(공)흐고 外로 以흐야 虎視鷲慾의 强敵을 對흐야 國家의 安危를 擔負흔 其人이리오. 然則 흥상 眼을 四域八荒에 擡흐고 心을 遠近親疎에 配흐야 時局의 變機를 明察흐고 他日의 禍崩을 除去흘 거시리오.

(第四) 果敢의 勇氣를 要흠: 此에 勇氣는 一 匹夫에 血氣之勇을 稱흠이

아니오 專히 出處進退에 其序를 得ㅎ는 果敢의 勇氣를 云흠이니 盖 政治家는 一身으로 以ㅎ야 立法 行政과 軍政 財政에 諸般事項을 裁斷ㅎ느니 然則 此際를 當ㅎ야 民論의 違議와 公議의 衝突흠이 有흘지라도 自己의 判決노 以ㅎ야 國家에 利가 有ㅎ며 人民에 益이 有ㅎ면 비록 其身을 犧牲에 供ㅎ느 然이나 決行흘 거시오 若不然ㅎ면 民論 公議가 那邊에 有흠을 勿聞ㅎ고 **力ㅎ야 此를 詰抗흠이 無치 못흘 거시오.

(第五) 拔群의 威信을 要흠: 凡人에 威信이 無흠은 鳥에 翼이 無흠과 如ㅎ니 鳥에 翼이 無ㅎ면 엇지 戾天흠을 得ㅎ며 人에 威信이 無ㅎ면 엇지 立世흠을 期ㅎ리오. 然則 一個人도 오히려 如斯ㅎ거든 況 國家의 大權을 掌握흔 其人이리오. 其 威信에 由來는 德望으로 出ㅎ며 德望은 品位로 因ㅎ고 品位는 操行으로 起ㅎ며 操行은 自他를 信厚흠에 基흠이 明白흔지라. 若 自他의 信厚를 不知ㅎ면 엇지 威信을 保ㅎ야 其 本務를 完全흠이 能ㅎ리오. 非但 威信을 不保ㅎ야 職務를 不完흘 쑨 아니라 其 結果는 國體랄 汚穢흠에 至ㅎ느니 엇지 此를 銘*ㅎ야 愼치 아니ㅎ리오.

右에 職責을 能負ㅎ는 者는 政治家라 再稱ㅎ느 然이나 此는 明分的과 理論的의 政治家오, 眞個의 政治家는 아니라. 盖 此 政治家 다만 其 主義를 墨執흠에 有흘 지 아니오 반듸시 實言흠에 在흔 故로 此에 一要素를 更加ㅎ느니 其一 要素는 卽 主義를 實行ㅎ야 計ㅎ는 地位라. *高一世흔 俊士라도 地位에 有치 못ㅎ면 *** 政治家에 名稱을 得지 못ㅎ는지라. 然이나 此에 地位는 在朝 在野흠을 稱흠이 아니오 一般 其 主義를 實行ㅎ야 可得흔 能力이 能흠에 有흠을 云함이니 現今에 如斯흔 重任을 當흘 其人이 有ㅎ야 能히 政海의 波濤를 平케 흠을 得흘가. 痛哉며 憤哉라 其人이여.

◎ 政道論, 安明善, 〈친목회 회보〉 제5호, 1897.9.26.

정치론

◎ 政治의 得失, 安明善, 〈친목회 회보〉 제3호, 1896.10.23.

*정치를 주사(舟師)가 배를 운전하는 것에 비유하고, 정체(입헌정체, 전제정체)
 의 유형과 특징을 논의함

政治라 云ᄒᆞᄂᆞᆫ 거슨 舟師가 舟를 運漕ᄒᆞᄂᆞᆫ 것과 如ᄒᆞ니 人民은 水와
如ᄒᆞ고 國家ᄂᆞᆫ 舟와 如ᄒᆞᆫ지라. 水ᄂᆞᆫ 舟를 載ᄒᆞ기도 ᄒᆞ고 舟를 覆ᄒᆞ기도
ᄒᆞ니 舟를 載ᄒᆞ게 ᄒᆞ며 舟를 覆ᄒᆞ게 흠은 舟師의 責이라. 是故로 舟師ᄂᆞᆫ
水性에 博(?)ᄒᆞ며 水路에 習ᄒᆞᆫ 後에야 可히 舟를 運漕ᄒᆞ야---
政軆ᄂᆞᆫ 立憲政體[卽 代議政治]와 專制政軆[卽 君主獨裁政治]가 有ᄒᆞ
니--

◎ 政治家 言行論, 尹世鏞, 〈친목회 회보〉 제3호, 1896.10.23.

*정치가의 언행과 충군애국으로 인민의 원기 진흥이 필요함을 강조한 논설

余 愚義의 意見을 由ᄒᆞ야 論홀진듸 一國 人民이 元氣 消長과 敎化
盛衰가 各根으로 有ᄒᆞᄂᆞ 就中의 第一이 至大至貴히 關係흠은 卽 政治家
의 言語 及 品行이라 ᄒᆞ노니 是何誼耶오.

◎ 立憲政體의 槪論, 金鎔濟, 〈친목회 회보〉 제5호, 1897.9.26.

◎ 警察 偵探, 張啓澤, 〈태극학보〉 제7호 1907.2. (경찰, 정탐론)
= 사회언어학 자료 포함됨

　　*정탐학이라는 용어를 사용하면서 이 분야는 학문이 아니라 기술의 하나라고
　　규정함
　　*정탐에 사용하는 언어의 특징 = 암호, 도둑의 말(시계 = 만지유, 練 = 웅우즈,
　　釵(비녀 채) = 오라구)

▲ 제7호

　優勝劣敗는 天然之競爭이오, 愈硏愈精은 人事之進步也라. 現今 時代
文明之階級이 極達極精ㅎ야 政治, 科學, 及 諸種 哲學를 但擧一部分而
表面視之면 雖小雖微나 其中 所含之意義는 廣大巧調에 可促世界之進化
者ㅣ 卽現世 各國 最發達之警察 偵探學이 是也.
　偵探學者는 先起源於法蘭西ㅎ고, 後盛行於英美德俄 諸國이니, 是非
學問이오, 乃技術之一種也라. 然이느 是亦不學이면 無以盡其術故로 槪
述其如何ㅎ노니 日本 維新 以前에 刑事 巡査가 卽用 偵探 手段ㅎ야 雖
有著作 偵探淵範之編이나 未免兒戱而其後에 人情世態가 隨世界之文明
而千變萬幻에 至于今日之巧詐ㅎ니 言易而行難者是也로다.

우승열패는 천연의 경쟁이며, 더욱 연구하고 더욱 정교해지는 것은 인
간사의 진보이다. 현금 시대 문명 단계가 극히 발달하고 정교하여 정
치, 과학 등의 제종 철학이 대개 한 부분과 표면을 보면 비록 작고 미미
하나 그 가운데 포함한 의미는 더욱 크고 교묘하며 정교하여 가히 세계
의 진화를 촉진하는데, 현재 세계 각국에 발달한 경찰과 정탐학이 그러

하다.

정탐학은 먼저 프랑스에서 기원하고 그 후에 영국 미국 독일 러시아 등 여러 나라에서 성행하니, 이것은 학문이 아니요, 기술의 일종이다. 그러나 이것을 배우지 않으면 그 기술을 다할 수 없으므로 그 어떠함을 개략적으로 기술하고자 하니, 일본 유신 이전에 형사, 순사가 즉 정탐의 방법을 사용하여 비록 정탐 연원과 규범의 편술을 저작한 것이 있으나 유치한 수준을 면하지 못하였고 그 후에 인정세태가 세계 문명의 천변만화에 따라 지금의 교묘한 사술에 이르니 말은 쉽지만 그것을 행하는 것은 어렵다.

　言其偵探之能不能인디 先使此世之巧詐者로 入吾巧詐之術中ᄒ며 使彼人之智想所及으로 先測吾之心中而--

（…중략…）

　今硏究此偵探之術인디 莫若先就容貌上에 測知蓋人之邪與正이오 存於中著於外者ㅣ 莫著於眼目이니 是故고 孟子謂之觀其眸子에 人誰不知者是也니라. 或時多人聚集之中에 試見人人之目眸컨디 通常之人은 視人이 必視其面ᄒ고 邪姦之人은 視人이 必察其衣囊ᄒ며 又如電車上 男女多乘之中에 通常之人은 視其婦人無心 而邪姦之人은 先察婦人之衣服及言語行動之如何ᄒ니, 是ᄂᆫ 平常人之皆所易知也라.

지금 정탐의 기술을 연구하건대 먼저 그 용모로 보면 대개 사람의 사악함과 바름을 추측할 수 있으며, 그 가운데 겉으로 드러난 것은 눈동자보다 더 현저한 것이 없다. 왜 그런가 하면 맹자께서 말씀하셨듯이 그 눈동자를 보면 사람이 누구든 알지 못하겠는가 한 것이 그것이다. 혹 많은 사람들이 모인 곳에서 사람마다 눈동자를 보면 통상인은 사람을 볼 때 그 얼굴을 보고, 사악하고 간사한 사람은 사람을 볼 때 먼저 그

옷과 주머니를 관찰하며, 또 전차와 같이 남녀가 많이 탄 곳에서 통상인은 그 부인을 볼 때 무심하나 사악하고 간사한 인간은 먼저 그 부인의 의복, 언어, 행동 여하를 관찰하니, 이는 평상인이 누구나 쉽게 알 수 있는 것들이다.

然이나 非淂 於盜術者 不能知盜類之情形이오, 不知詐術者 亦不能各姦者之所爲니 先察知盜中之暗號 然後에 可以學偵探法之如何니라. 時計曰 만지유, 練之曰 웅우즈, 釵(채)曰 오가루 난 皆 盜中之用言이오, 東曰西, 北曰南 美女曰다라 난 皆淫姦者之用言이나––

▲ 제8호

第一章 途路上之觀察法

　(1) 死體之遺棄場所:

　(2) 死體之場所가 在於何方位:

▲ 제9호 = 日本 東京 警視廳 組織

　　　(자료 보고 형태임)

◎ 警察之目的, 張啓澤, 〈태극학보〉 제4호, 1906.11.

▲ 제4호

第一章 行政警察之意義

第一節 國家 權力之作用

第二節 命令 强制之作用

第三節 以直接으로 有維持一般臣民之安寧作用

▲ 제5호 = 警察之沿革

夫 警察法은 國家 憲法之一種이오 一國 政務之一部也라. 爲官吏者 l 不學此法이면 不知人民安堵之策而不可以行政이오 爲臣民者 l 不知此 法이면 不抗貪官之無理壓迫而不得自由니--

第一節 野蠻時代之警察

第二節 封建時代之警察

第三節 君主時代之警察

第四節 文明過度之時代警察

第五節 文明時代之警察(自十七世紀로 至今世紀)

▲ 제6호 警察之分類

행정경찰-사법경찰

◎ 警察 視察談, 丹農生 崔應斗, 〈서우〉 제9호, 1907.8.
(경찰학, 행정학)

　　*경찰학에 대한 체계적인 진술
　　*일본 경찰제도를 모형할 것을 촉구함

緒論

警察은 政府의 耳目되는 一部分으로 稱흠을 嘗聞ᄒ얏더니 今에 警察의 規模 擴張흠을 實地로 檢閱흔 則 其 關係의 重大흠이 國家 政治의 機關되는 要素이라 謂ᄒ겟고, 但히 政府의 耳目되는 一部分이라고 泛稱(범칭)키는 不可ᄒ기로 思惟ᄒ야 其 槪略의 旨를 撮(촬)ᄒ노라.

警察法의 性質 及 其國法上의 地位

警察法은 公共의 安寧秩序를 維持ᄒᄂ 行政法規니 故로 所謂 公安行政 法規의 屬ᄒ야 公法의 部類된 行政法上 內務行政 中 一部位를 占흔者라.
大抵 法律制度는 實노 國家 生存의 要件이니 國家는 法律을 依ᄒ야 存立ᄒ고 人民은 法律 內에서 活動ᄒᄂ 者라. 故로 法律에 公法과 私法이 有ᄒ니 公法이라 謂흠은 國家와 人民 間에 勸力을 規定흔 者오, 私

(法)라 謂흠은 個人間 權利 關係를 規定흔 者니, 憲法 行政法 刑事訴訟法 民事訴訟法 等은 公法이오, 民法 商法은 私法이니 此는 公私法에 兩岐를 分析흠이라.

公法 中 行政法은 國家 政務를 分排흐는 一法이니 且 國家 政務를 分析흘진된 外交, 軍務, 財務, 司法, 內務의 五種이니 外務行政은 外國과 交涉흐는 事項을 管理하고 軍務行政은 軍士의 需要를 供給흐며 軍兵의 存在力을 維持흐야 國家의 獨立을 保存흐는 것이오, 財務行政은 國家 財産을 管理흐며, 用費 收支辨을 任흐엿스며, 司法行政은 司法權의 行使를 補助흐며, 內務行政은 一般 公共의 幸福과 利益을 保護흐며 發達과 安全을 堅固케 흘 目的을 持有흐엿스니 此를 達키 爲흐야 國家의 諸般 設備를 注意흐는 者라.

積極的으로는 一般 公共의 福利增進흠을 公益行政 又는 福利行政 助長行政 營助行政이라 흠이오, 消極的으로는 社會 公益의 危害를 排除흐며 公安을 維持흠을 公安行政 又는 警察行政이라 홈이라.

是以로 警察法의 性質은 公共흔 安寧秩序를 保持흐는 行政 法規가 됨으로 所謂 公安行政의 法規에 屬흐며 國法上에 地位는 公法의 部類되는 行政法上 內務行政 中에 一部位를 占有흔 者가 되느니라.

警察과 人民

警官은 公安行政法에 屬흐야 行動흐는 官吏니 社會上의 共同흔 幸福과 利益을 保存케 흐며 安寧秩序의 危害를 豫防흐는 目的을 持흐며 國家의 公益을 保護흐기 爲흐야 人民의 自由를 制限흐며 强制力으로 以흐야 行政흐는 權限이 有흔 者ㅣ라. 故로 警官이 人民의 行動과 營業과 衛生을 取締흐야 罪地와 損害와 不虞흔 地境에 不就흐도록 指導흐느니 絶對的 人民을 威脅흐고 恐喝흐야 無端히 虐待흐는 事는 無흐고

人民은 社會를 組織흐야 國家를 型成흐는 一大公衆으로 自由行動의

權限을 抱有ᄒ얏스나 公安을 維持ᄒ고 危害를 豫防홈으로 諸般 指導 保護에 機關된 警察 範圍內에 跋扈ᄒᄂ 弊害가 有홈은 不可ᄒ지라.

是以로 人民이 警官에게 馴伏ᄒ며 廳令을 遵守ᄒ야 警官機關에 一毫라도 違反이 無홈이 但히 國法을 畏服홈이 不啻라. 各自의 幸福을 保有ᄒ야 自由行動의 基礎를 鞏固ᄒᄂ 元素됨이라.

警視廳의 組織

警視廳의 組織과 排置홈이 左와 如ᄒ니

一 總監官房 二 第一部 第二部 第三部오 三 消防本部와 警察消防 敎育所를 屬ᄒ얏고

警察總監 一人이 有ᄒ고 各部에 部長이 有ᄒ니 第一部에ᄂ 行政警察과 司法警察를 管轄ᄒ고 第二部에ᄂ 人民營業에 關ᄒ 事務를 管轄ᄒ고 第三部에ᄂ 特히 醫師가 部長이 되야 一般衛生에 關ᄒ 事務를 管轄ᄒ얏ᄂ듸 其 中에 分掌ᄒ 各課가 有ᄒ야 可히 勝記키 難ᄒ더라.

十五區에 警察署를 置ᄒ얏ᄂ듸 大區에ᄂ 警察支署를 置ᄒ고 區內에 派出所를 設ᄒ야 巡査 四名을 配置ᄒ얏고 地方에도 警察 配置의 秩次가 井井ᄒ나 今에 姑爲闕略ᄒ노라.

行政警察

行政警察이라 謂홈은 公共ᄒ 危害를 豫防ᄒ며 安寧을 保全ᄒᄂ 權力을 作홈으로 未發ᄒ 各般 危害를 排除ᄒ며 行政의 全般을 干涉ᄒ니 其 範圍의 廣大홈이 此와 如ᄒ지라.

保安에 關ᄒ 警察과 風俗에 關ᄒ 警察과 衛生에 關ᄒ 警察이오 其他 營業에 關ᄒ 事 交通에 關ᄒ 事 鑛山森林田野에 關ᄒ 事等 警察이 有ᄒ

야 其內 數百種의 部分을 隷屬ᄒ얏스나 各其 枚論키 難ᄒ고 就中에 非常히 敬歎ᄒᆯ 者를 略記ᄒ건ᄃᆡ 左와 如ᄒ니

保安에 對ᄒᆫ 警察

△ 豫戒 公共의 安寧秩序를 保持ᄒ기 爲ᄒ야 一定ᄒᆫ 生業을 不有ᄒ야 平常 粗暴ᄒᆫ 言論 行爲者와 他人의 集會를 防害者와 他人 業務에 干涉ᄒ야 自由를 防害ᄒᄂᆫ 者를 對ᄒ야 一定ᄒᆫ 命令을 發ᄒ야 警察上 特別 制限의 處分을 加ᄒᆷ이니 各 配置ᄒᆫ 派出所에 巡査 四名이 有ᄒ야 一人은 事務를 執ᄒ고 一人은 門前에 把守ᄒ고 一人은 輪回休憩ᄒᄂᆞ니 巡査가 各其 區域을 分擔ᄒ야 區域內 人民의 身分, 行爲, 職務, 産業, 死亡, 旅行 及 其他 旅人 來往, 財産出入 等을 査探ᄒ야 若 其 犯科와 違警의 確實히 關係된 者를 捕縛ᄒᄂᆞᆫ 權限을 使用ᄒᄂᆞ니 此로 觀ᄒᆯ진ᄃᆡ 摘伏如神이라 謂ᄒ겟고

△ 遺失物 道路上과 集合中 複雜ᄒᆫ 處와 或其 不虞에 遺失ᄒᆫ 物品을 拾得ᄒᆫ 境遇에ᄂᆞᆫ 價格이 高ᄒᆫ 貴重品을 勿論ᄒ고 同區域內 派出所에 現納ᄒ면 此를 經ᄒ야 警視廳에 納ᄒᄂᆞ니 廳에서 該物品 見失者의게 揭布ᄒ야 一一히 還給ᄒ되 百에 五를 割ᄒ야 拾得者에게 賞與ᄒᄂᆞᆫ 規例가 有ᄒᆷ으로 見失者가 拾得者의 證狀을 請得ᄒᆫ 然後에 失物을 來索ᄒᆷ이라.
　警廳에 來ᄒ야 遺失物을 索還ᄒᆷ이 日로 市街를 成ᄒᆷ과 如ᄒ야 見失者가 姑히 索還키 不能ᄒᆫ 物品이 山과 如히 堆積ᄒ얏ᄂᆞᆫᄃᆡ 各種의 數가 十四萬種에 至ᄒ야 若其陳列ᄒᆯ지면 可히 二十里 距離를 連亘ᄒ깃고 最中 數千圓에 達ᄒᄂᆞᆫ 高價를 帶有ᄒᆫ 寶石 黃金 等 指窩와 時計 等이 四千餘箇에 達ᄒ고 金貨 現額이 六萬圓에 達ᄒᆫ다 ᄒ니 此를 觀ᄒᆯ진ᄃᆡ 道不拾遺라 謂ᄒᆯ지로다.

△ 危險豫防 電氣會社와 火藥製造所等 各 工場에 非常ᄒᆫ 危險을 警戒ᄒ

기 爲ᄒ야 技師를 派送ᄒ야 各般 蒸汽 器械의 堅固 與否를 審査ᄒ며 且 人衆複雜處에 傳染病이 發生홈을 念慮ᄒ야 醫師를 派送ᄒ야 各般 消毒을 試ᄒ며 淸潔 掃除를 大注意ᄒ야 不虞를 防備ᄒ더라.

風俗에 對흔 警察

△ 娼妓 一般 醜業婦에 區域을 分ᄒ야 各處 部分의 花柳界를 另設흔 目的을 論홀진딕 人民間 猥褻흔 淫風이 良家에 漬染키를 防杜ᄒ며 傳染梅毒의 施療 方法을 特別히 注意홈이니

就中吉原 一部分을 觀홀진딕 娼妓 名目을 帶有흔 者가 數萬人에 達흔대 病院을 特設ᄒ야 每一週間에 醫師가 檢查ᄒ야 梅毒에 染흔 者 入院흔 數가 四五百名에 達ᄒ야 治療를 受ᄒᄂᆫ딕 醫師와 製藥師와 看護婦 等의 部分이 有ᄒ고 藏藥室 機械室 等이 數千坪의 二階屋을 華麗히 構造ᄒ야 眼目을 驚動홀만 ᄒ니 此를 觀홀진딕 鄭聲를 必放흔다 ᄒ겟고

△ 未成年者의 禁吸烟 未成年者의 吸烟을 禁止홈이 品行에 倨傲홈을 禁ᄒ고 血氣 未充흔 時에 烟毒을 受ᄒ야 腦部를 損傷홀지면 學問에 妨害홈을 爲ᄒ야 禁홈이오 失火原因을 防杜ᄒ기 爲ᄒ야 禁홈이니

若 其犯禁홀 境에ᄂᆫ 現犯者를 招ᄒ야 曉喩ᄒ고 其 父母를 論警ᄒᄂᆫ 딕 至ᄒ야 兒童의 吸烟홈을 一切 不見ᄒ겟스니 此로 觀홀진딕 防微杜 漸이라 謂ᄒ겟더라.

衛生에 關흔 警察

△ 傳染病에 豫防 一般人民의 生命 危害를 豫防ᄒ기 爲ᄒ야 各 區域內 에 淸潔을 實施ᄒ며 各 港口에 醫師를 派送ᄒ야 各船舶을 檢查ᄒ야 染 病의 原因을 消毒ᄒᄂᆫ 各般 方法을 嚴密히 施ᄒᄂᆫ 中 最히 奇妙흔 一法 이 有ᄒ니

鼠의 腹中에 (섀스도)라 稱ᄒᄂᆫ 一種 酷毒ᄒᆫ 病菌이 有홈을 發明ᄒᆞ야 民戶에 鼠를 捉ᄒᆞ야 來納ᄒᄂᆫ 者이 有ᄒᆞ면 五錢式 賞與ᄒᆞ고 所捉ᄒᆫ 各 番地를 鼠脚에 標記ᄒᆞ야 每日 四五千首를 警視廳에 集合ᄒᆞ면 醫師가 此를 解割ᄒᆞ야 果若 病菌이 有ᄒᆫ 者ᄂᆫ 其 標記ᄒᆫ 番地의 家屋에 消毒法 을 施ᄒᆞ고 一週日間 通行을 禁止ᄒᆞ니 此로 觀홀진딘 必防其源이라 謂ᄒᆞ 깃더라.

△ 種痘 種痘法을 設홈은 幼子의 看護ᄒᄂᆫ 責任이 有ᄒᆫ 者ㅣ라. 故로 小兒의 出生後 一年 以內에 種痘 方法을 施行ᄒᄂᆫ 義務로 種痘를 受ᄒᆞ 고 醫師의 證明書를 受領ᄒᆞ얏다가 必要가 有ᄒᆫ 境遇에ᄂᆫ 警察官의게 呈示홈을 要ᄒᆞ며

天然流行ᄒᆯ 時에ᄂᆫ 警察官廳에서 一般에 對ᄒᆞ야 更히 種痘 方法을 施行ᄒᆞ라고 命ᄒᄂᆫ 權도 有ᄒᆞ니 此로 觀홀진딘 救濟 夭札이라 謂ᄒᆞ겟고

△ 飮食物 仮 飮食器 飮食物과 飮食器에 關ᄒᆞ야ᄂᆫ 衛生上 有害ᄒᆫ 分子 를 含有ᄒᆞ야 國民健康上 障害가 大흠으로 以ᄒᆞ야 飮食物 飮食器等 制造 採取, 販賣, 授與, 使用을 禁止 或 停止ᄒᆞ야 國民을 保健케 ᄒᄂᆫ 目的에 達코져 흠이니

飮食品 中 諸般을 檢查ᄒᄂᆫ디 假令 蒸溜水(나무닉)와 麥酒 果子等과 如ᄒᆫ 各種 飮料 食料를 一切 檢查ᄒᆞ야 毒氣를 含有ᄒᆫ 境遇에ᄂᆫ 破棄ᄒᆞ 야 販賣를 禁止ᄒᄂᆫ 權이 有ᄒᆞ니 營業者가 十分 注目ᄒᄂᆫ 비라 此로 觀홀진딘 飮食必愼이라 謂ᄒᆞ겟고

飮食器 製造時에 五色彩畵를 繪寫ᄒᄂᆫ 物에 毒이 無흠을 認定ᄒᆫ 然後 에 販賣ᄒᆞ며 使用홈을 許可ᄒᆞ니 此로 觀홀진딘 工不欺人이라 謂ᄒᆞ겟고

△ 汚穢物 掃除 傳染病을 豫防ᄒᆞ기로 注意홀진딘 先히 汚穢物掃ᄒᆞ기를 注意홀지니, 每日 一般 人民의 義務로 家庭과 道路를 掃除ᄒᆞ야 市街와 家屋이 極히 淸潔ᄒᆞ고, 春秋에 警察官吏가 出張ᄒᆞ야 全國內 人民居住處 를 掃除ᄒᆞ라ᄂᆫ 命令을 發ᄒᆞ야 大掃除라 稱ᄒᆞ고, 學校와 工場 等 複雜處

에는 益益 注意ᄒ야 淸潔케 ᄒ기를 大注意ᄒ며, 便所에 尿屎 等物을 農業家에서 肥科品으로 刮取ᄒ야 駈留馬에 裝載ᄒ야 公衆의 眼目에 不現ᄒ고 惡臭가 市街에 飄揚치 아니ᄒ며, 小兒와 狗畜이라도 放屎를 禁止ᄒ고 設或潑撒ᄒᄂ 弊가 有ᄒ야도 踵卽掃除ᄒ야 一點 汚穢物를 不見ᄒ겟스니 此로 觀ᄒᆯ진ᄃᆡ 琉璃世界라 稱ᄒ겟더라.

其他 道路의 交通에 複雜을 戒ᄒ야 橋梁의 左右를 分ᄒ며 或 道路를 迷ᄒᄂ 者ㅣ 有ᄒ야 町目을 問ᄒᆫ 境遇에ᄂ 實心 指導ᄒ야 極히 便宜를 與ᄒ니 可히 文明先進의 程度를 欽歎ᄒᆯ 만ᄒ도다.

司法警察

司法警察은 犯罪에 關ᄒᆫ 危害를 防止케 ᄒ며 安寧秩序를 維持케 ᄒᆯ 目的으로 犯罪者를 搜索 捕縛ᄒ야 司法의 作用을 補助ᄒᄂ 者니 司法警察의 關ᄒᆫ 者ᄂ 左와 如ᄒ니

犯罪者 搜索權의 性質 機關 發生 實行과 搜索 着手의 原因과 搜索 實行의 範圍와 搜索權의 消滅 等이 一一히 盡記키 浩繁ᄒ기로 姑히 關略ᄒ노라.

就中 神奇ᄒᆫ 機關이 有ᄒ야 假令 某區 某町 某番地에 賊警이 有ᄒ면 電話로 密通ᄒ야 三分間에 各 所巡査가 網羅를 設ᄒ야 水泄不通홈과 如ᄒ니 盜賊의 走脫ᄒᄂ 者ㅣ 無ᄒ더라.

罪人를 捕縛ᄒᆯ 時에 四十八時에 裁判所로 移送ᄒ다더라.

監獄署

監獄署의 排布가 宏敞ᄒ고 犯罪者의게 對ᄒ야 工業을 獎勵ᄒ며 改過ᄒ기로 勸勉ᄒᄂ 目的으로 注意ᄒ야 特異ᄒᆫ 惡善的 性質을 含有ᄒ얏스니 可驚可歎ᄒᆯ 盛事이라. 其 位置와 成績을 略記ᄒ건ᄃᆡ

(一) 表門으로 入호야 幾多 部分을 通過호즉 洋製屋六座가 有호딕 其內에 犯罪者가 工業 製造品이 如左호니

　第一　織造 郵便布囊 等
　第二　木工 運用品
　第三　鐵工 自行車 美術品 各種
　第四　服裝 軍用履頭笠
　第五　帽子 麥帽 麻繩
　第六　織造

(二) 八稜洋製屋 一座가 有호니

　第一　烝汽機로 工場의 機械를 使用케 호고
　第二　炊飯室이니 飮食品이 極히 精潔호되 但히 飮의 六級이 有호고
　第三　沐浴室이오
　第四　休待室이오

　其他 親屬 接見所 洗濯所 圖書縱覽所가 有호야 極히 囚者의 便宜를 與호고 夜間에는 電燈을 占호야 全部分이 通明호야 白晝와 如호더라.

(三) 耕耘地가 一万四千八百五十六坪 合二勺이 有호되 各種 農事 試驗場을 設호얏고
(四) 運動場이니 每 百名式 巡査가 領率호고 體操及運動을 施호고
(五) 左右에 五稜屋二座를 設호얏는딕 罪囚者의 宿室로 定호야 每一架에 二人式 歇泊케 호고 其 中央에 二階屋의 敎誨堂이 左右에 有호딕 可히 千餘人을 容홀 만호 屋上에 每祭日 日曜日이면 宣敎師가 講道호야 改過遷善호라는 勸勉的 主義로 講演호야 犯罪者의 心志를 悔悟케 호고
(六) 事務室이오

(七) 病院을 設ᄒ야 患者를 施療ᄒ더라.

其 位置의 廣闊ᄒᆷ이 四面一里의 長廣를 延亘ᄒ고 巢鴨一所에 現囚ᄒᆫ 己決囚가 一千九百七十餘名인ᄃᆡ 如此히 設置ᄒᆫ 監獄署가 幾個處가 有ᄒ고 女監獄과 未決囚 監獄이 有名ᄒᆫᄃᆡ 極히 淸潔ᄒ고 便利ᄒ더라.

噫라 監獄長의 談話를 聞ᄒᆫ 則 一般同胞의 不幸히 罪過에 犯ᄒ야 罪案은 己決ᄒ야 此에 看守ᄒ얏슨則 但히 愛護ᄒᄂᆫ 主義로 極히 便易를 與ᄒ고 改過ᄒ기로 勸勉ᄒᄂᆫ 目的만 保有ᄒ야 每日에 罪囚을 對ᄒ야 悔過 自責ᄒᄂᆫ 것이 生道라. 位를 辭讓ᄒ되 善을 辭讓치 말라. 一個人의 利益을 生覺지 말고 公益을 生覺ᄒ라. 此와 如한 問題로 各其 常目에 觀念케 ᄒ야 心志를 懺悔케 ᄒᆯ 쓰름이오.

各其 工場 製造品은 政府에서 收入ᄒ되 其 代金의 十分之四五를 割ᄒ야 罪囚의 放釋出獄時에 出給ᄒ야 其 資本으로 充ᄒᆷ을 藉賴케 ᄒ니 終始 生成ᄒᄂᆫ 德澤이 有ᄒᆷ이라.

此 監獄署가 姑히 司法省에 隷屬ᄒ얏스나 實相은 文部省에 隷屬ᄒ야 敎育的 主義를 標明할 計劃이 有ᄒ다 ᄒ니 十分 欽服ᄒ야 可驚可歎ᄒᆯ 盛事이라 ᄒᆷ이 此를 由ᄒᆷ인져.

消防部

消防部가 中央에 在ᄒ고 消防支部가 六個所가 有ᄒᄃᆡ 火災豫防의 主意로 設備ᄒᆷ이 極히 周密 神速ᄒᆷ을 可히 讚述키 難ᄒ나 所見을 略記ᄒ 건ᄃᆡ

消防部을 二階屋으로 建築ᄒ고 上階에ᄂᆫ 事務室이 有ᄒ야 消防長이 有ᄒ고 其 側面에 引水管을 裝置ᄒ얏ᄂᆫᄃᆡ 長이 四千尺의 多數ᄒᆷ이 有ᄒ고 下階에ᄂᆫ 一間에 引水機關車를 裝載ᄒ고 一間에 馬匹을 喂養ᄒ야 恒常 戒嚴ᄒᄂᆫ 主義로 設備ᄒ얏다가

望臺上에 瞭望夫가 何地에 火光이 有ᄒᆷ을 見ᄒ고 鍾을 鳴ᄒ면 消防部

에셔 急速히 行動ᄒᆞᄂᆞᆫ딕 二階屋 雲梯에 下ᄒᆞ기를 不暇ᄒᆞ야 空中에 鐵柱를 立ᄒᆞ엿다가 此를 從ᄒᆞ야 飛下ᄒᆞ야 常備 消防夫를 率ᄒᆞ고 三分間에 機車를 携ᄒᆞ고 目的地에 向ᄒᆞ야 中路에셔 蒸汽罐에 潑火ᄒᆞ고 市街上 設備ᄒᆞ야든 水道에 引水唧筒을 設ᄒᆞ야 火焰를 激射ᄒᆞ야 撲滅ᄒᆞᄂᆞᆫ 工事에 着手ᄒᆞ얏스니 其 迅速ᄒᆞᆷ를 可히 形容키 難ᄒᆞ딕 其 潑水力이 甚大ᄒᆞ야 一回 噴水에 一坪의 火力을 滅ᄒᆞ니 消防의 機關이 漸次 發達ᄒᆞ야 二三家ᄭᅡ지 延燒ᄒᆞᄂᆞᆫ 患이 無ᄒᆞ더라.

新聞의 條例

新聞紙ᄂᆞᆫ 國家 政治와 人民 風俗을 論述ᄒᆞ고 報道ᄒᆞ야 風氣 鼓動ᄒᆞᄂᆞᆫ 一大 影響이 存ᄒᆞᆫ 一機關이라. 社會上 出版自由權이 有ᄒᆞ다 謂ᄒᆞᄂᆞᆫ 政治와 軍國의 一大 秘密 事項을 漏泄ᄒᆞ거ᄂᆞ 政黨을 彈駁(탄박)ᄒᆞᄂᆞᆫ 手段을 濫弄ᄒᆞ야 國民의 心志를 煽動ᄒᆞᄂᆞᆫ 弊害가 生ᄒᆞᆯ 時에ᄂᆞᆫ 出版 自由權을 强制ᄒᆞᄂᆞᆫ 權이 有ᄒᆞ고,

某 新聞社을 勿論ᄒᆞ고 當初 創立ᄒᆞᆯ 時에 其 位置에 遠近과 營業의 大小를 分ᄒᆞ야 保證金 幾千 或 幾百圓을 政府에 納ᄒᆞᄂᆞᆫ 規例가 有ᄒᆞ딕 每日 出版 後에 檢閱을 受ᄒᆞ야 若 或 犯科ᄒᆞᆫ 事이 有ᄒᆞ면 賠償金을 同保證金 內에 除減ᄒᆞᄂᆞᆫ 例가 有ᄒᆞ고 重大 事項에 關係가 有ᄒᆞ면 配達을 禁止도 ᄒᆞ고, 停刊도 ᄒᆞ라ᄂᆞᆫ 命令을 出ᄒᆞᄂᆞᆫ 權限이 有ᄒᆞ더라.

結論

噫라. 國家의 文明發達이 政治에 在ᄒᆞᆷ을 槪聞ᄒᆞ얏스나 政治 發達이 何等 機關에 在ᄒᆞᆷ을 不知ᄒᆞ얏더니, 日本에 東航ᄒᆞ야 文物制度와 法律 規程의 井井不紊(정정불문)ᄒᆞ야 毫釐不差(호리불차)ᄒᆞᆷ을 觀念ᄒᆞᆯ진딘 政治 發達의 機關이 警察 一部分에 在ᄒᆞᆫ 줄노 認定ᄒᆞ겟도다. 此로 推ᄒᆞᆯ진딕 日本이 東洋에 文明을 啓發ᄒᆞᄂᆞᆫ 嚆矢를 作ᄒᆞ야 歐美 世界에 幷駕馳

驚ㅎ는 原因이 此에 在홈이 아닌가.

我韓도 警察 機關을 此로 模型ㅎ야 日益增進ㅎ고 日益擴張ㅎ기로 大注意ㅎ야 政治機關을 發達ㅎ야 文明에 大進ㅎ기를 希望ㅎ거니와 腦髓을 損ㅎ며 腔血을 沸ㅎ야 此에 十分 心力을 盡瘁키 不能ㅎ면 警察 方法에 達흔다고 言키 不可ㅎ기로 略略 筆記ㅎ야 我韓 全國 同胞의 耳目을 警省코져 ㅎ노라.

◎ 警察의 定義, 李大衡, 〈태극학보〉 제24호, 1908.9.
　(경찰학, 행정학)

▲ 제25호

盖 警察은 國家의 命令權의 行使되는 命令이라. 國家가 其勸力을 依ㅎ야 或 行爲와 不行爲을 强制ㅎ는 바 作用홈인데 警察의 警察된 所以는 其一定의 目的을 達ㅎ니 何爲야 一個人에 加홈에 强制를 以ㅎ야 爲홈이 有흔 고로 權力關係 存在씌 未흘 時에는 警察이 有無가 될지라. 然홈으로서 警察 直接으로 公共의 安寧秩序를 保持ㅎ기 爲ㅎ야 人의 自由를 制限ㅎ는 勸力의 働홈이라고 謂흘지나 然ㅎ나 國家가 其 命令權을 依ㅎ야 一個人의 自由를 制限ㅎ며 或 行爲를 强制홈도 萬一 其 目的으로 公共의 安寧秩序에 對ㅎ야 危害를 排除홈에 在치 아니ㅎ면 此를 警察이라 謂ㅎ기 不能ㅎ고, 또 要ㅎ건딕 <u>警察의 目的은 安寧秩序의 保持에 有ㅎ며 其 手段은 危害를 防止홈에 有ㅎ고, 其 形式은 自由를 制限홈에 有</u>ㅎ니 此等 目的 手段 形式이 具備된 行政의 動을 警察이라 稱ㅎ깃고, 警察은 內務行政의 一部分이라 警察이 危害 防止의 目的을 達ㅎ기 爲ㅎ야 自由 制限의 手段을 用홈은 內部 行政된 警察 强制權의 執行을 謂흔 것인데 곳 警察權에 依ㅎ야 人의 自由를 制限홈으로써 安寧秩序를 保持홈이 되느니라. 換言ㅎ면 <u>人의 自由를 制限ㅎ야 社會의 秩序를 維持흘</u>

方法으로 홀 境遇에ᄂᆞᆫ 警察權을 以ᄒᆞ야 或 行爲 不行爲 强制홈에 在ᄒᆞᆫ 故로, 設令 危害 防止의 目的으로 허ᄂᆞᆫ 活動도 一個人의 自由에 何等 關係가 有ᄒᆞ지 아닐 時ᄂᆞᆫ 警察의 活動이라고 不能謂홀지라.

佛國 보-루세에-루5) 氏가 曰 善良ᄒᆞᆫ 警察制度의 開明ᄒᆞᆫ 政治上에 在홈은 現世界에 有名ᄒᆞᆫ 器物 中에 無上히 有名ᄒᆞᆫ 良工을 作ᄒᆞᄂᆞᆫ 位置에 一寶物된다고 說明ᄒᆞ얏고, 且 獨逸國 法學博士 모-루 氏ᄂᆞᆫ 警察을 以ᄒᆞ야 公法 中에 가장 不明分ᄒᆞ무로 困難ᄒᆞᆫ 部分이라고 說明ᄒᆞ엿고, 墺國 有名ᄒᆞᆫ 警察學者 스다인 是ᄂᆞᆫ 理論도 無ᄒᆞ고 實務 無도ᄒᆞ고 一事 一物에 警察에 關ᄒᆞᆫ 것을 丁解홈에 極히 困難ᄒᆞ다고 說明ᄒᆞ고 坐 警察법은 國家 一般 事務에 就ᄒᆞ야 警察의 職務와 地位를 定ᄒᆞ기 爲ᄒᆞ야 可히 缺치 못홀 줄노 認定ᄒᆞ야 其 法吏를 詳究홈은 警察上에 實노 必要가 된다고 大有議論ᄒᆞ니라. 警察의 定義에 關ᄒᆞ야 危險 豫防說과 目的 說과 內務行政說과 自由制限說이 有ᄒᆞ나 其歸着홈에 至ᄒᆞ야ᄂᆞᆫ 內務行政說과 自由制限說이 有ᄒᆞ니 今에 此說을 主張ᄒᆞᄂᆞᆫ 有名 學者의 所論이 有ᄒᆞ다 云云 (未完)

(미완이지만 더 이상 연재되지 않았음)

◎ 統治의 目的物, 韓光鎬, 〈서우〉 제5호, 1906.4. (정치학)

*시대별 국가 관념의 형성과 국가의 요소(통치권＝영토, 주권, 신민)

統治權은 國權이라. 其國을 統治ᄒᆞᄂᆞᆫ 主權이니 諸種 勸力上에 存在ᄒᆞ야 最高 獨立이오, 且 永久 無限의 力이 有홈이라. 一便에 勸力者가 有ᄒᆞ면 他 一便에 勸力이 及ᄒᆞᄂᆞᆫ 目的物이 有홈은 理의 當然ᄒᆞᆫ 바ㅣ니

---

5) 보루세에루: 미상.

然則 統治權이 有혼 同時에 統治權의 及ᄒᆞᄂᆞᆫ 目的物이 有홀지니 卽 國土와 臣民이 統治權의 客體가 되ᄂᆞ니라.

法理上 問題로ᄂᆞᆫ 解釋이 不一ᄒᆞ야 或은 統治의 目的物은 人民이라 ᄒᆞ며 或은 人民과 土地를 合幷혼 社會 團體라 ᄒᆞ며 或은 土地라 單稱ᄒᆞ야 議論이 岐異ᄒᆞ니 此를 沿革的으로 言ᄒᆞᆫ즉 統治의 目的物을 國家 組織의 現像을 依ᄒᆞ야 不同ᄒᆞ니 <u>往古 歷史로 言ᄒᆞ면 一定혼</u> 土地를 國家 成立의 要素로 不作ᄒᆞ고, 其宗族의 人民이 部落을 成ᄒᆞ며 民族을 成ᄒᆞ고, 此를 統治ᄒᆞᄂᆞᆫ 權이 卽 主權이라 主唱ᄒᆞ야 惟其 人類의 集合이라 ᄒᆞᄂᆞᆫ 觀念에 不過ᄒᆞ엿스니 如斯혼 所以로 當時 國家 觀念에ᄂᆞᆫ 國土ᄂᆞᆫ 其要素를 不作ᄒᆞ고 其 人民이 統治權의 目的物에 不過ᄒᆞ니라.

然이나 洋에 東西를 不問ᄒᆞ고 <u>所謂 封建時代에 至ᄒᆞ야ᄂᆞᆫ</u> 其 觀念이 一變ᄒᆞ야 此 時代의 國家 觀念은 領土라 ᄒᆞᄂᆞᆫ 思想이 始生ᄒᆞ야 君主가 國家를 保함은 一個人이 某 土地를 其 所有物로 保管홈과 恰如ᄒᆞ야 統治權은 一大 所有權과 同ᄒᆞ고, 君主ᄂᆞᆫ 一大 地主로 一定혼 土地를 自己의 領分으로 作ᄒᆞ야 占有홈이 統治權의 働作으로 思惟ᄒᆞ고 人民은 附屬物로 亦有作ᄒᆞ니라.

然而 <u>近世 國家 觀念은 前時代</u>의 觀念을 稍稍 調和ᄒᆞ야 國家라 홈은 一定혼 土地 及 一定혼 人民으로 成立혼 者라 ᄒᆞ야 國土ᄂᆞᆫ 主權의 領土며 國民은 卽 主權의 臣民이라.

領土權은 一定혼 土地上에 他 勸力의 施行을 排斥ᄒᆞ며 自己의 統治權만 獨行ᄒᆞᄂᆞᆫ 力이니 內部에 對ᄒᆞ야ᄂᆞᆫ 諸般 私勸力의 所行을 一禁ᄒᆞ야 主權으로써 最高 勸力을 作ᄒᆞ며 外部에 在ᄒᆞ야ᄂᆞᆫ 其國 版圖 內에ᄂᆞᆫ 外國 國權의 侵入을 防禦ᄒᆞ야 我의 國權만 惟一의 勸力이 되ᄂᆞ니 故로 外國人이 我國 版圖 內에 入홀 時ᄂᆞᆫ 我의 國權에 不可不 服從홈은 此

乃 領土權에 働作이며, 又 領土權은 對人關係가 아니오, 一定한 土地에 對한 關係니 然則 外國人이 一步 半頃이라도 我國 版圖 外에 出하면 此에 對하야는 國權이 不及하나라.

凡 一國 版圖는 其 國法律에 所行區域을 示함에 第一必要한 標準에 至하엿스니 近世 法律 思想에는 法律의 及하는 範圍는 屬地主義로 本則을 作하고 惟其 便宜上一例外로 屬地主義을 取할 뿐 이니라. 是故로 法律에 特別한 例外 規定이 無한 以限은 我韓의 法律은 我韓帝國內에 行하야 內外人의 區別이 無하고 統轄함을 得하나니 是亦 領土權에 働作이니라.

且 統治權의 目的物되는 臣民은 臣民되는 資格으로 絶對 無限히 主權에 服從하야 一定한 制限이 無하나니 此는 國家가 臣民에 對하는 特質라 或은 此를 國家가 人民에 對한 壓制라 論하는 者ㅣ 有한지라. 然이나 如何한 國體와 如何한 政體에 在하던지 此 原則은 決斷코 變動치 못한 者ㅣ니라. 此 基礎가 有한 故로 憲法 又 法律을 制定하야 人民服從의 程度 及 分量을 定하기 可得하나니라.

臣民과 國權의 關係는 絶對的 服從의 關係니 臣民은 國權에 對하야 絶對로 服從함을 因하야 國權의 保護를 受하기 得하고 且 國權이 人民을 保護함을 因하야 人民의게 權利가 生함이라. 是以로 外國人이라도 其 國版圖內에 在하야 保護를 受한 以上은 其國 國權下에 服從하나니라. 然이나 外國人의 服從은 絶對無限이 아니오 其國 國境內에 入하는 條件을 因하야 服從의 關係가 始生하고 又 國權이 外國人에 對한 關係는 領土權의 作用에 不外하나니라.

然則 國權은 何를 爲하야 存하며 人民은 何를 因하야 絶對的으로 服從하나뇨. 其 目的 精神의 如何를 尋究할진디 臣民은 自己의 安寧幸福

을 完全히 保護코져 홈에 由홈이라. 詳論흔 즉 一個人이 各自의 腕力으로써 自己의 身體, 財産을 保衛홈보다 一層 最高 權力을 依하야 保護됨이 自己의 安寧幸福을 反完케 하는 所以오. 國家는 何故로 絶對의 權力을 行하느뇨 할진딕 結局은 臣民을 保護하고 秩序를 維持홈에 在하니

故로 最高이 權力과 絶對의 服從이 有흔 然后에 國家的 團體가 始成하고 國家의 團體가 生흔 後에 國民의 權利가 完全히 維持됨을 可得하느니라.

◎ 政治學의 國家主義,
   沈宜性 譯述, 〈대한자강회월보〉 제12호(1907.6).

   *정치학의 개념, 학문의 본질(목적) = 진리탐구, 연구 방법에 대한 논의(유형학
    과 무형학)
   *학문 방법론이 구체적으로 서술된 점이 특징임/ 무형학의 재료는 실제로 정신
    과학의 연구 과정(기술 – 설명 – 이론화 / 기재 – 이론 추구 – 결론)을 의미함

▲ 제12호

總論

   第一節 無形學

   政治學이란 者는 無形흔 學術의 一枝體라. 故로 政治學의 意義를 解釋코져 할진딕 無形學의 意義를 先通하고 無形學의 意義를 通코져 할진딕 斯學의 定義를 明釋흔 後에 可하니

盖 學이라는 것은 主觀과 客觀이 有ᄒ니 二定義의 主觀을 一種 或 數種의 有形과 無形의 普通知識이 是也오 客觀者ᄂ 數多 事實과 數多 理論을 集合ᄒ 것이 是라. 故로 此를 眞理上 智識으로써 標準의 學을 作ᄒ기 爲ᄒ야 大別爲二ᄒ니 卽 無形學과 有形學이 是也라.

無形學을 硏究코져 할진딕 內界 心靈에 就ᄒ야 求ᄒ 것이오, 有形學을 硏究ᄒ진딕 外界 感觸에 就ᄒ야 求ᄒ지니 二者의 基礎가 各異ᄒ 故로 其結果가 亦各不同ᄒ니라.

有形學者ᄂ 理論으로써 命ᄒ 바인 고로 恒常 眞理에 合ᄒ나니 例컨딕 化學에 同一ᄒ 方法으로써 同一ᄒ 物質에 試驗ᄒ면 반다시 同一ᄒ 原質이 分析되ᄂ 것과 如ᄒ 者가 是也오 無形學者ᄂ 理論로써 推想ᄒᄂ 者인 故로 반다시 眞理에 合할ᄂ지 未認할 者이니 例컨딕 經濟學에 自利心으로써 主動原力을 推定ᄒ야 비록 此로써 彼를 推ᄒ야 立論ᄒᄂ 基礎를 作ᄒ나 然ᄒ나 理論의 結果인즉 經濟의 眞理와 不必相合ᄒᄂ 것과 如ᄒ 者ㅣ 是也라.

第一. 無形學(一名 形而上學)의 基礎이니 一切 科學이 無形 有形의 大別이 雖有ᄒ나 社會 生存의 實際에 在ᄒ야ᄂ 二者가 不獨 互相 交錯이라. 卽 無形學 現像으로 爲基礎ᄒ나니라.

(甲) 社會(卽 群體)니 個人 公共ᄒ 生存의 團軆인 故로 生物學을 必知ᄒ 後에야 個人의 性質作用을 硏究ᄒ기 始得ᄒ리니 盖人類의 天然作用은 卽 身體가 是也라. 故로 人類도 亦 一種의 天然物이라. 人類의 精神과 身體의 關係가 密接이 有ᄒ니 此點에 對ᄒ야 其性質用을 硏究ᄒ 바니라.

(乙) 各個人과 社會 生存의 目的이니 盖 天然力을 箝制(겸제)ᄒ야서

其天然力을 利用홈으로 爲主ᄒᄂᆞᆫ 故로 凡百 技術의 科學을 必擧ᄒᆞ야 硏究할지니 凡 人類가 天然界에 生存코져 할진ᄃᆡ 必與天然力으로 競爭할 것이오 又與天然力으로 競爭코져 홈이 卽 公共生活(卽 社會)이 되고 社會 中에 生存코져 ᄒᆞ즉 又 必互相 競爭ᄒᆞ나니 然則 天然上으로 自ᄒᆞ야 社會上에 及ᄒᆞ도록 生存競爭이 不絶如縷(부절여루)홈으로 凡百 技術의 科學이 從此 進步ᄒᆞ야 遂爲 社會의 硏究ᄒᆞᆫ 바 無形學의 基礎가 되나니 如農學이 雖爲 一種 技術이나 實則 經濟의 基礎라. 近世 歐洲의 社會問題가 皆 蒸氣機關을 發明홈을 由ᄒᆞ야 起ᄒᆞᆫ 바 卽 技術科學의 結果라. 故로 無形學의 基礎됨이 明矣로다.

第二. 無形學의 材料. 此材料ᄂᆞᆫ 歷史 及 統計의 二種이 卽 是라. 歷史ᄂᆞᆫ 過去事로 供給ᄒᆞ고 統計ᄂᆞᆫ 現在事로 採補ᄒᆞ나니 又其材料 則 歷史學, 統計學, 地理學, 博物學 等으로 爲主나 然此等 簡單 材料로ᄂᆞᆫ 誠非無形學의 要件이니 不得不 此로 由ᄒᆞ야 其 眞者與不眞者와 可眞者와 不能眞者의 差異ᄒᆞᆫ 點을 辨別ᄒᆞ면 卽 其事實이 含有ᄒᆞᄂᆞᆫ **故로 三種의 材料를 構成ᄒᆞᆫ 然後에야 其效力이 始生ᄒᆞ나니 第一次에ᄂᆞᆫ 事實을 記載ᄒᆞ고 第二次에ᄂᆞᆫ 事實을 由ᄒᆞ야 理論을 推究ᄒᆞ고 第三次ᄂᆞᆫ 斷定을 依ᄒᆞ야 結論을 附ᄒᆞᄂᆞᆫ 等이 是也라**. 故로 無形學이 社會에 對ᄒᆞ야 一定ᄒᆞᆫ 眞理가 되나니 箇人의 性質 及 作用을 硏究ᄒᆞᄂᆞᆫ 者도 亦依 此學ᄒᆞ나니 不獨 生理에 屬ᄒᆞᆫ 動物만 爲然이라. 心理에 屬ᄒᆞᆫ 動物도 亦莫不然 故로 無形學이 必藉生物學 及 心理學ᄒᆞ야 以爲補助ᄒᆞ나니라.

第三. 無形學의 標準. 人類가 生ᄒᆞᆫ 以上에ᄂᆞᆫ 互相間 牽連의 事가 必有ᄒᆞᆫ 後에 社會에 生存홈을 可得ᄒᆞᆯ지니 故로 社會 中 發達의 最早ᄒᆞᆫ 者 文明의 中樞되ᄂᆞᆫ 者ᄂᆞᆫ 卽 民族이 是也라. 盖 民族 相合의 結果가 有二原質ᄒᆞ니 一爲 天然事實이오 一爲 歷史事實이라. 學者 所謂 民族者ᄂᆞᆫ 同祖共系ᄒᆞᆫ 血統의 人民이 團體를 結合ᄒᆞᆫ 者라. 故로 血統이 混淆(혼효)ᄒᆞᆫ 民

은 族民이라 稱ᄒ기 不可ᄒ나 雖然이나 **歷史 言語 文學 習慣 等이 皆 民族을 構成ᄒᄂ되 大有力焉**은 此亦不容疑者也니 此類의 學術을 硏究 ᄒ야 曰 人種學이라 ᄒ니 凡謂 道德, 法律, 經濟, 宗敎, 技術, 言語 等 諸學이 縱橫 交錯ᄒ고 其 標準則 此文明 中樞의 族民 中으로 由ᄒ야 硏究而成者也라.

人類가 於社會에 家族 種族 地方 團體 及 其他 各種 團體로 自ᄒ야 以至國家ᄒ도록 漸次로 有形 組織을 構成ᄒ나니 其本源을 尋코져 할진 되 必自血統浹洽始ᄒ야 發達에 至ᄒ리니 權力 財産 智能의 發達을 因ᄒ 야 各種 等級이 生焉ᄒ고 休戚 利害의 異同으로 由ᄒ야 各種 團體가 成ᄒ고 更히 一步를 進ᄒ야 社會 全體 及 分子를 保存ᄒ야ᄊ 複雜 完備 ᄒ 有機體로 組織ᄒ 國家를 遂成ᄒ나니라.

▲ 제13호 **政治學 總論,**
小汕 沈宜性, 〈대한자강회월보〉 제13호(1907.7).

*정치학 연구 방법＝지리학, 인류학, 심리학, 인종학, 법리학, 경제학, 윤리학 등의 제반 과학과 연계하여 연구해야 함을 강조함

第二節 政治學(承前)

政治學이란 것은 國家의 性質 及 其作用을 硏究ᄒᄂ 一 科學이오 又 爲 數科學의 集合體者也니 盖 政學의 名稱이 希臘 市府로 由ᄒ야 脫化 而來ᄒ니 乃希臘은 元來 蕞爾(최이)의 市府 國家인 故로 希臘 人民이 市府와 國家의 區別을 不知ᄒ으로 硏究 國家 性質之學이라 遂稱ᄒ야 仍爲政治學ᄒ니라.

(甲) 政治學의 基礎: 前節 所載ᄒ 各種 科學이 皆 政治學의 基礎를

構成ᄒᆞᆫ 者인 故로 今에 解釋을 如左ᄒᆞ노라.

第一. 政治學을 硏究코져 할진딕 地理學에 不可不 根據也니 盖 土地 天然力이 其國家에 影響됨이 甚大故也라. 地理學 云者ᄂᆞᆫ 人群 與 天然力의 關係됨을 所以 硏究之科學云爾라. 如平原의 國家ᄂᆞᆫ 中央集權이 成케 恒易ᄒᆞ고 山谷의 國家ᄂᆞᆫ 自治 發達이 恒易ᄒᆞᆫ 者ㅣ 是也라.

第二. 政治學을 硏究코져 ᄒᆞᆯ진딕 人類學에 不可不 根據이니 盖 人類學者ᄂᆞᆫ 人類의 精神 身體의 二原質과 及 其 氣候, 人種, 敎化 等에 相因된 感應과 其 性質 作用의 若何發達과 若何 沿革을 所以研究者也오, 且 人類 相合ᄒᆞ야 以成 一國民의 次第 事實을 考求者ㅣ 是也라.

第三. 凡 公共心과 愛國心과 利己心이 常與人群으로 大關係가 有ᄒᆞ니 或 其 舊形을 維持ᄒᆞ며 或 其新體를 變更ᄒᆞ야 種種의 現象이 다 是의 根ᄒᆞᆫ디라. 故로 政治學도 亦不得不 心理學의 根據ᄒᆞᄂᆞ니 心理學은 人類의 精神 及 其 性質 作用을 硏究ᄒᆞ기 爲ᄒᆞ야 一科學이 되얏ᄂᆞᆫ지라. 盖 凡 國民이 皆各其 獨立 公共의 精神이 有ᄒᆞᆷ은 實於構成國家ᄒᆞᄂᆞᆫ 關係의 最大ᄒᆞᆷ이라.

第四6). 族民의 發達은 往往 國家組織의 基礎가 되ᄂᆞᆫ 故로 硏究 政治學에 又 不得不 參照 人類學이니 人類學者ᄂᆞᆫ 人類 中 種族의 區別과 及 其 起原 與 其 特別의 差異를 硏究ᄒᆞ야 成 一科學者라 也ㅣ라. 其與 政治學으로 密接의 關係者 二端이 有ᄒᆞ니 第一은 其民族이 組織 國家ᄒᆞᆷ에 基礎가 可爲ᄒᆞᆯ 者ᄂᆞᆫ 卽以 民族으로 硏究 政治學의 單位를 爲ᄒᆞᆯ 것이오, 第二ᄂᆞᆫ 若 其民族이 組織 國家의 基礎가 不能爲ᄒᆞᆯ 者 則 其國 中 種族에

---

6) 앞부분의 글쓰기 방식은 국한문 혼용인데, 여기서부터는 현토체와 같이 한문 어순을 더 많이 지키고 있음.

區別을 硏究홈에 尤爲要着이라.

第五. 政治學者는 凡關於人羣資生之諸科學에 皆不可不 考究니 如法理學, 經濟學, 倫理學 等은 다 人羣資生統一의 智識이 되는지라. 政治學도 亦然호 故로 政治學을 硏究홈이 不可不 此等 科學에 根據홀디라.

第六. 政治學者는 凡關於組織人羣之諸科學에 皆 不可不 參考니 盖 國家之中에 不止有一群而已라. 其中에 家族의 群과 階級의 群과 地方團體의 群이 有호야 乃至以事業爲群호며 以宗旨爲群히 莫不有焉호니 此等 各群이 皆與國家로 共同의 生存이 되며 同等의 要害가 잇는지라. 若 西國敎會가 其國家에 對호야 當傲然히 獨立之形이 有호되 此皆與政治學으로 密接의 關係가 有호 者ㅣ라. (未完)

*자강회월보

◎ 國家 意義, 송당 김성희, 〈대한자강회월보〉 제11호(1907.5); 제13호

*국가의 구성(개인〉가족〉종족〉민족〉국가)

▲ 제11호

國家의 名이 何自以始오 古者人群의 初級也에 有家族焉호며 再級也에 有種族焉호며 又進級爲民族焉호니 盖由家族團體而合爲種族호며 由種族團體而合爲民族則共同社會가 以之生焉호야 國家全體가 自在於無形之界矣라. 然則 一國家가 始由一家族起호고 一家族이 始由一身上起而一身之中에 形體 智識 言論 習慣이 亦各爲組織國家之材料니 何也오

53

以形體로 爲社會之質素ᄒ며 以智識으로 爲敎育之標準ᄒ며 以言論으로 爲議政之機關ᄒ며 以習慣으로 爲立法之指針ᄒ야 各保其權則一家도 亦國家오 一身도 亦國家라 故로 國家之有無存亡을 不得不向人人一家一身上定之니 爲民者之責任이 豈不重且大哉아.

如使國家로 不能存이면 幷與我一家一身而無之니 顧我韓은 有國乎아 無國乎아 若日無也면 我二千萬人이 無一椽之庇而棲息於何處며 無一球之血而孳息於何地乎아 哀莫哀於無國之民이로다. 旣具人類之性而有形體智識言論習慣則寧可死爲文明之鬼언졍 豈欲生爲奴隷之國家리오 國家名義之所由와 政治汚隆之所係ᄂ 雖至千言萬語에 十百往復이라도 惟當不辭其勞ᄒ고 撫前人所論而附已見ᄒ야 以備同胞之警悟而時勢所迫에 情急詞絀ᄒ야 遂之不瀉諱에 惟口爲率ᄒ니 當局諸公이 其恕之否乎아 余所謂國民責任者ᄂ 觀乎西儒에 盧梭ᄂ 以一民約論而卒倡全歐之民政ᄒ고 瑪志尼ᄂ 以一拔爾阿上書而竟脫奧絆ᄒ고 格蘭具麟은 以一同盟書而助成獨立ᄒ니 此皆以其身爲國家者而其所成就之大小ᄂ 各因其所學之殊也니 同胞ᄂ 志之어다.

夫東洋諸國中支那帝位之相授相嬗이 未始不更僕이오 明君哲辟과 鴻儒碩輔가 未始不輩出而無國家意義之以學理解釋者ᄂ 何也오 堯舜之治ᄂ 所以循民也라 國家存在之實이 自立於熙如皡如之中則何待乎意義之可釋이며 孔孟之學은 所以重民也라 東征西邁에 師其君而諭其相이 無非政治之學理則國家之現象이 自呈汚隆之間이니 抑又何辨이리오 雖然이나 以尊王黜覇之法과 繼往開來之術로 着爲一定國家之意義而垂于後世則庶不見秦政成吉思汗輩之以人民爲私物ᄒ고 以國家爲私占之慘毒也니 爲之惜哉로다 自餘ᄂ 爲宗敎之抱束ᄒ야 猶太人은 奉天神爲君主ᄒ고 印度則委政柄於僧徒ᄒ고 埃及波斯ᄂ 尊崇國王而神祀之而皆已衰頹無餘ᄒ니 迷溺於敎而不知國家爲何義之弊害가 遂至於如是라.

當其時에 希臘人이 獨大悟日國猶身也라 不覇獨立이라야 始能自行其志라 ᄒ니 此出於其國碩學布拉吐亞利斯土爾二氏之學理餘論也라 布氏ᄂ 以爲國家積弊를 不圖維新이면 何以自立이리오 乃倡言曰國家者ᄂ

由道義之相聚而成也라 以政務로 委於法律之人ᄒ고 以軍務로 委於腹心
之士ᄒ고 以農工業으로 委於柔弱之婦女而已則國本이 自立이라 ᄒ고
亞氏ᄂ 以爲徵於人性固有之思想而立國이라 ᄒ야 乃言曰聚村落爲一團
이 卽生民天然之性이니 建國之時에ᄂ 其意가 抵期生命之得全而其後漸
進則不得不謀人生之樂利也라 ᄒ니라.

雖然이나 學理之說이 未固ᄒ야 後來執政之君이 握全權擅威福ᄒ야
凡宗敎風俗法律敎育及民間一功産業을 皆管理之干涉之ᄒ야 人民은 雖
夫婦間事라도 亦不能保其自由ᄒ고 政府ᄂ 惟知有國而不知有人民ᄒ니
希臘國之今日削弱이 豈非其由耶아.

▲ 제13호

是時에 羅馬에 有悟 政治的 眞義者ᄒ야 稍變 希臘之制而言曰 國家者
ᄂ 民人之形體也라 ᄒ고, 又曰 國家ᄂ 有一定共通之民意라 ᄒ니, 是 實
本源於法律者也라. 盖 希臘人은 稱其國家曰 '파니디'라 ᄒ니 卽 中央 惟
一 政府之義也오, 羅馬人은 稱其國家曰 '레파비률고'라 ᄒ니, 卽 全國民
合衆之義也라.

이때 로마에 한 정치적 진의를 깨우친 자가 있으니 희랍의 제도를
조금 바꾸어 말하기를, 국가는 백성들의 형체라고 하고, 또 말하기를
국가는 일정한 공통의 민의가 있다고 하니, 이는 실로 법률의 근원이
다. 대개 희랍인은 국가를 일컬어 '파니디'(폴리스?)라고 하니 곧 중앙
유일한 정부라는 뜻이며, 로마인은 국가를 '페라비률고'라고 하니 곧
전 국민의 뜻을 합쳤다는 뜻이다.

自羅馬帝가 爲一國之主로 侵掠爲事ᄒ야 幷呑駆洲諸國ᄒ고 欲使普天
之下로 悉主悉臣ᄒ야 威勢爀爀而惟怃之者ᄂ 西有日耳曼ᄒ고 東有波斯
而已니 羅馬之興이 豈不由乎國民合衆之結果耶아 國家進化之原을 於此

可見矣로라.

　自是以後로 基督教大興ᄒ야 蔓延諸邦에 頡頑國權ᄒ니 蓋該教之興은
非藉王公勢力國家主權而不過託於渺不可知之所謂天神而立爲宗旨者也
라. 政與教가 雖分爲兩途而形而下之政은 羅馬法王이 司之ᄒ고 形而上
之政은 教徒가 司之ᄒ니 均是權也而獨占上位者ᄂ 教徒也라. 日耳曼國
勢方盛ᄒ야 雖無惑乎凌駕羅馬之上이나 於政務宗教에 不得不待羅馬人
指揮也러니 逮夫羅馬之衰에 撫綏國民ᄒ고 許其自由ᄒ야 以爲法律者ᄂ
從事物之本性而應夫日用者라ᄒ야 因究其天理之所在에 不逞私意ᄒ니
人皆以享自由之權利로 爲喜也러라. 其民이 乃立裁判所ᄒ야 張貴族平民
之權ᄒ고 制君主專斷之限ᄒ야 國事가 全歸於黨社之自由나 然이ᄂ 政
學이 未開ᄒ야 公法 私法이 混錯ᄒ고 國勢委靡ᄒ니 此亦爲基督教牽制
ᄒ야 民權與民法을 不能運用之所致也라.

　當十六世紀ᄒ야 法意志人이 大肆力量에 倡論改革教案ᄒ야 脫羅馬
羈絆之苦ᄒ고 奪教皇之權ᄒ야 使國民으로 不受其制ᄒ니 此 所謂 第一
回 宗教改革之盛擧也라 文明新面目이 可以誇耀于歐洲而當時國家之義
意를 亦未有發明者ᄒ니 何也오 蓋因改革 宗教而悟宗教之大旨나 形而上
之舊說이 猶中于人心ᄒ야 以國家爲形而下而不能解脫에 何哉오.

　其後에 政學이 漸興ᄒ야 如法國人慕担과 荷蘭人夫臥特具洛과 英國
人密耳敦胡北土 等이 相繼而出에 國家改良之基本이 立矣라 共和專制
立憲三種之說을 各有倡論ᄒ야 基督教之牽制와 神道之舊習을 稍爲卸免
ᄒ고 社會的 盟約之事와 學理上 自由之論이 非不種種發見而驅西諸國君
主가 擅用威福ᄒ야 如法王路易十四가 尤爲甚焉ᄒ니 法王이 稱爲削貴
族伸民法而政府ᄂ 獨逞威勢ᄒ야 抑屈人民之自由 故로 上下異說ᄒ야 其
學者則曰 國家ᄂ 社會也라 ᄒ고 政府則曰 國家ᄂ 卽 君長之謂也라 ᄒ야
駁之使不容ᄒ니 其民之困苦束縛이 當爲如何오 獨英國民이 先倡自由之

不可不保라 ᄒ야 雖至殺身傷命之多而旣感動其君主ᄒ야 竟獲其許ᄒ니 此ᄂ 藉議院之力而救正政府ᄒ고 制君主之權而俾不專恣之第一嚆矢也라. 經一千六百四十年 共和黨之革新과 一千六百八十八年之憲法政之革新而擁護民權ᄒ고 改正憲法이 皆所以開今日代議制之基耳라.

自英國立憲以來로 歐洲文明之運이 大有可觀ᄒ니 一千七百四十年來로 普王弗利德律克이 倡論國君者ᄂ 國家之第一公僕이라 ᄒ야 國民이 藉王力而卒致隆盛者一也오 一千七百七十五年에 北米十三州民이 脫英羈束而立代議機關이 二也오 一千七百八十九年에 法國人이 倡自由人權及 人類平等之 說ᄒ야 屢回革命에 造完全國家者三也라. 由此觀之則英之爲憲政母國이 豈不然哉아

風氣刷新과 人類之自由와 國家之現象이 莫不以一憲法爲之機關而政學家理論亦與大有力於當世ᄒ니 如意大利之維哥 及 喜郎熱利와 法國之孟的斯鳩 及 盧騷와 美國之哈爾敦이 最著名者也라. 學理가 漸進ᄒ야 國家之義意를 始得以明之ᄒ니 蓋以憲法作用之純潔明晳으로 爲宗旨者也라 試論憲法之益ᄒ면 一曰 脫專制範圍而保有其民權也오 二曰 政在自立而不爲宗敎所制也오 三曰 定國家之意志而完備體裁也오 四曰 許民人參政之權而維持其全社會也오 五曰 實民選議員而監督政務也오 六曰 行自治之制而組織團體也오 七曰 尊君主神聖之位而無所責任也라 凡此數者ᄂ 皆爲現世界國家之本體而與古異矣라. 居今之世ᄒ야 無此制則無其國이 明矣니 豈印度埃及이 能有自治之實而英爲藩其土而奴其民乎아 立此制則存其國이 無疑니 達窩拉桑瑪尼兩國이 能不弱小而意國이 爲之承認其獨立乎아 夫爲國之道ᄂ 土地之大로 不足論也오 人民之衆도 不足持也오 兵甲之弱도 不足憂也오 財穀之覲도 不足慮也而惟憲政機關이 完備於內則國家主權이 自無缺於外ᄒ야 幷駕列邦이 卽 天演之公理也라 夫舍列强通行之美憲而强效壓抑之術ᄒ야 欲保其國家則雖有秦政拿破侖數十輩라도 其於不能撲咸陽之火ᄒ고 不能救窮島之命에 何哉오 我韓國家所謂

政治之實이 今云何居오 乙未更張이 雖出改革而未行其改革之實ㅎ고 光武五年에 專制發布而又未見專制之體裁ㅎ니 夫如是而能保其權乎아 若曰 專制가 爲君相福利而不能改則必如希臘羅馬之古代와 <u>文烈他匿梅特捏之</u>當時然後에 乃可以擬議於一日有國而專制之最要機關은 法典修正權也니 試問我韓이 其有統御之權而能編定內外之法典乎아 至若憲政自治之制ㅎ야는 可以行之則行也어늘 又有何所憚而不爲乎아 嗚呼라 當局諸公은 又一思之어라.

◎ 國家의 槪念, 〈서북학회월보〉 제16호(서우 속간), 1908.3.
(국가학)

*국가 발전을 4단계로 나누어 설명하고, 국민과 민족의 관계를 논의함

▲ 제16호

單獨 孤立者는 人類의 因有흔 性質이 아니라. 故로 人이 有ㅎ면 곳 國이 有ㅎ니 人은 國家의 分子라. 國家를 離ㅎ고 完全 生存키 不能흘지오, 國家는 惟一 獨立의 主權과 一定흔 國民 及 國土를 由ㅎ야 成立흔 것인디 其 目的은 公安利益을 圖흠에 在ㅎ야 無形의 團體가 될 것이라. 盖 國家의 完成흠이 漸으로 以ㅎ니, 此人類가 有흠으로브터 國家 制度下에 生息ㅎ는디 至흠이 其間 無數흔 變遷을 經過흔 것은 知者를 不待ㅎ고 知흘지라. 試ㅎ야 其原始의 狀態를 追溯ㅎ건디 何國民을 勿論ㅎ고 大要는 左의 順序를 經ㅎ야 今日에 至ㅎ니

第一 時期는 各人 及 各戶 分立制度
第二 時期는 部族制度
第三 時期는 封建制度

第四 時期는 國家 統一 制度

第一 時期에 在호야는 各人 各戶가 互相 獨立 分存홈으로 家長과 戶主
를 服從호는 外는 毫無 羈屬(기속)호니 家長과 戶主의 權이 此 時期에
發生호 듯호도다. 由是로 人類가 漸次 繁殖호야 食物 搜索의 區域이 同
時 擴張홀시 內則爭端이 各戶間에 生호고 外則外敵 猛獸의 來襲을 受호
니 於是에 單獨 孤立호면 足히 自存치 못홀 理가 漸次 發現호야 內憂外
患을 防禦호니라.

第二 時期에 在호야는 因호야 各戶間에 分爭을 裁決호며 外敵猛獸를
兼備호야 共同處事의 美風을 養成코져 홀시 遂히 智力과 體力이 優於衆
人者를 推호야 酋長을 삼고 其 命令을 服從호니 於是에 訓호 바 治者와
被治者의 關係가 生호지라. 事變의 發生을 當호면 行其職務者로써 常任
케 호니 於是에 酋長이 漸次로 今日의 所謂 司法과 兵馬의 兩權을 掌握
호지라. 酋長中의 强者는 衆酋長이 服從호야 遂히 酋長의 酋長이 되니
此 時期에 在호야 人類의 發達이 尙幼穉호야 能히 野蠻의 域을 全脫치
못호지라. 成年以上은 一朝有事호면 皆從事戰鬪호야 弱肉强食의 弊를
難免호니 今臺灣의 生蕃과 南洋諸島와 亞比利加蠻民의 一切 狀態가 可
히 此 時期의 實例를 代表호리로다. 其稍有進步는 蒙古人과 如히 牧畜
之外에 常業이 無호고 水草를 逐호야 遷徙호는 故로 制度의 確立을 不
可得望이니라.

第三 時期에 及호야는 農業이 先히 發達되고 工商業이 쏘호 萌芽호니
於是에 從事兵馬者도 有호며 經營産業者도 有호야 分業의 法을 行호니
人智가 日益進步호는지라. 統御의 任을 當호 者ㅣ 酋長의 暴戾無道와 不
如호야 諸侯라 稱호고 酋長의 酋長이 된 者는 覇者와 盟主로 改稱호니
此等에 隷屬호 將弁及武士는 封土賞功이라 謂호고 人民이 皆耕作者의
地位에 立호야 貢納의 義務를 應負호니 負擔過重의 弊가 輒有호지라.

然이나 諸侯가 有ㅎ야 爲之保護ㅎ는 故로 安營職業홈을 得ㅎ야 生命과 財産과 自體를 完全케 ㅎ는지라. 暴虐極端之時에 至홈이 아니면 敢히 反抗치 못ㅎ는 것은 智識이 發達치 못ㅎ야 反抗의 手段이 未有홈이라. 自是以後로 漸次 各藩割據의 弊가 生홈이 政治上의 統一홈이 缺ㅎ야 互相爭鬪에 戎馬倥偬이 殆無寧日ㅎ고 事歸平定ㅎ면 諸侯가 各其己의 便益으로써 爲主ㅎ고 人民의 利益을 急圖치 아니ㅎ니 是는 封建制度의 弊라 日本明治維新以前과 如ㅎ 것이 猶爲封建制度로다.

第四 時期에 及ㅎ야는 中央集權의 制를 行ㅎ니 歐洲諸國과 如히 封建의 弊를 懲ㅎ야 諸侯의 强者가 他國을 征服ㅎ야 統一의 制를 漸布홈이 是라. 此 時를 當ㅎ야 獨히 農業만 國本이 될 뿐 아니라 商業工業이 쏘ᄒ 漸次 敎達完備ᄒ 國家가 成ㅎ니라.

國民과 民族

國民者는 國家 下에 團結 生息ㅎ는 人類를 謂홈이니 民族者는 人種과 宗敎와 風俗과 慣習과 言語가 相同홈이니 同一 國家下에 在ㅎ기 未必이라. 英美人은 비록 兩國에 分ㅎ얏스나 同一 民族이라 可謂홀지오, 奧太利는 種種 民族을 統合ㅎ야 國을 成ㅎ얏고, 猶太人은 民族이라 稱홈은 可ㅎ고, 國民이라 稱키 不能홀지라. 同一 民族으로 同一 國民이 된 者는 日本이 是라. 國民間에 異種人이 有ㅎ면 思想의 投合과 利害의 一致를 不可得望이오 且於國家 統一上에 不便者가 不少ㅎ야 動輒互相軋轢ㅎ야 釀爲內亂ㅎ고 甚至通款外國(통관외국, 자기의 사정을 외국에 몰래 알려줌)ㅎ야 國家의 危殆가 由之라. 印度는 各種 民族이 互以 爭鬪爲事ㅎ야 一致 團結ㅎ야 內憂外患을 備禦키 不能ㅎ니 終乃 其沃土와 無數 人口를 擧ㅎ야 英國 版圖에 盡歸ㅎ야 使英國으로 强國의 聲名과 富源의 失離를 擅케 ㅎ고, 印度 民族은 秋毫도 所得이 亦無ㅎ고 隸屬의 地位를 免키 不能ㅎ니 貧衰의 運命이 豈不憐極哉아. 國民의 言語가 不統一ㅎ면

法律의 用語가 其手를 上下ᄒ고, 風俗 習慣이 不同ᄒ면 法制가 ᄯᅩᄒᆫ 彼此를 取捨ᄒ고 宗敎가 異ᄒ면 種種 難問題가 起ᄒ기 最易ᄒ야 分爭 擾攘(요양)ᄒ다가 마ᄎᆷᄂᆡ 國政을 動搖ᄒ고 治安을 防害ᄒᄂᆫ 딕 至ᄒ니, 徵之歷史에 其例가 不少라. 如此ᄒ면 엇지 國家의 完全 統一을 得望ᄒ리오.

▲ 제17호

國家의 成立은 實노 人類 生存上의 必要로 由ᄒ야 起ᄒᆫ 者라. 要컨딕 國家ᄂᆫ 最高ᄒᆫ 統治機關이 되야 公安을 維持ᄒ며 公益을 增進ᄒᆷ으로서 目的을 삼나니 法律者ᄂᆫ 其 意思를 表示ᄒ난 者오, 政府者ᄂᆫ 其 意思를 實行ᄒᆷ을 爲ᄒ야 設ᄒᆷ이요, 租稅者는 國家의 維持ᄒᆷ을 爲ᄒ야 强徵ᄒ난 者라. 國民이 有ᄒ면 國家가 有ᄒᆷ을 預知ᄒᆯ지니 國民이 以上 數端의 國家에 所命을 遵ᄒ야 皆得其所ᄒ면 國家가 ᄯᅩᄒᆫ 國民을 爲ᄒ야 存ᄒᆯ지니 國利와 民福으로써 主眼을 삼난 外는 別無他意라. 如此ᄒᆫ 後에야 可히 個人 各自의 發達을 圖ᄒ고 其發意行爲를 拘束은 不必ᄒᆯ지니라.

安寧秩序는 國家의 最不可缺할 者라 無此兩者ᄒ면 國民의 福利을 決不可望이라 故로 此兩者를 侵害ᄒ난 所爲가 有ᄒ면 可히 其人이 爲何人이며 其國이 爲何國을 不問ᄒ고 一律嚴禁할지라 雖然이나 進步改良은 國家의 所不可缺인딕 急激狂暴의 改革과 革命은 於安寧秩序에 不能無害ᄒ난 故로 輕易認之는 不可ᄒ지라 況革命의 事는 動輒破壞退步ᄒ야 終亦秋毫도 亦無所益ᄒᆷ이라 故로 平和的手段을 由ᄒ야맛당히 秩序改良으로 爲主ᄒ고 過激의 手段을 不可不極力斥之라 人文未開ᄒᆫ 時期에 在ᄒ야 治者의 職務는 單히 內外의 紛爭과 危害를 防禦ᄒᆷ에 在ᄒ니 今日司法事務와 軍事의 不過할 而己리니 完全ᄒᆫ 國體를 備할 時에 迄ᄒ야난곳 國務의 範圍가 亦漸擴充할지니 獨其數量만 增加而己가 아니라 於其種類에도 ᄯᅩᄒᆫ 加多ᄒ야 例히 司法事務와 加ᄒᆫ것은 來訴訟者가 以百

數之案瀆의 千萬件이니 卽數量의 增加흠이라 司法과 軍事外도 警察事務을 創ᄒ니 其種類의 增加흠이라 盖警察事務는 初則自治을 一任ᄒ다가 統一흔 必要上에 至ᄒ야는 遂히 國家가 自執흔지라 其他 外國의 交涉도 愈就頻繁ᄒ니 外交가 쏘흔 國家의 重要흔 事務라 以上四種은 直接 公安에 關ᄒ고 非但國家의 要務가 될 쑨 아니니 殆히 國家의 固有라 可謂흘 者라 故로 何國家을 勿論ᄒ고 皆此事務을 自執할지니 如何로 學者가 此四種의 當然흔 國務을 不認定ᄒ리요 社會進化의 所從은 其組織이 甚히 複雜ᄒ야 所謂分業必要에 基흠이니 國家의 手에 在ᄒ야 得策有益이 되고 各種의 公益事務가 쏘흔 發生ᄒ니 例히 敎育漸生土木, 交通, 通信, 殖民事務와 如흔 者ㅣ是라 人民의 經營力이 進步ᄒ고 企業心이 勃興ᄒ야 利己心과 及事業上의 競爭이 至爲激烈ᄒ니 所謂監督矯正에 屬흔 者는 事務의 必要을 感ᄒ야 益以國務의 範圍을 擴張ᄒ니 是皆人類社會의 發達上所不得己로 出흔 者니 可히 强以偏倚狹隘의 空理로 可否할 者가 아니라 오직 其利益과 獘害을 比較ᄒ야 害少而利多者을 採할지니 如何事物을 勿論ᄒ고 要ᄒ건딕 竭力ᄒ야 獘害을 避ᄒ야써 完全흔 利益을 圖흠이 不外ᄒ니라.

世上의 國家의 萬能主義와 干涉主義을 稱道호딕 或對峙ᄒ야 個人主義와 自由放任主義를 主張ᄒ며 一說은 謂ᄒ되 國家의 萬能은 其威權이 無限흔딕 各人은 無能ᄒ야 利己心의 被驅ᄒ난 故로 各人利害는 可無容顧라 진실노 國家의 必要가 됨을 認定흘진딕 雖各人日常의 細事라도 不可不干涉이라 ᄒ고 一說은 謂호딕 國家의 業務을 不置信ᄒ야 以此斷定ᄒ면 必失於遲緩ᄒ고 流於浪費ᄒ고 且易腐敗ᄒ리니 宜任於自然ᄒ야 各人意志에 委ᄒ고 務ᄒ야 抑制干涉을 可避ᄒ리라 ᄒ니 兩說이 氷炭의 不相容이라 恰如흔지라 今에 虛心公平으로 此兩說의 可否을 判定흘진딕 雖各趍於極端ᄒ나 皆大有所誤라 其 理由가 所云과 旣如ᄒ야 國家者는 國民의 公安과 公益을 保全增進ᄒ기 爲ᄒ야 存ᄒ고 國民者는 國家統治下에 立ᄒ야 完全生存을 始得흘지니 國家난 國民으로 더부러 利害休

戚이 相聯結ᄒ야 不可湏臾離者라 故로 其一端에 偏倚ᄒᆫ 說은 於本源의 旣已大誤라 若以之ᄒ야 適用於實際ᄒ면 其害於國家國民也ㅣ 必矣라 宜 此兩說을 倂用調和ᄒ야 國家가 有ᄒᆫ 後에 國民이 有ᄒ고 國民이 有ᄒᆫ 後에 國家가 有ᄒᆷ을 預知ᄒᆯ지니 國家者ᄂᆫ 國民全般永遠의 利害如何ᄅᆞᆯ 顧ᄒ고 國民者ᄂᆫ 國家ᄅᆞᆯ 爲ᄒ야 義務ᄅᆞᆯ 盡ᄒ고 權利ᄅᆞᆯ 信ᄒ야 互相反目 衝突이 無ᄒᆷ으로써 爲要ᄒᆯ지니 此 目的을 欲達ᄒᆯ진딕 先히 左의 三種 으로써 標準을 삼아 國務의 範圍ᄅᆞᆯ 定ᄒ고 其以外者ᄂᆫ 寧其各人의 經營 을 委ᄒ야 各人의 能力을 盡ᄒ야 以爲隨意健全의 發達이 可也라.

一 非國家면 不可爲ᄒᆯ 事務 外父軍備裁判警察徵稅專賣가 是也요
二 非國家면 不能爲ᄒᆯ 事務敎育上土木上의 大事業과 及不可主ᄒᆯ 利
　　益의 交通通信殖民事業等이 是也요
三 非國家면 不樂爲ᄒᆯ 事務衛生救貧林政其他營業上에 制限監督이 是
　　也라

右의 三點으로써 標準을 삼을 時에 國務의 範圍가 國狀과 時勢와 民 業의 發達如何로 由ᄒ야 伸縮廣狹의 差가 生ᄒᆷ은 可無容論이어니와 未 開國에 在ᄒ야난 不必要ᄒᆫ 事務가 되나 開明國에 在ᄒ야난 可히 國務範 圍의 編入ᄒᆯ 者가 有ᄒ니 要ᄒ건딕 前說의 三點을 由ᄒ야 其 得失을 判別ᄒ야 得其所宜케 ᄒᆯ 而已니라.

*이 글은 〈서북학회월보〉 제1권 제1호(1908.6)에 이어짐

◎ 國家學 – 제2호부터, 李覺鍾.

*이 시기 국가학 관련 교과서로는 정인호(1908)의 〈국가사상학〉(정인호), 김
상연 역술(1908)의 〈국가학〉, 백륜지리 저/안종화 역(1907)의 〈국가학 강
령〉(김상만 서포), 김우식(1907)의 〈국민필지〉(김상만 서포), 유호식(1908)
의 〈국민자유진보론〉(고금서해관) 등이 있으며, 진보론이나 진화론과 관련하
여 유호식(1908)의 〈민족경쟁론〉(고금서해관), 윤태진/하구용(1908)의 〈열
강의 현세〉 등이 있었다. 정치와 관련하여 안국선(1907)의 〈정치원론〉, 보성
관(1908)의 〈정학원론〉(보성관), 조성구 찬술(1908)의 〈지방행정론〉(중앙서
관) 등도 발행되었다.
*이 논문은 독일의 에리쓰구(하이델베르크 대학 교수로 보임), 일본 법학가 南
弘(미상) 역문을 바탕으로 7장으로 나누어 편술한 이론서를 번역한 것이다.

▲ 제2호

國家學은 國家의 原理와 其進化의 狀然 及 關係를 硏究ᄒᄂᆞᆫ 學問이
라. 帝國이 自來로 聖君이 繼作ᄒᆞ사 仁政主義를 用ᄒᆞ야 全國이 混然ᄒ
道德 範圍內에 在ᄒᆞ엿다가 今에ᄂᆞᆫ 時勢 一變ᄒᆞ야 社會 現狀의 諸般 關
係가 日益 複雜ᄒᆞ니 吾人은 此를 隨ᄒᆞ야 硏究를 加홀 必要가 生ᄒ도다.
然而 我一般 人民의 國家思想이 尙히 缺乏홈은 述者의 憾恨(감한)ᄒᄂᆞᆫ
바어니와 此亦無惑ᄒᆞ노니 人이 金玉의 貴重品됨을 不知ᄒᆞ면 此를 貴重
히 홀 思想이 無홀 바와 如이 吾一般 人民의 國家思想이 缺乏홈은 國家
의 何物됨을 不知ᄒᆞᆫ 所이라. 然則 國家學을 硏究홈이 엇지 一層 緊急홈
이 아니리오. 故로 玆에 我一般 緊急 必要에 供ᄒᆞ기 爲ᄒᆞ야 此書를 編述
ᄒ되 數年前 獨逸 [하이틀벨우] 大學 敎授 에리쓰구 氏의 學論을 基本
ᄒᆞ고 日本 法學家 南弘 氏 譯文과 其他 多數 學說을 參考ᄒᆞ야 全編을
七章에 分ᄒᆞ야 第一章 國家의 定義, 第二章 國家의 本質, 第三章 國家를
是認홈에 關ᄒᆞᆫ 學說, 第四章 國家의 成立 及 消滅, 第五章 歷史的 國家의

主要호 體容, 第六章 國家의 種類, 第七章 國家 及 法律 制度로 次第 編述호노라.

第一章 國家의 定義

國家 定義에 當호야는 學者間에 論旨를 各立호야 즉 一致치 못호느 今에 普通으로 廣行호는 說을 擧호야 更히 分析 說明호노라.

國家라 홈은 一定호 人民과 土地를 根據로 호야 固有호 統治權을 行호는 主体로 其成立이 確固호 者를 謂홈이라.

第一節 國家는 一定호 人民과 土地를 根據홈이라.

玆에 人民을 國家 成立 要素로 認홈은 國家가 統治權의 主体됨에 基本호 者ㅣ니 卽 幾許의 人員이 有호 後에 互相間 關係가 生호고 互相間 關係가 有호 後에 此를 統治홀 必要가 生호는 所이라. 然則 人民이 無호면 統治의 關係가 不生홀 同時에 國家라 하는 名稱이 無홀 바는 또호 明瞭호느니 歷史上 言語를 見홀지라도 亞丁人[7]과 고린스 人[8]은 人民의 統計 或 共同團体를 國家 (쏜리스[9])라 稱호니 此는 人民이 國家의 要素됨이 最重호 思想이 曾有호 바ㅣ라. 然而 此人民의 數額은 幾何로써 可타 홀고. 此는 絶對的으로 限度를 定키 不能호느니 現今 各國의 人口數가 多少 不同호느 最低度의 數로도 親族的 團体의 範圍를 超호야 民族의 關係가 生호 者ㅣ 아니면 不可홀지라. 法人 루소[10] 氏는 日호듸 一國의 人口는 萬人이 足호다 云호엿스느 此는 中古 封建時代에 在호야

---

7) 아정인(亞丁人): 아테네 인.

8) 고린스 인: 그리스 인(?)

9) 쏜리스: 폴리스.

10) 루소: 장 자크 루소.

는 能히 安全을 自保ᄒ엿슬지라도 今日과 如히 各國이 並立ᄒ야 廣土 衆民으로 强兵堅甲을 畜ᄒ야 互相爭雄ᄒ는 間에 至ᄒ야는 決코 其存立 을 不得ᄒ지니 다만 政治上과 經濟上 方策으로 自國 人民의 多數됨을 務圖홈은 各國의 同一ᄒ 欲望이요, 土地는 卽 領域을 云홈이니 領域이 라 홈은 統治權을 行ᄒ는 地理上 限界라. 然而 此를 要素로 認ᄒ는 理由 는 何에 在ᄒ뇨. 盖 古來로 統治權을 土地 所有權과 同視ᄒ고, 希臘人의 國家觀은 國土的 國家, 卽 '란도스다도'11)라 ᄒ는 語로써 統治權은 土地 에 隨伴ᄒ다는 思想이 有 ᄒ엿스나 古今의 歷史를 觀ᄒ건듸 國家라 可 稱홀 統治의 組織이 有ᄒ 社會는 總히 人類의 定住 社會에 不外ᄒᄂ니 (第一回)

▲ 제3호

故로 一定ᄒ 領域이 無ᄒ면 國家라 未稱홀지라. 然ᄒᄂ 土地의 面積 도 쏘ᄒ 國家되기 足ᄒ 人民의 住居에 相應홈을 要홀지나 此 亦 限度가 無ᄒ니 假令 亞細亞洲 諸國은 平均 一方里에 四十五六人이 住ᄒᄂ 歐洲 에는 더욱 密度로 六十餘人이 住居ᄒ고 又 國與國도 쏘ᄒ 人民의 發達 을 從ᄒ야 不同ᄒ니 此는 到底히 確定치 못ᄒᄂ 바ㅣ니 大抵 人民과 土地의 多少廣狹은 國家 强弱의 二大原因이라.

人民과 土地가 國家의 成立 要素됨은 旣述홈과 如ᄒ거니와 此 人民 과 土地間에난 一定히 永久 存在의 關係와 意思가 有홈을 必要ᄒᄂ니 故로 一群의 冒險者ㅣ 絶海孤島에 屯據ᄒ거ᄂ 山野水草에 漂泊ᄒ야 盜 賊의 行爲를 行ᄒ는 者는 一定ᄒ 人民과 土地가 有ᄒ고 且 命令權을 行ᄒ는 頭領이 有홀지나 쏘ᄒ 國家라 稱치 못ᄒᄂ니 此는 元來 永久 存在의 關係와 意思가 未有ᄒ 所以니라.

---

11) 란도스사도: 통치권을 뜻하는 그리스어.

國家는 固有흔 統治權을 行ᄒᄂ 主體라. 統治權이라 홈은 何를 謂홈이뇨. 吾人이 國家의 統治權이 有홈은 皆知ᄒ되 其實質을 說明홈에ᄂ 頗히 困難ᄒᄂ니 述者ᄂ 此를 明言ᄒ건ᄃ 統治權은 國을 統一 裁治홈에 必要ᄒ 命令 强制의 權力이니 他種 人格者(國內 一般 法人 及 自然人)의 意思를 限定ᄒ야 此를 强制ᄒᄂ 意思 外表의 範圍를 謂홈이라. 故로 國家가 統治權의 主体라 云홀 時ᄂ 國家ᄂ 意思가 具備흔 바 人格者ㅣ 되ᄂ 意義가 存홈이라. 然而 國家되기에ᄂ 統治權 主体됨으로만 滿足치 아니ᄒ고 一步를 更進ᄒ야 其統治權은 固有흔 者됨을 要ᄒᄂ니 固有라 홈은 我邦의 原始社會의 自然的 進化 理由로 固有흔 政治 團体를 組成ᄒ야 今日에 至홈과 如히 天然的으로 成立되고 他種 人格者 思意에 基因ᄒ야 享有ᄒᄂ 權力이 아님을 指ᄒᄂ 意義라. 故로 支那 封建制度 時代의 諸侯 封域과 立憲國內 地方自治團体(府郡面村의 自治体)ᄂ 統治權의 主体라 云홈을 不得홈은 아니로ᄃ 其所謂 統治ᄂ 國家라 稱ᄒᄂ 人格者 意思에 基因ᄒ야 비로쇼 享有홈을 得흔 者라. 故로 此ᄂ 固有흔 統治權의 主体라 홈을 不得ᄒ며 因ᄒ야 國家라 稱ᄒ기 不得ᄒᄂ 者ㅣ 라. (未完)

▲ 제4호

國家ᄂ 其成立이 確固홈니라.

盖 人民과 土地가 具有흔 統治權 主体로 永久 存在의 意思가 有ᄒ야도 其成立이 確固치 못ᄒ면 尙且 國家로 不認ᄒᄂ니, 假令 一地方이 獨立코져 홈에 當ᄒ야 母國이 此를 承認ᄒ거ᄂ 又 承認이 無ᄒ고 戰爭을 繼續ᄒ야도 母國에서 其獨立을 顚覆홀 可望이 無홈에 至흔 時ᄂ 卽 確固히 成立흔 者ㅣ라. 馬韓 王學 元年에 百濟가 高句麗로브터 獨立홈과 西曆 千九百二十年間에 南美 諸國이 西班牙로브터 獨立을 承認ᄒ기 以前에 其國家됨을 承認흔 者 等이 此例라. 故로 其 成立이 確固홈에 不至

호면 國際法上 相當호 條件을 依호야 交戰 主体는 되기 可得호되 아즉 國家라 호지 못홈이라.

然이느 一次 確固히 成立호 後는 縱令 其勢가 危難에 迫호야 成立을 存續케 不能홀지라도 其全滅호기싯지는 또호 國家됨을 不失홈은 多言을 不要홀지로다.

以上 國家의 定義를 擧호야 其成立 要素를 說호엿거니와 或 學者는 其要素를 認호는 外에 他必要를 論호는 者ㅣ 有호니 此를 左에 論辯코져 호는지라.

或은 曰 國家는 一定호 宗敎를 不有홈이 不可호다호느니 其理由는 卽 國家ㅣ 宗敎가 無호면 人民의 思想이 一定히 依據홀 바를 不知호야 渙散分離호는 故로 到底히 國家를 形成호지 못혼다 호느니 然이느 此는 不然홈이라. 大抵 國家는 人心의 依據를 一定홈으로 必要條件을 作홈이 아닐 쑨 아이며 또 人心을 團結홈은 宗敎를 必依호는 바 아니며 且 信敎 自由를 許호즉 今時代에는 此說이 不可홈은 多辯을 不待홀지로다.

然而 上古에는 또호 宗敎가 無호면 國家를 不成혼다는 思想이 不無 호느니 支那 上古時代에 名敎를 崇호야 中夏 以外의 諸國은 其思想이 缺乏홈으로써 夷狄이라 稱호야 國家로 不認호엿스며 歐洲의 羅馬敎가 全盛홀 時代에 羅馬法上의 勢力이 歐洲에 普及호야 諸侯를 總히 羅馬敎 에 服從케 호야 此에 信服치 아니호는 者는 國家로 同認치 아니호야 國家를 擧호야 宗敎에 服從홈이 必要로 認호엿고, 近世에 至호야 露國 은 希臘敎(耶蘇敎의 一派)로써 國敎로 作호야 人民의 身体를 管理홈보 다 其精神싯지 管理호니 必要타 호야 露國 君主된 者는 政治上과 宗敎 上의 權力을 握有호야 主權者된 同時에 宗敎의 大管長이 되야 露國 主 權下에 在혼 人民은 總히 宗敎를 信奉치 아니치 못혼다 호느니 此는 專制政治의 一種 手段에 不過홈이요, 其國家됨에 必要가 아니라. 現今

에는 自由國家에 自由宗教라 호는 說이 廣行호야 國家는 宗敎를 保護홈
도 아니요 排斥홈도아이요, 宗敎와 國家는 何等 關係가 未有호느니 此
主義가 美國에 實行되야 東西 共通이라. 盖 此 二者間 關係가 猶尙如此
호니 國家 成立에 何等 必要가 有호리요.

▲ 제5호

或 論者는 曰 國家가 成立되기에는 交際 能力이 有홈을 要한다 호니
此의 交際 能力이라 홈은 與國間 交際의 自主權能을 謂홈이라. 然이느
此 亦 誤謬에 未過호느니 盖國際法上 權利 主體되기에는 此를 必要홀
바ㅣ로딕 或 特約이느 慣例를 因호야 甲國의 交際 權能을 乙國에 讓與
或 制限되엿슬지라도 甲國은 其 國家됨을 依然히 不失호느니 今에 例를
示호건딕 合衆國內 各國家는 其中央國家에게 交際權能을 讓與호고 此
를 不有호얏시되 各自 國家됨에 何等의 欠缺이 未有호며 安南國 芙英城
에 法國이 砲臺를 築혼 後로 此로 以호야 其王國을 牽制호야 安南의
交際 能力이 法國의 制限을 受호얏스되 安南은 尙且 國家로 依然히 存
立호느니 是로 由호야 觀홀지라도 或 說의 無理홈은 自明호도다.

右에 論혼 바를 觀호면 國家의 如何혼 者됨을 可知홀지로딕 尙且 一
言을 更히 抽出호야 愛讀 諸君으로 호야곰 靑眼을 一轉코자 호노라.
盖 人이 國家 國家라 호야 此를 談호기 始히 容易히 호되 其眞意의
所在를 反昧호야 恒常 君主의 一身을 指호야 國家라 稱호기에 至호느니
嗚呼라, 專制 觀念의 入人之深이 如何로 此에 至호야 極호엿는고. 國家
는 人民도 아니오, 土地도 統治權을 代表호는 君主도 아니요, 此 數者
以上에 無形 獨立의 統治權 主体되난 人格者라. 다맛 人民과 土地로 根
據호야 成立홀 쑨이니 故로 設令 其人民이느 土地가 增減이 有홀지라
도 其國家의 無形的 人格者됨에 無防홈이 吾人의 身体를 組織혼 細胞가
新陳代謝호야도 人格됨에 何等의 關係가 無홈과 恰如호지라. 然이느 國

家는 無形의 人格者ㅣ라. 意思가 未有홈으로 不得不此를 代行홀 者를 要ᄒᆞᄂᆞ니 此ㅣ 君主의 有ᄒᆞᆫ 바ㅣ라. 然則 君主는 國家라 稱ᄒᆞᄂᆞᆫ 人格者 를 代表홀 ᄲᅢᆫ인 故로 君主의 死亡 繼承 或 皇室의 變更이 有ᄒᆞ야도 其 主体된 國家에는 何等의 影響이 不及ᄒᆞᄂᆞᆫ 者ㅣ니 君主의 自身이 卽 國 家됨도 아니며, 國家는 君主 自家의 國家도 아님이 明瞭ᄒᆞᄂᆞ니, 帝國이 自來로 學理上 一定ᄒᆞᆫ 主義가 有ᄒᆞ야 民에게 肆虐(사학)ᄒᆞ야 不止ᄒᆞᄂᆞᆫ 君主는 史의 不存홈에 毛ㅣ 將찻 施홀 바ㅣ 無홈을 不知ᄒᆞᆫ다 ᄒᆞ야 <u>挑菴 梅山</u>[12] 等 一時의 學者 言論이 倡起ᄒᆞ야 國家로써 所重을 人民에게 置 ᄒᆞᄂᆞᆫ 同時에 君主 自家의 國家가 아님을 認ᄒᆞ야 <u>正義가 昭著ᄒᆞ엿스나</u> <u>某國에 在ᄒᆞ야는 尙且 此區別이 不明ᄒᆞ야 政治上 非常ᄒᆞᆫ 害毒을 致홈은</u> <u>實노 可憐ᄒᆞᆫ 바러라.</u>[13]

▲ 제6호

嗚呼라. 少年 韓半島의 有生的 民衆아. 挽得 八大江 淸流水ᄒᆞ야 腦裡 陳塵을 洗滌(세척)ᄒᆞ고 淸朝 明氣로 新鮮ᄒᆞᆫ 思想을 抱홀지어다. 國家가 舊日의 國家가 아니며 人民도 舊日의 人民이 아니라. 吾人이 國家를 知 ᄒᆞ야 愛重히 홈이 今日이 正히 其時로다. 異時 某國에 國家로써 王室로 誤認ᄒᆞ엿슴에는 其所謂 國家興亡이 王室의 變更에 不過ᄒᆞ고 或 戰爭 事變이 有ᄒᆞ야도 人民은 日 城門失火에 不及池魚라 ᄒᆞ며 或求治의 君主 가 有홈에 稍히 材能을 懷ᄒᆞᆫ 者는 王室을 對ᄒᆞ야 賓主로 抗禮ᄒᆞ며 區區 出處의 義로 東岡之坡[14]를 固守ᄒᆞᆫ다 ᄒᆞ야 因ᄒᆞ야 片瓦를 什襲ᄒᆞ야 珠 玉을 眩名케 홈에 至ᄒᆞ니 總히 人民은 國家의 興亡盛衰에 何等의 痛癢 (통양)이 不關ᄒᆞ야 自己로브터 國家를 視ᄒᆞ기에 別種 外物로 認ᄒᆞ엿ᄂᆞ

---

12) 도암매산(挑菴梅山): 미상.
13) 여기서 국가와 군주를 구별하지 못하는 모국(某國)은 우리의 현실을 비판한 것으로 판단됨.
14) 동강지파(東岡之坡): 미상.

니 噫라. 國家의 本意가 엇지 若是ᄒ리오. 吾人은 少年 韓半島 國家의 人民이라. 韓半島에 生ᄒ야 韓半島의 食을 食ᄒ며 韓半島의 衣을 服ᄒ며 韓半島의 語을 言ᄒ며 韓半島의 家屋에 住ᄒ며 韓半島의 俗을 行ᄒ며 祖先의 墳墓가 在ᄒ며 親戚이 在ᄒ며 故舊ㅣ 在ᄒ야 幷히 少年 韓半島를 共有ᄒ얏ᄂ니 **韓半島 國家ᄂ 韓半島 人民의 韓半島ㅣ라**. 韓半島 國家ㅣ 衰ᄒ면 韓半島 民族이 ᄯ또한 與之殘滅이요 韓半島 國家ㅣ 盛ᄒ면 韓半島 民族이 亦與之享福이니 韓半島 國家의 人民이요 韓半島 國家를 憂ᄒ야 愛護치 아니ᄒ면 誰를 仰ᄒ야 待홀고. 其將 某國과 如히 國家ᄂ 君主 一人의 私有라 ᄒ야 其亡其興을 君主 一人의 責에 一任ᄒ고 止홀가. 一發吁ᄒ노니 **八萬二千方里 平田이 廣潤ᄒ니 海東 春風에 獨立, 自由, 平等, 種子 二千萬斛을 播ᄒ라**.

如是히 言之長矣를 本論 國家 定義 範圍임을 不拘홈은 徒히 聒耳(괄이)를 事홈이 아니라 ᄯ또한 述者의 不得已ᄒᄂ 바ㅣ라. 以下에ᄂ 國家 本質論에 就ᄒ야 其實質的 論理를 次第 陳述코져 ᄒ노라.

(이하 소년한반도가 발행되지 않았음)

◎ 政府의 職分, 송당주인(송당 김성희), 〈대한자강회월보〉 제11호(1907.5); 제13호. (정치학, 정부론)

*정부의 인민 생활에 대한 간섭의 정당성 논의: 자유방임적인 입장에서 논의함

▲ 제11호

政府의 職分은 自國의 政治를 安穩케 ᄒ고 人民으로 泰平ᄒ 樂이 有ᄒ게 홈과 法律을 固守ᄒ야 人民으로 冤抑ᄒ 事가 無ᄒ게 홈과 外國의

交際를 信實히 ᄒ야 國民으로 ᄒ야곰 紛亂의 憂慮를 免케 홈이 在ᄒ야 此 三條로 其大綱領을 作ᄒᄂ 此綱領 外에도 政府의 當行할 事와 不當 行할 事를 因ᄒ야 世間 諸學者의 議論이 不一ᄒ니 或人이 云ᄒ되 政府 가 民間의 微細ᄒᆫ 事라도 顧察ᄒ야 役夫의 雇錢과 匠人 工價를 酌定ᄒ 며 遊民의 業을 求ᄒ고 物價를 限定ᄒ며 貧人을 救助ᄒ고 又其外 平人 의 一切 私事를 關係ᄒ야 毛의 細홈과 埃의 輕홈이라도 其通義와 職責 을 理會홈이 可ᄒ다 ᄒ나 <u>人民의 私事에 如此히 干涉ᄒᄂ 時ᄂ</u> 政府가 本來 威焰과 權柄을 執有ᄒᆫ 者라. 其間에 必然 恣橫ᄒᄂ 勢와 苛酷ᄒᆫ 法이 有ᄒ야 人民의 自主ᄒᄂ 正理를 妨害ᄒᄂ 端緖가 辯論을 不俟ᄒ야 分明홀 ᄲ더러 雇錢과 工價ᄂ 物價의 高下와 役事의 大小를 因ᄒ야 其 層等이 有ᄒᆫ 者며 物價ᄂ 時勢의 貴賤과 早晩을 從ᄒᄂ 者오 假令 遊民 의 業을 定ᄒ야도 人이 各其 樂ᄒᄂ 者와 能ᄒᆫ 비가 有ᄒ니 如此ᄒᆫ 等事 ᄂ 人의 權力으로 未由ᄒᄂ 者어ᄂᆯ 政府가 萬若 此法을 取홀진ᄃᆡ 其 煩劇홈도 不勝ᄒ려니와 雜費의 入用이 不少ᄒ즉 政府ᄂ 本來 財物잇ᄂ 者 아니라 無源ᄒᆫ 水와 無根ᄒᆫ 本이 何有ᄒ리오 國中의 稅額을 加ᄒ기 에 不過ᄒ야 政府의 處置가 厥宜를 得ᄒ다 謂ᄒ기 不可ᄒ리니 然ᄒᆫ故 로 但 其規則을 明定ᄒ야 人民으로 ᄒ야곰 可히 是를 犯치 못ᄒ게 ᄒ며 犯ᄒᄂ 者가 有ᄒ거든 一毫라도 寬恕ᄒ지 勿ᄒ고 此外ᄂ 何事를 行ᄒ 든지 其能ᄒᆫᄃᆡ로 才調를 隨ᄒ야 生涯를 求ᄒ게 홈이 人間의 自然ᄒᆫ 性 稟을 順히 홈이라. 此에 過ᄒ면 人의 自主ᄒᄂ 權利를 束縛ᄒ야 其 弊害 가 畢竟은 不救ᄒᄂ 境에 至홀디니

　然ᄒᆫ지라 政府되ᄂ 者가 人民의 動靜을 深察ᄒ야 千事萬物의 干涉ᄒ ᄂ 法을 行ᄒ면 人民의게 煩惱홀 ᄲᆫ에 不止ᄒ고 政府도 亦 其合當ᄒᆫ ᄒᆫ 職分이니 政府의 大職은 人民을 爲ᄒ야 其業을 求ᄒ기에 不在ᄒ고 其 所有ᄒᆫ 業을 保ᄒ기에 在ᄒ지라 此ᄂ 敎化를 務ᄒ고 法律을 守ᄒ기에 不出ᄒ나 猶且重複ᄒᆫ 論이니 最緊要ᄒᆫ 一大條ᄂ 人民으로 ᄒ여곰 各其 力을 勞ᄒ며 才를 窮ᄒ야 其 衣服 飮食 居處의 一切 活計를 供辦ᄒ게 ᄒ 고 些少의 攪動이라도 勿行ᄒ야 自然ᄒᆫ 樂이 有ᄒ게 홀 ᄲ름이오 又 人

이 世에 生홈이 一身의 供養뿐아니라 家族의 關係가 亦存ㅎ니 此는 天然호 至情에 流出ㅎ는 者인 故로 人이 樂爲ㅎ는 者로딘 隱然호 中의 政府의 相關ㅎ는 道가 自有홀 뿐더러 人에 稟性이 不齊ㅎ야 或 其肢體을 懶惰히 處ㅎ야 餓死ㅎ기에 至ㅎ는 者가 不無ㅎ며 一巳는 餓死에 不至ㅎ는 者라도 其 家族이 飢寒은 不顧ㅎ는 者도 有ㅎ고 又 或 不幸호 命運으로 天生 或 中年의 病身되야 親戚의 顧恤과 朋友의 救濟가 無호즉 溝壑에 塡ㅎ기를 未免ㅎ는 者도 間有ㅎ는 皆 非常호 事柄이라 聞見을 隋ㅎ야 此下에 略記ㅎ건딘

人世의 風氣가 漸開홀스록 民生의 需用도 亦且 增加ㅎ야 居處는 便利ㅎ기를 求ㅎ기에 不止ㅎ고 華麗호 制度를 崇尙ㅎ여 衣服과 飮食은 輕暖과 甘旨를 欲ㅎᄂ니 此는 人生의 自然호 性情이라 如此히 衣食居處의 精美홈을 求ㅎ는 者가 其願을 獲遂ㅎ기 爲ㅎ야 其 心智를 勞ㅎ며 膂力을 苦ㅎ고 又 此를 因ㅎ야 物品製造ㅎ는 者와 販賣ㅎ는 者는 他人의 需求를 供홈으로 自己의 利益을 營ㅎ야 各其 才力을 窮ㅎ는 故로 世間의 事務가 漸次로 煩多ㅎ기에 至홈이니 人이 或 侈儉을 議論ㅎ야 其可不可의 區別이 紛紜ㅎ나 然侈와 儉도 亦 其分數가 有ㅎ니 大槪 奢侈라 謂ㅎ는 本意는 美物을 崇尙ㅎ는 道를 指目홈이 아니오 知覺업시 用度의 過호 者와 艱難ㅎ고 外飾의 多호 者의 行實을 評論홈이라 國中의 物品製造ㅎ는 者가 才藝를 究格ㅎ며 手段을 精鍊ㅎ야 各種이 各其 分數딘로 華麗홈과 堅固홈을 具호則 此 其國의 物品이 完美ㅎ는 境에 至ㅎ는 者며 又 購求ㅎ는 者도 美物을 取홈은 自己一身의 便利를 爲ㅎ는 中에 世間의 工匠을 勸勉ㅎ는 一道니 萬若 其 價를 論ㅎ면 麤薄호 物品에 比ㅎ야 十倍 或 百倍에 至홀 者도 有홀 듯 호딘 國人의 製造ㅎ는 바와 購取ㅎ는 者가 精美호 種類를 俱從ㅎ는 故로 麤薄호 者는 當初에 影響도 絶홀 뿐더러 物品이 精美호 境에 至호즉 國中의 財産이 興旺ㅎ야 游食ㅎ는 人民이 稀罕한디라. (未完)

***이하 연재되지 않음**

◎ 國家의 本義,

海外遊客,〈대한자강회월보〉제3호, 1906.9. (국가학)

*국가의 개념과 구성 요인 / 국가와 황실(군주)의 구별에 대한 논설

▲ 제3호=國家의 本義

國家는 國民 萬姓의 共同體니 君主 一人의 私有物이 안이라. 故로 其本義를 釋ᄒ건듸 土地曰 國이오, 人民曰 家ㅣ니 此 二者를 合稱흠이라. 然ᄒ나 土地와 人民이 有ᄒ야도 國家라 遽稱ᄒ기 不能ᄒ야 必 政治組織이 一定흔 後에 可ᄒ니, 政治組織은 何謂함인고. 政府를 設ᄒ야 置體를 立흠을 謂흠이라. 君主國에 帝王이 有ᄒ고 共和國에 統領이 有ᄒ야 其下에 百般 政令의 擧行ᄒ난 大小 官吏를 置ᄒ고, 國家의 事務를 辦理흠이 是라. 若 不然흘진되 是는 手草逐移ᄒ는 部落의 烏合人衆과 同흔지라. 國家의 秩然흔 體制를 豈成ᄒ리오. 漢土 孟子曰호되 民이 爲重이오 社稷이 其次며 君이 又其次라 ᄒ니, 夫 其謂흔 바 民 與 社稷은 卽 國家를 謂흠인즉 是를 由ᄒ야 觀흘진되 國家 及 君主의 先後 輕重을 可知흘진뎌.

國家 及 皇室의 分別

世人이 國家及皇室의 分別을 不知흠으로 國家를 擧ᄒ야 君主一身으로 視ᄒ니 此는 專制惡風에 浸染ᄒ야 其 迷想誤解를 不破흠이라 夫君主는 國家의 統治者ㅣ라 謂함은 可호되 國家의 私有者ㅣ라 謂함은 不可ᄒ니 譬컨되 地方에 官長을 置ᄒ고 其 方을 統治함이오 其 地方을 私有함은 안인쳐럼 國家에 君主를 立함은 國家를 統治흠이오 其 國家를 私有흠은 안이라 君主로써 國家라 흘진되 人生自然흔 道에 悖ᄒ니 天下에 是理가 豈有ᄒ리오 人은 生命이 雖多ᄒ여도 八九十年에 不過ᄒ고 國家

는 其 生命의 長久홈이 千萬年에 亘ᄒᆞᄂ니 夫皇室의 興亡으로써 國家의 興亡이라 謂홈은 國家本義에 不明ᄒᆞᆫ 所以라. 彼支那(支那ᄂᆞᆫ 漢士古今通稱)의 歷代ᄅᆞᆯ 觀ᄒᆞᆯ지어다. 三代以後로 皇室의 起仆ㅣ 甚多ᄒᆞ되 支那의 國家ᄂᆞᆫ 依然自在치 안이ᄒᆞᆫ가 其 曰 夏殷周曰秦漢曰 隋唐云云ᄒᆞᄂ 所謂 國號ᄂᆞᆫ 乃其時皇室의 一時私稱홈이오 支那國家의 萬世不易ᄒᆞᄂ 公稱이 안이라 故로 國家의 亡ᄒᆞᄂ 者ᄂᆞᆫ 近世波蘭갓치 其 國土가 分裂ᄒᆞ야 他國의 郡縣이 되고 其 國民이 分隷ᄒᆞ야 他國의 臣妾이 되ᄂᆞᆫ 者ᄅᆞᆯ 謂홈이라 英吉利現今河老堡王室이 前朝의 須秋阿와 王室을 代홈은 其 王家이 變易홈이오 英吉利國家의 亡홈은 안이며 法蘭西의 寶本王室及拿破崙皇室이 亡ᄒᆞ고 民主政體가 興홈은 其 政體가 變更홈이오 法蘭西國家의 亡홈은 안이니 是以로 土地人民이 他國의 管轄에 不歸ᄒᆞᆯ진되 其 國內皇室變易과 政體變更으로ᄂᆞᆫ 國家가 亡ᄒᆞ다 謂홈이 不可ᄒᆞ니라. 昔에 法蘭西國王 路易十四世가 驕矜自恣ᄒᆞ야 曰朕身이 卽 國家라 ᄒᆞ야 生殺與奪이 其意에 任ᄒᆞ고 壓制ᄒᆞᄂ 惡政이 甚ᄒᆞ더니 其 孫王의 世에 及ᄒᆞ야 國民의 離叛으로 寶本王室의 滅絶을 招ᄒᆞ니 歐洲의 政治家가 今에 至토록 路易王의 一言을 罪ᄒᆞ야 曰 國家의 大逆無道라 ᄒᆞ며 普露士國大王 厚禮斗益은 小心寅畏ᄒᆞ야 曰 朕은 國家의 上等 公用人이며 國庫의 管理者ㅣ니 秋毫의 濫用이라도 有ᄒᆞᆯ진되 其罪가 豈少ᄒᆞ리오 ᄒᆞ야 法規ᄅᆞᆯ 立ᄒᆞ며 德政을 修홈으로 國民의 愛戴를 得ᄒᆞ야 歷世繁昌ᄒᆞᆫ 福祿으로 今日의 休이 式至ᄒᆞ니 厚禮斗益大王의 言은 國家及皇室의 分別을 明定ᄒᆞ야 萬世의 龜鑑이라 故로 歐洲人이 稱ᄒᆞ야 曰 憲法의 元祖라 ᄒᆞ니라.

◎ 國家論, 崔錫夏, 〈태극학보〉 제1호, 1906.8.

　*국가의 정의: 토지, 권력, 인민의 단체(국민, 영토, 주권의 개념)

　*국가의 기능＝대내 보호, 대외 보호 / 대외 보호의 차원에서 국가를 위해 자기

의 생명을 돌보지 않아야 할 때가 있다고 강조함=애국 계몽 차원임
  *강대한 국가 단체 구성 필요 역설

  國家主義가 發達된 歐米人은 國家에 對ㅎ야 恒常 注意를 不怠홈으로 써 人人마다 其定義를 明瞭히 解釋ㅎㄴ, 我邦人은 不然ㅎ야 古來로 國 家에 對ㅎ야 冷淡혼 觀念이 有홀 쑌더러 往往히 其 眞意를 誤解ㅎ도다. 故로 余ᄂ 薄識을 不拘ㅎ고 所聞을 略論코져 ㅎ노라.

  從來以來로 國家라 ㅎᄂ 定義에 對ㅎ야 學者의 所論이 不同ㅎㄴ 今日 文明 諸國에서 通用ㅎᄂ 學說은 如左ㅎ니 曰 國家라 ㅎᄂ 것은 一定혼 土地를 有ㅎ고 쏘 權力으로써 統一ㅎᄂ 人民의 團體니라. 此 定義를 分 析ㅎ면 國家에 三要素가 有혼데 第一은 土地니 幾千萬人이 共同ㅎ야 團體를 結合ㅎ더라도 一定혼 領土가 無ㅎ면 國家라 稱홀 슈 無혼지라. 故로 學者가 古代에 手草를 追隨ㅎ야 八方으로 漂流ㅎ던 蠻族의 團體를 國家로 不認ㅎㄴ니라. 然이ᄂ 土地의 大小에ᄂ 區別이 無ㅎ니, 全世界 에 第一 廣大혼 領土를 有혼 英國도 一國家이오, 彈丸 黑子갓튼 摩洽 哥15)도 一國家니라. 第二ᄂ 權力이니 一定혼 土地가 有ㅎ고 數多혼 民 族이 有ㅎ더라도 此를 統治ㅎᄂ 主權者가 無ㅎ면 國家가 아니니라. 故 로 文明 諸國에셔ᄂ 治者와 被治者의 區分이 明瞭ㅎ야 人民이 其 主權 者에게 對ㅎ야 絶對的으로 服從ㅎᄂ니라. 第三은 人民의 團體니 此 社 會上에 無數혼 團體가 存在ㅎ여시ᄂ 國家ᄂ 單純혼 團體가 아니오, 一 定혼 土地와 權力으로 組成된 團體니라. 以上 三要素로 成立혼 國家가 吾人과 如何혼 關係가 有ㅎ뇨. 西哲의 言과 갓치 生活의 目的을 達ㅎ기 爲ㅎ야 家族團體가 發生ㅎ고 家族團體가 發達ㅎ야 部落團體가 되고, 部 落團體가 發達ㅎ야 完全혼 國家團體가 되어시니 卽 國家ᄂ 吾人의 集合 體라. 此 國家가 無ㅎ면 吾人은 生活을 完全히 홀 슈 萬無ㅎ니, 何者오.

---

15) 마흡가(摩洽哥): 국명. 미상.

國家가 아니면 吾人의 危害를 排除ᄒ며 吾人의 幸福을 增進케 ᄒ이 不能ᄒ도다. 且 國家가 吾人을 保護ᄒᄂ 데 方法이 二 種類가 有ᄒ니 一則 對內 保護오, 一則 對外 保護라. 一國內네 多數 民族이 集會ᄒ야 共同生活을 營ᄒᄂ데 自然히 利害가 相反ᄒ야 時時로 衝突을 不免ᄒ ᄲᆫ더러, 國民 中에 善者도 有ᄒ고 惡者도 有ᄒ즉 此를 區分ᄒ야 相當ᄒ 統治方法을 講치 아니면, 此 社會에 存在ᄒ 多數 良民은 畢竟 惡者의게 侵害를 被ᄒ야 一日이라도 高枕肆志ᄒ고 安樂을 享存ᄒ 슈 無ᄒ도다. 惡者가 有ᄒ야 吾人의 生命을 害ᄒ면 國家가 法律로써 此를 制裁ᄒ고 强盜가 有ᄒ야 吾人의 財産을 奪ᄒ면 國家가 警察로써 此를 防禦ᄒ고, 惡官吏가 有ᄒ야 吾人의게 不法行爲를 行ᄒ면 國家가 行政으로써 此를 救濟ᄒ야 事生之前에ᄂ 政治 手段으로서 人民의 災殃을 禮房ᄒ고 事生之後에ᄂ 司法制度로 人民의 損害를 救正ᄒ니 是ᄂ 國家가 國內에 存在ᄒ 人民의 權利 關係를 保護ᄒ인 故로 對內 保護라 稱ᄒᄂ니라.

以上 論ᄒᆷ과 갓치 假令 國家가 國內 人民을 保護ᄒ야 共同生活의 秩序를 維持ᄒ더라도 外國으로부터 來ᄒᄂ 侵害와 侮蔑을 防備ᄒ지 못ᄒ면 國民의 安寧 幸福을 期ᄒ기 難ᄒ 거시라. 現今 二十世紀ᄂ 生存競爭 時代라. 優勝劣敗와 强食弱肉은 自然之理勢라. 文明 列强의 大勢를 觀察ᄒᆷ에 年年歲歲로 人口가 繁殖ᄒ고 土地가 不足ᄒ야 自國內에셔ᄂ 發展ᄒ 餘地가 無ᄒ 故로 勢 不得已ᄒ야 國外에 領土를 開拓ᄒ야 國民의 生活上 福利를 圖謀ᄒᄂ니, 此를 稱ᄒ야 帝國主義라 稱ᄒᄂ니라. 吾人이 此 時代에 生ᄒ야 各各 自己의 生活을 完全히 ᄒ기 爲ᄒ야 外部의 壓力을 防禦코져 ᄒ면 一個人의 腕力으로ᄂ 其 目的을 達ᄒ 슈 無ᄒ즉 不可不 堅固ᄒ고 强大ᄒ 團體를 組成ᄒ 必要가 生ᄒᄂ니 於此에 國家가 有ᄒ야 一邊으로 陸海軍을 養成ᄒ야 外國의 侵害를 豫防ᄒ며, 一邊으로 列國과 通商條約을 締結ᄒ야 人民의게 貿易을 奬勵ᄒ야 國富를 經營ᄒᄂ니, 國家가 此等 事를 行ᄒᄂ 것은 皆是 國家의 分子되ᄂ 人民의 生活 利益을 保護ᄒᆷ에 出ᄒ이니 此를 稱ᄒ야 對外 保護라 ᄒᄂ니라.

要컨틴 國家는 吾人으로 組織흔 團體라. 卽 吾人을 個人的으로 觀ᄒ면 人民이오, 結合的으로 觀ᄒ면 國家니 此理를 推而言之ᄒ면 人民之利益이 卽 國家之利益이오, 人民之災殃이 卽 國家之災殃이라. 反而言之ᄒ면 國家之隆盛이 卽 人民之隆盛이오, 國家之滅亡이 卽 人民之滅亡이니라. 然而 吾人이 國家事로 爲ᄒ야 生命을 抛棄ᄒ여야 될 境遇가 有ᄒ니 此는 人民의 利害와 國家의 利害가 相反ᄒᄂ 決코 是理가 아니라, 國家의 危急存亡흘 씨를 當ᄒ야 吾人이 自己의 生命을 不顧ᄒᄂ 것은 國家의 生命이 卽 自己의 生命인 故로 自己之事를 爲ᄒ야 自己의 生命을 賭ᄒᄂ 것이니라.

現今 文明 諸國 人民은 但知有國ᄒ고 不知油身ᄒᄂ 愛國性이 有흠으로 無事之日에는 一心協力으로 政治를 整頓ᄒ야 實力을 養成ᄒ고, 有事之日에는 赴湯蹈火(부탕도화, 끓는 물과 불 속에 뛰어듦)ᄒ야 國難에 殉ᄒᄂ니 如此ᄒ고 國步之不振이 何有며 民族之不盛이 何有리오. 激烈흔 競爭 中에 介在흔 我邦 同胞는 國家思想을 胸中에 涵養ᄒ야 須臾라도 國際上 淘汰ᄒᄂ 理則을 不忘ᄒ면 殘滅之禍를 可免이오, 興復之機會를 可見이라 ᄒ노라.

◎ (잡조) 法律上 自治의 觀念, 車宗鎬, 〈서우〉 제9호, 1907.8. (법률학, 법학)

夫 自治云者는 自己의 意思로써 自己의 事務를 處理흠을 云흠이라. 故로 自治權을 有흔 者는 卽 意思의 働作을 有흔 者니 例 如 法律上에 人格을 有흔 者가 是也며, 而且 行政을 踐行ᄒᄂ 一方法이 是也라. 所以로 自治權을 有흔 者는 公共事務로써 目的치 아니키 不可ᄒ고, 公共事務로써 目的흔 人格은 卽 國家와 國家 內의 公共團體니 自治權의 主體는 國家와 國家 內의 公共團體라 云흘지로다.

然호나 自治는 被治의 地位에 在호 者ㅣ 아니면 自治權의 主體됨을 不得호느니 國家가 其行政을 自行홀진대 自治라 稱키 不可호니 然則 自治權의 主體된 者는 唯 國家 內의 公共團體에 界限홈은 無足贅論이라.

由時로 法律上 自治의 觀念은 以上 槪陳호 바 團體 自治니 自治라 홈은 國家 內의 公共團體가 自己의 意思로써 其 目的호 公共事務를 處理홈을 云홈이니 此에 對호야 注意點을 臚列(여열)호면 左와 如호니라.

自治라 홈은 公共事務를 處理홈이 是라. 故로 個個人이 自己의 事件을 處理호고 또 會社와 其他 私法人이 自己의 意思로써 其 事務를 處理홈은 自治라 云키 不得홀지오.

自治라 홈은 國家內의 團體가 其 目的호 公共事務를 處理홈이라. 故로 自治權의 主體는 公共의 事務로써 其 存立의 目的된 團體에 不外호도다. 然而 會社 其他 私法人이라도 特別호 委任을 因호며 特別호 命令이 有호면 公共事務를 行홈이 不少호니 鐵道會社가 軍隊를 輸送호며 郵便物을 運送호고 銀行이 兌換券을 發行 等 事務는 實係公共이나 然호느 此等 私法人은 這樣 公共事務로써 其 存立의 唯一 目的을 程立치 안코 其 目的호 바는 營利的에 專在호니 其 公共事務를 處理호는 境遇가 有호야도 自治의 軌道에 不入호니 此는 非自治體에 特徵이 아니고 何者오.

自治는 國家內의 團體가 自己의 事務를 處理홈이라. 故로 國家가 直接히 其 事務를 專行호면 假令 人民이 其 機關의 組織에 參與호야도 自治로써 論키 不可호니라.

自治는 國家內의 團體가 自己의 獨立意思로써 公共事務를 處理홈을 云홈이니 團體 自身이 全히 其 意思의 獨立을 享有치 아니호고 國家의 指揮 命令에 遵服호야 其 事務를 處理호면 自治라 豈云호리오. 雖然이나 自治體는 國家下에 存在호야 絕對的 獨立을 有호 團體가 아니라 是

로 以ᄒᆞ야 其 團體의 意思ᄂᆞᆫ 國家의 意思에 違反치 못ᄒᆞᆯ지라. 若或 自治
體가 國家의 意思에 違反ᄒᆞ야 絕對的 意思의 自由를 有焉ᄒᆞ면 自治體ᄂᆞᆫ
獨立國家됨에 庶至ᄒᆞᆯ지니 國家의 統一을 苟欲維持된 一定ᄒᆞᆫ 範圍 以內
에 自治體의 意思를 制限ᄒᆞᆷ이 當然ᄒᆞ니 此 所謂 自治體에 對ᄒᆞᆫ 監督權
이라. 然而 自治體에 對ᄒᆞᆫ 國家의 監督權은 法規에 一定ᄒᆞᆫ 限度가 有ᄒᆞ
니 此 限度를 若越ᄒᆞ면 國家ᄂᆞᆫ 自治體의 意思를 制限ᄒᆞ기 不得ᄒᆞᆫ즉 自
治體ᄂᆞᆫ 法規 範圍 以內에셔ᄂᆞᆫ 意思의 自由를 保有ᄒᆞᆷ이라.

  以右ᄂᆞᆫ 自治觀念의 如何를 旣明ᄒᆞ얏스니 最近 鄰國의 自治制度의 創
設을 略論호리라. 日本의 自治制度의 創設이 唯以近時에 始ᄒᆞᆫ지라. 明
治維新 後에 各 地方의 權力을 削除ᄒᆞ고 一中央에 統御ᄒᆞ야 萬機大小를
中央政府에 專屬ᄒᆞ더니 始於明治 十一年에 府縣會 規則을 制定ᄒᆞ고 其
次 明治 十三年에 區町村 會法을 頒布ᄒᆞ야 地方自治의 制度가 其 端緒
를 稍開ᄒᆞᄆᆡ 日本 政府ᄂᆞᆫ 其 自治制度의 完成에 努力ᄒᆞ되 文明의 程度
가 猶獨幼穉ᄒᆞᆫ 故로 獨逸國人 못세氏를 延聘ᄒᆞ야 市町村制를 起案케
ᄒᆞ고 二十一年 法律 第一號 及 第二號로써 市町村制를 公布ᄒᆞ고 二十三
年 法律 第三十五號 及 第三十六號로써 市縣郡制를 定ᄒᆞᆫ 後로 自治制度
의 基礎가 確立ᄒᆞ야 公共의 利益을 獲遂ᄒᆞ며 一團協同之途에 提携努勵
ᄒᆞ야 今日의 文明을 獲致ᄒᆞ얏스니 最近 鄰國된 我邦의 龜鑑이 아니리
오. 故로 自强會의 倉論이 先有ᄒᆞ고 漢城市制研究會가 次而萌起ᄒᆞ야 自
治制度의 基源이 稍進에 不禁攢賀일ᄉᆡ 玆陳蕪辭ᄒᆞ야 僉君子의 參考에
供ᄒᆞ노라.

◎ 國法上 國務大臣의 地位, 蔡洙玹, 〈서우〉 제9호, 1907.8. (행정학)

*국무대신

夫 國務大臣 云者는 君主의 國務上 作爲를 輔弼ᄒ고 其 責任을 應完ᄒ는 機關也라. 君主之行 國政에 使國務大臣으로 所以 輔弼者는 非特立憲君主國而已오 亦在君主專制國에도 爲其輔弼大政ᄒ야 數多 大臣을 必湏ᄒ은 國務上 詔勅에 使之副署케 ᄒᄂ지라. 然而 國務大臣의 國法上 地位는 立憲國과 君主專制國에 輔弼機關의 地位가 逈殊焉ᄒ니 君主專制國에는 大臣의 輔弼은 憲法上 必要에 不在ᄒ지라. 君主가 或 大臣의 輔弼로써 行政務ᄒ며 或 大臣의 輔弼을 不俟ᄒ고 自己의 獨裁로써 行政務ᄒ니 是乃君主의 任意也라. 然ᄒ 則 使其大臣으로 以爲輔弼은 事實 必要에 唯在ᄒ고 國法上 必要에 不在ᄒ도다 立憲君主國에는 反是ᄒ야 君主의 國務上 作用은 除特別 例外에는 國務大臣의 輔弼에 不依ᄒ 則 行政키 不得ᄒᄂ니 推此論之ᄒ면 國務大臣의 國法上 地位는 立憲國下에서 其 意義를 確定ᄒᆷ을 始得ᄒᆯ지니라.

立憲國下에는 君主의 作用은 憲法及法律을 因ᄒ야 制限되ᄂ니 君主가 統合權을 行ᄒᆷ에는 此等 憲法 及 法律을 遵行ᄒᆯ지라. 雖然이ᄂ 君主는 神聖至尊ᄒ야 侵犯키 不可ᄒ니 其 責任을 擔當이 否矣라 故로 凡 國務를 君主의 獨裁에 一任ᄒᆫ즉 憲法 及 法律은 蹂躙ᄒ기 容호ᄃᆡ 其 責任을 質紏無處라 所以로 立憲國 君主의 作用은 但 以君主의 意思로 未有 其 效力ᄒ고 必俟 其 國務大臣의 輔弼ᄒ야 國法上 效力을 始得ᄒ며 其 作用에 對ᄒ 責任은 使國務으로 自擔케 ᄒᄂ니라. 國務大臣의 輔弼은 副署로써 證明ᄒᄂ니 大臣의 副署는 輔弼行爲를 所以公證也니 徵乎 日本컨ᄃᆡ 憲法 正條에 君主의 國務上 詔勅은 大臣이 此에 副署ᄒᆷ을 明示ᄒᆫ지라 所謂 詔勅은 君主의 一切 國務上 作爲를 意味ᄒᆷ이니 法律勅令 條約 豫算 其他 訓諭 等 事ㅣ 苟有關於國家政務ᄃᆫ 皆要大臣之副署로

一定 原則ᄒᆞ니 如無大臣之副署ᄒᆞ면 君主의 作爲ᄂᆞᆫ 國法上 效力을 生키不得ᄒᆞᆯ지라. 推此點而觀之ᄒᆞ면 立憲國의 國務大臣은 專制國의 大臣과 大有差異ᄒᆞᆷ은 自無待論이라.

副署者ᄂᆞᆫ 大臣의 輔弼을 公證ᄒᆞᆫ 빈나 然이ᄂᆞ 此 輔弼大臣은 國務上에 其所副署가 有規例ᄒᆞ니 君主 國務上 重要 詔勅에ᄂᆞᆫ 各 大臣의 副署ᄅᆞᆯ 必要ᄒᆞ고 或 特定 大臣의 副署ᄅᆞᆯ 必要ᄒᆞᆷ도 有ᄒᆞ니 此 特別規定이 有ᄒᆞᆫ 境遇에ᄂᆞᆫ 其 規定을 依ᄒᆞ야 大臣의 副署가 有ᄒᆞ면 國法上 效力을 必生ᄒᆞᆯ지라. 然而 除此 特別規定 以外에 一大臣의 副署만 苟有ᄒᆞ면 君主 作爲ᄂᆞᆫ 國法上 效力이 當有ᄒᆞᆷ이라.

大臣이 責任을 負擔ᄒᆞᆷ은 君主 作爲ᄅᆞᆯ 輔弼ᄒᆞᆷ에 在焉ᄒᆞ고 輔弼은 副署ᄅᆞᆯ 由ᄒᆞ야 表示ᄒᆞᄂᆞ니 君主의 作爲에 副署ᄒᆞᆫ 大臣은 當任其責ᄒᆞᆯ지나 副署ᄅᆞᆯ 不爲ᄒᆞᆫ 大臣도 全然 其責에 不任ᄒᆞᆷ은 아니니 雖不爲副署라도 實際에 輔弼ᄒᆞᆫ 證明이 有ᄒᆞ면 其責에 尙任ᄒᆞ니 副署之於責任에 其有關係가 若是密接이로대 此 兩者가 常히 一致ᄒᆞᆷ은 아니요 副署가 有ᄒᆞᆫ 同時에ᄂᆞᆫ 其 責에 必任ᄒᆞᆯ지며 副署가 無ᄒᆞᆫ 境遇에라도 輔弼ᄒᆞᆫ 事實이 有ᄒᆞᆫ 則 其責에 亦 任ᄒᆞᄂᆞ니라.

君主의 作爲ᄂᆞᆫ 大臣의 副署가 闕如ᄒᆞᆫ즉 效力이 無矣라 大臣이 副署ᄅᆞᆯ 拒絶ᄒᆞᆫ즉 君主之行國政은 寔無由焉ᄒᆞ니 實際權力이 似在於大臣이ᄂᆞ 君主의 作爲가 憲法 及 法律에 違反ᄒᆞ며 國家의 利益을 障害ᄒᆞᆷ을 不拘ᄒᆞ고 君主의 命令을 一從ᄒᆞ야 副署의 義務가 常有타 ᄒᆞ면 大臣의 所以 輔弼은 全然 意味ᄅᆞᆯ 失之ᄒᆞ고 加之大臣이 此에 對ᄒᆞ야 當任其責ᄒᆞᄂᆞᆫ 理由ᄂᆞᆫ 說明키 難ᄒᆞ도다. 然則 君主의 作爲가 國家에 障害되ᄂᆞᆫ 時에 國務大臣이 其 副署ᄅᆞᆯ 拒絶ᄒᆞᄂᆞᆫ 義務ᄅᆞᆯ 有ᄒᆞᆷ은 輔弼機關의 性質上 當然ᄒᆞᆫ 結果라 大臣이 副署의 拒絶權을 有ᄒᆞᆷ은 事實上 權力이 似在於大臣이나 其 實은 不然이라. 若 國務大臣이 其 地位ᄅᆞᆯ 永久 保維ᄒᆞ고 雖 君主之大權이라도 不得黜免則實際權力이 似在大臣이ᄂᆞ 君主ᄂᆞᆫ 勿論 何時ᄒᆞ고 自己의 意思에 扞格ᄒᆞᆫ 大臣은 任意黜免ᄒᆞᄂᆞ니 若 大臣이 副署ᄅᆞᆯ 執拗拒絶ᄒᆞᆫ즉 君主ᄂᆞᆫ 輒行改差ᄒᆞ야 使他大臣으로 代之케 ᄒᆞ니 實際 權力은

常在於君主ᄒᆞ고 毫不在於大臣者ㅣ 明矣라 君主 國務上 作爲에 大臣의 副署를 必要홈이 是 原則이ᄂ 特有二三例 外ᄒᆞ니 揭之如左홈이라.

一 軍事上 命令이니 軍事上 立法 及 行政에 有關ᄒᆞᆫ 者 以外에ᄂ 大臣의 副署를 不要ᄒᆞᄂ니 是ᄂ 君主 資格에 基因ᄒᆞᆫ 大元帥의 軍事上 作爲이오 君主의 普通 行爲가 아니라.

二 爵位 勳章의 授與니 是ᄂ 歷史上 慣習으로 其 規를 認作ᄒᆞᆫ 者라 國務大臣의 副署ᄂ 不要ᄒᆞ야도 往往 宮內大臣의 副署로써 授與ᄒᆞᄂ니라.

三 大臣의 任命이니 是亦 君主 國務上 作爲라. 普通 境遇에ᄂ 副署를 必要ᄒᆞᄂ 各 大臣이 總辭職ᄒᆞ고 新히 國務大臣을 任命ᄒᆞᆯ 時ᄂ 他 大臣의 副署ᄂ 求之나 不得이니라.

國務大臣은 其 國務大臣된 職務를 擔任ᄒᆞᆫ 同時에 各部 大臣된 職務를 擔任ᄒᆞᆯ지니 後者의 資格으로ᄂ 行政 一部를 擔任ᄒᆞ고 其 範圍 內에서 自己의 意思를 發動ᄒᆞ며 前者의 資格으로ᄂ 全然 君主의 作爲를 輔弼ᄒᆞ고 外部의 發動을 不得ᄒᆞᄂ니라.

◎ 論軍國主義, 〈조양보〉 제8호, 1906.9.

▲ 제8호

第一節

軍國主義 勢力

軍備 擴張의 由因

平和ᄂ 夢想 中 美夢

◎ (論說) 人人이 當注意於權利思想, 〈조양보〉 제6호, 1906.8.

▲ 제6호

▲ 제7호

◎ 立法 司法 及 行政의 區別과 其意義,
　全永爵, 〈태극학보〉 제8호, 1907.3. (법학 – 헌법)

　　(제7호에는 '20세기의 생활'을 실었음)
　　*몽테스키외의 삼권 분립설 = 독일 법학자들의 비판 = 의의 제시
　　*삼권 분립설 = 권력의 분할이 아니라 권한의 분배라는 차원에서 = 입헌군주국
　　　의 삼권 분립 특징을 설명함
　　*삼권분리, 입법권, 집행권, 사법권, 행정, 법률(의화), 법규(명령)

▲ 제8호 3권 분립 관련=국가사상

　國家의 作用은 通常 立法 司法과 行政의 三種으로 區別ᄒᆞᄂᆞᆫ 것이라.
本稿의 目的도 此 三種 區別이 何를 因ᄒᆞ야 生ᄒᆞᆫ 것을 明確키 解코져
홈이로다.
　國家의 作用을 立法 司法 及 行政의 三種으로 區別홈은 單純ᄒᆞᆫ 理論
의 結果ㄱ 아니오, 또 何如ᄒᆞᆫ 時代와 何如ᄒᆞᆫ 國家에라도 適用될 것이
아니라, 其 區別은 今日 立憲國의 國家 組織과 密接ᄒᆞᆫ 關係가 有ᄒᆞᆫ 것인
딘 其基ᄒᆞᆫ ᄇᆞᄂᆞᆫ 近世 立憲制度의 基礎를 合은 所謂 三種 分立主義에
在ᄒᆞ도다. 故로 余輩ᄂᆞᆫ 몬저 三種 分立主義의 大要를 論ᄒᆞ고, 次에 此等
三種 作用에 就ᄒᆞ야 各其 觀念을 明確케 ᄒᆞ고져 ᄒᆞ노라.

第一 三權分立主義

三權 分立이라 ᄒᆞᄂᆞᆫ 것은 國家의 作用을 其性質에 依ᄒᆞ야 立法 司法 及 行政의 三種으로 區別ᄒᆞᆫ 것이ᄃᆡ 此等 三種의 作用은 各各 殊異ᄒᆞᆫ 機關에 屬ᄒᆞ게 ᄒᆞ고저 ᄒᆞᆷ이라. 三種 分立主義가 近世 憲法에 影響을 及케 ᄒᆞᆫ 것은 無疑ᄒᆞᆫ 事實이라. 第十八世紀에 佛國 哲學者 몬데스규 氏의 學說에 因ᄒᆞᆷ이라. 其 著書〈法律精神〉은 當時 佛國에 王權 專制의 弊가 其 極端에 達ᄒᆞᆫ 時代에 著ᄒᆞᆫ 것이라. 彼ᄂᆞᆫ 自國의 專制政治와 英國의 自由 政治를 比較ᄒᆞ야 自國의 弊政을 救코저 ᄒᆞ야, 英國의 制度로ᄡᅥ 其 模範을 슴은지라. 所謂 三權이라ᄂᆞᆫ 것은 彼의 分類를 依ᄒᆞ면 立法權, 執行權 及 司法權의 三種으로 ᄒᆞ고, 國家의 權力으로ᄂᆞᆫ 此等 三種의 權力을 區別ᄒᆞᆷ을 得ᄒᆞᆫ다 ᄒᆞ고, 國民의 自由를 保持ᄒᆞ기 爲ᄒᆞ야ᄂᆞᆫ 三種의 權力은 各各 殊別ᄒᆞᆫ 團體에 屬케 아니치 못ᄒᆞᆯ 것이라고 云ᄒᆞᆫ지라. ᄯᅩ 彼의 言을 依ᄒᆞ면 英國에 此等 三種의 權力이 分立ᄒᆞᆷ은 三種의 政體의 混和와 相待ᄒᆞ야 實行됨이라. 卽 執行權은 專히 君主에 屬ᄒᆞ고, 司法權은 國民으로브터 選出된 裁判集會에 屬ᄒᆞ고 立法權은 貴族의 分子로 成立된 上院과 國民으로부터 選出된 下院의 二院으로서 組織된 議會에 屬ᄒᆞ얏다 ᄒᆞᆫ지라.

몬데스규 氏의 學說의 三種 分立說이 多數ᄒᆞᆫ 點에 誤謬를 包含ᄒᆞᆷ은 容疑ᄒᆞᆯ 餘地ㄱ 無ᄒᆞᆫ 故로 恒常 諸學者의 批難을 受ᄒᆞᄂᆞᆫ ᄇᆞ라. 其 批難의 一은 分類의 不完全ᄒᆞᆷ에 在ᄒᆞ도다. 彼의 分類ᄒᆞᆫ ᄇᆡ 執行權은 彼 스스로 此를 稱ᄒᆞ야 國際法에 屬ᄒᆞᆫ 事件의 執行權이라 云ᄒᆞᆫ지라. 故로 彼의 分類ᄂᆞᆫ 今日 所謂 行政의 觀念은 彼보담도 前에 行ᄒᆞᆫ 것이라, 單히 國際法에 屬ᄒᆞᆫ 事件에 不止ᄒᆞᆫ 것은 勿論이어니와, ᄯᅩ 單히 法을 執行ᄒᆞᄂᆞᆫ 데ᄲᅮᆫ 止ᄒᆞᆫ 것도 아니라, 廣大히 法의 範圍 內에 自由 活動을 包含ᄒᆞᆫ 것이라. 其 批難의 二ᄂᆞᆫ 英國 制度를 誤解ᄒᆞᆫ 데 在ᄒᆞ도다. 彼의 說과 ᄀᆞᆺ튼 三種 分立은 英國에서 일즉 實行된 事 無ᄒᆞ고, 彼의 當時에 英國은 旣爲 議員

內閣制度マ 其形을 顯ᄒᆞ얏고, 國會ᄂᆞᆫ 立法權의 主要ᄒᆞᆫ 勢力ᄲᆞᆫ만 아이라 執行權의 最高 官府라도 亦 國會 多數黨에셔 此를 出케 ᄒᆞ야 立法權과 執行權으로 ᄒᆞ야곰 셔로 調和케 ᄒᆞᆫ지라. **其 批難의 三은 實行키 難ᄒᆞᆫ 데 在ᄒᆞ도다.** 彼ᄂᆞᆫ 國權의 作用을 三種에 區別ᄒᆞᄂᆞᆫ 同時에 國家의 機關 도 亦此를 三種에 分ᄒᆞ야 作用의 分類와 機關의 分立으로 ᄒᆞ야곰 全然 一致케 ᄒᆞ랴 ᄒᆞ야스나 國家의 作用이 複雜ᄒᆞ야 內部에서 相互間 繫聯 (계연)된 如此 劃然ᄒᆞᆫ 分離를 許키 難ᄒᆞᆫ지라. 機關의 區別과 作用의 區 別노 ᄒᆞ야곰 全然一致케 ᄒᆞᆷ은 只空想國家에ᄲᆞᆫ 思考ᄒᆞᆷ을 得ᄒᆞᆯ 것이오, 實際에 行키 難ᄒᆞᆫ 빈라. 最後에 **彼에 學說에 對ᄒᆞ야 最大ᄒᆞᆫ 批難**은 彼의 說을 그딘로 實行ᄒᆞᆯ 時ᄂᆞᆫ 國家의 統一이 破壞될 것이라 ᄒᆞ엿더라. 彼ᄂᆞᆫ 國權의 作用을 三種 機關에 分屬케 ᄒᆞ고, 此等 三種의 機關은 各各 獨立 對等의 地位를 保有ᄒᆞᆯ 것이라 ᄒᆞ고, 統一ᄒᆞ염즉ᄒᆞᆫ 何等의 方法도 論치 아닌지라. 믄일 如此 三種의 機關이 專히 獨立 地位를 有ᄒᆞ고 各各 獨立 意思로 其 權力을 行ᄒᆞᆫ다 ᄒᆞ면, 國家ᄂᆞᆫ 統一의 意思를 有ᄒᆞᆫ 것이 아니 오, 三種의 獨立 意思를 有ᄒᆞᆫ 것이라. 그러면 國家ᄂᆞᆫ 統一的 人格이 아 니오, 三個 殊別ᄒᆞᆫ 人格으로 分割되ᄂᆞᆫ데 至ᄒᆞᆯ지라.

以上 諸點에 就ᄒᆞ야 獨逸 法學者가 彼의 說에 加ᄒᆞᆫ 批難은 其 當을 得ᄒᆞᆫ 것이ᄂᆞ 此等의 缺點으로써 三種 分立說에 基礎가 되ᄂᆞᆫ 精神의 眞 理ᄂᆞᆫ 蔽키 難ᄒᆞ도다. 其 根本의 思想은 實노 近世 立憲主義에 基礎가 되깃고, 其 影響은 米國 及 佛國 憲法에 現露ᄒᆞ얏고, 歐洲 大陸 諸國의 憲法은 何를 不問ᄒᆞ고, 其主義를 採用치 아님이 업고, **諸般 理論上의 批難을 不拘ᄒᆞ고 三權의 分立은 近世 立憲國의 普通 原則**이 된지라. 그 러ᄂᆞ 所謂 三權分立이라ᄂᆞᆫ 것은 國權을 對等 獨立ᄒᆞᆫ 三種 權力에 分割 이 아니오, 三種의 作用은 亦是 國權의 作用이라. 다못 此를 行ᄒᆞᄂᆞᆫ 데 對ᄒᆞ야 唯一ᄒᆞᆫ 國家 機關 權限에 屬케 ᄒᆞᆷ도 아니오, 三種의 作用은 其 性質의 異ᄒᆞᆷ을 隨ᄒᆞ야 異ᄒᆞᆫ 機關 權限에 屬케 ᄒᆞᄂᆞᆫ 것이라. 然則 三種 分立은 權力의 分割이 아니오, 權限의 分配로다.

權限의 分配는 君主國과 共和國이 相同흔 것이 아니라 共和國은 立憲
君主國에 類似흔 點이 少한 故로 姑爲置之ᄒ고 今日 立憲君主國의 行ᄒ
는 ᄇ는 大略 如左ᄒ니라. (未完)

▲ 제10호

(一) 法規를 制定흠은 君主 大權에 屬ᄒ고, 議會의 議決을 經흠을 依ᄒ
야 此를 行ᄒ는 것이 原則이라. (몬데스규 氏)의 定式은 立法權은 專혀
議會에 速흔 것이라 ᄒ고, 君主는 不裁可權을 依ᄒ야 此를 妨害ᄒ는 外
에 全혀 立法에 參與흠을 不得흔다 ᄒ는데 反ᄒ야, 今日 立憲君主國의
立法도 亦 議會의 議決쑌 依ᄒ야 君主가 此를 裁可흠을 依ᄒ야 行ᄒ는
것이라. 諸國 憲法이 或은 立法權은 君主와 議會의 兩院이 協同ᄒ야 此
를 行흔다 ᄒ고, 或은 君主는 議會의 協贊으로 此를 行흔다 云ᄒ는 다
其 言辭가 異흘 쑌이오, 其意는 同흔 것이라.

그러나 此ㄱ 絶對原則은 아니라. 憲法이ㄴ 法律을 依ᄒ야 特히 授權
이 有흔 特에는 議會의 協贊을 不經ᄒ고, 此를 定흠을 許ᄒᄂ니 卽 一切
의 法規가 例外가 無ᄒ고 다 立法이라 ᄒ야, 議會의 議決을 要흠이 아니
오, 一定흔 範圍에 就ᄒ야 行政의 機關도 亦 法規를 定흠을 得ᄒᄂ니라.
三權 分立主義의 今日 憲法 意義는 다못 憲法 或 法律의 授權이 有흔
時 外에는 法規를 定코져 ᄒ면 總히 議會의 決議를 經흠을 要흔다 云흠
에 不過ᄒ도다. 故로 今日 立憲國에는 國家의 制定흔 法規는 議會의 議
決 及 君主의 裁可를 依ᄒ야 成立흘 것과, 專혀 君主의 裁可쑌 依ᄒ야
成立된 것, 二種이라. 其 議會의 決意를 經흔 것은 特히 __此를 稱ᄒ야__
__法律__이라 ᄒ고, 法律의 名稱은 다못 此種 法規에쑌 適用되는 것이라.
其議會에 議決을 不經흔 것은 此를 槪括ᄒ야 __命令이라 謂__ᄒᄂ니, 法律
로써 法規를 定흠은 法規의 原則이라. 命令으로써 此를 定흠은 憲法이
ㄴ 或 法律이 此를 授權ᄒ는 時에 例外라.

(二) 國權으로써 個人間 權利의 相爭을 裁判ᄒᆞ고 또 個人에게 刑罰을 課홈은 此를 <u>司法權의 作用이라</u> ᄒᆞ야, 原則으로 裁判所 權限에 屬케 ᄒᆞ고, 裁判所가 其 相爭을 裁斷ᄒᆞ며, 또 刑罰을 課홈은 專혀 法規에 準據ᄒᆞᄂᆞᆫ 것인딕, 自己의 主意 所見에 據홈을 不得ᄒᆞᄂᆞ, 그러ᄂᆞ 其法規를 適用홈은 自己의 獨立 解釋에 依ᄒᆞᄂᆞᆫ 것이오, 他의 權力을 爲ᄒᆞ야 制縛되ᄂᆞᆫ 일이 無홈이니, 此를 <u>司法權의 獨立</u>이라 謂ᄒᆞᄂᆞ니라. 그러ᄂᆞ 司法權이 裁判所의 屬ᄒᆞᄂᆞᆫ 原則도 必코 絶對의 原則이 아니라 憲法 或 法律의 特別ᄒᆞᆫ 規定에 依ᄒᆞ야 此를 行政權의 機關에 屬케 ᄒᆞᄂᆞᆫ 事도 有ᄒᆞ니라.

(三) 立法權 及 司法權의 外國權의 作用은 總히 君主의 大權에 屬ᄒᆞ야 君主ᄂᆞᆫ 或 國務大臣의 輔弼로써 親裁ᄒᆞ야 此를 行ᄒᆞ고 或 其下에 隸屬된 官廳에 命ᄒᆞ야 此를 行케 ᄒᆞᄂᆞ니, 此 所謂 行政權이라. 行政權의 機關을 汎稱ᄒᆞ야 政府라 謂ᄒᆞᄂᆞ니라. 그러ᄂᆞ 此 原則에도 亦 例外가 有ᄒᆞ도다. 憲法 或 法律의 特別ᄒᆞᆫ 規定에 依ᄒᆞ야 議會의 協贊을 要ᄒᆞᄂᆞᆫ 것이 有ᄒᆞ고, 就中 國家財政에 就ᄒᆞ야ᄂᆞᆫ 其 協贊의 必要ᄒᆞᆫ 것이 多ᄒᆞ도다. 或 裁判所 其他 政府의 權力에 依ᄒᆞ야 制縛되지 은ᄂᆞᆫ 他 獨立ᄒᆞᆫ 機關에 屬홈도 有ᄒᆞᄂᆞ니라.

(四) 立法 行政 及 寺法은 셔로 對等 獨立ᄒᆞᆫ 地位를 有ᄒᆞᆫ 것이 아니라. 法律은 憲法下에 活動ᄒᆞᄂᆞᆫ 國家의 最高ᄒᆞᆫ 意思라. 司法은 恒常 法律 下에 活動ᄒᆞ야 다못 法律을 實在ᄒᆞᆫ 處所에 適用홀 ᄲᅮᆫ이라. 行政도 亦 法律 範圍 內에 活動ᄒᆞ야 憲法 或 法律이 特히 例外를 定ᄒᆞᆫ 外에ᄂᆞᆫ 行政으로써 法律을 波홈을 不許ᄒᆞᄂᆞ니라. 今日 立憲君主國의 三權分立主義에 要ᄒᆞᄂᆞᆫ ᄇᆞ도 大略 以上과 如ᄒᆞ나 學理上 及 實際上에 明晰ᄒᆞᆫ 解釋은 오히려 詳細ᄒᆞᆫ 說明을 要ᄒᆞ도다.

第二 立法의 觀念

(一) 形式의 意義의 法律과 實質의 意義의 法律

立法이라는 것은 法律이 定흔 國權의 作用을 云흠이라. 法律이라는 것은 其本來의 意義에 就ᄒ야는 法規ᄅ 云흠과 同然흔 意義라. 卽 立法이라 云흠은 國權을 依ᄒ야 法規를 制定ᄒ는 作用을 意味흠이라. 所謂 三權分立說의 最初의 定式에는 立法權은 議會에 屬케 흠이 可ᄒ다 ᄒ야 凡有흔 法規를 制定ᄒ는딕는 議會의 權限에 屬케 흠을 意味흔 것이라. 그러ᄂ 議會는 스스로 行政 實際에 當ᄒ는 機關이 아니오, 또 何時든지 集會ᄒ는 機關이 아닌 故로 一切 法規의 細大를 勿論ᄒ고 ——히 議會의 議決을 經ᄒ는 것은 國家 及 國民 利益에 適合흠이 아니라. 故로 實際上에는 如何흔 國이든지 憲法과 或 特別흔 規定을 依ᄒ야 一定흔 範圍에 議會의 協贊을 不經ᄒ고, 命令으로써 法規를 制定흠을 得ᄒᄂ니라. 더욱 日本國은 命令權의 範圍가 他諸國에 比ᄒ면 一層 廣汎ᄒ도다. 一方으로는 法律을 定ᄒ는 作用은 아니나 國民 利害에 密接흔 關係ᄀ 有흔 것에 至ᄒ야는 特히 議會의 議決을 經ᄒ는 것이 必要흠으로 如此흔 데 就ᄒ야는 性質上 法規를 定ᄒ는 것이 아니오, 形式上 普通 法規와 ᄀ치 法律로 ᄒ야 議會의 議決노써 行흠이 常例라. 故로 實際上으로 國權에 依ᄒ야 法規를 制定ᄒ는 作用과, 法律이라 ᄒ야 議會의 議決을 經ᄒ고 行ᄒ는 作用과는 定코 全然一致되는 것이 아니라. 以此로 法律은 其 第一의 意義 外에 又 第二에 意義는 專허 其 形式의 重흔 것을 置ᄒ야 卽, 性質上 法規의 定 不定을 不問ᄒ고, 總히 一定흔 方式으로써 會議의 議決을 經흠을 依ᄒ야 行케 되는 國家의 意思表示라. 此를 法律이라 謂ᄒ고, 性質上 法規를 定ᄒ는 것이라도 法律이라 ᄒ야 議會의 議決을 不經흔 것은 此를 法律이라 稱치 은나이라.

學者가 第一 意義의 法律을 稱ᄒ야 實質 意義의 法律이라 謂ᄒ고, 第

二를 稱ᄒ야 形式 意義의 法律이라 謂ᄒ도다. 實質 意義의 法律은 全혀 法規라 云홈과 同홈으로 余輩는 自此로 此 意義의 法律을 指ᄒ기 爲ᄒ야 恒常 法規라 云ᄒ는 語를 用ᄒ깃고, 單히 法律이라 云홀 時는 純全ᄒ 形式 意義의 法律을 意味홈이라, 法律과 法規는 如此히 相異ᄒᄂ 二者 全然히 無關係홈은 아니라, 反히 立法權의 範圍를 論ᄒ는 듸는 法規의 觀念이 極히 重要ᄒ 關係가 有ᄒ도다. 何也오. 總히 法規를 制定ᄒ는 데는 原則으로 法律을 要ᄒ고, 命令으로 法規를 定홈은 다못 憲法이ᄂ 或 法律이 特히 授權ᄒ는 時를 限ᄒ는 故니라. (未完)

▲ 제12호 = 법규의 요소(조건) = 의사발동 한계, 일반 추상성

法規라는 것은 意思主義와 意思主體의 關係로 其 意思 發動의 限界를 定ᄒ야 此를 拘俗ᄒ는 一般 抽象的 法則을 謂홈이라. 其 觀念의 <u>第一 要素는 意思 主體之相互關係에 就ᄒ야 其 意思 發動을 限界ᄒ는 데 在</u>ᄒ니라.

<u>法은 人類가 自由意思의 主體되는 데 其 存在의 根據를 置</u>ᄒ지라. 人類生活이 문일 他의 生物과 同ᄒ야 專혀 自然力에 依ᄒ야 支配ᄒ는 비 되고, 自由意思의 活動 餘地マ 無타 ᄒ면 法은 自初로 存在홈을 不得홀 것이라. 法은 또 人類가 共同ᄒ야 社會的 生活을 營ᄒ는 데 其 根據를 置ᄒ얏도다. 人類가 만일 互相 孤立ᄒ야 生活ᄒ고, 相互의 關係가 無타 ᄒ면 法의 存在는 意味가 無홀 것이라. 法은 人類 共同生活에 其 自由意 思의 發動을 規律홀 것이라. 換言ᄒ면 其 意思發動의 影響되는 비가 單 히 自己 一身에 止홀 쑨만 아니라 <u>共同生活의 他人類에 及ᄒ는 影響 限度에 就ᄒ야 此를 制限ᄒ고, 此를 規律ᄒ는 것이라.</u> 法의 規律ᄒ는 비는 惟 人類 意思發動에 在ᄒ며 人類 意思에 不基ᄒ <u>自然의 顯象은 法이 規律홀 비</u> 아니라. 人類의 意思로 單心理作用에 止ᄒ야 外界 動作 에 發現치 은안 것은 法의 關知홀 바 아니라. <u>法은 但 外界 動作에 發現</u>

혼 意思의 發動을 規律홀 쑨이라. 意思 發動에 基혼 動作은 此를 意思行
爲라 云ᄒ고, 單히 行爲라 謂ᄒᄂ니라. 以此로 意思에 不基혼 動作과
區別ᄒ며 人類의 行爲ᄂ 或 法이 認許ᄒ야 他人의 意思 自由에 影響을
及치 못ᄒ게 홈도 有ᄒ니 如此혼 行爲ᄂ 法律上 無關係혼 範圍로 此를
自然혼 自由에 放任ᄒ며 法은 此를 保護ᄒᄂ 事도 無ᄒ고, 또 此를 禁止
ᄒᄂ 事도 無ᄒ니라. 他人에게 影響을 及케 ᄒᄂ 行爲에 對ᄒ야ᄂ 法은
或 此를 認許도 ᄒ며 或 此를 禁止도 ᄒ고, 或 싀로 其 能力을 附與도
ᄒ며, 或 其與ᄒ얏든 能力을 褫奪(치탈)홈도 有ᄒ니라. 共同혼 生活에
就ᄒ야 人類 行爲에 如此혼 限界를 定혼 것이 法規의 第一 要點이라.
그러ᄂ 人類 行爲의 自由를 拘束ᄒ야 其 限界를 定혼 것이 다 法規됨은
아니라, 法規의 觀念은 其 一般 抽象的 法規됨이 第二의 要素가 될 것이
라. 實在혼 處所에 關ᄒ야 人類의 行爲를 拘束홈은 法規를 定하ᄂ 것이
아니오, 法規ᄂ 抽象的으로 엇더혼 標準을 定ᄒ야 其 標準에 適合홀 時
ᄂ 此를 適用홈를 謂홈이라. 豫備로 一般法則을 定ᄒᄂ 事 無ᄒ고, 個個
의 實在 事件의 起홈을 當ᄒ야 其 事件에 應ᄒ야 人類 行爲에 限界를
定ᄒᄂ 事도 亦此를 豫想홈을 得홀지라. 古代의 裁判은 如此혼 數多의
實例를 供혼지라. 裁判官은 一定혼 準則을 據ᄒ야 裁判을 宣告홈이 아
니오, 個個혼 事件에 應ᄒ야 適宜혼 處分을 爲혼지라. 如此혼 時代에ᄂ
裁判官은 法規를 適用홈이 아니오, 自己의 決定을 依ᄒ야 新히 人類 行
爲를 限界ᄒ며, 此를 拘束ᄒ얏도. 法規ᄂ 實在혼 一 事件에 適用되ᄂ
것이 아니라 如何혼 場所에ᄂ 如何혼 結果ㄱ 生ᄒ리ᄅ고 抽象的으로
定치 ᄋ니치 못홀지라 豫想키 難혼 多數혼 不特定혼 事件에 適用되얌즉
혼 것이 法規의 特色이라. 汝 ᄂ 人을 殺혼 故로 死刑에 處혼다 云홈이
法規ㄱ ᄋ니오, 凡人을 殺혼 者ᄂ 死刑에 處혼다 云홈이 法規라. 甲은
乙의 子라, 故로 甲은 乙을 扶養홀지어다 홈이 法規가 ᄋ니오, 凡 爲人
之子ᄒ야 親을 扶養홀 義務ㄱ 有ᄒ다 홈이 法規의 性質이라. (法規의
觀念이 一般 抽象的 法則으로 要素를 作乎아 否乎아. 以此로 近時 獨逸
國 法學者 間에 激烈혼 論爭이 有혼 問題라.) 然이나 一方에 就ᄒ야ᄂ

凡 一般的 法則이 다 法規ㄹ고 誤解치 아님을 要ᄒ노라. 法規는 一 意思 主라. 他 意思主體의 關係ᄀ 其 意思 發動을 限界흠이 不可ᄒ도다. 意思 主體는 卽 人格者라. 一個人과 團體를 不問ᄒ고, 法이 認ᄒ야셔 意思의 主體ᄀ 되는 것이라. 人格과 人格 間에 關係를 定흔 者ᄀ ᄋ면 一般 抽象的 法則을 定흔 것이라도 法規 觀念에 屬지 ᄋ은 것이라. 法規라 云흘 時에는 恒常 多數의 意思 主體ᄀ 相互 關係를 有흔 것으로 其 前提 를 삼은지라. 故로 團體的 內部에쑌 效力을 有ᄒ고, 他의 意思 主體와 關係ᄀ 無흔 法則은 法規ᄀ ᄋ니라. 國家도 亦 法規下에 服從흠을 要ᄒ 느 然이느 其 法規ㄹ는 性質을 有흠은 國家ᄀ 他의 人格 卽 一個人 或 他團體에 對흔 關係 其 意思의 發動을 制限흔 時에 限ᄒ느니라. ᄆ일 此에 反ᄒ야 國家機關 內部에쑌 效力이 有ᄒ고, 一個人 或 他團體에 對 흔 關係에 就ᄒ야 此를 拘束지 못ᄒ는 것은 法規의 性質이 無흠이라. 國家機關 內部에쑌 效力을 有흔 一般 法則은 此를 汎稱ᄒ야 行政規則이 라 云흠을 得흘지라. 行政規則은 法規ᄀ ᄋ니라.

以上에 述흔 것과 如흔 二要素를 備흔 것은 廣意義의 法規라. 此 意義 의 法規는 但 國家 制定에 關흔 法規쑌ᄆ ᄋ니라 市町村 其他 地方自治 團體의 自主權에 基흔 法規를 包含ᄒ얏고, 또 制定 法規쑌ᄆ ᄋ니라 習 慣法도 包含ᄒ얏도다. 其 發生 源因의 何에 在흠은 全然히 法規 觀念에 關係ᄀ 無ᄒ도다. 그러느 法規ㄹ ᄒ는 語는 往往 狹흔 意義에 用ᄒ야 習慣에 基흔 法規를 除外ᄒ며 專혀 制定法規쑌ᄆ 意味ᄒ며 或 又一層 狹意義에 公共團體의 自主法을 除外ᄒ고, 但 國家制定흔 法規쑌ᄆ 用ᄒ 는 事 有ᄒ니, 此에 論ᄒ는 問題 卽 國家作用 分類에 就ᄒ야는 最後 意 義를 用흠이 便利ᄒ도다. 此 意義의 法規는 抽象的 標準으로써 國家와 個人과 團體 間이며 或 個人과 團體 相互間에 其 意思의 發動을 限界ᄒ 는 國權의 意思表示라. 國權을 依ᄒ야 法規를 制定ᄒ는 作用은 實質 意 義에 立法이니라.

法規의 觀念이 專혀 國家作用의 客觀的 性質에 基흔 觀念에 反ᄒ야 法律의 觀念은 全然히 其 形式에 依흔 觀念이라. 法律은 憲法上에 定흔 一定흔 形式으로써 此를 定ᄒ고 此 形式으로써 ᄒᄂ 國家의 作用은 形式 意義의 立法이니라. (未完)

(이후 연재되지 않았음)

◎ 保護國論, 金志侃 譯述, 〈태극학보〉 제21호, 1908.5. (제국주의론, 정치학)

*보호국을 단순보호국(보호적 보호국), 진정 보호국(후견적 보호국, 정치상 보호국, 국제 보호국). 행정상 보호국, 식민적 보호국의 4종으로 구분한 학설 번역 소개

日本 法學博士 賀長雄原[16] 著

案ᄒ건디 國과 國의 間에 保護關係를 生ᄒᄂ 原因이 四種이 有ᄒ니 或은 個個 單獨으로 發動ᄒ며 或은 二個 以上이 聯亘共作ᄒ야 一保護關係를 生ᄒ나니 其種類를 左에 述ᄒ노라.

第一種 保護國

玆에 一國이 有ᄒ야 完全흔 自主權을 有ᄒ며 其文化의 程度가 또흔 列國에 讓頭치 아니ᄒ니 다만 强國의 間에 介在흠으로 國力이 微弱ᄒ야 自然히 其獨立을 支持홀 力이 無흔디 만일 엇던 强國에셔 該 弱國을

---

16) 賀長雄原: 미상.

幷呑ᄒ면 該 强國의 勢力이 一時에 擴張되야 隣近 强國의 均衡을 失ᄒ야 其累가 比近 列國의 關係에 及ᄒᆯ 患이 有ᄒ면, 此時에 當ᄒ야 一强國이 自國의 利益을 爲ᄒ야 該 弱國의 獨立을 維持케 ᄒ고 該國의 獨立을 護衛ᄒᄂᆫ 地位에 立ᄒ야 該 弱國의 內政과 外交에ᄂᆫ 秋毫라도 干涉ᄒᆷ이 無ᄒ고, 다만 必要ᄒᆫ딕 應ᄒ야 救援ᄒᄂ니 이것이 卽 歐洲學者가 稱ᄒᄂ 바 保護的 保護國 又ᄂᆫ 單純 保護國이라.

第二種 保護國

玆에 一國이 有ᄒ니 其他域이 世界 交通의 要路에 當ᄒᆷ으로 其國을 文明國交의 列에 加ᄒ야 各國과 通商 交通의 道를 開케 ᄒᆯ 必要가 有ᄒ나 其國이 歐米 多數의 國民과 其文明의 系統이 異ᄒᆫ 故로 或은 國土開放을 拒絶ᄒ며 或은 列國과 通商 交通ᄒᄂᆫ 上에 國際上의 責任을 完全케 ᄒᆯ 能力이 無ᄒᆯ 것 갓타면 該國과 利益의 關係가 最多ᄒᆫ 强國은 該國을 引導ᄒ야 世界 列國의 伴侶에 入케 ᄒ고 其交際上의 責任을 完全케 ᄒ기 爲ᄒ야 暫時 代理로 主權의 一部를 行ᄒᄂ니 此種의 保護ᄂᆫ 歐洲學者가 稱ᄒᄂᆫ 바 後見的 保護國, 政治上 保護國, 眞正 保護國, 國際 保護國 等이 是라.

第三種 保護國

玆에 一國이 有ᄒ야 文明의 程度가 低ᄒ고 國力이 微弱ᄒᆫ딕 某强國이 此를 幷呑ᄒ야 利權을 專行코자 ᄒ나 明明地에 倂呑ᄒᆯ 時에ᄂᆫ 或은 反抗의 恐이 有ᄒ며 或은 第三諸國의 猜忌로 因ᄒ야 外交上의 紛議를 釀成ᄒᆯ 虞가 有ᄒᆷ으로써 該弱國의 主權은 該强國이 專然 實行ᄒ면서 아직 該弱國의 君主로 君位의 外形을 保케 ᄒ고, 其餘威를 藉ᄒ야 政治를 專行ᄒ며 其名은 保護國이라 稱ᄒᄂ니 獨逸 學者가 此를 稱ᄒ야 行政上 保護國이라 ᄒ니라.

第四種 保護國

某 强國이 海外 未闢의 壤土를 自國 殖民地로 爲코자 ᄒ나 一時에 拓展의 措置를 取코자 ᄒ면 大兵을 動ᄒ야 多數의 費가 生ᄒ으로 漸漸 進取ᄒ되 蠻族을 內附케 ᄒ야 該土族의 所喜ᄒᄂ 物品을 給ᄒ고, 其土地를 讓與케 ᄒ며, 保護를 承認케 홈이오, 又ᄂ 其業이 完成치 못홀 時에 當ᄒ야 外他 强國의 占領이 될가 恐ᄒ야 몬져 地圖上에 其境界를 畫ᄒ야 其强國의 保護地라 ᄒ고, 列國의 承認과 쏘ᄂ 默諾을 經ᄒᄂ니 此種의 保護ᄂ 殖民的 保護國이라 稱ᄒᄂ니라.

◎ 日本의 自治制度, 大垣丈夫, 〈대한자강회월보〉 제4호, 1906.10. (정치학, 행정학)

▲ 제4호 日本의 自治制度, 大垣丈夫

○夫文明國의 自治制度를 說明코져ᄒᆫ즉 몬져 歐米列國의 實例를 擧示홈이 可ᄒ나 然이나 人情風俗이 懸殊ᄒ고 國土가 遠隔ᄒ 地方制度를 設明ᄒᄂ 것보다 同文同種으로 古事의 習慣風俗이 大差가 無ᄒ 鄰國 日本의 地方制度를 詳說ᄒᄂ거시 諒解ᄒ기에 便宜가 多홀 쥴ᄂ 認홈으로 玆에 日本의 自治制度를 說明코져 ᄒ노니 盖日本의自治制度ᄂ 歐米列國의 地方制度에 對照ᄒ고 自國의 習慣人情을 紊酌ᄒ야 設定ᄒ 者인 故로 各國에 比較ᄒ야 頗히 完全ᄒ다ᄂ 世評이 有ᄒ니 몬져 日本의 自治制度에 精通ᄒᆫ즉 足히 歐米列國의 地方制度를 推知ᄒ리로다. 日本地方制度中에 或村이라 云ᄒ며 或町이라 云홈은 最下級 自治區域을 指稱홈이니 町은 專히 商工業에 從事ᄒᄂ 區域을 指稱ᄒ고 村은 專히 農漁業에 從事ᄒᄂ 區域을 指稱홀 쑨인즉 村과 町의 間에 如何ᄒ 等級이 有홈은 아니라 盖日本의 地方에 散在ᄒ 部落은 小則四五十戶오 大則一

百七八十戶를 通常으로호고 間間히 一千戶나 二千戶의 小都會가 有호니 此小都會는 商工의 營業을 爲主호야 人家의 團集호 處인즉 此를 町이라 名호야 町制를 施行호고 農業漁業의 部落은 三個所乃至五個所를 合호야 村이라 名호고 村制를 施行호며 郡은 舊慣에 基홈이 居多호야 大河나 山岳을 境界로 호고 其區域內의 村과 町을 管轄호이 大郡은 二十五六個村과 七八町을 併合호고 小郡은 十七八個村과 四五個町을 併合호야 一區域이 되야 郡制를 施行호는 者오 市는 古昔諸侯의 城地나 又는 開港地等 中都會를 郡의 區域外에 特立케 호야 施行호는 者니 郡과 相異호 바는 專히 商業을 營爲호는 繁華호 市街地라. 所謂 町보다 大호者를 市라 稱홈이라.

縣은 古昔諸侯의 領地를 一區域으로호 者ㅣ居多호야 大縣은 二市와 十五六郡을 管轄호고 小縣은 一市와 八九郡을 管轄호며 唯獨東京과 京都와 大坂의 三大都會에는 府度를 行호야 附近各郡을 併合호니 所謂 日本의 三府라 稱호는 者ㅣ是라. 故로 日本의 地方制度는 府縣制와 市郡制와 町村制의 三階級이 有홈을 可知홀진뎌.

國—府縣—市郡—町村

故로 國에 國會(稱衆議院)가 有호고 府에 府會가 有호고 縣에 縣會가 有호고 市에 市會가 有호고 郡에 郡會가 有호고 町에 町會가 有호고 村에 村會가 有호야 各會가 皆 其 人民의 代表者로써 組織호고 代表者는 選擧法을 用호야 情緣과 囑托을 不許호니 所謂 適材가 適處에 配寘호야 公共의 利益을 計圖홈으로 目的을 定호야 人材를 擧用호는디 門閥을 不問홈이라. 以上에 階級之係統과 及自治體의 名稱을 擧示호얏슨즉 以下에 逐序詳說코져 호노라.

町村制

町과 村은 自治ᄒᆞᄂᆞᆫ 一團體가 된則 法律上으로ᄂᆞᆫ 此를 一個體로 見做ᄒᆞ고 他에 對ᄒᆞ야 權利를 有ᄒᆞ며 又ᄂᆞᆫ 義務를 負擔ᄒᆞ야 凡 村町의 公共ᄒᆞᆫ 事務ᄂᆞᆫ 官의 監督만 受ᄒᆞᆯ 쓴이오 自行處理ᄒᆞᄂᆞᆫ 者며 町村에 住居ᄒᆞᄂᆞᆫ 者ᄂᆞᆫ 總히 住民이라 稱ᄒᆞ고 此 住民된 者ᄂᆞᆫ 町村의 公共ᄒᆞᆫ 營造物과 財産을 通用ᄒᆞᄂᆞᆫ 權利가 有ᄒᆞ며 又 町村 事務의 負捏及分任ᄒᆞᄂᆞᆫ 義務가 有ᄒᆞ나 然이나 住民과 公民의 區別이 有ᄒᆞ야 公民은 町村의 選擧에 參與ᄒᆞ야 投票를 行ᄒᆞ며 町村의 公職에 被選ᄒᆞᄂᆞᆫ 權利도 有ᄒᆞ고 又ᄂᆞᆫ 公職을 擔任ᄒᆞᄂᆞᆫ 義務도 有ᄒᆞ나 住民에ᄂᆞᆫ 此 權利와 義務가 無ᄒᆞᆫ지라 何 故로 公民과 住民의 區別을 立ᄒᆞ엿ᄂᆞ뇨. 曰 獨立男子가 二年 以上을 町村의 住民이 되야 其 町村의 負擔을 分任ᄒᆞ야 其 町村 內에서 地租를 納ᄒᆞᆫ 者와 又ᄂᆞᆫ 田地의 所有가 無ᄒᆞ야 地租ᄂᆞᆫ 納ᄒᆞ지 곳ᄒᆞ여도 營業上 國稅年額 二圓 以上를 納ᄒᆞᄂᆞᆫ 者ᄂᆞᆫ 町村의 公民이라 稱ᄒᆞ고 此 資格을 具備치 못ᄒᆞᆫ 者ᄂᆞᆫ 單히 住民이라 稱ᄒᆞ야 權利와 義務를 行ᄒᆞ기 不得ᄒᆞ며 所謂 獨立男子ᄂᆞᆫ 滿三十五歲 以上으로 一戶를 成立ᄒᆞ고 且 禁治産의 處分을 受치 아니ᄒᆞᆫ 者를 謂ᄒᆞᆷ이라. 盖 公權을 行ᄒᆞ며 公職을 帶ᄒᆞᄂᆞᆫ 身分에ᄂᆞᆫ 此 資格을 必要ᄒᆞᆷ은 公共事務를 重히 ᄒᆞᄂᆞᆫ 所以로 住民과 公民의 區別을 設ᄒᆞᆫ 理由도 全히 玆에 在ᄒᆞᆷ이라. 然이나 如何ᄒᆞᆫ 人材가 他處로부터 來往ᄒᆞᆯ지라도 二年 以上을 往居치 아니ᄒᆞᆷ으로 公民의 資格이 無ᄒᆞ야 公職에 選擧키 不能타 ᄒᆞᆷ은 實利上에 不便ᄒᆞᆫ 故로 特例를 設ᄒᆞ야 其 不便을 除ᄒᆞ니 卽 町村 町會의 決議로ᄡᅥ 二個年의 制限을 特免ᄒᆞ기를 得ᄒᆞᆷ이 是也라. 故로 衆望이 有ᄒᆞᆫ 人材ᄂᆞᆫ 村에 住居ᄒᆞ기 二個年에 達치 아이ᄒᆞ여도 町村會의 決議로ᄡᅥ 制限을 特免ᄒᆞ고 公職에 選擧ᄒᆞᆷ이라.

凡 自治制度의 本旨ᄂᆞᆫ 國家 分權의 主義를 實行ᄒᆞ고 人民 自主의 本分을 發揮ᄒᆞ아 健全ᄒᆞᆫ 邦國을 組織ᄒᆞ기에 在ᄒᆞᆫ즉 國家ᄂᆞᆫ 人民의 權利를 重히 여기ᄂᆞᆫ 代意로 人民도 國家에 對ᄒᆞ야 義務를 重히 여기지 아니ᄒᆞᆷ이 不可ᄒᆞ니 故로 町村公民으로 公職에 被選ᄒᆞᆫ 者ᄂᆞᆫ 其職을 拒辭ᄒᆞ기 不得ᄒᆞ며 又ᄂᆞᆫ 任期中 退職ᄒᆞ기 不得ᄒᆞᄂᆞᆫ 規程을 設ᄒᆞᄃᆡ 但 左開理由가

有호 者는 或拒辭나 或退織을 可得호고 其他는 一切不許홈이라.

一 疾病에 罹호야 公務에 不堪홀 者
一 營業을 爲호야 常히 其町村內에 不在호 者
一 年齡滿六十歲以上者
一 官職을 因호야 町村의 公務를 執호기 不得홀 者
一 四年間無給(給은 月給)으로 町村吏員의 職에 任호고 爾後四個
   年休息을 經過치 아니호 者와 及六年間 町村會議員의 職에 勤
   務호고 爾後六個年休息을 經過치 아니호 者
一 其他 町村會議의 決議로 正當호 理由가 有호 줄노 認호는 者

若成以 列記가 無호고 公職을 拒辭호거느 又는 任期中 退職호거나
或은 其 職務를 實際에 執行치 아니호는 者는 町村會의 決儀로써 三年
以上 六年以下의 期間에 其町村公民된 權을 停止호고 且本人의 負担호
町村費의 八分之一以下四分之一以上을 隨宜增課호는 處分을 必受호느
니 如此히 아니호면 人人이 公職에 任홈을 避호야 衆望이 有호 人材로
호야곰 町村事務를 處理케 호기 不能홀지라. 故로 人民이되야 公職에
被選호 者는 國家에 對호는 義務로 其 任務에 服勤치 ㅇ니홈이 不可홈
은 壯丁이 徵兵役에 服從홈과 原則이 同호야 國民된 者가 其 勞苦로써
國家에 服勤홈을 本務로 認호는 所以라. 次號에는 町村會의 組織▨選擧
法에 說及호야 漸次로 趣味가 有호 問題에 入홈을 古人의 蔗를 啖홈과
如코져 호노라.

▲ 제5호 日本의 自治制度(町村制(前續)), 大垣丈夫 講述

○町村及其區域의 何如와 町村의 住民公民及其權利義務의 何如는 前號
에 旣其大要를 講述호엿슨 즉 更히 町村會의 組織及選擧에 說及홀진더
凡町에 町會가 有호고 村에 村會가 有호야 人民의 代表機關을 設置호

고 町村會議員은 其町村之選舉人이 被選舉權이 有흔 人種에셔 所定흔 人數를 投票選舉ᄒᆞᄂᆞᆫ 者ㅣ니 町村公民은 摠히 選舉權이 有흔 故로 選舉人도 되고 ᄯᅩ 被選舉權이 有한 故로 被選舉人도 되ᄂᆞ니 此를 換言흔 즉 町村公民은 其公民中에셔 適當흔 쥴노 認ᄒᆞᄂᆞᆫ 人物을 議員에 選舉호ᄃᆡ 但公民中에셔 公權을 停止시긴 者와 陸海軍의 現役에 服ᄒᆞᄂᆞᆫ 者ᄂᆞᆫ 其 期間中은 公民權의 行使흠을 不得ᄒᆞ나니 故로 選舉權도 無ᄒᆞ고 被選舉權도 無ᄒᆞ니라.

夫選舉의 性質은 自治의 本義에 基ᄒᆞ야 町村全體의 代辦者를 定ᄒᆞᄂᆞᆫ 者인 즉 代辦者의 議定된 바ᄂᆞᆫ 卽町村人民의 各自議定된 者와 一般이라 利害의 關係가 가장 密接흔 즉 選舉人은 適材를 投票選舉흘 時에 十分 注意치 아니흠이 不可ᄒᆞ니 若或不適當흔 人物을 誤選ᄒᆞ야 自己의 不利益을 招致ᄒᆞ더ᄅᆡ도 此所謂自作自孽이니 何人으 怨尤ᄒᆞ리오 如此흔 境遇에ᄂᆞᆫ 다만 次期의 選舉를 審愼ᄒᆞ야 適材를 選舉ᄒᆞ기로 期待흘 ᄲᅮᆫ이오. 議員의 定數ᄂᆞᆫ 其 町村의 人口數에 准ᄒᆞ야 左開흔 比例로써 定ᄒᆞᄂᆞᆫ 者로 흠.

人口一千五百人 未滿흔 町村에셔ᄂᆞᆫ 議員 八人
人口一千五百人以上 五千人未滿흔 町村에셔ᄂᆞᆫ 議員 十二人
人口五千人以上 一萬人未滿흔 町村에셔ᄂᆞᆫ 議員 十八人
人口一萬人以上 二萬人未滿흔 町村에셔ᄂᆞᆫ 議員 二十四人
人口二萬人以上의 町村에셔ᄂᆞᆫ 議員 三十人

如斯히 規定흠을 見ᄒᆞ고 日本의 町村을 過大흔 쥴노 視흘터이나 盖町村은 最下級의 自治體니 隣保團結의 舊慣에 依ᄒᆞ고 地方共同의 利益을 撥達케 ᄒᆞᄂᆞᆫ 必要에 基ᄒᆞ야組織흔 者이니 其區域이 過大흔데 失흔 즉 民情의 睽離와 利害의 衝突을 生흘지라故로 當初에 町村制를 施行흘 時에 戶數가 大凡三百이나 乃至五百之間에 在흠을 程度로 ᄒᆞ야 自治體를 組織흠이오 人口五千以上 數萬人의 規定을 視흠은 町制의 其 必要를

見홀 뿐이오 村制에는 實例가 殆無홈이라 盖事例를 外國에 徵호면 最下級自治体에 平均人口數는 英國에 二千人餘오 佛國에 一千人餘오 普魯士는 六百人餘에 不過호고 日本은 三千人餘니 所謂平均人口數는 全國町村數로써 全國人口摠數를 除호야 得혼 員數를 指홈이라.

　均是公民이로딕 町村會議員되기를 不得호는 者는 左開와 如호고 但選權을 行使하기에는 無妨홈.

　一 所屬府縣郡의 官吏
　二 有給혼 町村吏員
　三 檢察官及警察官吏
　四 神官僧侶及其諸宗敬師
　五 小學校教員

　此外官吏로셔 町村會議員에 當選호야 此를 應諾코져 호면 所屬長官의 許可를 先受호기로 規定호고 又는 辯護士가 아니오 他人을 爲호야 裁判所는 其他官廳에 對호야辦事홈으로써 營業호는 者는 町村會議員의 選擧되기를 下得호고 父子兄弟가 同時에 町村會議員되기를 不得호느니 若或同時에 被選될 時는 投票數에 依호야 多票者 一人만 當選호고 同票어든 年受者가 當選호고 又는 町村長이느 助役에게 父子兄弟되는 者가 同時에 町村會議員되기를 不得호느니 若或議員된 者에 父子兄弟되는 者가 町村長이느 助役에 被選호야 認可를 受호야 其就職을 確定혼 時는 其親屬된 議員이 退職을 直行홈이라.

　町村의 理事者가 된 町村長이느 助役과 父子兄弟된 者를 議員으로 選擧치 아이홈은 其間에 情實의 潜行홈을 豫防호는 所以오 官吏느 教師等의 議負되기를 不得홈은 人民의 自由意思를 保護호는 法意에 基홈이라.

　盖子孫의 教育을 擔任혼 小學校教員이느 又는 神官이느 僧侶나 諸宗教師等은 常히 人民의 精神을 指導호는 者로 議員이 되게 홀 時는 選擧

人의 自由意思를 表示키 不能ᄒ야 選擧의 神聖을 保有치 못홀가 是懼홈이 又上級官衙의 官吏는 或監督의 位地에 在ᄒ야 各種의 關係가 有훈즉 自己住處의 町村會議員되기를 不得홈은 適當훈 規程이라 홈. (未完)

訂正 前號獨立男子滿三十五歲以上은 滿二十五歲以上의 誤植

▲ 제6호-町村制(속), 日本自治制度, 大垣丈夫 講述, 町村制(前續)

○ 制度의 講義와 法律의 解釋은 論難攻擊과 抑揚波瀾이 無홈으로 極히 無味乾燥ᄒ야 自然讀者諸君의 倦怠를 招致홀가 竊恐ᄒ노라 然이는 近日傳聞ᄒ는바의 據훈 즉政府의 調査委員會에서 來春까지 自治制度의 實施可否를 硏究ᄒ기로 內定ᄒ엿다 云ᄒ니 然則此際에 日本의 自治制度를 講述ᄒ야 官民諸君의 參照에 供홈은 寔其時 機를 得훈 者로 信ᄒ며 余 雖不敏이는 政治法律에 關ᄒ야는 平素에 專攻훈비 有ᄒ야 敢히 人後에 退落지 아니홈을 自信훈즉 諸公은 幸히 熟讀玩味ᄒ심을 竊望홈.

前回에는 町村會의 組職及議員選擧에 說及ᄒ얏스는 議員選擧는 町村代表者를 定홈이라 議員의 良否는 卽町村의 利害得失에 關係되는 故로 用意周密치 아니홈이 不可ᄒ고 且其議員의 關훈 規定도 最完備홈을 要홀지라 日本에셔는 町村會議員의 任期를 六年으로ᄒ고 三年마다 其半數를 改選ᄒ되 議員數를 半分키 難홀 時는 初回에 多數의 一半을 解任케ᄒ니 假使二十五人의 議員數인즉 其十三人을 解任케홈이라. 其解任者는 抽籤으로써 定ᄒ며 但退任훈 議員이라도 再選되기에 無妨ᄒ며 若或議員中死亡辭職等으로 缺員을 生홀 時는 每三年定期改選홀 時에 至ᄒ야 同時에 補缺選擧를 行홈을 常規라ᄒ나 然이는 若成議員中三分之一以下缺員이 有홀 時에 或町村會는 或町村長이는 成郡長으로셔 臨時補缺을 必要로 認홀 時는 定期前이라도 其補缺選擧를 行ᄒ며 補缺議員은 其前任者의 殘餘任期間만 在職ᄒ는 者로홈.

町村長은 選擧를 施行홀젹마다 其選擧前六十日을 限ᄒ야 選擧原簿를 製ᄒ야 各選擧人의 資格을 記載ᄒ고 且原簿에 據ᄒ야 更히 選擧人名

簿를 製호딕 選擧人名簿는 七日間을 限호야 町村役場(卽事務所)에셔 關係가 有호 者에게 縱覽을 供홈으로 常規라호며 若關係者가 其選擧人名簿中에 選擧人의 資格이 無호 者를 記載홀줄노 發見호던지 又는 資格이 有호 者를 脫漏호줄노 發見홀 時는 其限期內에 町村長에게 申告홈이 可호니 此申告를 訴願이라 稱호며 其修正홈이 可호 者는 選擧前十日을 限호야 此를 修正호야써 確實名簿를 成호고 此名簿에 登錄되지 아니호 者는 何人이라도 選擧에 關係호기를 不得호며 選擧를 執行홀 時는 町村長이 選擧에 處所와 日時를 定호고 選擧홀 議員數를 幷호야 選擧七日前에 公告호되 公告法은 町村役場前에 揭示홈.

町村長이는 或其代理者는 選擧主任이되고 別노히 選擧人中으로 二名이는 或四名을 選任호야 補佐케호니 此를 (選擧係)라 稱호며 選擧開會中은 選擧人外에는 何人이라도 選擧會場에 擅入호기 不得호며 選擧會場에셔는 選擧人이 互相協議호거는 又는 勸誘홈을 不許호느니 選擧係長은 其會場의 取締(町料察)를 任는 故로 其犯則行爲를 監觀홈.

選擧는 摠히 投票로써 行호되 投票紙에는 被選擧人의 姓名만 記載호고 封緘호야 選擧人이 選擧係長의 前에 身自呈出호고 自己의 姓名住所를 申告호거든 係長은 選擧人各簿에 照合호야 此를 受取호고 封緘호되로 投票函에 投入호며 投票函은 各人投票를 終了호기까지 擅開를 不得호니 若取投票紙에 記載호 人員이 選擧홀 議員의 定數에 超過호거는 又不足홀지라도 其投票는 無效되지안코 其定數에 超過호 者는 末尾에 記載호 人名을 順次로 棄却호기에 止호고 但左開의 投票는 無效로홈.

一 人名을 記載하지 안커나 又 記載호 人各이 何人인지 難讀홀 者
二 被選擧人이 何人인지 確認키 難호 者
三 選擧權이 無호 人名을 記載호 者
四 被選擧人姓名外에 他事를 記入호 者

夫投票紙에 被選擧人의 姓各만 記載호고 選擧人의 姓名을 記載치 안

이호 者를 無記名投票라 名호고 記載호눈 者를 記名投票라 稱호누니 現今에 無記名投票를 採用홈은 選舉人의 自由意思를 保護호눈 所以라. 若記名投票를 採用호면 何人이 何人을 投票호엿눈지 容易히 覺知되눈 故로 利害關係上으로부터 我의 意思를 枉호야 不適當호줄로 認호눈 人物에도 投票호눈 者ㅣ不無홀지며 又눈 何人이 我의 請托을 不容호엿다 호야 私怨을 懷홈으로 町村住民의 和合上에 影響이 及호눈 故로 無記名投票를 採用호야 何人이 何人에게 投栗홈을 覺知키 不能홀 時눈 選舉人 이 自由意思로써 其 的當호줄로 認호눈 人物을 投票홈을 得호눈 故로 無記名投票눈 選舉의 神聖을 保호기에 最良홈.

議員의 選舉눈 有效投票에 多數를 得호 者로써 當選이라호누니 投票 數相同호 者눈 年長者를 取호고 年同호 者눈 選舉係長이 抽籤으로써 其順序를 定호며 選舉人으로셔 若或選舉에 關호야 訴願이 有호면 選舉 日노부터 七日以內에 町村長에게 申告호고 郡長으로써 選舉의 效力에 關호야 異議가 有홀 時눈 所願의 有無를 不拘호고 郡參事會에 附議호야 處分을 行호기를 得호며 又選舉가 其規定에 違背홈이 有홀 時눈 其 選 舉를 取消(勿施)호고 被選舉人中其資格의 要件을 不備호 者가 有홀 時 눈 其人의 選舉를 取消호고 更히션 舉를 行케호며 當션 者中其資格에 要件을 不備호 者가 有호줄노 發見호거누 又눈 當人就職後에 其資格에 要件을 失호 者가 有홀 時눈 其人의 當選은 卽其效力은 失호눈 者로호 딩 其要件에 有無눈 町村會에셔 議決홈. (未完)

▲ 제8호 町村制, 大垣丈夫 講述

=제7호에는 없음

○ 今回눈 町村會의 職務權限及處務規定을 講述홀지니 町의 町會가 有 호고 村에 村會가 有호야 人民의 代表機關을 構成호고 兩會 同一의 權 限規定을 通有호눈 故로 單町村會라 稱홀쑨이라. 凡町村會눈 其町村을

代表ᄒ야 此 法律에 準據ᄒ고 町村의 一切事件을 議決ᄒᄂ 者니 其 槪目을 擧示ᄒ면 大略左開와 如ᄒᆷ이라.

一 町村條例及規則을 設ᄒ야 幷히 改正ᄒᆯ 事.
二 町村費로써 支辦ᄒᆯ 事業에 關ᄒᆫ 事.
三 町村의 歲入歲出預算을 定ᄒ야 算外支出及預算超過의 支出을 認定ᄒᆯ 事.
四 決算報告를 認定ᄒᆯ 事.
五 法律勅令의 定ᄒᆫ 者를 除ᄒᆫ 外에 使用料, 手數料, 町村稅及夫役現品의 賦課徵收의 法을 定ᄒᆯ 事.
六 町村所有의 財産賣買, 交換, 讓受, 讓渡, 幷質入書入等에 關ᄒᆫ 事.
七 基本財産의 處分에 關ᄒᆫ 事.
八 歲入歲出預算으로써 定ᄒᆫ 者를 除ᄒᆫ 外에 新히 町村이 義務의 負擔及權利의 棄却에 關ᄒ 事
九 町村所有ᄒᆫ 財産及營造物管理方法을 定ᄒᄂ 事.
十 町村吏員의 身元保証金을 徵ᄒ고 幷히 其金額을 定ᄒᄂ 事.
十一 町村에 係ᄒᆫ 訴訟及和解의 關ᄒᆫ 事.

以上 列記ᄒᆫ 바난 町村會에 議決ᄒᆯ 槪目에 不過ᄒ고 自治의 本能上町村會의 職務權限은 但玆의 數項에 不止ᄒ야 町村吏員의 選擧를 行ᄒ며 又町村의 事務에 屬ᄒᆫ 書類及計算書를 檢閱ᄒ고 町村長의 報告를 請求ᄒ야 事務의 管理와 議決의 施行及收入支出의 正否如何를 監査ᄒᄂ 權利를 有ᄒ얏고 且町村의 公益에 關ᄒᆫ 事件에 當ᄒ야난 意見書를 監督官廳에 提出ᄒᆷ을 得하며 上級官廳의 諮問이 有ᄒᆯ 時 又町村住民及公民된 權利[資格]의 有無와 選擧權及被選擧權의 有無幷選擧人名簿의 正否와 議員選擧의 效力예 關ᄒᆫ 訴願은 町村會에셔 此를 裁決하되 若其裁決에 不服ᄒᆷ이 有ᄒᆯ 者ᄂ 郡參事會에 訴願하고 郡參事會의 裁決에 不服ᄒᆷ이 有ᄒᆯ 者ᄂ 府縣參事會에 訴願ᄒᆯ지오 若府縣(韓國之府道) 參事會의 裁

決에 不服하는 者는 行政裁判所에 訴願홀 事를 得홈이라.

　但訴願이 有하야도 裁判確定하기까지는 執行停止홈을 不得홀지오. 議員은 選擧人의 投票를 得하야 當選홀 者라도 選擧人의 指示若委屬을 受키 不可하고 當選혼 以上은 純然혼 町村의 代表者로 獨立의 權利를 有혼 者라 홈이라.

　町村會는 町村長으로써 其 議長이라 하고 若町村長이 有故홀 時는 町村助役으로써 此를 代辦하고 會議의 事件이 議長自己及其父母兄弟若妻子의 一身上에 關혼 事가 有홀 時는 助役으로써 議長이라 하고 議長助役이 共히 有故홀 時는 町村會는 年長者로써 議長이라 홀지라 凡町村會는 會議의 必要가 有하니 每每히 議長이 此를 招集하고 若議員四分一以上이 請求가 有홀 時는 不可不 此를 招集홀지라. 會議는 通常一日前에 議員의게 通知홈이 常例라 홀지나 町村會의 議決노써 會議日를 豫定홀 事를 得홀지라. 然而議員半數 以上이 出席지 아니면 議決ㅎ기를 不得ㅎ고 但同一의 議事에 付혼 招集再回에 至ㅎ야도 議員이 尙히 半數예 不滿혼 時는 此限에 不在홈이라. 凡議決은 可否의 多數에 依ㅎ야 此를 定혼 可否가 同數된 時는 再議에 付ㅎ야 可決홀지니 若又同數되는 時는 議長의 可否ㅎ는 바에 依홈이라.

　議員은 自己及其父母兄弟若妻子의 一身上關혼 事件에 當ㅎ야는 町村會의 議決에 加홀 事를 不得홀진딘 아즉 避席홈을 例라 ㅎ고 其 議員의 避席홈에 因ㅎ야 議員의 數가 減少ㅎ야 會議를 開ㅎ는 定數에 不滿홀 時는 郡參事會가 町村會에 代ㅎ야 議決ㅎ고 町村會에셔 町村吏員의 選擧를 行홀 時는 其一各式匿名投票로써 此를 爲ㅎ고 有效投票의 過半數를 得ㅎ얏는 者로써 當選이라ㅎ고 若過半數를 得혼 者ㅣ 無홀 時는 最多數를 得혼 者의 名을 取ㅎ야 此名에 就ㅎ야 更히 投票케 ㅎ고 此再投票에셔도 尙히 過半數를 得혼者ㅣ 無홀 時는 抽籤으로써 當選을 定ㅎ고 但 町村會의 議決노써 指名推選의 法을 用ㅎ야 投票選擧의 煩을 省홀 事를 得ㅎ고 議長은 會議를 整理ㅎ고 議場의 秩序를 保持ㅎ는 責任이 有홈으로써 傍聽을 禁止ㅎ며 若喧擾를 起ㅎ는 者에게 退席케 ㅎ는

權利가 有ᄒ고 町村會ᄂ 會議의 細則을 設ᄒ야 其 細則에 違背ᄒᄂ 議員의게 科ᄒ 過怠金二圓 以下의 罰則을 設ᄒ 事ᄅ 得홈 이라. 以下ᄂ 町村行政에 關ᄒ 町村吏員의 組織選任을 講求ᄒ지라. (未完)

▲ 제10호 大垣丈夫 講述

= 제9호에는 없음

○ 今回에ᄂ 町村의 行政을 講述ᄒ기에 就ᄒ야 町村吏員의 組織選任ᄒᄂ 事에 先及ᄒ노니 夫町村에ᄂ 長一人助役一人을 寊홈을 常規로 ᄒ되 但大町과 大村에ᄂ 助役의 定員을 增加ᄒ기도 得ᄒ며 町村長及助役은 町村會에서 其町村公民中에 年齡滿三十歲以上이오 選擧權을 有ᄒ 者로 選擧ᄒ되 但町村長及助役은 左開의 職을 兼務커 不得홈.

一 所屬府縣의 官吏

二 有給ᄒ 市吏員

三 檢查官及警察官吏

四 神官, 僧侶, 及諸宗敎師

五 小學校敎員

町村長及助役의 兼職을 不許홈은 以上列記處에 限하고 郡會議員, 府縣會議員, 衆議院議員等의 公職에 選擧될 時ᄂ 兼務ᄒ야도 無妨ᄒ며 父子兄弟의 親緣의 有ᄒ 者ᄂ 同時에 町村長及助役의 職에 在ᄒ기를 不得ᄒ노니 若其親緣이 有ᄒ 者가 助役의 選擧에 當ᄒ 時ᄂ 其當選을 取消ᄒ고 助役이 業已在職ᄒ엿ᄂ되 町村長이 後에 當選ᄒ야 認可를 得ᄒ時ᄂ 其親緣이 有ᄒ 助役은 必也其職을 退홈으로 規定홈.

町村長及助役의 任期ᄂ 四年間으로 ᄒ고 其選擧法은 町村會에서 每一名이 匿名投票로써 行ᄒ야 有效投票가 出席議員의 過半數여든 當選

으로 ᄒᆞ고 若過半數을 得ᄒᆞᆫ 者가 無ᄒᆞᆯ 時ᄂᆞᆫ 最多數를 得ᄒᆞᆫ 者二名을 取ᄒᆞ야 其二名에게 再投票케 ᄒᆞ고 若再投票에도 過半數를 得ᄒᆞᆫ 者가 無ᄒᆞᆯ 時ᄂᆞᆫ 郡叅事會가 此를 決홈이 可ᄒᆞ고 町村長及助役은 名譽職이나 職務를 履行ᄒᆞ기 爲ᄒᆞ야 要ᄒᆞᄂᆞᆫ 實費를 辦償ᄒᆞᆫ 外에 其勤務에 相當ᄒᆞᆫ 報酬를 受홈을 得홈.

町村의 情況에 依ᄒᆞ야 當町村의 公民된 者에만 限ᄒᆞ지 안코 假使彼町村의 公民된 者가 有給으로 此町村의 村長及助役되기를 得ᄒᆞ되 如此ᄒᆞᆫ 境遇에ᄂᆞᆫ 町村長及助役은 其町村의 公民된 權을 可得ᄒᆞ며 有給町村長及有給助役은 三個月前에 申告가 有ᄒᆞᆯ 時ᄂᆞᆫ 隨時退職을 求홈도 可得ᄒᆞ나 其時ᄂᆞᆫ 退隱料를 受ᄒᆞᆯ 權利를 失ᄒᆞᄂᆞᆫ 者로 홈 有給ᄒᆞᆫ 町村長及助役은 他有給ᄒᆞᆫ 職務를 兼任ᄒᆞ거나 又ᄂᆞᆫ 株式會社의 社長及重役되기를 不得ᄒᆞ고 其他의 營業은 郡長의 認可를 得ᄒᆞᆫ 然後에 可爲ᄒᆞ며 町村長及助役의 選擧ᄂᆞᆫ 府縣知事의 認可를 受홈을 常規로 ᄒᆞᄂᆞ니 若知事가 不認可ᄒᆞᆯ 時ᄂᆞᆫ 府縣叅事會의 意見을 要聞ᄒᆞ며 叅事會가 知事의 意見에 同意치 아니ᄒᆞᆯ지라도 知事가 猶且不認可ᄒᆞᆯ 時ᄂᆞᆫ 自己의 責任으로써 不認可홈을 得ᄒᆞ고 府縣知事의 不認可에 對ᄒᆞ야 町村長이나 又난 町村會에서 不服ᄒᆞᆯ 理由가 有ᄒᆞᆯ 時난 內務大臣에게 具申ᄒᆞ야 認可를 請하기도 得홈.

町村長 及 助役의 選擧에 其 認可를 不得ᄒᆞᆯ 時난 再選擧를 行하고 再選擧ᄒᆞ야도 猶其 認可를 不得ᄒᆞᆯ 時난 更히 選擧를 行하야 認可를 得ᄒᆞ기에 至ᄒᆞᆯ 期間에 認可權이 有ᄒᆞᆫ 監督官廳은 臨時代理者를 選任ᄒᆞ고 又 町村費로써 官吏를 派遣하야 町村長及助役의 職務를 管掌케 홈.

町村에 收入役이라 稱하야 會計一切를 專任ᄒᆞ난 者 一名을 實호되 收入役은 町村長의 推薦에 依하야 町村會가 此를 選任ᄒᆞ나니 有給吏員으로 ᄒᆞ고 其 任期를 四個年으로 하되 但郡長의 認可를 受홈이 可ᄒᆞ고 若郡長이 不認可ᄒᆞᆯ 時난 郡叅事會의 意見을 要聞하며 叅事會가 郡長의 意見에 同意치 아니하야도 郡長이 猶且不認可ᄒᆞᆯ 時난 自己의 責任으로써 不認可홈을 可得하며 郡長의 不認可에 對하야 町村長이나 又난 町村會에셔 不服ᄒᆞᆯ 理由가 有ᄒᆞᆯ 時난 府縣知事에게 具申하야 認可를 請하기

도 得하며 若收入支出의 寡少흔 町村에셔난 郡長의 許可를 得하야 町村長이나 又난 助役으로 하여곰 收入役의 事務를 兼掌케 흠도 可得흠이라 町村의 書記와 其他必要의 附屬員幷使丁을 置하고 相當흔 給料를 給호되 其人員은 町村會의 決議로써 定흐며 但町村長의게 相當흔 書記料를 給與흐야 書記의 事務를 委任흐기도 得흐며 附屬員은 町村長의 推薦에 依하야 町村會가 選任하고 使丁은 町村長이 任用을 自行흠.

若夫町村의 區域이 廣濶하거나 人口가 稠密흘 時는 處務便宜를 爲흐야 町村會의 決議로 此를 數區에 分하야 每區에 區長 及 代理者一名을 寘하기도 得흠 區長及代理者는 名譽職으로 하고 町村會가 其 町村의 公民中選擧權을 有흔 者로 選擧흐며 區會를 設흔 區에셔는 其歐會에셔 此를 選擧흠 凡町村吏員은 任期滿限後에 再選되기를 得하며 書記附屬員, 使丁, 은 別般의 規定이나 又는 規約이 有흔 者를 除흔 外에는 臨時解職흐기를 得흠. (未完)

▲ 제11호 日本의 自治制度, 大垣丈夫, 町村制(承前)

今回에는 町村吏員의 職務權限과 處務規程에 就하야 講述할 비 有하니 夫町村長은 其 町村을 統轄하야 其 行政事務를 擔任하는 者라 而其 擔任하는 事務의 槪目을 擧示하노니 左開와 如흠이라.

一. 町村會의 議事를 準備하고 又 其議決을 執行하는 事가 卽是니 若町村會의 議決이 其 權限을 越하야 法律命令에 違背하는 事가 有하거ᄂ 又는 公衆의 利益을 害하는 者로 認할 時는 町村長은 自己의 意見에 依하든지 又는 監督官廳의 措揮를 依하야 其 理由를 町材會에 明示하야 議決의 執行을 停止케 하고 此를 再議케 하되 猶其議決을 更改할 時는 郡參事會의 裁決을 請흠이라 日本에는 東京에 行政裁判所가 有하야 全國行政上의 最終裁判을 執行하는 處이오 郡參事會의 上級에는 府縣參事會가 有하고 府縣參事會의 裁決에 不服하는 者는 行政裁判所에 出訴흠을 得하나니 普通의 裁判所는 民事, 刑事, 商事를 裁判하는 處인 故로

行政上의 裁判은 普通裁判所에 出訴흠을 不得하고 반다시 行政裁判所에 出訴하느니라.

二. 町村의 設寘에 係흔 營造物을 管理하느 事가 卽是라 所謂 營造物은 新奇의 熟字이니 實노 日本의 法律學者가 西洋言語를 飜譯하느듸 當하야 適當의 熟字가 無흠으로 營造物이라 稱흔 것인듸 此느 町村의 共有物이라 水車와 果物園을 總稱하느 비니 特히 營造物을 管理하느 者가 有흔 時에느 町村長은 唯其事務를 監督하느듸 止할 而己니라.

三. 町村의 歲入을 管理하고 歲出의 豫算表와 其他 町村會의 議決에 依하야 定하고 收入支出을 命令하고 會計及出納을 監視하는 事가 是라.

四. 町村의 權利를 保護하고 町村所有의 財産을 管理하는 事가 是也라.

五. 町村吏員及使丁을 監督하고 懲戒處分을 行하느 事가 是也니 但 其懲戒處分은 譴責과 五圓以下의 過怠金이나 五圓以上에 登흠은 不許흠.

六. 町村의 諸證書及公文書類를 保管하느 事가 是也라.

七. 他町村他官衙等의 外部에 封하야느 町村을 代表하고 町村의 名義로써 其 訴訟及和解에 關흔 것과 又느 他廳及人民으로 商議하느 事가 是也니라.

八. 法律命令에 依하고 又느 町村會의 議決에 從하야 使用料, 手數料, 町村稅와 及夫役現品을 賦課徵收하느 事가 是也라.

九. 以上 列記흔 外에 法律, 命令, 又는 上司의 指令에 依하야 町村長에게 委任하느 事務를 處理하느 事가 是也라.

且 夫町村長은 法律, 命令에 從하야 左開事務를 管理하나니 此느 全般의 町村長이 管掌흠이 아니라 山間僻地의 警察官署가 無흔 處所와 沿海漁村의 必要가 有흔 町村에만 限흠.

一. 司法警察 補助官의 職務及法律命令에 依하야 其 管理에 屬흔 地方警察의 事務.

二. 浦役場의 事務, 所謂 浦役場이라는 것은 日本의 俗語인듸 沿海의 吏廳이 卽是니 卽 內外國人의 漂流者를 救助하느 等 事務라.

以上 說明흔 바에 依하야 町村長의 職務等은 略略히 明瞭흔줄노 信

하거니와 且 其他吏員에 說及하노니 町村長의 次席에는 町村助役이 有ᄒ니 助役은 町村長의 事務를 補助하는 者이라 詳言할진뒤 町村長은 町村會의 同意를 得하야 助役으로 町村 行政事務의 一部를 分掌케 하는 事를 得하고 又 助役은 町材長이 有故흔 時는 其 事務를 代理하며 若 助役이 數名이 되는 大町村의는 其 上席된 者가 町村長의 事務를 代理하ᄂ니라. 收入役은 町村의 收入을 受領하고 其 費用의 支拂을 掌하고 其他 會計事務를 司掌홈이라 書記는 町村長에게 屬하야 庶務를 分掌하고 又 數區의 部落으로 成立흔 町村에난 每區에 區長 及其 代理者가 有하ᄂ니 區長 及 代理者는 町村長의 機關이 되야서 其 指揮命令을 受하고 區內에 關흔 町村長의 事務를 補助 執行하는 者니 其他 町村에 至하야는 町村 行政事務에 一部를 分掌하고 又는 營造物을 管理監督하고 又는 一時의 委托으로써 委員을 設홈을 得하ᄂ니 委員은 町村會의 議決에 依하야 臨時或常設의 二種으로 하뒤 町村會議員及町村公民中으로 此를 選擧하는 者니 其 職務權限에 關하야는 町村條例로써 規定을 設하ᄂ니라. 町村制에 至하야 敢히 此를 指示하얏시ᄂ 次回에는 町村吏員의 給料及의事를 講述하리로다.

▲ 제12호 日本의 自治制, 大垣丈夫 講述, 町村制(承前)

○ 今回의는 町村任員의 給料 及 給與의 事項을 講述ᄒ고 竝히 町村所有의 財産管理와 町村稅에 論及할테이니 夫 町村의 任員은 奉給을 目的으로 삼아써 就職ᄒ는 者ㅣ 안니라 但 選擧에 依ᄒ야 衆望의 副흔 國民에 義務로써 就職ᄒ는 者인 故로 名譽職員이라 稱ᄒ야 一般公衆에 尊敬을 受ᄒ나니 決코 奉給으로써 傭役ᄒ는 者와는 特異ᄒ니라.

但 職務執行ᄒ기 爲ᄒ야 必要흔 實費에 辨償을 受ᄒ는 일을 得ᄒ는 것이니 實費辨償額 報酬額 書記科에 額等은 町村會에 議決로써 處理ᄒ고 且 義務的 住員의 義務에 任ᄒ나니라.

若 他町村으로 特別이 適當흔 人士를 雇傭ᄒ야 町村任員에 就職케 할

境遇에는 是는 有給任員이라 稱ᄒᆞ는 故로 相當ᄒᆞᆫ 俸給을 支給함으로 常이라 ᄒᆞ나니 所謂 有給町村長, 有給助役, 其他 有給人員及使丁에 給料額은 町村會의 決議로써 此를 定ᄒᆞ느니 凡 町村會에 決議로써 町村長及助役에 給料額을 定ᄒᆞᆯ 時는 郡長의 許可를 要하나니 若 郡長이 此를 許可치 안니ᄒᆞ는 時에는 郡參事會에 議決에 付ᄒᆞ야 此를 確定ᄒᆞᄂᆞ이라.

有給任員은 名譽職과 同한 其 性質이 有ᄒᆞ야 議務的으로 就職ᄒᆞ는 者가 有ᄒᆞᆫ즉 町村은 別로니 相當ᄒᆞᆫ 對遇法을 設홈을 要ᄒᆞ는 故로 其 退隱ᄒᆞ는 境遇에도 在職中 功勞에 對ᄒᆞ야 退隱料를 支給홈을 得ᄒᆞ나니 町村條例에 規定으로써 有給任員의 退隱料를 設ᄒᆞ는 事를 得홈이라. 然ᄒᆞ나 退隱料를 受ᄒᆞ는 者는 更히 他官職에 就ᄒᆞ거나 又는 府, 縣, 市, 町, 村及公共組合의 職務에 就ᄒᆞ야 給料랄 受ᄒᆞ는 時는 其間 退隱料의 支給을 停止ᄒᆞ고 若 後任에 職務에 對ᄒᆞ야 退隱料를 受ᄒᆞ는 權을 得할 時에 其額이 舊退隱料와 同額 已上이 되는 境遇에는 舊退隱料는 廢止ᄒᆞ나이라 以下는 町村 所有의 財産에 就ᄒᆞ야 講述ᄒᆞ노니 夫 町村은 不動産及積立金穀 等으로써 基本財産을 作ᄒᆞ야 此를 管理ᄒᆞ야 維持ᄒᆞ는 義務가 有ᄒᆞ며 臨時收入의 金穀도 亦 基本財産에 加入홈이 可ᄒᆞ나 但 寄付金等에 臨時收入에 對ᄒᆞ야 若 寄付者가 其 使用의 目的을 定ᄒᆞ야 付與ᄒᆞᆫ 者는 基本財産에 加入홈을 不得ᄒᆞ나니 凡 町村 所有의 財産은 全町村을 爲ᄒᆞ야 管理ᄒᆞ고 公用ᄒᆞ는 者라 決코 一私人의 便利에 供用ᄒᆞ는 者가 아니라 然ᄒᆞ나 舊來 慣行에 依ᄒᆞ야 町村住民 中 特히 其 町村 所有의 土地物品을 使用ᄒᆞ는 權利를 有ᄒᆞᆫ 者가 有한 時에는 町村會에 決議랄 經由치 안니ᄒᆞᆫ 境遇에는 其 舊慣을 變改ᄒᆞᆫ 事를 不得ᄒᆞ나니라.

若 町村住民이 此에 其 町村 所有에 土地物品을 使用ᄒᆞ는 權利을 싀로 得코자 ᄒᆞ는 者ㅣ 有ᄒᆞᆫ 時에는 町村條例의 規定에 依ᄒᆞ야 使用料와 或은 一時 加入金을 徵收ᄒᆞ고 又는 使用料로 加入金을 竝徵ᄒᆞ야 此를 許可ᄒᆞ는 事를 得홈이 可ᄒᆞ니 但 町村會는 町村을 爲ᄒᆞ야 必要ᄒᆞᆫ 境遇에 許可로써 使用權을 旣得케 ᄒᆞ고 又는 制限ᄒᆞ는 事를 得ᄒᆞᄂᆞ이라.

又는 町村財産의 賣却貸與及建築工事物品造進의 營業請求書 等은 公

料랄 常事로 ᄒᆞ고 特히 一私人에 命令으로ᄂᆞᆫ 不得ᄒᆞᄂᆞ이라 所謂 公料ᄂᆞᆫ 公衆營業者에 都給을 要ᄒᆞᄂᆞᆫ 金額을 投票케 ᄒᆞᄂᆞ니 此ᄂᆞᆫ 町村에 所有ᄒᆞᆫ 利益으로 投票者의 請求랄 命ᄒᆞᄂᆞᆫ 者랄 謂ᄒᆞᆷ니라.

然ᄒᆞ나 臨時緊意을 要ᄒᆞ거나 又ᄂᆞᆫ 請求書의 價額이 寡少ᄒᆞ야 公料에 手數의 勞랄 充足지 못흔 時와 或은 町村會에 認許를 得한 時ᄂᆞᆫ 請願書를 行치 안니ᄒᆞ고 一私人이 其 都給을 命ᄒᆞᄂᆞᆫ 事를 可得ᄒᆞᄂᆞ이라.

以下난 町村稅의 事項에 就ᄒᆞ야 說及ᄒᆞ건ᄃᆡ 夫町村은 其 必要의 支出을 負擔ᄒᆞ고 且 從前 法律命令에 依ᄒᆞ야 賦課케 ᄒᆞ고 又ᄂᆞᆫ 將來 法律命令에 依ᄒᆞ야 付過케 ᄒᆞ야 支出을 付擔ᄒᆞᄂᆞᆫ 義務가 有흔 故로 町村은 其 財産으로부터 生ᄒᆞᄂᆞᆫ 收入과 使傭料及手數料와 科料及過怠金과 其他 法律命令에 依ᄒᆞ야 町村에 屬흔 收入으로써 義務支出에 充用ᄒᆞᄂᆞ니 若 不足흘 時난 町村稅及夫役現品할 賦課徵收ᄒᆞᄂᆞᆫ 事를 得ᄒᆞᄂᆞ니라 町村稅로써 賦課ᄒᆞᄂᆞᆫ 事를 得할 稅目은 國稅府縣稅의 附加稅와 直接及間接에 特別稅가 卽是라.

附加稅ᄂᆞᆫ 直接에 國稅 又ᄂᆞᆫ 府縣稅에 附加ᄒᆞ야 均一의 稅率로써 町村의 全部로부터 徵收ᄒᆞᄂᆞᆫ 것이 常例요 特別稅ᄂᆞᆫ 附加稅外에 別로이 町村에만 限ᄒᆞ야 稅目으로 起한 課稅를 要ᄒᆞ난 時에 此를 賦課徵收ᄒᆞ난 者ㅣ이라.

此 町村制의 法律에 規定흔 條項外에 使傭料 手數料 特別稅及從前의 町村費의 關한 細則은 町村條例로써 此를 規定ᄒᆞ고 其 條例에ᄂᆞᆫ 科料一元九十五錢以下의 罰則을 設ᄒᆞᆷ을 得ᄒᆞᄂᆞ니 科料에 處ᄒᆞ고 及此를 徵收ᄒᆞ난 것은 町村長이 此를 掌ᄒᆞᄂᆞ니 若 其 處分에 不服ᄒᆞᄂᆞᆫ 者ᄂᆞᆫ 令狀을 交付흘 後 十四日以內에 司法裁判所에 出訴ᄒᆞᄂᆞᆫ 事를 得ᄒᆞᄂᆞ니 町村稅ᄂᆞᆫ 其 町村內에 三箇月 已上 滯在흔 者ᄂᆞᆫ 此를 徵收ᄒᆞ고 町村內에 住居치 안니ᄒᆞ고 又ᄂᆞᆫ 三箇月以上 滯在치 안이흔 者도 町村內에 土地家屋이 有ᄒᆞ고 又ᄂᆞᆫ 營業을 爲한 者ᄂᆞᆫ 具土地家屋營業과 或은 其 所得에 對ᄒᆞ야 賦課ᄒᆞᄂᆞᆫ 町村稅를 納ᄒᆞᄂᆞ니 但 左開에 物品은 町村制에 免際ᄒᆞᄂᆞ니라.
一. 政府 府縣郡 市町村及公共組合에 屬흔 直接의 公用에 供ᄒᆞᄂᆞᆫ 土地

營造物及家屋

二. 社寺及官立公立의 學校病院 其他 學藝美術及慈善의 用에 供ᄒᄂ 土地營造物及家屋

三. 官有의 山林 又ᄂ 荒蕪地니 但 官有山林 又ᄂ 荒蕪地의 利益의 關ᄒ 事業으로 起ᄒ야 內務大臣大藏大臣의 許可을 得ᄒ야 其 費用을 徵收ᄒᄂ 것은 此限에 不在홈.

　新開地及開墾地ᄂ 町村條例에 依ᄒ야 年月日을 限ᄒ야 免稅ᄒᄂ 事를 得ᄒ나이라. (未完)

　　　*미완이나 제13호에는 없으며, 〈대한자강회월보〉는 13호까지 발행됨

◎ 地方自治制度論, 朝陽樓 主人 尹孝定, 〈대한자강회월보〉 제4호, 1906.10. (정치학, 행정학)

▲ 제4호 地方自治制度論, 朝陽樓主人 尹孝定

○ 人民이 自治精神을 有ᄒ 然後에 可히 國家의 獨立實力을 養홀지니 國家에 自治制度가 有ᄒ고 人民이 自治精神을 發홈은 國家獨立의 基本이라 謂홀지로라.

　民은 可使由之오 不可使知之라 홈은 專制時代에 適合ᄒ 語오 世界가 交通ᄒ야 生存을 競爭ᄒᄂ 現代에 如此ᄒ 幼稚時代의 政法으로써 事物을 論ᄒ기 不可ᄒ고 且君子가 能與世推移라 홈은 時宜에 適應홈을 示홈이로다.

　現今世界의 文明은 何國을 勿論ᄒ고 地方自治의 制度를 說ᄒᄂ니 所謂自治區域은 獨立體의 組織으로써 各其 一區域을 統治ᄒᄂ 者라. 雖然이나 其 區域은 原來 國家의 一部分으로 國家統治之下에셔 其 權利를 行ᄒ며 其 義務를 負ᄒᄂ 者인즉 國家ᄂ 正當ᄒ 法律로써 恒常 此를

監督홀 主權이 有호니

蓋國內외 人民이 各其 自治호는 團體를 成호고 政府가 此를 統一호야 其 機軸을 執홈은 國家의 基礎를 鞏固코져 호면 地方의 區域으로써 自治의 機體를 作호야 其 區域內의 利害를 負擔케 홈이 可호도다.

夫一私人의 團結혼 바는 卽一村落이오 一村落의 團結혼 바는 一坊面이오 一坊面의 團結혼 바는 卽 一郡이며 一郡의 團結혼 바는 卽 一道이며 一道의 團結혼 바는 卽 一國이라 各其 適當혼 區域에셔 自治의 制度를 立호야 域內의 共同혼 事務를 自任홀 쑨 안이라 雖一般行政에 屬혼 事務라도 全國統治에 必要로써 政府가 自行處理홀 者를 除혼 外에는 地方自治體에 分擔홈이 可호도다.

故로 其一村力에 不堪홀 者는 一面에 任호며 面力에 不堪홀 者는 郡에 任호며 郡力에 不堪홀 者는 道에 任호며 事務에 性質이 能히 各道에 通行홈이 可혼 者를 國에 任호나니 政府의 事務를 地方에 分任호야 人民으로 호야곰 參與케 홈은 政府의 繁雜을 省畧호며 人民의 本務를 擔負케홈이라.

然則 政府는 政治의 大網을 握호며 方針을 授호야 國家統御之實을 擧호고 人民은 自治의 責任을 盡호야 專히 地方의 公益을 計圖호는 念을 引起호리로딕 蓋人民이 參政호는 思想의 發達홈을 隨호야 此를 利用호야 地方公私의 鍊習케 호며 施政難易에 覺知케 호야 國事를 任호는 實力을 養成호고 立憲代議之制를 遂行호야 國家萬年之基礎를 立홈은 文明國에셔 制度進步의 順序라 謂홈이라.

蓋一村落之人이 其村을 自身과 如히 視호고 一坊面之人이 其 坊面을 自身과 如히 視호고 一郡之人이 其郡을 自身과 如히 視호고 一道一國之人이 其道其國을 亦自身과 如히 視호여야 始乃健全獨立호는 國家를 造成호야 君民一體와 上下一心을 可得호리니 於是乎國權의 擴張과 國力의 富强을 期日可待홀진뎌 故로 分權主義에 依호야 行政事務를 地方에 分任호야 國民으로 호야곰 公共혼 事務를 負担호야 自治之實을 完全케 안이홈이 不可호도다.

且自治體는 其 人民으로 하야곰 其 職事를 自執케 홈을 要홀지오. 人民은 多數훈 智愚에게 賢不肖가 有ᄒ야 輪番交代키 不可훈즉 選擧法을 設ᄒ야 地方에 名望이 有훈 者에게 其職을 執케 ᄒ고 位地를 高히ᄒ며 待遇를 厚히ᄒ야 倦怠之念이 生치 안케 ᄒ야 責任에 重大를 知ᄒ며 叅政의 名譽를 辦케 홈을 要ᄒ리로다.

夫民維邦本이니 本固라 ᄉ邦寧이라홈은 此是古聖의 唱道훈 비나 數千年來에 其 實行을 不得훈지라 故로 東方의 衰運을 致ᄒ고 歐米 各國은 先히 此 主義를 實行ᄒ야 先進文明國地位에 屹立호엿스니 所謂 本固의 方法은 自治之制度에 在ᄒ니 可히 深察치 안이ᄒ리오. 一日二日에 仁政隆治를 其 君主에게만 切望홈은 現代人民의 得策이 안이니 國家는 必須國民의 負坦홈이 可ᄒ다ᄒ는 大主義에 基ᄒ야 時代의 適應훈 國政을 施行ᄒ고 自治之情神을 作興ᄒ야 國家社稷의 安泰를 謀ᄒ야 其君을 堯舜케 안이홈이 不可ᄒ도다.

今에 地方自治之制度로써 時代에 適應훈 制度라 謂홀지딘 先進文明國의 自治制度를 詳說ᄒ야 讀者諸員의 叅照에 供홀 必要가 有ᄒ고 且我國의 自治制度는 先히 日本에 叅考홀 必要가 有훈딘 本會顧問日本名士大垣丈夫氏는 政治法律等學理上에 精通홀 쑨 不是라. 日本維新以來 四十年間 事가 皆其經驗上 熟鍊홈으로 日本의 自治制度는 同氏의 講述을 要ᄒ야 左紙로부터 次號에 續載홀 터이어니와

蓋自主ᄒ는 國家를 組織코져훈즉 先히 自治ᄒ는 人民을 養成홀 거시오 自治ᄒ는 人民을 養成코져 훈즉 自治ᄒ는 制度를 硏究치 아니홈이 不可ᄒ고 自治自主는 卽自强의 實地情神이니 愛讀諸君은 此를 國家의 甦命丹으로 認看ᄒ시기를 心香暗祝ᄒ로라.

◎ 政府論, 崔錫夏, 〈태극학보〉 제3호, 1906.10. (정치학)

*전제정치, 입헌정치＝문명국 정부

夫 國家가 政治를 行ᄒᄂ 것은 人民의 福利를 圖謀코져 홈인데 其機關이 無ᄒ면 活動ᄒ기 不能홈으로 政府를 組織ᄒ야 凡般 政務를 掌理ᄒ야 其 目的을 達ᄒᄂ니--

(…중략…)

要컨ᄃᆡ 文明國 政府ᄂ 人民의 福利를 圖謀홈으로 惟一 目的을 삼아 其人民을 愛護홈에 惟恐不及ᄒ니 人民의 愛國心이 日益熱重ᄒ니 其國의 文明富强은 不期自達홀 것이라. 然ᄒ데 專制國 政府ᄂ 私心 私利로 臨民 施政에 人民의 怨聲은 是日曷喪의 歌句를 唱導ᄒ야 官吏를 蛇蝎갓치 惡ᄒ며 政府를 仇讐갓치 視ᄒ니 嗚呼라 國家는 人民으로 組成ᄒ 것이라. 民力으로 維持ᄒ며 民心으로 活動ᄒᄂ 者어늘 人民이 如斯히 塗炭을--

◎ 警察 爲國家干城,
　李圭正, 〈대한유학생회학보〉 제1호, 1907.3. (경찰학)

*경찰

凡國家者ᄂ 以領土人民으로 爲要素하고 統治者가 爲主權而定法律하야 拘束範圍區域內一般人民之行爲하ᄂ니 欲察其行爲ㅣ딘 不可無行政이요 欲施其行政인딘 不可無警察이니 其 必要가 倘何如哉며 警察者ᄂ 全國之耳目也라. 防患於未萌하며 治惡於已著ᄒ야 保持公安ᄒ고 增進幸

福으로 爲目的ᄒ며 不啻人民之活動作用의 爲模範이라 乃至于萬物之不動者ᄒ야도 莫不受其保護 즉 有國家之日에는 不可一日無者는 警察이 是也니 其效力이 可不謂重要哉아 警察之種類가 頗繁難遑故로 但 以高等與普通二種으로 如左略說ᄒ노니.

高等者는 保持國家社會之安寧秩序요. 普通者는 保護一個人之安寧幸福也며 際祉一人 或 小數人之危害者를 謂之普通이요 際祉國家社會之危害者를 謂之高等이니 雖一個人之行爲라도 有害於國家之安寧秩序者는 屬之干高等ᄒ고 雖多數人之行爲라도 其害가 但 止一個人ᄒ고 不關於國家社會者는 屬之十普通ᄒᄂ니 稱云危害者는 安寧之對待也라. 有危害 즉 不能成安寧이요. 欲安寧 즉 必防危害라. 故로 警察은 保護國民之身體財産名譽自由로 爲責住하나니 夫國家는 有機體也라. 體之上은 首니 首는 君主也며 內部는 中心也니 中心은 卽 政府也요. 耳目은 見聞也屬之於警察이 可也요. 口는 指導者也며 鼻는 開臭者也니 屬之於警察ᄒ고 手足은 行使護身者也니 乃行政警察也라. 全體之重要가 都在於警察之明不明ᄒ니 由此觀之콘딘 國家가 爲主體ᄒ고 首가 爲主權者 즉 見聞指導聞臭之外에 行使護身之物은 手足也니. 手足은 在人에 爲羽翼이요 在國에 爲干城이라 干城은 何也오 警察이 是也라 ᄒ노라.

◎ 警察 要義, 鄭錫迺,〈대한유학생회학보〉제3호, 1907.5.
 (경찰학 – 행정)

夫立憲國家의 主要目的은 臣民의 生存發達을 計홈에 在ᄒ니 딕기 社會事物의 中에 就ᄒ야 其 發達을 幇助ᄒᄂ 原因도 有ᄒ고 阻害ᄒᄂ 原因도 有ᄒ니 後者는 卽 公共의 危害라 大凡無數의 危害는 항상 吾人의 心身에 圍繞ᄒ 故로 其 生存을 安全케 ᄒ려ᄒ면 맛당히 몬져 社會의 危害를 防制홈이 肝要ᄒ니 其 危害는 或 人爲力으로 由生ᄒᄂ 者도 有

ᄒ며 或 自然力으로 由生ᄒᄂᆫ 者도 有ᄒᆫ지라 人爲와 自然을 不問ᄒ고 其 微細ᄒᆫ 者ᄂᆫ 單獨의 自力으로써 足히 防禦홈을 可得ᄒ되 重大ᄒᆫ 者에 至ᄒ야ᄂᆫ 到底히 一身으로써 排除키 不能홀지라 於是에 國害가 반다시 其公權力에 由ᄒ야 防禦에 干涉홀 必要가 有ᄒ니 此即警察制度의 起ᄒᆫ 所以라 今에 其 沿革을 溯究ᄒᆫ즉 上古古代에ᄂᆫ 其 制度가 不在홈은 不是로되 其 範圍가 或軍務와 서로 聯結ᄒ며 或裁判의 職掌과 서로 混合ᄒ야 現今과 如ᄒᆫ 體裁ᄂᆫ 未見ᄒ고 希臘과 羅馬의 時代에도 亦然ᄒ얏스며 中世其後에도 國家의 觀念이 아직 幼稚ᄒ야 當時의 政務가 內外에서 다만 法을 保護홈에 止ᄒ야 其 事務가 ᄯᅩᆫ 軍事와 司法에 不出ᄒ다가 十三世紀와 十四世紀頃에 至ᄒ야 伊太利의 諸市府가 其支配權을 擴張ᄒ야 市場의 貿易交通과 其他 一般營業에 關ᄒᆫ 制禁의 規則을 設ᄒ야 從米의 面目을 一變ᄒ고 十五世紀末에 社會 크게 進步ᄒ야 羅馬自由府ᄂᆫ 其 事務을 行政區域에 開端ᄒ고 近代其後十六世紀에 至ᄒ야ᄂᆫ 封建制度가 漸衰ᄒ고 各國君主의 權力이 伸張ᄒ야 百般政務가 總히 警察職分에 在ᄒ더니 十七世紀中頃으로 붓터 國家의 政事가 各其分立ᄒ얏다가 十八世紀에 至ᄒ야ᄂᆫ 其 意味가 內務行政全部에 干涉ᄒ야 積極的으로 行政事務를 執行ᄒ다가 行政學이 漸次進步홈으로 警察의 範圍가 다만 其 一部을 占有홈에 至ᄒ니 蓋歐洲의 警察制度ᄂᆫ 實로 十八世紀에 至ᄒ야 비로소 發達홈이라.

現今 二十世紀에ᄂᆫ 洋의 東西와 國의 大小을 不分ᄒ고 警察의 觀念이 亦內部行政의 一部에 處ᄒ야 其 目的은 生存의 發達을 爲ᄒ야 社會의 秩序을 維持홈에 在ᄒ며 其手段은 安寧을 保全키 爲ᄒ야 公共의 危害을 防止홈에 在ᄒ며 其 形式은 規則과 處分으로써 個人의 自由(法律範圍外自由)을 制限홈에 在ᄒ고 其 權力의 基礎에 至ᄒ야ᄂᆫ 二個主義가 有ᄒ니 一은 規定ᄒᆫ 法律을 根據홈이오 一은 行政의 權利을 基因홈이라. 前者ᄂᆫ 今日 獨佛諸學者의 主張ᄒᄂᆫ 바로되 其 實際의 狀況에ᄂᆫ 不適홈이오 後者을 實質上 國法의 精神으로 論ᄒ면 臣民은 國家을 構成ᄒᄂᆫ

分子라 故로 臣民資格中에 當然히 國家生存을 不可妨害홀 義務가 存在
홈으로 此權力은 其義務을 隨伴ㅎ야 資格을 行使케 홈에 不過ㅎ고 形式
上憲法의 主義로 論ㅎ면 公安을 保持홈에 關ㅎ야는 憲法이 槪括的으로
命令權에 委任ㅎ고 特種의 自由는 別項에 列記ㅎ야 立法權範圍에 保留
홈이오 其 執行ㅎ는 機關은 各國이 制度가 少異ㅎ나 然이나 大槪上의
中央官廳으로 붓터 下의 地方自治團體에 至ㅎ도록 法令의 特定호 行政
上警察과 司法上 警察의 事務을 負擔ㅎ고 오직 專務의 執行官은 通常과
非常의 二種이 有ㅎ니 通常執行官은 卽警官과 憲兵이오 非常執行官은
卽軍隊가 是也라 其 責任은 警官이 職權을 運用홈에 當ㅎ야 多數의 官
吏意思가 千差萬別홈으로 百事가 皆完全無缺ㅎ기 不得호지라 故로 或
法律에 抵觸ㅎ야 越權ㅎ는 命令도 有ㅎ며 或 精神에 矛盾ㅎ야 不適호
處分도 有ㅎ니 如此호 境遇에는 人民의 所被호 損害을 辨償ㅎ는 責을
任홈이라. 玆에 警察의 種類을 區分ㅎ야 行政司法과 普通高等과 國家地
方과 其他 諸種의 梗槪을 擧論ㅎ노니. (未完)

◎ 國家舌, 愛宇生, 〈낙동친목회학보〉 제3호, 1907.12.
  (국가론, 민중론)

　　*국가의 설＝국민의 입: 여론을 의미함

　大哉라. 國家舌의 能力이여. 實從祀의 大業이 繫ㅎ얏시며 生民의 運
命이 懸ㅎ얏도다. 其迅은 四馬의 病이라도 難及이오 其響은 千里의 遠
이라도 卽應ㅎ느니 信乎是舌이여. 國家의 樞機로다. 人의게 譬ㅎ건딕
八尺이 軒軒ㅎ고 四大가 綽綽(작작)ㅎ야 其美는 冠玉과 如ㅎ고 其高는
孤竹을 凌ㅎ며 其力은 夏鼎(하정)을一一

　然則 那箇가 是 國家의 舌인고. 國民의 口가 是也라. 旣是 民衆을 組

織ᄒ야 反射的 光明으로 國家가 成立ᄒ야산즉 國家ᄂ 卽 衆口의 身이오, 衆口ᄂ 卽 國家의 舌리라 明認ᄒᄀᆺ도다. 嗚呼라. 此舌를 杜防(두방)ᄒ면 周厲秦政(주여 진정)이 謗者를 纔誅(재주)ᄒ고---

◎ 國體之效力, 韓溶(한용), 〈공수학보〉 제1호, 1907.01.31. (국가론)

◎ 國家思想을 論ᄒᆷ이라,
   金志侃, 〈공수학보〉 제1호, 1907.01.31. (국가론)

   *국가사상의 네 종류: 일신에 대한 국가. 정부에 대한 국가, 외족(外族)에 대한 국가, 세계에 대한 국가

人羣이 初級에 部民이 有ᄒ고 國民이 無ᄒ야스며 部民으로 由ᄒ야 國民이 되야스니 이ᄂ 卽文野의 分이 有ᄒᆷ이라. 部民과 國民의 異ᄒᆷ이 何에 在ᄒᆫ고. 羣族이 居ᄒ야 自成風俗ᄒᆷ을 部民이라 云ᄒ고, 國家思想이 有ᄒ야 自布政治ᄒ믈 國民이라 稱ᄒᄂ니, 天下에 엇지 國民이 無ᄒ고 國을 成ᄒᆫ 者 有ᄒ리오. 國家思想이라 ᄒᆷ은 四件의 種類가 有ᄒ니,

   一曰 一身에 對ᄒ야 國家가 有ᄒᆷ을 知ᄒ고,
   二曰 政府에 對ᄒ야 國家가 有ᄒᆷ을 知ᄒ고,
   三曰 外族에 對ᄒ야 國家가 有ᄒᆷ을 知ᄒ고,
   四曰 世界에 對ᄒ야 國家가 有ᄒᆷ을 知ᄒ나니,

一身에 對ᄒ야 國家가 有ᄒᆷ은 何오. 大抵 人이 他物보다 貴ᄒ다 ᄒᆷ은 能히 羣을 成ᄒᆷ이라. 一身이 孑然(혈연)ᄒ야 大地에 孤立ᄒ면 飛ᄂ 禽에

不及ᄒ고, 走ᄂᆞᆫ 獸에 不及ᄒ니 엇지 人類가 生命을 保ᄒ리오. 內界로 言ᄒ면 太平時代에 通功易事ᄒ야 分業相助ᄒ며 外界로 言하면 急難ᄒᆫ 際에 羣策羣力으로 捍暴禦侮(한폭어모)ᄒᄂ니 이럼으로 國家가 起ᄒ며, 國家가 立흠은 不得已ᄒᆫ 事勢라. 人人마다 一身이 世에 孤立치 못흠을 知ᄒ고--

◎ (논설) 民族國家說,
    송당 金成喜, 〈야뢰〉 제1권 제2호, 1907.3. (국가론)

    *11쪽 논설

    或이 過余而質之曰--

◎ (학해) 國家의 性質과 形軆,
    尹攀鉉, 〈공수학보〉 제2호, 1907.4. (국가학)

夫 國家ᄂᆞᆫ 元來 不完全ᄒᆫ 原因으로부터 始ᄒ야 完全ᄒᆫ 宇宙的 機關으로 生成ᄒᄂᆞᆫ 人類 社會가 不斷的과 漸進的으로 發達ᄒ고, 更히 文明을 思想ᄒᄂᆞᆫ 人類의 宇宙的 性質과 法律的 制度아 政治的 範圍에 依ᄒ야 共同 集合的 活動이 生ᄒ 故로 劃定ᄒ 土地上에 治者와 被治者의 關係를 由ᄒ야 團結이 完ᄒ고 秩序가 整흠으로 成立된 者이라. 此에 反ᄒ야 人民의 團結力이 無ᄒ면 土地를 保守ᄒᄂᆞᆫ 形勢가 極히 難ᄒ 故로 國家라 稱ᄒ지 못ᄒᄂ니 此ᄂᆞᆫ 卽 國家에 性質을 推究흠이라.

衆多 人類가 國家를 組織ᄒ기ᄂᆞᆫ 一家族과 一部落이 基礎가 되나니 一家族의 範圍를 擴張ᄒ야 十으로 乃至 百으로 ᄒ고, 百으로 乃至 千으

로 ᄒᆞ야 漸漸 權力을 宏大게 ᄒᆞ야 文明的 趨向으로 實力은 醫農工商에 屬하고 保障은 陸軍 海軍에 任ᄒᆞ야 儼然히 大國의 態度를 增加ᄒᆞ면 小國은 其間에 介立ᄒᆞᆯ 能力이 不適ᄒᆞ고 ᄯᅩ 人民과 土地의 永久的 關係ᄂᆞᆫ 國家를 維持ᄒᆞᄂᆞᄃᆡ 必要ᄒᆞᆷ인즉 兩者에 一이라도 闕치 못ᄒᆞ깃도다.

立憲君主國과 專制君主國과 民主國도 다 全體가 一致 同心으로 外에 對ᄒᆞᄂᆞᆫ 精神과 內에 對ᄒᆞᄂᆞᆫ 方針을 硏究ᄒᆞ야셔 國家의 機關된 政府를 組織ᄒᆞ고 事務를 分擔ᄒᆞ고 效蹟을 責成ᄒᆞᄂᆞ니 若 團體的 熱心이 解ᄒᆞ면 主權을 何處에 施ᄒᆞ며 外權을 何等에 用ᄒᆞ리요. 此ᄂᆞᆫ 全體的 結合 成立ᄒᆞᆫ 바이라.

凡 如何ᄒᆞᆫ 國家던지 主權者와 服從者의 關係를 確立ᄒᆞᆫ 區別이 無ᄒᆞ면 政治와 法律이 無ᄒᆞᆫ 國이 되ᄂᆞᆫ 故로 大抵 主權은 分權치 못ᄒᆞ고 侵權치 못ᄒᆞ야 上에 最上權을 掌握ᄒᆞᆫ 主權者가 有ᄒᆞ고 下에 屬ᄒᆞᆫ 服從者가 有ᄒᆞᄂᆞᆫ 故로 曰 國이요, 曰 政府라 稱ᄒᆞᄂᆞ니 是ᄂᆞᆫ 다 國家 性質의 要素라 稱ᄒᆞᆷ.

君主政治와 貴族政治와 民主政治의 三種이 有ᄒᆞ니 區別을 論ᄒᆞ면,
主權의 主體ᄂᆞᆫ 君主에 在ᄒᆞ고 客體ᄂᆞᆫ 國民에 在ᄒᆞᆫ 거슬 君主政體[17]라 ᄒᆞ고
主權의 主體ᄂᆞᆫ 國民의 小部分이 되고 客體ᄂᆞᆫ 國民 全部로 된 거슬 貴族政體라 ᄒᆞ고
主權의 主體ᄂᆞᆫ 國民 總體로 되고 客體ᄂᆞᆫ 國民 各體로 成立된 거슬 民主政體라 ᄒᆞᄂᆞ니 現今 文明 諸國의 形體를 察ᄒᆞ면 各各 其 成立된 狀態가 差別이 有ᄒᆞ나 大抵 此 三種 範圍에 包含ᄒᆞᆷ.

---

17) 원문에서는 形體로 썼으나 문맥상 政體로 입력함.

◎ 國民의 資格, 文乃郁, 〈낙동친목회학보〉 제2호, 1907.11.
(국민론)

　西哲이 有言호되 有國民之資格者는 必與其國이오, 無國民之資格者는
必亡其國이라 ᄒ니 信乎斯言이여, 實今古不二之原則이로다. 今有一人
於此ᄒ야 張目而攘臂曰 我亦國民之一分子也라 ᄒ면 雖三尺童子라도 其
有耳者는 必皆唯唯然 異口同聲이어니와 若曰 我是具有國民之資格者라
ᄒ면 唯博聞廣慧라도 必不能無躊躇矣리니 是曷故焉고. 曰無他라. 國民
云者는 其天賦之惠職이니 人人所享有者也로되 其資格云者는 必不棄其
天賦之義務 然後에야 可得以有之라. 故로 固不可泛其形式而所忖度ᄂ져.

◎ (논설) 國民의 品格, 崔麟, 〈낙동친목회학보〉 제4호, 1908.1.
(국민론)

◎ 民族論, 韓興敎, 〈낙동친목회학보〉 제1호, 1907.10.
(민족학, 인종학)

　　*대한 민족의 위미부진을 떨치기 위한 민족 연구

　大抵 人類가 與他 動物노 不同흠은 흔갓 그 種族의 由來와 系統의
如何흠을 瞭然知察흔 然後에야 可히 最靈最貴흔 地位를 占ᄒᄂ디라. 故
로 彼歐洲 列强國의 諸博學士들은 다토아 民族의 沿革을 깁피 講究ᄒ야
各各 그 性質의 固有와 智藝의 優劣을 較閱흠에 무릇 國際上 問題와
個人的 交際도 모다 此로 準ᄒᆯ 쑨 不啻라. 人類 外의 動物과 밋 植物의
來歷ᄭ지 精細히 硏究ᄒ니 엇지 驚畏치 아니ᄒ리오. 이럿타시 今日 歐
羅巴에셔는 '쥬-톤' 民族18)을 第一노 尊重이 너기믄 無他라. 此 民族의

大部分은 英獨 兩國에 住居ᄒᆞᄂᆞᄃᆡ 그 性質의 勁悍(경한)홈과 腦髓의 英敏홈을 因ᄒᆞ야 二十世紀에 卓冠ᄒᆞᆫ 文明을 致ᄒᆞ얏고 其外에 世人의 極히 注目되고 模範될 만ᄒᆞᆫ 民族은 다믓 猶太人族이니 何故오. 彼 民族은 自國이 滅亡ᄒᆞᆫ 以後로 全地球上 何國을 勿論ᄒᆞ고 大概 播住ᄒᆞ되 그 固有ᄒᆞᆫ 祖國精神을 毫末도 變치 아니홈은 確據가 有ᄒᆞ니 本來 猶太人이 耶蘇敎를 左道로 排斥ᄒᆞ야 드듸여 耶蘇를 十字架에 礫殺(역살)ᄒᆞᆫ 고로 當時 歐洲 全局의 憎惡ᄒᆞᆫ 바 되야 맛ᄎᆞᆷᄂᆡ 露西亞의게 慘酷ᄒᆞᆫ 滅亡을 當ᄒᆞᆫ 後로 擧皆 露兵의 捕虜되야 壓迫이 太甚ᄒᆞᆯ 境遇에ᄂᆞᆫ 成群作隊ᄒᆞ야 露人과 爭鬪ᄒᆞ다가 抵當치 못ᄒᆞ야 비록 個人이라도 藏釰密行(장일밀행)ᄒᆞ야 露廷 官吏를 頻頻(빈빈)히 暗殺ᄒᆞ고 其後 東西洋 各國에 散在ᄒᆞ야도 民族主義를 堅守勿失ᄒᆞ니 춤 欽慕ᄒᆞ고 尊仰홈만ᄒᆞ도다.

嗟홉다. 我大韓 民族도 亦是 世界 民族의 一部分을 占有ᄒᆞ면서 엇지 如斯히 萎靡不振ᄒᆞ며 寂然無聲ᄒᆞᄂᆞᄃᆡ 吾人은 不可不 最初에 硏究ᄒᆞᆯ 必要가 有ᄒᆞᆫ즉 今에 一言으로 決ᄒᆞᆯ딘ᄃᆡ ᄒᆞᆫ갓 民族의 如何홈을 不知ᄒᆞᆫ 所以로 團體力이 自然乏絶ᄒᆞᆫ 結果라 ᄒᆞ노라. 이런 고로 余의 淺見을 不顧ᄒᆞ고 玆에 民族論이라 特題ᄒᆞ노니 讀者 僉君子ᄂᆞᆫ 泛然히 看過치 말고 깁히 窮究ᄒᆞ야 我韓 民族이 다시 世界上에 表揚되기를 熱望ᄒᆞ노라.

我國이 有史 以前에ᄂᆞᆫ 憑考가 無ᄒᆞ거니와 檀君이 太白山下로붓터 降ᄒᆞ샤 東方의 最初 君長이 되섯샷단 證據ᄂᆞᆫ 確實ᄒᆞ거늘 近世 外國人이 或은 我國 民種이 蒙古로셔, 或은 馬來半島로셔 移住ᄒᆞ얏든 說이 有ᄒᆞ나 此ᄂᆞᆫ 도모지 想像的이라. 不足取言이오, 余로뼈 觀컨ᄃᆡ 我韓種은 本來 固有ᄒᆞᆫ 半島 民族으로 暗黑時代에ᄂᆞᆫ 沉潛無聞(침잠무문)ᄒᆞ더니 檀君이 비로소 超羣ᄒᆞ샤 그 部落의 酋長이 되얏다가 箕子 以後로 人文이 漸漸 發達되에 바야허로 純全ᄒᆞᆫ 우리 大韓 民族을 宇內에 廣佈ᄒᆞ얏스

---

18) 쥬-돈 민족: 튜턴족. 게르만 민족.

니 엇지 他種으로 同日에 論ᄒ리오. 이제 西洋 有名ᄒ 歷史家 후리돈의 新說을 擧ᄒ야 世界 五大 人種의 特色과 系統을 左에 記載ᄒ노라.

人種	特色		系統	
蒙古 (몽고리안)	黃色	亞細亞	韓族 漢族(淸國) 大和族(日本) 蒙古族 돈구-슈族(西伯利亞 及 滿洲種)	
高加索 (코-에시얀)	白色	歐羅巴	쥬-톤族(英, 獨) 갤더 及 라틴族(佛) 油太族 휘란드族 라푸란드族 土耳古族 匈牙利族 아디알族	此等 人種은 元來 亞細亞에 多住ᄒ다가 現今은 擧皆 歐米 白人種과 雜居홈
黑奴(네그로)	黑色	北亞弗利加 南亞弗利加	未詳	
馬來(마릐이)	褐色	海岸島嶼人民		
印甸(인듸안)	銅色	亞米利加	印甸人과 西班牙人의 雜種 卽 미수틔죠族이라 稱홈	

◎ 同胞의 最急務, 南基允, 〈낙동친목회학보〉 제3호, 1907.12.
   (국가론, 애국론)

夫 國家ᄂ 一也라. 其名은 難殊ᄒ고 大少ᄂ 不同ᄒ나 其治齊興敗之道ᄂ 要不出於人爲之如何耳라. 傳에 曰 國之本은 在家ᄒ고 家之本은 在身이라 ᄒ니 通東貫西에 斯當非亘古今不易之論乎아. 然則 國之興亡이 不啻專乎在於國이라. --

126

◎ (시사논평) 地方自治制度 續論,
　송당 김성희, 〈야뢰〉 제5호, 1907.6. (정치학)

　*거민(居民)과 공민(公民)의 구별 / 대의기관, 행정기관 / 법국 자치제 / 영국
　지방제 / 덕국 지방제 / 일본 지방제 / 결론

▲ 제4호

　= 제4호로 완결된 글이나 제5호에 보론 형식의 글이 추가됨

余嘗觀 德意志 學者 所論 則 立憲國 行政이 國家 全體를 統同貫徹ᄒ
ᄂ 性質이 有ᄒ니 凡 外務 司法 軍務 財務 諸行政을--

▲ 제5호

前號 所謂 地方自治制度ᄂ 現世界 文明國 致治之具也라. 自者ᄂ 何
오. 躬爲之謂也오, 治者ᄂ 何오. 理亂之謂也니 躬不能爲則有代之者ᄒ고
亂不能理則有滅之者ᄒ니 此ᄂ 競爭時代 優勝劣敗의 必至之勢也라. 今
之亞米ᄂ 猶古之亞米 而大不列顚種이 何以享其樂이며 古之羅馬ᄂ 猶今
之羅馬而拉丁族이 何以隆其業고. 或曰 英傑之主가 一出而治之 則國家
自在於永世라 ᄒ니 以亞歷山大之雄圖 而馬其頓之遽成之灰塵은 何也며
以成吉思汗之霸業而蒙古之莫保殘喘은 何也오. 吾知其有由也니 欲其國
之毁長而尊榮이며 不得不令民으로 自治其國也라 ᄒ노라.

전호에 소위 지방자치제도는 현세계 문명국의 정치 도구이다. 자(自)라
하는 것은 무엇인가. 자신이 그것을 행하는 것을 말함이요, 치(治)라고
하는 것은 무엇인가. 어지러움을 다스리는 것을 일컬음이니 자신이 행
하지 않으면 대신하게 되며, 어지러움을 다스리지 않으면 곧 멸망하니

이는 경쟁시대 우승열패의 필연한 세력이다. 지금 아메리카(亞米)는 옛날의 아메리카이나 종족을 뒤엎어 가지런하지 않으나 그 향락을 누리는 것은 무엇 때문이며, 옛날 로마는 지금 로마의 라틴족(拉丁族)이나 어찌하여 그 기업을 추락시켰는가. 혹은 말하기를 영걸 주인이 한 번 세상에 나서 그것을 다스리면 곧 국가가 영원한 세상에 존재할 것이라고 하니 알렉산더(亞歷山大)의 웅도에 따른 마케도니아(馬其頓)의 성업이 소멸한 것은 무엇 때문이며, 징기스칸(成吉思汗)의 패업이 몽고의 쇠잔을 보존하지 못한 것은 어찌한 까닭인가. 우리는 그 이유를 알 수 있거니와 그 국가의 장점을 훼손하고 영화를 존귀하게 하는 것은 부득불 백성으로 하여금 그 국가를 자치(自治)하게 하는 데 있다 할 것이다.

嗚呼라. 國者는 積民而成者也라. 國之有民이---

▲ 제6호＝자치제도 속설

夫 國之政體有二端ᄒ니 一曰 中央集權이오 二曰 地方自治라. 中央集權者는 一國之有政府에 總攬全國大小ᄒ야 整齊而畫一之是也오, 地方自治者는 每府 每郡 每市 每鄕에 各各 其力ᄒ야 以辦其本府 本郡 本市 本鄕所應辦之事是也라. 集權與自治 二者ㅣ 相依相補ᄒ며 相維相繫 然後에 一國之體乃完ᄒ야

◎ (논설) 政治問答, 李承瑾(이승근), 〈낙동친목회학보〉 제4호, 1908.1. (정치론)

或이 有問於晩醒子曰 子之所謂 學政治者는 何也오. 余ㅣ 應之曰 盖太古로 人類之始生也에 朝則逐手草 而東西流離ᄒ고 夕則驅鳥獸 而同住山澤ᄒ야 不造家屋 而不成部落ᄒ고 亦無交人對人之道ᄒ야 無秩序法則

而弱肉强食ᄒ니 强者之暴威ᄂ 則權利也ㅣ라. 上無統治之主權ᄒ고 下無
被治之客體ᄒ야 雖有土地 而不曰領土오 雖有人類而不呼臣民이라. 亦無
法律政治之制度ᄒ니 古代 住民之狀態ᄂ 寧不憐乎아.

(번역) 혹자가 만성자에게 묻기를 그대가 소위 정치를 배운다는 것은
무엇인가 하였다. 내가 대답하여 말하기를 대개 태고로 인류가 태어나
아침에 수초를 쫓고 동서로 유리하며 저녁에 조수를 몰아 산과 못에
기거하며 가옥을 만들지 못하고 부락을 조성하지 않아 또한 사람과 교
류하고 사람을 대하는 도리가 없어 질서와 법칙이 없어 약육강식하니
강자의 폭위는 곧 권리였다. 위로 통치의 주권이 없고 아래로 피치의
객체가 없어 비록 토지가 있어도 영토라고 하지 않고, 인류가 있어도
신민이라 부르지 않으니 또한 법률과 정치의 제도가 없으니 고대 주민
의 상태는 어찌 가엽지 아니한가.

　　旣而 强者ᄂ 以其勢力으로---

◎ 勞働者와 企業者의 對抗, 張弘植, 〈공수학보〉 제3호, 1907.7.
　　(정치학)

　　　*노동자 단체 / 각국의 노동자 단체를 소개한 글임

　現今 世界에 東西를 不問ᄒ고 資本的 生產이 行ᄒ에 當ᄒ야 各國의
企業者가 勞働者에 對ᄒ야 壓制的 手段이 有ᄒ이 勞働者가 ᄯᅩᄒ 此에
對ᄒ 抵抗이 不少ᄒ이라. 故로 十九世紀 以來로 此를 硏究ᄒᄂ 經濟家
가 輩出ᄒ야 或은 此을 企業者의 咎(구, 허물)라 論ᄒ며, 或은 此을 勞働
者의 不法行爲라 論ᄒ야 其 論端이 歸一치 못ᄒ 形態에 在ᄒ도다. 然이
나 余ᄂ 單一ᄒ 初學輩로ᄡᅥ 敢히 此에 對ᄒ 論端을 公告키 難ᄒ나 此等

兩者間에 起ᄒᆞᄂ 現象을 論ᄒᆞ고 其 手段을 言코ᄌ ᄒᆞ노라.

勞働者의 活動

大抵 同一ᄒᆞᆫ 業務에 從事ᄒᆞᄂ 勞働者가 團結ᄒᆞ야 其利益을 保護ᄒᆞᄂ 事ᄂ 自古로 有ᄒᆞ나 近來에 至ᄒᆞ야 如此ᄒᆞᆫ 團體가 團體員의게 會費를 徵收ᄒᆞ야 基本財産을 作ᄒᆞ고, 或은 景況의 不好ᄒᆞᆷ으로ᄡᅥ 事業을 得치 못ᄒᆞᆯ 是ᄂ 團體員 扶助 等의 行爲를 行ᄒᆞᆷ이니 即 平和的 談判과 激烈的 手段을 行ᄒᆞ야 勞働者의 地位를 改善코ᄌ ᄒᆞᄂ 事ᄂ 十九世紀의 特産物 이 아니라 十八世紀에 在ᄒᆞ야 歐米 各國 政府가 一時的의 干涉主義로ᄡᅥ 此를 禁止 或은 束縛ᄒᆞᆷ으로 一時 衰微ᄒᆞᆫ 事가 有ᄒᆞ나 十九世紀에 至ᄒᆞ야 所謂 職業의 自由가 認示ᄒᆞᆷ이 一部 職工에 對ᄒᆞᆫ 保護의 法制를 設ᄒᆞ고 ᄯᅩᄒᆞᆫ 機械가 進步ᄒᆞᆷ으로ᄡᅥ 工業이 大進步ᄒᆞ야 工業이 規模에 達ᄒᆞᆷ이 多數 勞働者를 同一 場處에 集中ᄒᆞ니 勞動條件의 好惡은 即 幾千萬人의 利害에 關係ᄒᆞᄂ 故로 勞働者 團結ᄒᆞ야 有利ᄒᆞᆫ 勞動條件을 得ᄒᆞᆯ 必要가 有ᄒᆞᆷ이라. 然而 其 團體ᄂ 最初 一地方에 在ᄒᆞ야 同業 勞働者 團體에 不過ᄒᆞ나 漸次로 各地方 同業團體와 連絡ᄒᆞ고, 畢竟에ᄂ 國際的 團體를 成ᄒᆞ야 各種 團體의 勞働者와 氣脈을 通ᄒᆞ고 政治的 勢力ᄭᅡ지 有ᄒᆞᆷ에 至ᄒᆞ야 如此ᄒᆞᆫ 團體가 歐米 各國에 旺盛히 活動ᄒᆞᆷ을 觀ᄒᆞᆯ지로다.

英國의 勞働者 團體

英國 十八世紀 以來로 多少間 勞働者 團體가 有ᄒᆞ야 利益을 保護ᄒᆞᄂ 者 有ᄒᆞ나 其 旺盛ᄒᆞᆷ은 亦是 十九世紀로 始ᄒᆞ야 一萬人으로 成ᄒᆞᆫ 團體 가 二十八個가 有ᄒᆞ고 ᄯᅩ 五萬 以上의 團體員을 有ᄒᆞᆫ 者가 六個所가 有ᄒᆞ나 團體 中 最大ᄒᆞᆫ 者가 百個所가 有ᄒᆞ야 其 會金이 二千萬圜에 達ᄒᆞ고 其 團體의 行ᄒᆞᄂ 手段은 左와 如ᄒᆞᆷ이라.

一. Trade Unions. 同業組合이 此니 初에는 다만 各地方에 在ᄒᆞ야 勞働者가 設立ᄒᆞᆫ 地方的 團體에 不過ᄒᆞ더니 一八七0年 以後에 Trade councils 勞動會議을 設立ᄒᆞ야 地方團體 行政上에 影響을 及흠이라. 故로 同業組合과 意見 衝突이 有ᄒᆞ야 現今에는 勢力을 失흠에 至ᄒᆞ니라.

二. Federatious 勞働同盟이 此니 全國 同業의 組合을 包括ᄒᆞ야 每年에 一回式 所謂 勞働者 會議을 開ᄒᆞ고 同業組合의 代表者을 集ᄒᆞ야 勞働에 關ᄒᆞᆫ 問題와 委員選擧 等을 決議ᄒᆞ야 次回 會議갓지 勞働同盟을 指揮ᄒᆞ고 其他의 政治上 勢力도 有흠에 至흠이라.

米國의 勞働者 團體

◎ 團合은 國의 要素, 이한경, 〈대학학회월보〉 제1호, 1908.2. (국가론, 계몽론)

무릇 人類ㅣ 一定ᄒᆞᆫ 國土 內에 出生ᄒᆞ야 其 國을 爲흠은 其 自家를 保全코져 흠이오 自家를 保全흠은 自己의 平生 生活과 人類된 義務를 ᄒᆞ고자 ᄒᆞ니 是는 理의 當然ᄒᆞᆫ 비여니와 若 其 國權이 墮地ᄒᆞ야 外交엔 同等의 地位를 保키 難ᄒᆞ고 內情엔 奴隷의 待遇를 免키 難홀 時에 際ᄒᆞ야는 其 國民된 者 엇지 憂國의 心과 羞恥의 恨이 無ᄒᆞ리오. 이갓흔 時代를 當ᄒᆞ야 有志血性者ㅣ 往古의 興亡과 現今의 風潮와 將來의 形勢를 엇지 硏究치 안니홀 비이리오. 其 大約을 擧홀진된 往昔交通이 未開ᄒᆞ야 東西가 不通ᄒᆞ고 南北이 相隔ᄒᆞ던 時代에는 幾個勇將이면 其 國의 亂과 近邦의 擾는 能히 鎭定ᄒᆞ더니 近世에 至ᄒᆞ야는 交通이 發達되야 東西相通흠익 國際가 密接ᄒᆞ고 爭雄을 是尙ᄒᆞ야 强嘯弱縮ᄒᆞ며 經濟가 發達되야 毫里를 相爭흠익 優勝劣敗ᄒᆞ는 時代에 處ᄒᆞ야시니 其 國를

保全코자 ᄒᆞᄂᆞᆫ 者ㅣ 如斯ᄒᆞᆫ 時期를 擦眼垂鑑ᄒᆞᆯ지여다.

噫라 近古 和蘭이 西班牙로 交戰ᄒᆞᆯ 時에 和國은 少國이라 勢將危急ᄒᆞᆷ이 及ᄒᆞ야스나 和人의 意氣ᄂᆞᆫ 寧히 海魂이 될지언정 西賊에게 屈降ᄒᆞ야 千古에 羞恥를 엇지 取ᄒᆞ리오 ᄒᆞ야 海水로 誓死ᄒᆞᆷ과 伊太利의 獨立時에 伊國은 卽 伊國人의 伊國이라 伊國의 興도 伊國人에 在ᄒᆞ고 伊國의 亡도 伊人에 在ᄒᆞ다 ᄒᆞ아 權利의 慾과 自慢의 心을 互相 謝讓ᄒᆞ며 社會公益이면 私嫌을 不拘ᄒᆞ고 和氣團合ᄒᆞ야 獨立을 得ᄒᆞᆷ과 獨이 佛을 勝ᄒᆞᆫ 後獨人의 言에 曰 獨이 佛을 勝ᄒᆞᆫ 것은 小學校 教師의 團合思想을 養育ᄒᆞᆫ 功이라 云ᄒᆞᆷ과 佛國이 獨逸에게 敗ᄒᆞᆫ 後 佛人이 小學校에 全力 教授ᄒᆞ되 獨에게 敗ᄒᆞᆫ 血憤을 腦髓에 透染케 ᄒᆞ야 五歲 乳童이라도 汝等이 長成ᄒᆞ야 先行何事오. 問之則皆曰 我等이 長成ᄒᆞ면 獨을 먼져 取ᄒᆞᆨ다 ᄒᆞ더니 其 後에 果然 報讐ᄒᆞᆷ과 此等은 皆團合力을 爲主ᄒᆞ야 今의 强國이 되니 是로 由ᄒᆞ야 觀ᄒᆞᆫ즉 國의 興復에 第一 要素ᄂᆞᆫ 團合이오 團合의 要件은 作心이요 作心의 要點은 先公後私이니 沸血自斃도 此에셔 不過ᄒᆞ고 痛憤唱義노 是에서 猶劣ᄒᆞ지라. 嗚呼라 人類ㅣ 自國을 爲ᄒᆞ야 其 國을 興復코자 ᄒᆞ면 時勢의 變遷과 列强의 成蹟을 分刻間이라도 잇말지지여다.

◎ 國家之寶, 金光濟, 〈대한협회회보〉 제4호, 1908.7. (국가론)

蓋 天下五洲에 爲國數十而凡有國者ㅣ 無不欲其治ᄒᆞ며 治國者ㅣ 無不欲其善이나 然單純以言之則善治之術이 亶在乎知國之所以爲國而已라. 孟子曰 諸侯之寶ㅣ 三이니 曰土地 曰人民 曰政事 此 三者ㅣ 卽國之所以爲國也라. 夫 土地也者ᄂᆞᆫ 國之基點이니 其關係之重大ᄂᆞᆫ 不待明辨而自可瞭然이어니와 但知其大勢而不知其細微ᄒᆞ면 雖知猶不知耳라. 稼穡之宜何土와 果樹之宜何土와 蔬菜之宜何土며 何土에 生金石이며 何土에 生煤炭이며 何土에 生油鹽이며 江海之魚産과 山林之材木과 道路之嶮

易와 水陸之漕運을 無所不周ᄒ야 能條分縷析然後에 可以知厚生利用之 道니 故로 一國形勢를 必載諸誌ᄒ며 繪諸圖ᄒ야 一讀一覽而昭如指掌 矣라. 聖主는 不出宮禁而周察國內之事者ㅣ 職是理也. 夫 人民也者는 邦國之本이니 其 要重이 倘何如哉아 所以 唐虞는 懷天視天聽之懼ᄒ고 禹稷은 深已飢已溺之憂ᄒ고 文王은 咏甘棠于南國ᄒ고 周武는 賦苦爪 于東山ᄒ니 此莫非德位者之痛瘝在抱也오 孟子의 輕君重民之論이 亦 有 以也라 然則 先知其民無食則飢ᄒ고 無衣則寒ᄒ고 無財用則困乏ᄒ고 無敎育則梗頑然後에 邦本以寧ᄒ나니 故로 治國者ㅣ 洞悉民隱ᄒ야 家諭 而戶曉ᄒ야 務使智憐愚ᄒ고 愚信智ᄒ고 强字弱ᄒ고 弱輔强ᄒ야 士農 工商이 相貿相需ᄒ며 尊貴卑賤과 遠近親疎가 一乃其心ᄒ면 是所謂一 國이 如一家ᄒ고 一家ㅣ 如一身ᄒ야 筋之搖者는 脈自動ᄒ고 血之行者 는 氣自通이니 治其家國이 如治人身也. 夫 政事也者는 國家之機關使 用也라 可不愼乎哉아. 雖有土地之大와 人民之衆이라도 政不得宜ᄒ며 事不以時ᄒ면 土地도 非我所有也며 人民도 非我所與也라. 故로 爲政者 ㅣ 務公平ᄒ야 體天心而順輿情ᄒ고 亦不可厚於此而薄於彼ᄒ되 稂莠를 不鋤ᄒ면 嘉穀이 不務ᄒ고 茂民을 不除ᄒ면 良民이 不安ᄒ고 爭訟劫奪 과 盜竊詐騙은 皆民之蠹也니 其於除暴安良인 固可以嚴重이오 疏通財貨 ᄒ고 修葺傾圮ᄒ고 製造活動이 亦賴制治之如何也라. 然則 國家之珍寶 가 實不外乎此三者而試觀頹敗滅絶底國政컨대 坐在政府ᄒ야 使用機關 者ㅣ 不知土地之爲何等關係며 人民之爲何等緊重이며 政事之爲何等樞 要ᄒ야 視土地而曰 不動之物이니 是我永有라 ᄒ며 視人民曰 掌握中物 이니 是我犧牲이라 ᄒ며 視政事而曰 自身之事라. 卽我消遣之方이라 ᄒ 야 逡巡玩愒와 驕奢貪侮를 無所不至ᄒ야 三者之寶를 自爲抛棄ᄒ니 莫 知其國之所以爲國則國不可以爲國也ㅣ 明矣라. 苟究寶此之要ㄴ딘 直由 乎思想二字니 推一已ᄒ야 知有一家ᄒ고 推一家ᄒ야 知有一國이니 此 所謂 國家思想也라. 有此思想然後에 三寶隨至ᄒ리니 如是而無不治之國 矣라 爲國者ㅣ 其有心乎ᄂ져.

◎ 國力, 金大熙, 〈대동학회월보〉 제3호, 1908.4. (국가론)

　吾人 人類가 社會에 生存ᄒ야 生命을 保ᄒ고 身體를 養홈에 物質的 慾望이 有홈은 自然의 數요 ᄯᅩᄒᆫ 此 慾望이 無홀진딕 一日이라도 其生을 完全히 ᄒ지 못ᄒ리라 然而此慾望은 一慾을 充ᄒ면 一慾이 又生ᄒ야 一慾去一慾來에 社會의 開發과 人類의 進步를 隨ᄒ야 其 種類가 益益雜多홀ᄉᆡ 一家의 製出노 一家의 慾望을 充ᄒ지 못ᄒ고 一村의 製出노 一村의 需要를 充ᄒ지 못ᄒ며 乃至一國의 製出노도 一國의 需要를 充ᄒ지 못ᄒ야 萬一 此를 充ᄒ랴 홈에ᄂᆫ 才能風土의 不適홈으로 無益의 費用을 虛損ᄒ고도 劣惡ᄒᆫ 物品을 得홈에 不過ᄒᄂᆫ지라 是以로 農民은 農民이 되고 工人은 工人이 되고 商家가 出ᄒ야 輸運으로 爲業ᄒ니 於是에 分業이 起ᄒ야 交換이 行ᄒ고 外國貿易까지도 發達ᄒ야 風土人情이 不同ᄒᆫ 各國物産을 相通利用홈에 至ᄒ얏ᄂᆞ니라.

　以上은 人類生活發達의 槪要어니와 上古엔 各國이 其內地産業도 旺盛치 못ᄒ려니와 外國貿易은 陸路隊商으로 東西가 交通홈에 不過ᄒ더니 十四世紀 羅針盤과 十九世紀 蒸汽力이 發明된 後로 航海業上一大革命을 致ᄒ야 殖民地를 開ᄒᄂᆫ 基礎가 되니 印度에 豊富ᄒᆫ 財源과 亞米利加의 新殖民地ᄂᆫ 歐洲商人의 占有ᄒᆫ 바ㅣ 되야 此 殖民地로 無限ᄒᆫ 原料品을 得ᄒ야 內地에 製造工業이 日盛月旺ᄒ고 商業貿易에 非常ᄒᆫ 活氣를 生ᄒ야 爾來今日에 此財源的殖民地를 求ᄒ기 爲ᄒ야 各國이 競爭홀ᄉᆡ 俄國의 南進主義와 米國의 比律賓과 佛國의 越南과 日本의 韓滿經營 等으로 兵火不息ᄒ고 凶計妙策的外交政略에 弱者ᄂᆫ 滅ᄒ고 强者ᄂᆫ 盛ᄒ야 布哇越南의 前例가 明若觀火로다.

　噫라 我國이 四千年 歷史를 有ᄒ고 二千萬民衆과 三千里江山에 孔孟의 實踐的 倫道에 化ᄒ야 己往過去事로 言ᄒ면 決코 他에 比ᄒ야 不足홀 者이 無ᄒ되 今日에 至ᄒ야 生業이 日倒에 民族이 日減ᄒ며 外人은 時를 爭ᄒ야 增加ᄒ니 減而不己면 必盡滅이요 增而不己면 必滿溢ᄒ리니 此果何故오 支那가 統一되야 亞細亞大部分을 占有ᄒ니 東洋에 第一

大强國이라 外患은 此에 依托ᄒᆞ고 內로ᄂᆞᆫ 爭權으로 爲事ᄒᆞ야 外에 刺擊이 無ᄒᆞ니 改良進步競爭進取의 氣像이 無ᄒᆞ고 內에 爭權으로 爲事ᄒᆞ니 公利ᄅᆞᆯ 不計ᄒᆞ고 私慾에 汲汲ᄒᆞ야 民俗이 淫亂에 紀綱이 頹敗ᄒᆞ며 在上者의 壓制로 自然的發達ᄭᆞ지도 妨害ᄒᆞ야 人民生活의 根本되ᄂᆞᆫ 農商工業이 不振ᄒᆞᆫ 所致라 國家ᄂᆞᆫ 多數人民의 集合ᄒᆞᆫ 物이오 國民은 國家의 母이니 國民의 力이 卽國의 力이오 國民의 財가 卽國의 財라 農商工業이 不振ᄒᆞᄆᆡ 人民이 資生ᄒᆞᆯ 産業이 無ᄒᆞᄆᆡ 人民이 貧ᄒᆞ야 民貧國貧ᄒᆞ며 民饑國饑ᄒᆞ야 不待人亡而自亡ᄒᆞᆯ 터인ᄃᆡ 不幸히 當此競爭之時ᄒᆞ야 外力이 侵入ᄒᆞ니 雖欲不亡인들 豈可得哉아.

然則坐受困辱ᄒᆞ고 以待亡日이 可乎아 曰否라 彼亦人我亦人이니 爲而不成者ㅣ豈有며 行而不達者ㅣ 豈有리오 然則何爲오 第一實業 第二敎育이니 此ᄅᆞᆯ 行ᄒᆞᆷ에ᄂᆞᆫ 何如ᄒᆞᆫ 種類의 人이 可乎아 勿論 某人ᄒᆞ고 大韓國民이면 無非可也로되 時已急矣라. 我國民族中稍開者ᄂᆞᆫ 京城及其他都會處居住民과 所謂兩班吏屬等而已니 此等開明의 域에 已進ᄒᆞᆫ 者ᄅᆞᆯ 敎導ᄒᆞ얏시면 易而速ᄒᆞᆯ 것이오 此等稍開者ㅣ實業을 行ᄒᆞ얏시면 百業의 興旺을 可期ᄒᆞ련마ᄂᆞᆫ 累百年固習을 變ᄒᆞ기 難ᄒᆞ니 將奈何오 論以至此에 長歎茫然ᄒᆞ야 擲筆而已ᄒᆞ거니와 內地에 産業이 興旺ᄒᆞ면 外力도 可防이오 外國貿易도 可期며 外國貿易이 擴張되면 國力이 堅强ᄒᆞ야 國權이 伸張ᄒᆞ리니 國權回復은 勿論이고 英米도 可爭이오 印度의 富源과 米國의 殖民地도 可奪ᄒᆞ리라.

◎ 國家 程度ᄂᆞᆫ 必自 個人之 自助品行, 洪聖淵, 〈대한학회월보〉 제3호, 1908.4. (국가론, 자조)

*국가 = 자조 사상

夫 天이 爲助于自助云者ᄂᆞᆫ 確然經驗之格言也라. 其 自助者ᄂᆞᆫ 何也오

ㅎ면 卽 自主自立而不倚于他人ㅎㄴ 我의 眞正ㅎ 精神이니 大矣哉 大矣
哉라. 個人이 有此精神이면 能爲眞正之事業ㅎ고 國家가 有此精神的 人
民이면 元氣充滿ㅎ야 國之程度가 漸進于文明也어니와 反此ㅎ야 不能
自助而甘受他人之助力이면 淪亡而已며 濱死而已ㄴ 理之常然也니라.

然則 自助精神는 在於如何人格乎아 ㅎ면 余必曰 在乎眞正品行之人
이라 ㅎ노라. 以此觀之컨듸 個人之自助精神이 必自於其人之品行이오
國家之自助權柄이 必自於其國民之自助精神이니 故로 自助品行이 卽 有
關係於個人程度오 個人程度가 卽 有關係於國家程度也니라.

懿哉라 夫 品行之本位는 在於涵養天良之德性故로 有此德性이면 智慧
勇力이 竝立ㅎ야 不失元來之天賦的 精神이니 此 余 所謂 自動品行者也
라 有此品行이면 雖 當于間不容髮之危險地라도 不撓不屈ㅎ야 能爲作善
防惡也라. 往昔 拿翁은 當時 雄略之英傑이라 論戰ㅎ야 曰 德行之勢力이
十倍於身體之勢力 云ㅎ니 此 所謂 一身之品行이 不劣於一隊兵馬也오.
수데봉은 歐洲 名將이라 一戰失利ㅎ야 見奪土地於仇敵之手라. 其 時에
敵人이 對于名將而嘲笑曰 汝之城이 今安在오 ㅎ듸 名將이 手指腦頭而儼
然答曰 在此라 ㅎ니 敵人이 畏其自助自由之精神ㅎ야 歸城ㅎ니라.

推此思之면 自助品行은 有回復之權能이거던 況 國家之程度乎아. 一
國之人民이 養成此自助品行 則 其國之諸般制度가 隨其人民之程度ㅎ야
日益增長ㅎ고 失其品行 則 各種風俗이 亦 從其人民之程度ㅎ야 日益衰
頹ㅎㄴ니 此 所謂 國之精神이 卽 有關係於人民之精神也라. 是以로 個人
이 欲有自助之精神인듸 必先修眞正之品行ㅎ지며 一國이 欲有自主自立
之權能인듸 必先教國民之品行ㅎ다라 自助者를 天必感助라 何事不成이
리오. 噫라 英佛 國民은 自助自主라. 故 天必助之ㅎ야 賜之自主權利ㅎ
고 賜之埃及安南이 爲一例也니 以此思之ㅎ면

今日에 爲韓國人民者ㅣ 當爲韓國事業은 可謂韓國人民之自助品行點
이라. 噫라 今日之韓國이 在於何等地位乎며 今日之韓國人民이 亦 在於
何等境隅乎아 予慘憺而不能自己也로다. 借使韓國人民으로 仍失自助品
行이면 豈 能復天賦自主之權이며 豈 能得獨立自由之生活乎아. 維 我韓

國 同胞여 涵養自助之品行ㅎ야 雖 當風雨霹靂之際라도 堅忍不屈ㅎ라. 自主 自進 則 可以得拿翁之自助德行이며 可以踐<u>수데붕</u>之自助精神也ㅎ리라.

若 能如此 則 二千萬 同胞之行動에 皆 有自助品行ㅎ고 二千萬 同胞之 志尙에 皆 有自助精神ㅎ리니 然則 不啻發展于文明程度라 天必爲助ㅎ야 惟 我二千萬 同胞의 第一渴仰ㅎᄂᆞᆫ 大韓獨立權늘 賜之我自助品行的 同胞ㅎ시리니 欽哉라 自助品行이여.

◎ 國家刑罰權의 根據, 〈대동학회월보〉 제2호, 1908.3. (국가학)

凡一定ᄒᆞᆫ 人類가 一定ᄒᆞᆫ 土地에서 捿息홈에ᄂᆞᆫ 반다시 一定ᄒᆞᆫ 秩序가 有ᄒᆞᆫ 後에 各自의 安寧幸福을 保有ᄒᆞᆯ지며 且一定ᄒᆞᆫ 秩序ᄂᆞᆫ 一定ᄒᆞᆫ 權力 이 有ᄒᆞᆫ 後에 始有ᄒᆞᆯ지니 故로 古代에 在ᄒᆞ야ᄂᆞᆫ 治國의 最大要務가 兵 과 法에 不外ᄒᆞᆫ지라. 何者오 兵으로써 外敵의 侵侮를 防禦ᄒᆞ며 法으로 써 內地의 安寧을 保障ᄒᆞᄂᆞᆫ 所以라.

然則治國의 要件된 諸般法規中最先發達ᄒᆞᆫ 者ᄂᆞᆫ 刑法이 是라. 夫刑法 은 國家의 安寧秩序를 破壞ᄒᆞᆫ 者卽犯罪人에게 科ᄒᆞᄂᆞᆫ 法律이니 由此觀 之ᄒᆞ면 國家法規中刑法이 最要ᄒᆞ며 國家權力中刑罰權이 無치못ᄒᆞᆯ 所 以ᄂᆞᆫ 多言을 不俟ᄒᆞᆯ바ㅣ라. 國家ᄂᆞᆫ 如何ᄒᆞᆫ 理由로 刑罰權이 有ᄒᆞᆫ 問題 에 對ᄒᆞ야ᄂᆞᆫ 自來學說이 紛紛ᄒᆞ야 今日ᄭᅵ지未決ᄒᆞᆫ바ㅣ니 玆에 諸說의 大要를 擧論ᄒᆞ건ᄃᆡ
第一 純正主義에 在ᄒᆞ야ᄂᆞᆫ 刑罰權의 根據ᄂᆞᆫ 正義要求에 專在ᄒᆞ다ᄒᆞ야 因果報應罪惡必罰의 純理로써 說明ᄒᆞ얏스니

按ᄒᆞ건ᄃᆡ 善事에 善果가 有ᄒᆞ고 惡事에 惡果가 有ᄒᆞᄂᆞ니 犯罪ᄂᆞᆫ 卽 一個의 惡事라. 刑罰의 惡報를 免치못ᄒᆞᆯ지니 刑罰은 原來國家權力作用

에셔 基因 바 | 나其基因 理由 此因果에 不外 바 | 라. 然則國家
何故로 犯罪人을 罰 權이 有 가. 是 因果報應의 眞理에 不過
니 是即純正主義의 骨髓라. 然而純正主義 根據 刑罰權의 存
在 을 立論 學者中에도 良心 根據 論 者 云凡人은
天賦 良心이 固有 니 犯罪即惡事 行치아니 은 秉彝의 原則이
어 此에 違反 罪 犯 者 即良心에 違反 者 | 니國家
此 반다시 罰치아치 못 바 | 라 며 純理 根據 論 者
云 積善積惡은 慶殃의 原因이니 犯罪 即積惡의 一種이라. 故로 罪
犯 者 國家가 刑罰이라 云 惡報로써 科 다 바 | 라.

第二 實利主義에 在 야 刑罰權의 根據 利益關係에 專在 다 야
國利民福의 實益으로써 說明 얏스니

按 건 國家萬般制度 總히 利益으로 基礎 作 니 國計民生
에 利益이有 者 正當 制度오 不然 者 不當 者 | 니 刑罰을
科 根據에 至 야도 쏘 國民多數의 福利 增進 에 在 지라.
即刑罰은 犯人을 改悛케 야罪 再犯치 아니 며 又或世人을 懲勵
야 犯罪의 影迹을 斷絶케 야 囹圄로 야곰 空虛 에 至코져 바
| 라.

第三 折衷主義에 在 야 刑罰權의 根據 正義와 利益兩点에 專在
니 其一을 缺 時 不正 處罰이라 斷定 얏스니

按 건 純正主義論者 因果報應과 罪惡必罰의 觀念으로써 刑罰
의 基礎 作 고 實利主義論者 多數의 利益을 準則 야 刑罰의 根本
을 論 얏스나 然이나 單히 正邪善惡의 絶對的觀念으로써 刑罰根據
論코져 진 是 道德과 法律을 混同 者 | 니 政敎가 分立 今日
에 在 야 採用 價値가 無 며 實利主義의 缺点은 此보다 尤甚
니 若利益의 一点으로 取捨의 標準을 作 은 倫理思想을 俱有 吾人

의 絶對的採用홀바ㅣ아니라 故로 此兩說을 折衷ㅎ야 正義의 觀念에 利益의 關係를 加味ㅎ야써 本問題를 解決홈이 妥當홀지니折衷主義는 正義의 觀念과 利益의 關係로 一團을 成ㅎ야 犯罪及刑罰의 準則을 定홈이 左와 如ㅎ니

犯罪의 關係에 在ㅎ야 國家는 (一) 德義에 反ㅎ는 者는 總히 犯罪라 認定치못홀지니 是는 政敎를 區分ㅎ는 所以며 (二) 雖然이나 德義에 反치아니흔 者를 罰홈은 無道에 至홀지며(三) 即德義를 違反흔 中에 更히 利益을 侵害흔 者를 犯罪라 始稱홀지니 然則犯罪는 背德加害의 二点으로 成立ㅎ는 者라 云홀지며

刑罰關係에 在ㅎ야 國家는 (一) 진실노 罪가 有흔 者는 罰치아니못홀지니 罪惡必罰을 德義에 要求ㅎ는 所以며 (二) 然이나 刑罰自体의 性質 及分量에 至ㅎ야도 不德且有害흔 者됨이 不可ㅎㄴ니 故로 罪刑이 權衡을 保維ㅎ야 自懲他戒의 功効를 收코져 홈이 可흔지라.

折衷主義는 現時多數刑法學者가 是認ㅎ는바ㅣ나 然이나 愚意로써 觀察ㅎ건딕 正義라 云ㅎ는 絶對的觀念과 利益이라 云ㅎ는 相對的觀念을 折衷調和코져 흔 結果는 實際施行되지못홀 空理空論이라 斷言홀지로다.

大凡六合은 有無界에 出ㅎ고 人事는 善惡이 有ㅎ야 爲不爲의 必然的 關係에 不外ㅎㄴ니 宗敎道德及國法의 其一을 取ㅎ야 統括홀 原理가 不無흔지라. 凡法律은 國家的現像의 一種이오 國家는 社會的現像의 一種이며 社會는 人類的事實의 一種이니 法律의 原理를 討究홈은 人類生活上性質을 闡明홈과 無異흔바ㅣ라.

凡 國家는 權力의 主體로 人類共同生活의 淵源을 成ㅎㄴ니 即吾人人

類가 團體的生活을 營爲ᄒ며 且營爲홀 性質을 有ᄒᄂ니 是ᄂ 國家라 云ᄒᄂ 權力을 認ᄒᄂ 所以라. 如斯홀진뒤 權力이 抽象的及具體的으로 行使되ᄂ 法令의 制定及適用도 또ᄒ 其源이 人類共同生存의 基因ᄒ 者ㅣ라 云홀지니 共同生存에 便利ᄒ바ᄂ 良法이오 有害ᄒ 者ᄂ 惡法이라 云홀지라.

上述ᄒ바를 國法全體에 貫通ᄒ야 觀察홀진뒤 何者를 刑法關係라 云ᄒ며 何者를 非刑法關係라 斷定홈에 一定ᄒ 準則이 無ᄒ나 刑罰이라 云ᄒᄂ 特殊ᄒ 制裁를 依賴치아니ᄒ면 法律의 秩序를 維持ᄒ기 不能ᄒ 者를 刑法關係라 云ᄒ며 此와 反ᄒ 者를 非刑法關係라 云홀지로다.

思惟컨뒤 刑罰權基本에 關ᄒ야 學說이 紛紜ᄒ야 歸着홀바ㅣ 無ᄒᄂ니 詳細ᄒ 硏究ᄂ 刑法哲學範圍에 屬홈을 玆에 其大要를 論述홈에 不過ᄒ나 折衷主義ᄂ 實體에 適應치못홀 空論이니 刑罰權의 根據를 論述홈에 人類共同生存의 必要條件을 根據ᄒ야 立論홈이 妥當ᄒᄂ니 是ᄂ 現今學者間에 進化主義를 主唱ᄒᄂ바ㅣ나 此를 根據ᄒ야 制定ᄒ바 刑法은 無幾ᄒ바ㅣ라.

◎ 國家의 性質, 〈대동학회월보〉 제2호, 1908.3. (국가학)

唯上帝가 吾人에게 降衷ᄒ수뒤 結社性으로써 賦ᄒ시니 吾人이 此世에 生活홈에 不可不本性을 基因홀지라. 大凡 吾人의 生活은 三段의 階級이 有ᄒ니 (一)은 孤立的 生活이요 (二)은 社會的 生活이요 (三)은 國家的 生活이라. 然而 第一의 生活은 天性에 違反될 쑌 아니라 또ᄒ 生存競爭上에 適當치 못홀지요 第二의 生活은 能히 孤立離群ᄒᄂ 狀態를 脫却ᄒ고 共同相濟의 境域에 達ᄒ야 結社的 觀念이 稍有ᄒ나 元來自由에 放任ᄒ고 干涉的, 制限的의 觀念이 乏少ᄒ야 弱肉强食의 狀態ᄂ 到底難免홀지니 何者오 無限ᄒ 自由를 主張ᄒᄂ 結果ᄂ 自由가 滅絶홈에

返至ᄒᆞᄂᆞᆫ 所以오 且本性을 發揮ᄒᆞ야 本性을 達ᄒᆞᆷ에 ᄯᅩᄒᆞᆫ 有碍ᄒᆞᆫ지라 於是乎第三의 生活이 最適ᄒᆞᄂᆞ니 一定ᄒᆞᆫ 政權으로 一定ᄒᆞᆫ 秩序ᄅᆞᆯ 維持ᄒᆞ야 干涉的, 制限的으로 共同의 福利ᄅᆞᆯ 增長ᄒᆞ야 天賦ᄒᆞᆫ 本性을 發揮케 ᄒᆞᆷ이니 是ᄂᆞᆫ 國家的 生活이 吾人의 本性을 達ᄒᆞᆷ에 最適ᄒᆞᆫ 所以라.

旣己 國家的 生活이 吾人生存上에 最適ᄒᆞ다 ᄒᆞᆯ진ᄃᆡ 其 國家ᄂᆞᆫ 如何히 組織되야시며 如何ᄒᆞᆫ 性質을 俱有ᄒᆞ얏ᄂᆞᆫ지 吾人의 硏究ᄒᆞᆯ 問題라

夫國家ᄂᆞᆫ 統治者와 被治者의 形體上으로 言ᄒᆞᆯ진ᄃᆡ 一定ᄒᆞᆫ 土地에서 有機的 及無形的으로 人格을 組成ᄒᆞᆫ 人類의 全體라 略言ᄒᆞ면 國家ᄂᆞᆫ 一定ᄒᆞᆫ 國土內에서 國民이 政治的으로 組織ᄒᆞᆫ 格이라 云ᄒᆞᆯ지니 此ᄅᆞᆯ 左에 略辨코ᄌᆞ ᄒᆞ노라.

第一. 人衆 國家ᄂᆞᆫ 人額의 結社的 生活에 一現像이라 人類ᄅᆞᆯ 離ᄒᆞ야ᄂᆞᆫ 國家ᄅᆞᆯ 想像치 못ᄒᆞᆯ지라 是以로 如何ᄒᆞᆫ 國家든지 多少의 人衆이 無ᄒᆞᆫ 者ㅣ 未有ᄒᆞᄂᆞ니 國家組織上人衆이 一大要素됨은 大言을 不須ᄒᆞᆯ지나 人類의 集合의 幾許에 達ᄒᆞ면 國家ᄅᆞᆯ 組成ᄒᆞᆯ가 ᄒᆞᄂᆞᆫ 問題ᄂᆞᆫ 程度의 問題니 絶對的으로 斷定ᄒᆞ기 難ᄒᆞᄂᆞ 親族及血族의 範圍ᄅᆞᆯ 離ᄒᆞ야 民族의 關係ᄅᆞᆯ 生ᄒᆞᆷ이 아니면 國家라 謂ᄒᆞ기 難ᄒᆞ나니 故로 國民이 無ᄒᆞ면 國家가 亦無ᄒᆞᆯ지며 況且近世各國이 廣土衆民과 强兵堅艦으로 衡을 爭ᄒᆞᄂᆞ 時에 在ᄒᆞ야ᄂᆞᆫ 國民의 數ᄂᆞᆫ 可謂多多益善이니 此로 由ᄒᆞ야 觀ᄒᆞ야도 國家組織上人衆이 第一要됨을 ᄯᅩᄒᆞᆫ 知ᄒᆞᆯ지오.

第二. 土地 國民과 國土의 間에 在ᄒᆞ야ᄂᆞᆫ 永久의 關係가 存在ᄒᆞᄂᆞ니 國家ᄂᆞᆫ 其領域이 無치 못ᄒᆞᆯ지며 國民은 國土ᄅᆞᆯ 是依ᄒᆞᄂᆞ 바ㅣ라 彼遊牧人類ᄂᆞᆫ 酋長이 此ᄅᆞᆯ 統率ᄒᆞ며 法律이 此ᄅᆞᆯ 節制ᄒᆞ나 是ᄂᆞᆫ 但 國家成立에 預備條件될 ᄲᅮᆫ이오 아즉 國家ᄂᆞᆫ 未成ᄒᆞᄂᆞ니 國家ᄂᆞᆫ 一定ᄒᆞᆫ 領地ᄅᆞᆯ 有ᄒᆞᆫ 後에 始成ᄒᆞᄂᆞ 바ㅣ라.

第三. 統一 國家가 有ᄒ면 반다시 統一홈이 有홀지니 卽其國家를 組成ᄒᄂ 各員及機關間에 共同連鎖의 關係가 存在ᄒ지라 凡國內의 各員或機關은 元來衆大ᄒ야 或個個獨立ᄒ며 或隔絶ᄒ며 又或國家ᄂ 數大ᄒ 小國이 聯合ᄒ야 成立ᄒᄂ니 是以로 各 機關及各員等은 特殊ᄒ 面目이 各有ᄒ나 然ᄒ나 其間에 一道의 軌轍이 自有ᄒ야 國內各員이 幷히 此를 遵由ᄒ며 外國으로붓터 見홀 時ᄂ 完全一體를 成ᄒᄂ 表觀을 呈出ᄒᄂ니 是ᄂ 卽 統一이라 謂ᄒ비니라

第四. 政權 前述홈과 如히 一定ᄒ 秩序ᄂ 一定ᄒ 政權으로 維持ᄒᄂ니 國家ᄂ 반다시 統治者와 被治者가 幷存홀지라 國體ᄂ 國을 隨ᄒ야 相殊ᄒ나 此二者의 關係ᄂ 無치 못ᄒᄂ니 古代民主國에 在ᄒ야ᄂ 國民全體가 政權을 握有홈으로 國民이 相合ᄒ면 統治者가 되고 分立ᄒ면 被治者를 成ᄒ나니 故로 同一ᄒ 國民이 統治者及被治者의 兩位에 立ᄒ얏시나 然이나 二者의 區別은 尙且儼然存在ᄒ얏시며 君主國에 在ᄒ야 君主一人이 政權을 掌握ᄒ야 天下를 帥ᄒ야 仁으로써 ᄒ면 康衢에 烟月을 歌ᄒ고 暴로써 ᄒ면 時日은 害喪을 呼ᄒᄃ 事等은 古代史에 炳然ᄒ 바ᅵ라 彼共産主義學者ᄂ 國家의 必要를 不認ᄒ야 單純ᄒ 組合體의 組織으로써 此를 代코져 ᄒ나 然이나 此와 如ᄒ 架空妄想은 決코 實行될 者ᅵ 아니며 又一派의 學者ᄂ 國民全體의 意思一致로써 政權이 存在ᄒ 處라 ᄒ야 國家最高의 決斷은 國民大數에든지 又ᄂ 如何ᄒ 權力에든지 屬홀 者ᅵ 아니라 ᄒ나 然이나 ᄯ또ᄒ 實行될 者ᅵ 아니니 國內에 多少反抗이 雖有ᄒ나 國家ᄂ 壓服的一定ᄒ 權力이 無치 못홀지니 是ᄂ 政權의 可히 決치 못홀 所以라(政權이 果然何處에 存在ᄒ 事를 論究홈은 別問題에 屬홈으로 玆에 省略ᄒᄂ바ᅵ오)

第五. 有機 國家ᄂ 生命이 無ᄒ 機械며 死ᄒ 器具가 아니라 生活ᄒᄂ 物體니 卽有機體라 彼一張의 繪畵ᄂ 單히 彩色의 聚合이 아니라 意匠이 存在ᄒ 所以며 人身은 單히 細胞及血球의 團聚가 아니라 精神이 存在ᄒ

所以니 然則國民도 單히 公民의 摠合이 아니며 國家도 單히 制度의 堆積이 아님이 分明홀지라 雖然이나 國家는 動植物과 如히 天然的 作用을 由ᄒᆞ야 直接産出ᄒᆞᆫ 有機體가 아니라 人爲의 作用을 依ᄒᆞ야 間接成立ᄒᆞᆫ 有機體니 今에 國家와 他天然的 有機體의 類似ᄒᆞᆫ 點을 擧ᄒᆞ건ᄃᆡ

(一) 一切의 有機體는 物質과 活力의 結合이니 換言ᄒᆞ면 靈魂과 軀殼의 結合이라 然則國家도 쏘ᄒᆞᆫ 身體와 精神이 有ᄒᆞᄂᆞ니 國民의 意思는 國家의 精神이며 國家의 身體는 外形의 構造오 法律은 國家의 意思를 表彰ᄒᆞ는 器具라 國民은 國家를 組織ᄒᆞᆫ 細胞오 政府는 頭腦오 勞働者는 脚部오 軍隊는 腕臂오 警察은 耳目이오 農工商은 消化器오 財政은 血脈이니 國家의 精神, 性質, 形體는 個人과 似異而同ᄒᆞᄂᆞ니 是以로 人道의 進步는 實노 各人民及各國家의 巨大ᄒᆞᆫ 競爭이 存在ᄒᆞᆫ 바ㅣ라.

(二) 一切의 有機體는 完全ᄒᆞᆫ 一體를 成ᄒᆞᆫ 同時에 特別의 職務權能을 有ᄒᆞᆫ 各肢體를 具有ᄒᆞ야써 全體生活을 滿足케 ᄒᆞᄂᆞ니 國家의 構造도 쏘ᄒᆞᆫ 各肢體의 排列을 足히 表示홀 者ㅣ라 (前號叅照)

此로 由ᄒᆞ야 見ᄒᆞ면 國家가 有機體되는 性質을 俱有ᄒᆞᆷ은 明白ᄒᆞᆫ지라 古今의 歷史를 徵看ᄒᆞ건ᄃᆡ 能히 此性質을 表彰ᄒᆞᆷ에 無疑ᄒᆞ며 且國家는 德性及神智와 偉大ᄒᆞᆫ 身體를 有ᄒᆞ야 國民의 感覺思想을 法律노써 彰明ᄒᆞ며 事實노써 施爲ᄒᆞ며 國家는 品位性格及身體靈魂을 俱有ᄒᆞᆫ 人格되는 事도 쏘ᄒᆞᆫ 可知홀지며 國家의 人格을 認定ᄒᆞᆷ은 公法, 私法及國際法上에 最必要ᄒᆞᆫ 바ㅣ라.

法律上人格은 意思를 俱有ᄒᆞᆫ 物體로써 權利를 取得喪失ᄒᆞ는 者ㅣ니 卽國家는 最高公法的人格이라 其 構造는 能히 其意思를 發達實行케 ᄒᆞ며 其 意思는 國家固有의 意思오 元來個人의 意思가 아니며 쏘ᄒᆞᆫ 個人意思의 集合ᄒᆞᆫ 者ㅣ 아니니 彼私法上法人과 如히 法律을 依ᄒᆞ야 人格을

得흠이 아니오 自己固有의 意思로 自己의 人格을 認許ᄒ고 또 他人의 人格도 認許ᄒᄂ니 是ᄂ 國家가 公法上에 人格을 保有흔 所以라.

◎ 土地와 國家人民의 關係,
大韓子, 〈대한협회회보〉 제6호, 1908.9. (국가학)

西哲이 有言ᄒ되 國家의 三大要素난 曰土地 曰人民 曰法律이라 ᄒ니 此ᄂ 具禮흔 國家의 對흔 汎論어니와 大抵 法律은 人民의 使用ᄒᄂ 者오 人民은 土地에 依生ᄒᄂ 者라. 其 住居ᄒᄂ 家屋도 土地에 建築ᄒ고 飮食ᄒᄂ 穀物도 土地에 産出ᄒ고 穿着ᄒᄂ 衣被도 土地에 作成ᄒ나니 然則 土地가 無ᄒ면 捿息도 不得흘 것이오 土地가 無ᄒ면 穀腹도 不得흘지니 土地가 無ᄒ면 絲身도 不得흘 것이오 人民은 卽 土地가 有흔 然後에 生活ᄒᄂ 者오. 又 法律은 人民을 須ᄒ야 制定ᄒᄂ 者니 國家의 原素는 卽 土地라 單言흠이 可ᄒ도다. 土地의 關係가 如此히 綦重흔 故로 現世萬邦의 公例를 據ᄒ건듸 國與國間에 人民의 互相 移住ᄂ 容許ᄒ더리도 土地의 賣買ᄂ 決不許ᄒ나니 今에 其 利害를 槪論흘진듸 可令 甲國人民이 乙國人民에게 土地 一坪를 賣與ᄒᄂ 同時에ᄂ 甲國土地 一坪이 減縮ᄒ야 乙國土地 一坪을 增加흘지며 또흔 土地를 外人에게 賣흔 後에ᄂ 還退흘 道理가 更無ᄒ니 今日에 一坪을 賣ᄒ고 明日에 一坪을 賣ᄒ야 日居月諸에 賣與ᄒ기를 不己ᄒ면 國家에 有限흔 土地가 畢竟 無土地國家를 徒成흘지니 無土地國家에 人民이 能存乎아 否乎아. 然흔 故로 비록 個人自家의 土地를 外人에게 賣與ᄒ더리도 此ᄂ 國家를 賣却ᄒᄂ 公賊으로 認定ᄒᄂ도다. 彼 米洲의 紅人種과 阿洲의 黑奴의 前轍을 戒鑑흘지어다. 土地의 至重至貴흠을 不知ᄒ고 荒廢에 徒屬흠을 常例로 看過ᄒ며 外人에게 放賣흠을 公理로 思惟ᄒ다가 今日 族滅邱墟의 慘禍를 不免ᄒ얏스니 此ᄂ 其 人民이 土地를 愛重ᄒᄂ 觀念이 蔑如흠에 由흔 者오 土地를 愛重ᄒᄂ 觀念이 蔑如흠은 土地使用ᄒᄂ 方法을 不知

홈에 由亨 者오 土地使用亨는 方法을 不知홈은 土地使用利益을 不知홈에 由亨 者오 土地便用利益을 不知홈은 土地의 原理를 不知홈에 由亨者라 謂홀지며 土地의 原理는 前說이 旣有亨지라. 贅論이 無益亨거니와人의 最重最愛亨는 者ㅣ 生命이오 此 生命을 保養亨고 生命을 依賴亨는者ㅣ 土地라 土地가 無亨면 生活을 不得홀 者인즉 此 外에 비록 億萬種貴重物品이 具備亨들 何에 用亨며 何에 售亨야 其 價値를 保有亨리오.故로 人世上莫重莫貴亨 者는 土地라 謂홀지오 土地의 貴重홈을 旣知亨以上에는 此를 卽我의 生命보다 愈重홀 줄노 思惟亨야 土地를 愛護홈과 肥養홈을 益益良好케 注意홈이 人生生活上 當然亨 道理오 固有亨原則이라. 然亨 故로 彼 泰西 各國人의 土地使用亨는 方法과 規模의 善美홈은 且 置亨고 爲先日本土地의 制度를 査據亨건뒤 田畓形式의 透曲歪斜亨 弊가 無亨고 方正善良亨야 人의 眼目을 新鮮케 홀 샌더러 我邦과 如히 斗落과 耕數의 名稱이 無亨고 坪(方六尺) 畝(三十坪) 段(或稱反卽十畝) 町(十段) 等의 稱號를 用亨야 田面의 大小는 不等홀지언뎡 各其 稱號를 隨亨야 面積(土地長廣을 尺量乘積亨 者니 假令 長六尺廣五尺이면 積面이 三十尺)이 毫釐不差亨며 何地에는 何植物을 宜種이며 何土에는 何肥料가 可合홀 原理를 學習亨야 田土賣買時에 厥土에 適宜亨肥料와 如何亨 植物의 種目을 互相 指導亨고 且 其 文券은 雕刻印紙에圖本이 消詳亨고 面里任員과 官廳의 證明이 確有亨야 他人의 贋造키不能亨 者오 土地收用亨는 方法은 極히 勤實亨야 肥養耘籽의 功과 耕播鋤穫의 勞가 金銀을 藏理亨듯 珠玉을 粧治亨듯 荒廢를 是慮亨며 汰落을是懼亨야 理荒培植에 或敢無怠亨며 黃沙不毛와 磽角峻險의 地를 鑿平作田亨되 甚至有四五十里遠距離의 眞土를 運塡亨야 沃壤을 是成亨나니 此는 生命의 原料되는 穀物耕作亨기만 爲홀 샌 不是라. 殖産富强의資料되는 萬般物品이 莫非土地로 從亨야 産出亨는 原理를 知得亨야 土地의 價値를 維持홈이로다.

嗟呼라 我邦人民은 土地의 原理原則을 不知亨는 故로 土地의 貴重홈을 不知亨고 檀箕 四千年以來 寶藏亨 五金은 人의 採取홈을 立見亨고도

我의 力不及ᄒᆞᆫ 事라. 自詡ᄒᆞ고 金甌八萬三千方里以內 豊富ᄒᆞᆫ 材木은 他의 戕有ᄒᆞᆷ을 坐視ᄒᆞ고도 我의 無所用ᄒᆞᆫ 物이라. 等棄ᄒᆞ며 土地를 塵芥와 如히 輕視ᄒᆞᄂᆞᆫ 習性이 顧際에 凝固ᄒᆞ야 土地ᄂᆞᆫ 掘去키 不能ᄒᆞᆯ 者인즉 誰何에게 賣與ᄒᆞ던지 依舊自在ᄒᆞᆷ으로 思量ᄒᆞ야 典當 或 賣下ᄒᆞ기를 茶飯一喫으로 看過ᄒᆞ고 所謂 農作은 食料에 牽引ᄒᆞ야 不得已ᄒᆞᆫ 事에 付擲ᄒᆞ고 土地의 面積은 確實ᄒᆞᆫ 指定이 無ᄒᆞ고 落種疏密에 關ᄒᆞᆫ 斗落數와 耕夫勤慢에 係ᄒᆞᆫ 日耕數로 假定ᄒᆞ야 同一ᄒᆞᆫ 面積이 甲田은 十斗落이면 乙田은 七八斗五六斗落의 不等이 有ᄒᆞ고 丙田은 十日耕이면 丁田은 七八日耕의 過不及이 有ᄒᆞ며 田土의 形式은 橫斜參差ᄒᆞ야 均一ᄒᆞᆫ 制度가 無ᄒᆞ고 所謂 文劵은 無規則ᄒᆞᆫ 白楮에 橫豎記入ᄒᆞ고 또ᄒᆞᆫ 可信ᄒᆞᆯ 印章이 無ᄒᆞ야 人人造成키 容易ᄒᆞᆫ 者라. 然ᄒᆞᆫ 故로 奸細輩의 僞造偸賣ᄒᆞᄂᆞᆫ 弊가 在在相續ᄒᆞ야 訟庭에 此 案이 不止ᄒᆞ고 藉托外人ᄒᆞ야 狐假虎威ᄒᆞᄂᆞᆫ 圖賴를 不堪ᄒᆞ야 土地를 白失ᄒᆞᄂᆞᆫ 者ㅣ 間間有之ᄒᆞ며 栽桑의 富와 種果의 利ᄂᆞᆫ 口口說道로되 還顧匝域에 實踐者素無ᄒᆞ야 原野가 荒蕪ᄒᆞ고 邱陵이 童濯ᄒᆞ니 此ㅣ 國家의 貧弱을 致ᄒᆞ야 今日 拓植會社 成立된 根因이오 此 根因은 人民이 土地의 原理原則을 不知ᄒᆞᆷ에 由出ᄒᆞᆫ 者라 不謂키 不可ᄒᆞ도다. 世界 何國을 勿論ᄒᆞ고 物産의 最多ᄒᆞᆫ 者를 指定ᄒᆞ야 曰 農業國이라 曰 工業國이라 曰 商業國이라 名稱ᄒᆞᄂᆞᆫ 바 我韓은 土地가 膏沃ᄒᆞ고 氣候가 溫和ᄒᆞ야 農業이 最良ᄒᆞᆫ 地位에 占居ᄒᆞᆫ 故로 韓國은 農業國이란 世人의 論評이 有ᄒᆞᆫ지라. 然則 如此ᄒᆞᆫ 地位와 如此ᄒᆞᆫ 資料를 將有ᄒᆞᆫ 我國同胞ᄂᆞᆫ 如此ᄒᆞᆫ 時代에 在ᄒᆞ야 此事 彼事를 勿論ᄒᆞ고 擧皆運命에 歸ᄒᆞ며 自然에 付ᄒᆞ야 其 價値의 適當ᄒᆞᆫ 利益을 抛棄ᄒᆞ니 國家의 興復을 何에 從ᄒᆞ야 希望ᄒᆞ리오. 雖然이나 西人之言에 曰 未開國今日之敗ᄂᆞᆫ 來日文明之價値라 ᄒᆞ고 語에 曰 前車旣覆에 後車可戒라 ᄒᆞ니 我韓이 東亞一隅에 在ᄒᆞ야 世界進化에 暗昧ᄒᆞᆷ을 因ᄒᆞ야 今日 境遇에 至ᄒᆞᆫ 비라. 其 敗績ᄒᆞᆫ 原因을 是究ᄒᆞ며 新發明ᄒᆞᆫ 農工商業을 學得ᄒᆞ야 先進列邦과 竝肩齊進ᄒᆞ면 足히 現世文明의 價値를 回復ᄒᆞᆯ지니 惟 我同胞ᄂᆞᆫ 勖哉勉哉어다.

◎ 國家學說, 李沂·玄采 譯述, 〈호남학보〉 제1호, 1908.6. (국가학)

*국가학은 제1호부터 제4호까지 이기가 역술하다가 제5호부터는 현채가 역술하였다. 〈호남학보〉에서는 현채의 〈유년필독〉, 〈유년필독석의〉에서 옮긴 글이 다수 있는데, '국가학' 관련 자료는 〈유년필독〉의 '나라'나 〈유년필독석의〉의 '국가학'과는 다르다. 다만 제5호부터 연재한 현채의 '국가학' 역술본은 그가 1906년 초판 발행한 〈동국사략〉과 동일한 내용이다.

▲ 제1호

國家云者는 非謂國之家也오 謂國卽家也라. 夫此 國家는 是吾父母妻子와 兄弟族黨과 朋友賓客所共居之一大屋宅也오. 又是吾有田土而耕稼焉ᄒ며 有山川而藩蔽焉ᄒ며 有君長而管理焉之一大家事也라. 故로 古之君子ㅣ 必以國爲家ᄒ야 國家之稱이 蓋起於此矣라. 降自秦漢專制之行으로 君不以家人으로 待其民ᄒ고 民不以家長으로 待其君ᄒ야 遂有國之家吾之家之別ᄒ니 於是예 奸宄作而禍亂이 生ᄒ야 欺其君者는 實自欺家長也오. 賣其國者는 實自賣家庄也니 而問其欺賣之罪면 則皆出於不知國家之義故耳라. 故로 今日敎育이 必以國家學으로 爲急務나 然亦須識其國家時代之所在而後에야 可與從事也라. 夫人物之生이 亦己久矣라. 太古鴻濛之初는 則吾不知己어니와 至於智巧ㅣ 日進ᄒ고 競爭이 日盛ᄒ야 天下之勢亦隨而變ᄒ야는 試以支那觀之컨딕 堯舜은 是有國時代也오 春秋는 是覇者時代也오 秦漢己下는 是君主時代也오 今日은 是政法時代也니 知其時代ᄒ고 而行其時代者는 必强而存ᄒ며 不知其時代ᄒ고 而不行其時代者는 必弱而亡ᄒᄂ니 其强弱存亡之應이 有如影響之於形聲也라. 則諸公臨讀之時에 必思其國家ㅣ 在何時代라야 庶乎其有效果矣라.

國家學 第一

國家之成立

國家者는 何오. 共同團體之謂也라. 故로 欲創立國家ᄃᆡ 必備三事ᄒᆞ니,

一은 土地니 彼逐手草游牧ᄒᆞ야 而爲生者는 不得謂之國이니 凡建國
者ㅣ 須領有一定土地라야 乃能永久垂存ᄒᆞ며

二는 臣民이니 聚億萬之衆ᄒᆞ야 不相聯絡이면 雖多나 奚爲리오. 必使
衆志로 聯絡ᄒᆞ야 各觀之면 各成小團體ᄒᆞ고 合觀之면 自成一大
團體라야 而邦家ㅣ 乃可鞏固며

三은 主權이니 共同團體之中에 必須有獨握主權ᄒᆞ야 統籌全局者라야
庶可安內攘外니 無之이면 僅可名爲社會오 不成國家니라.

土地ㅣ 雖同이나 人民이 不同ᄒᆞ고 人民이 雖同이나 而主權이 不同ᄒᆞ
야 今天下列國이 槪別五種ᄒᆞ니

一은 獨立國이니 其 國民이 能自立其國家ᄒᆞ야 不受他人之裁制干涉
ᄒᆞ야 而內外政務를 皆得治理라. 故로 凡獨立國은 不拘地方大小
와 人民衆寡ᄒᆞ고 但有政治法律이면 則必享有獨立之權利오.

二는 聯合國이니 凡諸小國이 推一大國爲盟主ᄒᆞ야 而外交는 則 大國
이 專管ᄒᆞ고 兵役은 則 諸國이 幷赴ᄒᆞ는 外에 各 邦이 必有君主
政府議會 等 內政ᄒᆞ야 皆得自治오.

三은 保護國이니 國雖建設이나 而不能以其國民으로 持其國家ᄒᆞ야
竟借他强國之陰助ᄒᆞ야 僅免滅亡故로 凡被保護者ㅣ 必損其國權
幾部ᄒᆞ야 以答其意라. 故로 不得不 受其裁制干涉이오.

四는 植民國이니 其 原住民이 蒙昧ᄒᆞ야 旣不得國家組織ᄒᆞ고 又不得
土地主權이라. 故로 他强國이 移植其國民ᄒᆞ고 掠奪其富源ᄒᆞ야
不能列於諸國이오.

五 ㄴ 屬國이니 其 土民이 不能自守ㅎ야 而爲强國所征服이라. 故로 屬
國民이 不敢與本國民으로 均同權利ㅎ야 其 稅納이 必更重多ㅎ
니라. (以下次號)

▲ 제2호

國家之時代

人類之初起에 聚族而居ㅎ야 隔以一水ㅎ고 障以一山ㅎ야 無舟車交通
ㅎ야 遂爲小團體ㅎ니 老子曰 古者隣國相望ㅎ고 鷄犬之聲이 相聞ㅎ야
其 民이 至老死不相往來라 ㅎ니 蓋其時에 皆以種族分國者也라. 過是以
來로 强凌弱ㅎ며 衆暴寡ㅎ야 互相呑噬ㅎ야 威服異族ㅎ야 合併而隷於
己國ㅎ니 如諸子傳記所稱盤古天皇地皇人皇葛天無懷數百氏와 董子所
稱六十四民이 皆黃帝以前之族長이니 勝者ㄴ 衆降而腹之ㅎ고 敗子ㄴ
衆叛而去之ㅎ야 非有建國之心也러니 黃帝出에 而與諸種爭ㅎ야 諸種이
奔竄於西北沙漠之野ㅎ고 黃帝子孫이 遂流衍於支那ㅎ야 一如亞米楊族,
苾迷節族, 哈米節族等之相爭ㅎ야 而後來者ㅣ 恒占勝利焉ㅎ니라.

堯舜之時에 凡小族森立自爲國者ㅣ 稍稍聯合於略大之族ㅎ야 疆土ㅣ
廣焉ㅎ고 物産이 興焉ㅎ니 於是에 任賢使能ㅎ야 稼穡以興ㅎ고 敎育以
敷ㅎ고 百工以治ㅎ고 刑辟以理ㅎ고 音律以調ㅎ야 中央政府之制ㅣ 遂萠
芽矣라. 至禹貢所記ㅣ 定山川ㅎ며 錫土姓ㅎ며 計戶口ㅎ며 興農織ㅎ며
立田賦ㅎ며 創兵制ㅎ며 通運道ㅎ야 規模繁密ㅎ니 蓋文明極盛之世也라.
故로 曰 堯舜은 是有國時代也라.

王者ㅣ 力征經營ㅎ야 未嘗不欲盡滅諸國이로딕 而力有所不能이라. 故
로 其不能滅者ㄴ 卽聽其自存ㅎ고 其已滅者ㄴ 則以分封其功臣子弟ㅎ야
當時之誓約이 雖存이ㄴ 後屬之恩怨이 漸生ㅎ야 於是에 有强有力者ㅣ

擅其武功ᄒ야 獨執牛耳ᄒ야 諸國이 從而歸之ᄒ니 是曰 覇者라. 然古昔
覇者權力之大ㅣ 非如近世之君主라. 特各國이 慴於彼之威勢ᄒ야 推爲盟
主而己니 如周之末葉에 內憂外患이 無有己時ᄒ야 齊桓晉文이 以尊周攘
夷로 爲辭ᄒ야 號令天下ᄒ고 西國上古에 攻奪相辱이 殆無虛歲러니 而
巴比崙, 亞述利亞, 波斯, 羅馬, ㅣ 遞擅權力ᄒ야 覇業之盛이 著於一時라.
故로 古人이 每以朝諸侯有天下로 二語幷稱ᄒ야 能朝諸侯면 卽 謂之有
天下오 諸侯不朝면 卽 謂之失天下라 ᄒ야 當殷之興에 夏未嘗亡也라. 不
過諸侯ㅣ 不朝夏而朝殷耳오 當周之興에 殷未嘗亡也라 不過諸侯ㅣ 不朝
殷而朝周이니 周自平王東遷以後로 諸侯不朝ᄒ니 蓋失天下久矣라. 故로
曰 春秋ᄂ 是覇者時代也라.

自封建之法이 廢로 而世襲帝王之權이 次第增長ᄒ야 實有令人可驚者
ᄒ니 蓋君主ㅣ 於封建之末에 假平權之援助ᄒ야 以覆諸侯之强權ᄒ고 於
是封建이 廢而政權이 歸於一統ᄒ니 一統之後에 乃反肆其强暴壓制之力
ᄒ야 以國土로 爲帝王之私産ᄒ며 以人民으로 爲帝王之私奴ᄒ야 而生殺
予奪之權이 悉操於一人之手라. 故로 曰 秦漢以下ᄂ 是君主之時代也라.

愚按秦廢封建置郡縣以後 二千年에 循其軌而不易ᄒ야 雖有如漢時에
封子弟爲王ᄒ고 功臣爲侯와 普時之八王과 明代之燕王宸濠等 封建之擧
로ᄃㅣ 而不成其列國之形也며 漢末之州牧과 唐季之藩鎭이 各擁疆土私子
孫이나 然止於湧亂一時오 而不成其列國之形也며 至于三國南北朝宋遼
金則頗成並立之勢나 而相敵者ㅣ 不過一二國이라. 競爭이 不烈ᄒ고 且
歷時未久에 輒復合倂ᄒ야 其影響之及於全者ㅣ 固不甚大矣라. 一自西人
來로 其國計之富와 兵力之强이 皆非吾所可敵이라. 印度ㅣ 己亡ᄒ고 雲
南이 繼沒ᄒ야 駸駸然復成覇者時代ᄒ니 蓋春秋ᄂ 則 東洋之小戰國也
오 今日은 則六洲之大戰國也라. 其優勝劣敗之數ㅣ 灼然易見이라. 故로
近世學士大夫ㅣ 自相憂恐ᄒ야 推究其源由ᄒ니 則如土壤之廣陜과 人口
之多寡와 物力之豐耗ᄂ 有所不與오 而獨出於無政無法故耳라. 於是曰人

이 先起ᄒ야 而行君主立憲之制ᄒ야 一二十年에 遂取琉球獲臺灣占旅順
開滿洲ᄒ야 其勢日進이어늘 而我人則猶且樂於株守ᄒ고 甘於枏制ᄒ니
其亦可悲也로다. 孟子曰 有爲者ㅣ 皆若是라 ᄒ시니 聖人이 豈欺我哉아.
故로 曰 今日은 是政法時代也라 ᄒ라. (以下次號)

▲ 제3호

國家之地勢

今夫六洲之地ㅣ 不能皆山이오 不能皆水라. 山水之間에 生活風俗이
各自 殊異ᄒ야 有志於制國者ㅣ 亦不可不知也라.

一曰 山嶽之勢니 高山峻嶺이 呑吐風雲ᄒ야 居是地者ㅣ 皆有高尙之志와
堅確之氣ᄒ고 且 以山間生活이 比之平野에 頗爲艱辛ᄒ야 其 筋骨愈勞
者ᄂ 身體愈壯ᄒ고 氣力愈强이라. 故로 勇往活潑ᄒ야 常成獨立ᄒ야 如
支那之蜀은 高山大河ㅣ 環繞四面ᄒ야 欲自外征伐이 其道頗難ᄒ야 古來
帝室之權이 少替면 則必倡叛亂ᄒ고 有王者起ᄒ야 雖得一統이나 而蜀
獨負嵎ᄒ아 抗不用命ᄒ고 日本諸州ᄂ 皆爲將軍統轄ᄒ되 獨薩摩一州ㅣ
恃其險要ᄒ야 每成割劇ᄒ고 希臘은 山脈이 綿亘國內라. 故로 分爲無數
小國ᄒ야 不能統一ᄒ고 瑞士ᄂ 蕞爾小邦으로 據山丘防戰伐ᄒ야 統括
이 極難ᄒ야 雖他族이 結合成國이라도 彼始終不失獨立之性質ᄒ고 英
國威利士ᄂ 四面皆山이라 自成城郭ᄒ야 開國以來 八百餘年에 不服於人
ᄒ니 此其驗也오.

一曰 平野之勢니 田郊廣闊ᄒ고 士性이 肥饒ᄒ야 物産盛而人口增ᄒ야
易合大群ᄒ야 同力工事나 然若有强力者起면 行軍用兵에 均無障礙ᄒ야
人民이 欲免壓制ᄒ야 逃出境外ᄒ면 則沙漠之地에 飮食難覓이오 幸免
飢渴이라도 卽 見殺他族ᄒᄂ니 惟有定居處合衆力然後에 可以圖存이니

如英國은 嶽少而平野多ㅎ야 聲氣易通ㅎ야 便於統括이라. 故로 去封建
制度ㅎ고 而行中央集權之制ㅎ야 遂見立憲制度之發達이 爲各國所不及
ㅎ니 此其驗也오.

一曰 河海之勢니 水利之分配ㅣ 於構造國家에 有重大之關係ㅎ야 蓋水濱
居民이 因土地豊饒ㅎ야 衣服飮食이 皆易取求ㅎ고 且 造船艦通溝渠ㅎ
야 營水上之生活ㅎ고 爲冒險之事業이라. 故智識思想이 發達極速ㅎ야
如支那 古時에 九州之地ㅣ 北臨大河ㅎ고 南盡長江ㅎ야 佃漁牧畜이 因
地之利ㅎ고 沃壤千里에 牟穀이 豊稔ㅎ야 自伏羲神農之世로 民皆甘其
食美其服藥其俗安其居ㅎ야 至今不衰ㅎ고 日本은 海島參差ㅎ야 最便交
通이라. 故周秦理想과 唐代制度ㅣ 皆早輸入ㅎ고 明治以後에 開港互市
ㅎ야 泰西學術이 亦能先到ㅎ야 遂爲東洋强國ㅎ고 埃及은 有尼羅河ㅎ
야 每歲春夏之際에 必有兩月江水漲浸ㅎ야 民卽乘時播種ㅎ야 及至水退
에 一望平疇에 靑苗秀發ㅎ니 此係天生美利오 不暇人力ㅎ야 無旱潦之
憂ㅎ고 無佃作之苦ㅎ야 千倉萬箱이 自然充實이라. 故로 能大興學校ㅎ
야 爲各國之冠ㅎ고 意大利는 山川이 糾錯ㅎ고 三面環海ㅎ야 如長靴樣
ㅎ야 口向東南이라. 故로 受納希臘之文明ㅎ야 釀成羅馬之政敎ㅎ야 泰
西法律이 實祖禰之ㅎ니 此其險也라.

嗚呼라. 今日天下大勢ㅣ 不在陸而在海라. 故國之所以立所以失과 及
列强之攘奪而戰爭者ㅣ 莫不姑事於海ㅎ야 而大地隨之ㅎ니 各國於此에
咸兢兢焉이라. 顧海口之形勢不一ㅎ야 其 關係之輕重大小ㅣ 亦 從以各
別ㅎ야 試羅列之ㅎ면 曰 最要者ㅣ 如地中海大西洋間之直布陀羅와 地中
海黑海間之君士坦丁과 地中海紅海間之蘇彝士와 紅海南口之丕林과 亞
丁灣之亞丁, 瓜哇와 蘇門, 答臘間之巽他와 馬來隅, 蘇門, 答臘間之新嘉
坡와 日本韓國之對馬島ㅣ 凡若此者는 小之則縮轄一洲ㅎ고 大之則控馭
全局이어늘 而英人所據ㅣ 乃得太牛焉이라. 故로 百年以來長駕遠馭ㅎ야
稱雄列國ㅎ고 其次則用好望角ㅎ야 侵非南洲矣오 用痲打薩ㅎ야 得印度

全土矣오 用新嘉坡ᄒ야 制南洋群島矣오 用新金山ᄒ야 入澳洲全境이오.
他如法呑安南이 則先取西貢ᄒ고 英圖緬甸이 則先割仰光ᄒ니 大抵 利水
而不利陸ᄒ고 利攻而不利守ᄒ고 利南而不利北ᄒ야 與支那古來史乘所
載로 情勢迥殊ᄒ니 亦一奇也로다. 夫得之者ᄂ 旣富且强ᄒ고 失之者ᄂ
不亡則弱ᄒ야 支那ᄂ 則尤有甚焉ᄒ니 香港九龍이 割於英ᄒ고 廣州灣
이 割於法ᄒ야 而兩廣之間에 門戶全失矣오. 台灣이 隷於日本ᄒ야 而福
建全看이 己讓他人矣오 上海ㅣ 歸英ᄒ야 而楊子江一帶에 利權이 有定
主矣오 膠澳ㅣ 以百里租德ᄒ야 兩山東全省에 鑛務設專條矣오 尤可怪者
ㅣ 自咸豊十年以來로 吉林, 黑龍江, 二省地ㅣ 太牛歸俄ᄒ야 綏芬, 圖們,
下流三口를 一朝皆失ᄒ야 致令俄人六七十年에 欲得土耳其, 波斯灣諸口
而不得者로 一朝縱之太平洋ᄒ야 而兵船이 群集於務抵的, 倭斯德ᄒ고
再得旅順, 大連灣이라가 而乙巳之敗에 旋復失之나 然其南下之志ᄂ 未
嘗一日弛也라 其可懼哉ᅟᅵᆫ데.

▲ 제4호

國家之候氣

天地 亦 大矣라 日道之遠近에 寒熱이 生焉ᄒ고 雨澤之多少에 燥濕이
生焉ᄒ니 人處其間ᄒ야 起居飮食이 各自不同ᄒ야 姑擧其槪于左ᄒ노라.

一日 寒熱之度니 其 影響이 及於人民之性質과 與國家之制度ㅣ 誠非淺
少故로 文明之發達이 多起於溫帶오 而極寒酷烈之地에 殆無聞焉ᄒ니 如
巴西ᄂ 土地ㅣ 不少於歐洲로ᄃᆡ 以其所以不能文明者ᄂ 由寒烈過度오 愛
斯蘭은 近北氷洋ᄒ야 僅恃熱帶寒流ㅣ 融解積氷이나 然溫度甚微ᄒ야 竟
難生聚오 北氷洋 埃斯摩人과 南氷洋之拉爹夫依哥人이 爲禦寒之故로 不
復用力於生殖ᄒ야 人種이 不見增加ᄒ니 是其證也오.

一曰 燥濕之度니 處於燥地者ㅣ 必多强健ㅎ고 居卑濕地者ㅣ 必多羸弱ㅎ
ㄴ니 蓋天氣乾濕이 於人身精力에 甚有關係라. 據生理學而言컨디 凡肺
及 皮膚에 蒸發水氣快捷者ᄂ 身體必健康ㅎ니 蓋 身體中之滋養津液이
新陳代謝ㅎ디 藉肺 及 皮膚之蒸發이니 而蒸發之運行이 於空氣乾燥時則
速ㅎ고 陰濕時則遲ㅎㄴ니 故로 乾燥之地ᄂ 其 人이 活潑ㅎ고 陰濕之地
ᄂ 其 人이 柔弱ㅎㄴ니 如埃及, 巴比倫, 非尼沙 等이 皆在高燥之地라.
自昔으로 己達開明ㅎ고 東亞非利加之斯阿護路ᄂ 金屬이 生而不能用火
ㅎ고 火藥이 出而不發焰ㅎ니 可見地過卑濕ㅎ야 爲害不少ㅎ야 難與文
明國竟爭ㅎ니 是其證也라.

　愚ᄂ 按我韓이 雖曰偏少나 其 地勢ᄂ 則三面阻海ㅎ고 五江이 橫流ㅎ
야 便於運輸ㅎ고 其 氣候ᄂ 則處在溫帶ㅎ야 北寒南暑ㅣ 俱不甚烈ㅎ야
實天下之樂國이어ᄂᆯ 而以此受制於人은 何也오. 嗚呼라. 自古爲帝王者
ㅣ 莫不喜自尊自大ㅎㄴ니 而奸人은 則助其勢ㅎ고 俗儒ᄂ 則又爲之制其
禮ㅎ야 禮與勢合에 而天下之公理ㅣ 己滅盡矣라. 故로 君與民이 兩爲隔
絶ㅎ야 其視國家를 如傳舍ㅎ야 韓人이 居宿이라도 而不怪焉ㅎ며 清人
이 居宿이라도 而不怪焉ㅎ며 英德法美人이 居宿이라도 而不怪焉ㅎ니
則爲國者ㅣ 雖誠有罪나 爲民者ㅣ 亦非無責耳라. 昔에 楚王이 失弓而曰
楚人失之에 楚人得之라 ㅎ니 孔子ㅣ 聞之曰 何不云人失之人得之오 ㅎ
야 世傳以爲美辭나 然愚獨謂此非孔子之言也라. 若果如是면 雖使夷狄으
로 得華夏라도 亦無所不可어ᄂᆯ 而其作春秋也이 何必區區於尊攘之意耶
아. 悲夫라. 我韓이 自數十年來로 上貪虐而下愁苦ㅎ야 今日之禍ㅣ 固其
宜有나 然君臣父子之間에 義無所逃於天地오. 且 吾輩ㅣ 捨此樂國ㅎ고
而將安往哉리오. 苟能自今으로 同心合力ㅎ야 勉新學而圖新政이면 則
不出二三十年에 亦或有興復之日矣니 愚雖老且死라 而不及見이나 其眷
眷之意ㅣ 猶有屬於年少諸公焉ㅎ노라.

154

國家之思想

世界人群之初級也에 有部民ᄒ고 而無國民이러니 由部民ᄒ야 而進爲國民ᄒ니 此ᄂ 文野之所由分也라. 部民與國民之異ㅣ 安在오 曰群族而居ᄒ야 自成風俗者를 謂之部民이오 有國家思想ᄒ야 能自布政治者를 謂之國民이니 天下에 未有無國民而成者也니라.

國家思想者ᄂ 何오. 一曰 對於一身ᄒ야 而知有國家오. 二曰 對於朝廷ᄒ야 而知有國家오. 三曰 對於外族ᄒ야 而知有國家오. 四曰 對於世界ᄒ야 而知有國家니 所謂 對於一身ᄒ야 而知有國家者ᄂ 何也오. 人之所異於他物者ᄂ 以其能群耳라. 使以一身으로 了然孤立於大地면 則飛不如禽이오 走不如獸라 人類之剪滅이 亦旣久矣리라. 故로 自其內界言之ᄃᆡ 則太平之時에 通功易事와 分業相助를 必非能以一身으로 而備百工也오. 自其外界言之ᄃᆡ 則急難之際에 群策群力으로 捍城禦海ᄒᄃᆡ 尤非能一身으로 而保七尺也라. 於是乎 國家ㅣ 起焉ᄒ니 國家之立이 由於不得己也라. 卽 人人이 自知勤恃一身之不可ᄒ고 而別求彼我相團結 相補助 相捍救 相利益之道也라. 而欲使其團結로 永不散ᄒ며 補助로 永不虧ᄒ며 捍救로 永不誤ᄒ며 利益으로 永不窮인ᄃᆡ 則必人人이 爲知吾一身之上에 更有大而要者存이리오. 每發一慮出一言治一事이 必常注意於其一身以上者(此ᄂ 兼愛主義也라. 雖然이나 卽謂之爲我主義라도 亦無不可ᄒ니 蓋非利群이면 則不能己ᄂ 天下之公例也라.)니 苟不爾면 團體를 終不可得成이오 而人道ㅣ 或幾乎息矣라. 此爲國家思想之第一義오.

所謂 對於朝廷ᄒ야 而知有國家者ᄂ 何也오. 國家ᄂ 如一公司오 朝廷則公司之事務所오 而握朝廷之權者ᄂ 則事務所▨辦也오 國家ᄂ 如一村市오 朝延則村市之會館이오 而握朝廷之權者ᄂ 則會館之値理也라. 夫事務所가 爲公司而立乎아 抑公事가 爲事務所而立乎아 會館이 爲村市而設乎아 抑村市가 爲會館而設乎아 不待辦而知矣라. 兩者性質이 不同ᄒ야

而其大小輕重을 自不可以相越니라. 故로 法王 路易 第十四의(朕 卽 國家也.)라 흔 一語가 至今에 以爲大逆不道리ᄒᆞ야 歐米五尺童子라도 聞之에 莫不唾罵焉ᄒᆞ니 以吾國人之眼으로 觀之면 或以爲無足怪乎, | 져. 雖然이나 譬之有一公司之總辦ᄒᆞ야 而曰 我卽公司로다 ᄒᆞ며 有一村市之値理ᄒᆞ야 而曰 我卽村市라 ᄒᆞ면 試思ᄒᆞ라. 公司之股主와 村市之居民이 能受之否耶아. 夫國之不可無朝廷은 固也라. 故常推愛國之心ᄒᆞ야 以愛及朝廷ᄒᆞᄂᆞ니 是亦愛人及屋及烏之意云耳라. 若夫以烏爲屋也ᄒᆞ며 以屋爲人也ᄒᆞ며 以愛屋愛烏로 爲卽愛人也ᄒᆞ며 浸假愛烏ᄒᆞ야 而忘其人也면 不欲謂之病狂이나 不可得也故로 有國家思想者 | 亦常愛朝廷이나 以愛朝廷者ᄂᆞᆫ 未必皆有國家思想이라. 蓋朝廷이 由正式而成立者ᄂᆞᆫ 則 朝廷이 爲國家之代表라 愛朝廷이면 則所以愛國家也오 若朝廷이 不以正式而成立者면 則朝廷이 爲國之蟊賊이니 是故로 正朝廷이 乃所以愛國家也라. 此爲國家思想之第二義오.

所謂 對於外族ᄒᆞ야 而知有國家者ᄂᆞᆫ 何也오. 國家者ᄂᆞᆫ 對外之名詞也니 使世界로 而僅有一國이면 則 國家之名이 不能成立이라. 故로 身與身으로 相竝ᄒᆞ야 而有我身ᄒᆞ고 家與家로 相接ᄒᆞ야 以有我家ᄒᆞ고 國與國으로 相峙ᄒᆞ야 以有我國ᄒᆞᄂᆞ니 人類 | 自千萬年以前으로 分孳各地ᄒᆞ야 各自發達ᄒᆞ야 自言語風俗으로 以至思想法制ᄒᆞ야 形質이 異ᄒᆞ고 精神이 異ᄒᆞ야 而有不得不國其國焉ᄒᆞ니 循物競天擇之公例면 人與人으로 不能不衝突이오 國與國으로 不能不衝突ᄒᆞ야 國家之名이 立之에 以應他群者也라. 故로 眞愛國者ᄂᆞᆫ 雖有外國之神聖大哲이라도 而必不願服從於其主權之下ᄒᆞᄂᆞ니 寧使全國之人으로 流血粉身에 靡有孑遺라도 而必不肯以絲毫之權利로 讓於他族이니 蓋非是면 則其所以爲國之具 | 先亡也라. 譬之一家컨ᄃᆡ 雖復室如懸磬이라도 亦未有願他人入此室處者ᄂ 知有我故니 是故我存이라. 此爲國家思想之第三義오.

所謂 對於世界ᄒᆞ야 而知有國家者ᄂᆞᆫ 何也오. 宗敎家之論에 動言天國

ㅎ고 言大同ㅎ고 言一切衆生ㅎ니 所謂 博愛主義와 世界主意ㅣ 抑豈不
至德而深仁也哉아. 雖然이나 此等 主義ㅣ 其脫離理想界ㅎ야 而入於現
實界也ㅣ 果可期乎아 此其事ㅣ 或待至萬數千年後ᄂᆞ 吾不敢知어니와 若
今日에 將安取之오. 夫競爭者ᄂᆞ 文明之母也라. 競爭이 一日停이면 則文
明之進步ㅣ 立止ㅎ리니 由一人之競爭ㅎ야 而爲一家ㅎ고 由一家ㅎ야
而爲一鄕族ㅎ고 由一鄕族ㅎ야 而爲一國ㅎᄂᆞ니 一國者ᄂᆞ 團體之最大圈
이오 而競爭之最高潮也라. 若曰幷國界에 而破之면 無論其事之不可成ㅎ
고 卽 成矣라도 而競爭이 絶ㅎ리니 毋 乃 文明이 亦與之俱絶乎ᆫ뎌. 況
人之性이 非能終無競爭者也라. 然則 大同以後에 不轉瞬ㅎ야 而必復以
他事로 起競爭於天國中이니 而彼時에 則己返爲部民之競爭이오 而非復
國民之競爭이니 是率天下人ㅎ야 而復歸於野蠻也라. 今世學者ㅣ 非不知
此主意之爲美也나 然以其爲心界之美오 而非歷史上之美라. 故로 定案에
以國家로 爲最上之團體ㅎ고 而不以世界로 爲最上之團體ㅣ 蓋有由也라.
然則 博愛者ㅣ 殺其一身之私ㅎ야 以愛一家ㅣ 可也오. 殺其一家之私ㅎ
야 以愛一鄕族이 可也오 殺其一身一家一鄕之私ㅎ야 以愛一國이 可也
라. 國也ᄂᆞ 私愛之本位니 而博學之極點이 不及焉者도 野蠻也오 過焉者
도 亦 野蠻也니 何也오. 其爲部民이오 而非國民은 一也라. 此爲國學思
想之第四義라.

▲ 제5호 國家學 續(國家之歷史), 玄采 譯述

= 여기에 수록된 글은 현채(1906)의 〈동국사략〉과 동일한 내용이다.

檀君朝鮮

檀君의 名은 王儉이니 我東方에 처음으로 國家를 建立ㅎ신 王이라.
祖ᄂᆞ 桓因이오, 父雄이 太白山(寧邊妙香山) 檀木下에셔 王을 誕生홈이
聖德이 有흔지라. 國人이 推戴ㅎ야 王을 숨으니 卽今과 相距가 四千二

百三十九年前(光武 十年 計下倣此)이오이다.

國號를 建ㅎ야 曰 朝鮮이라 ㅎ니 此는 國境이 東方에 在홈이 朝日이 出ㅎ면 萬物이 鮮明ㅎ다 홈이오 平壤에 立都ㅎ고 非西岬의 女를 立ㅎ야 后를 封ㅎ고 國界를 定ㅎ니 東은 大海오 西는 支那盛京省과 黃海를 連ㅎ고 南은 鳥嶺이오 北은 支那黑龍江省을 接ㅎ고

人民으로 ㅎ야곰 髮을 編ㅎ야 首를 蓋ㅎ며 江華摩尼山에 幸行ㅎ야 天쯰 際ㅎ고 王子 三人을 命ㅎ야 城을 築ㅎ니 곳 三郞城이오 文化九月山에 遷都ㅎ고 太子 扶婁를 支那 夏禹塗山會에 遣ㅎ야 各國과 玉帛으로 相見ㅎ고

其 後에 子孫이 千餘年을 傳ㅎ다가 箕子가 東來흔 後 其 位를 遜ㅎ고 扶餘에 遷都ㅎ니 檀君陵이 卽今 江東郡에 在ㅎ오이다.

箕王歷代

太祖文聖王의 姓은 子오 名은 胥餘니 支那商王 紂의 叔父라. 紂가 無道ㅎ야 周武王의 滅흔 빈 되거늘 王이 我國에 避來ㅎ니 從者가 五千人이오 詩書禮와 醫巫陰陽卜筮의 百工技藝가 다 從來ㅎ거늘 國人이 立ㅎ야 王을 숨으니 今을 踞ㅎ기 三千二十八年前이오이다.

平壤에 都ㅎ고 八條敎를 頒ㅎ고 王受兢으로써 士師를 拜ㅎ니 受兢은 德行이 有흔 人이라. 國人이 其 政治에 化ㅎ야 風俗이 純美ㅎ더라. 井田制를 定ㅎ고 王이 在位흔지 四十年에 崩ㅎ니 壽가 九十三이오이다.

其 後 莊惠王松과 敬老王洵을 經ㅎ고 恭貞王伯에 至ㅎ야는 官制를 改ㅎ고 公服을 定ㅎ며 文武王椿은 律度衡을 定ㅎ고 寅月로써 歲首를 作ㅎ고 侍衛軍을 置ㅎ니 士卒이 七千餘人이오.

太原王孔과 敬昌王莊을 經ᄒ야 興平王捉은 子母錢을 鑄ᄒ고 哲威王調ᄂᆫ 馬를 大畜ᄒ고 宣惠王索은 親히 農務를 勸ᄒ고 民間聰俊을 擇ᄒ야 六藝를 習ᄒ고 直言磬을 懸ᄒ야 冤枉을 伸케 ᄒ고

誼讓王師ᄂᆫ 土木을 大興ᄒ야 百姓이 困苦ᄒ고 文惠王炎과 盛德王越과 悼懷王職과 文烈王優와 昌國王睦을 徑ᄒ고 武成王平은 年幼ᄒᆫ 故로 太后가 政事를 聽ᄒ고 水師를 置ᄒ고 舟楫을 造ᄒ며

貞敬王闕은 商民을 支那의 齊魯 兩國에 遣ᄒ야 魚鹽銅鐵로써 米穀을 貿ᄒ며 樂成王懷를 經ᄒ고 孝宗王存은 鮮于益을 齊國에 遣ᄒ야 桓公姜小白의 政治를 觀ᄒ고 犯贓律을 立ᄒ며 齊國使臣 公孫恪을 禮待ᄒ고 鮮卑(西伯里)의 酋長 吉利都頭를 賞賜ᄒ고

天老王孝ᄂᆫ 方士 伯一淸의게 惑ᄒ야 求仙臺를 紇骨山(成川)에 建ᄒ고 迎仙樂을 奏ᄒ고 太淸觀을 造ᄒ고 條道王襄은 諫臣 冉西赤을 流ᄒ고 神山을 築ᄒ고 大船 數十을 鬱陵島에 遣ᄒ야 神仙을 求ᄒ고

徽襄王遐ᄂᆫ 伯一淸을 誅ᄒ니 百姓이 相賀ᄒ고 奉日王參의 時ᄂᆫ 公孫康이 王의 幼弱흠을 乘ᄒ야 王의 叔父 靜을 殺ᄒ더니 後에 ᄯᅩ 王을 別宮에 幽ᄒ거ᄂᆯ 王이 憂忿ᄒ야 崩ᄒ니 下大夫 南宮齊成이 德昌王勤을 奉立ᄒ야 公孫康을 誅ᄒ고 賢良을 進ᄒ고 奸邪를 退ᄒ니 朝野가 頌德ᄒ고

嘉聖王朔 時에ᄂᆫ 日本蝦夷島人이 入貢ᄒ고 英傑王藜ᄂᆫ 守令의 貪略ᄒᆫ 者를 烹ᄒ고 支那 西北界의 東胡가 入寇ᄒ거ᄂᆯ 王이 精兵 三千을 率ᄒ고 往伐ᄒ야 斬首가 千餘에 拓地가 千里오.

逸聖王岡을 經ᄒ고 濟世王混은 人民의 潛商을 禁ᄒ야 邊釁이 不生ᄒ고 靖國王璧을 經ᄒ고 導國王澄은 宇和冲이 反ᄒ야 北鄙 三十六郡을

陷ᄒ거늘 王이 江華에 避入하얏다가 二年 後에 京城을 收復ᄒ고

赫聖王驚은 州郡의 吏民善惡을 察ᄒ고 燕國과 通好ᄒ고 和羅王詔을 經ᄒ야 說文王賀 時에는 燕國의 秦介가 遼西(其 時에 遼西ᄂ 我의 疆土라)를 入寇ᄒ거늘 衛文言으로 ᄒ야곰 三萬兵을 埋伏ᄒ얏다가 燕軍을 大破ᄒ고

慶順王華 時에ᄂ 北胡酋長 厄尼車吉이 馬二百匹을 來獻ᄒ고 伐燕ᄒ기를 請ᄒ거늘 一萬兵을 發ᄒ야 燕의 上谷城을 攻拔ᄒ더니 其 後에 和親ᄒ고

嘉德王詡ᄂ 燕王 噲의 無道ᄒᆷ을 聞ᄒ고 往伐코자 ᄒ다가 大夫 禮의 諫을 從ᄒ야 動兵치 아니ᄒ고 三老王煜은 王霖을 周國에 遣ᄒ야 問答이 如流ᄒ고 顯文王釋은 賢良士 二百餘人을 選ᄒ고 檀君廟에 祭ᄒ고

章平王潤은 北胡의 不朝ᄒᆷ을 怒ᄒ야 親征ᄒ다가 大敗ᄒ야 自此로 北胡의 輕侮를 受ᄒ고 宗統王否ᄂ 法律이 深刻ᄒᆫ 人을 用ᄒ야 盜賊을 捕ᄒ고

哀王準은 役夫를 秦에 遣ᄒ야 長城을 築ᄒ니 此ᄂ 其 强暴ᄒᆷ을 畏ᄒᆷ이오 漢沛公의 使臣이 來ᄒ야 救援을 請ᄒ거늘 兵 萬人을 發ᄒ야 往赴ᄒ고 燕國 降人 衛滿으로써 西鄙를 守ᄒ얏더니 滿이 叛ᄒ야 京師를 襲ᄒᄂ지라. 王이 金馬郡(今扶餘)에 出奔ᄒ야 國號를 改ᄒ야 日 馬韓이라ᄒ니 歷世가 四十一이오 歷年이 九百二十九年이오 距今二千百十年前이오이다.

衛滿은 平壤을 竊據ᄒ야 其 傍 小邑을 服屬ᄒ더니 其 孫 右渠에 至ᄒ야ᄂ 支那漢武帝 劉徹의게 滅ᄒᆫ 빈 되니 歷年이 八十七年이오이다.

＝〈동국사략〉권1 '상고사', '삼한의 건국' 이하 동일

三韓의 建國

朝鮮 南部(漢江以南)에 馬韓辰韓弁韓이 有ᄒ야 此를 謂ᄒ되 三韓이라 稱ᄒ니,

馬韓은 西部에 在ᄒ니 北은 黃海에 接ᄒ고 南은 日本에 臨ᄒ고 西ᄂ 海에 枕ᄒ니 凡五十餘國에 大者ᄂ 萬餘家오 小者ᄂ 數千家라. 摠히 十餘萬戶니 今에 京畿忠淸全羅 三道의 地오 哀王準이 數千人을 率ᄒ고 來居ᄒ더니

其 子 武康王卓브터 統이 相承ᄒ기 二百餘年이 되니 卽 安王龕과 惠王寔과 明王武와 孝王享과 襄王燮과 元王勳과 稽王貞을 經ᄒ고 王學에 至ᄒ야 百濟의 滅ᄒ 비 되얏ᄂ이다.

辰韓은 馬韓 東에 在ᄒ니 北은 濊國(江原道江陵)을 接ᄒ고 南은 弁韓과 隣ᄒ야 十二國이 有ᄒ니 今慶尙道니 當時에 支那人이 秦의 苦役을 避ᄒ야 馬韓에 來ᄒ거늘 馬韓이 東界의 地를 割予ᄒ니 곳 十二國 中의 一이오 因ᄒ야 또 名曰 秦韓이라 ᄒ고 恒常 馬韓의 制服을 受ᄒ야 自立지 못ᄒ고 其 王된 者ᄂ 다 馬韓人이오 三韓 中에 智識이 더욱 開發ᄒ고 錢貨를 造ᄒ야 濊國과 馬韓 及 日本으로 더브러 貿易ᄒ얏ᄂ이다.

弁韓은 辰韓 南에 在ᄒ니 또ᄒ 十二國이오 今慶尙道의 南邊이라. 辰韓과 離居ᄒ얏ᄂ이다.

政治 及 風化

太古時에ᄂ 朝鮮의 境域이 廣大치 못ᄒᄂ 部落이 各 分ᄒ야 往來가 不便ᄒ더니 箕王이 東來ᄒ 後로 專히 支那의 政治를 依仿ᄒᄂ 高句麗

以下는 習俗을 因襲한 者가 多ㅎ얏니이다.

高句麗地(卽 平安道 等地)는 大山과 深谷이 多한 故로 田業이 少ᄒᆞ고 力作으로 自資ᄒᆞ야 飮食에 節ᄒᆞ며 風俗이 潔淨을 喜ᄒᆞ느 暮夜에는 男女가 群聚ᄒᆞ야 倡樂을 爲ᄒᆞ고 鬼神을 好ᄒᆞ며

濊(今江原道春川)는 高句麗同種이라. 言語와 法俗이 相類ᄒᆞ고 麻를 種ᄒᆞ고 蠶을 養ᄒᆞ며 山川에 各其界限이 有ᄒᆞ야 干涉지 아니ᄒᆞ고 同姓이 婚嫁치 아니ᄒᆞ며 忌諱가 多ᄒᆞ야 疾病死亡에 家宅을 徙ᄒᆞ며

東北沃沮(今咸鏡道)는 土地가 肥美ᄒᆞ야 五穀이 宜ᄒᆞ며 人民의 性質이 强勇ᄒᆞ야 不屈ᄒᆞ며

馬韓人은 田蠶을 知ᄒᆞ고 城郭이 無ᄒᆞ며 草屋土室에 居ᄒᆞ고 行者가 路를 讓ᄒᆞ고 歌舞를 喜ᄒᆞ며 葬에는 大鳥羽를 用ᄒᆞ니 其 意가 死者의 神魂으로 ᄒᆞ야곰 飛揚ᄒᆞ라 홈이오 弁韓과 辰韓人은 風俗이 槪同ᄒᆞ며 城郭衣服이 다 同ᄒᆞ고 言語와 居處가 相似ᄒᆞ며 오작 弁韓人은 體格이 長ᄒᆞ고 毛髮이 美好ᄒᆞ고 衣服이 淸潔ᄒᆞ니 大抵 古朝鮮의 地는 部落이 多ᄒᆞ얏스느 其後 高句麗가 더욱 張大ᄒᆞ야 高氏 七百餘年 社稷을 立ᄒᆞ얏니이다.

上古史

三國의 分立

支那의 漢國이 朝鮮의 地를 分ᄒᆞ야 郡縣을 作ᄒᆞ더니 未幾에 新羅高句麗百濟 三國이 竝起ᄒᆞ야 鼎足의 勢를 成ᄒᆞ니 其 中에 先立한 者는 新羅라.

新羅는 古來辰韓地니 朝鮮 及 秦漢의 遺民이 東海 濱山谷中에 分居ᄒᆞ니 곳 六部라. 其中 高墟部의 長蘇伐公이 一嬰兒를 養ᄒᆞ미 爲人이 聰睿ᄒᆞ거늘 六部人이 推戴ᄒᆞ야 王을 ᄉᆞᆷ으니 卽 朴赫居世오 新羅太祖라. 距今一千九百六十三年前이오이다.

王이 六部에 巡行ᄒᆞ야 農商을 勸督ᄒᆞ고 城郭과 宮室을 築ᄒᆞ고 弁韓國

이 來降ᄒ고 東沃沮ᄂ 良馬ᄅᆯ 獻ᄒ얏ᄂ이다.

王이 崩ᄒ고 太子 南解가 立ᄒ니 ᄯ혼 仁慈ᄒ고 長女로써 昔脫解의게 妻ᄒ더니 王이 病駕時에 太子 儒理와 其婿 昔脫解의게 謂曰 朕이 死혼 後에 朴昔 二姓이 年齒의 次序로 嗣位ᄒ라 ᄒ거ᄂᆯ 儒理가 王의 命을 從ᄒ야 脫解의게 位ᄅᆯ 讓ᄒ다가 不得已ᄒ야 先立ᄒ더니 臨崩에 臣僚ᄅᆯ 戒ᄒ야 曰 脫解ᄂ 功名이 素著ᄒ야 朕의 二子가 不及ᄒᆯ지라. 諸公은 脫解ᄅᆯ 奉戴ᄒ라 ᄒ니 昔氏가 비로소 其 統을 承ᄒ얏ᄂ이다.

儒理王時에ᄂ 六部의 名과 官制ᄅᆯ 定ᄒ며 國號ᄅᆯ 鷄林이라 ᄒ고 婆娑王은 兵革을 鍊ᄒ고 城壘ᄅᆯ 繕ᄒ며 農業을 勸ᄒ고 恭儉을 尙ᄒ니 百濟 等 諸國이 다 畏服ᄒ고

逸聖王은 政事堂을 置ᄒ고 金銀과 珠玉을 用치 아니ᄒ며 先王의 遺法을 行ᄒ니 如此히 賢君이 相繼ᄒ야 國本이 鞏固ᄒ얏ᄂ이다.

新羅太祖가 立혼지 二十一年에 高句麗東明聖王高朱蒙이 立ᄒ니 高句麗ᄂ 古朝鮮의 地라. 其 北에 夫餘國이 有ᄒ니 朱蒙은 扶餘王金蛙의 子라. 骨表가 奇偉ᄒ더니 朱蒙의 諸兄이 朱蒙을 忌ᄒ야 殺코자 ᄒ거ᄂᆯ 朱蒙이 恐ᄒ야 卒本扶餘(平安道成川)에 至ᄒ야 沸流江上에 國都ᄅᆯ 定ᄒ고 國號ᄅᆯ 高句麗라 ᄒ고 高로써 氏ᄅᆯ 稱ᄒ니 距今一千九百四十三年 前이오이다.

朱蒙이 立國혼 後에 四方에 來附者가 多ᄒ거ᄂᆯ 이에 發兵ᄒ야 北沃沮ᄅᆯ 滅ᄒ고 琉璃王은 鮮卑(西伯里)ᄅᆯ 降ᄒ고 漢의 王莽을 伐ᄒ고 太武神王은 扶餘王을 攻殺ᄒ고 漢의 樂浪을 取ᄒ고 疆域을 開拓ᄒ야 威勢가 더욱 强盛ᄒ고

慕本王은 暴戾ᄒ야 國事ᄅᆯ 不恤ᄒ고 諫臣을 殺ᄒ다가 其臣 杜魯의 弑혼 비 되고 琉璃王의 孫 宮을 立ᄒ니 此ᄂ 太祖王이라. 賢良을 用ᄒ고 馬韓과 鮮卑로 더브러 漢을 伐ᄒ더니 其弟 逐成의게 傳位ᄒ니 王者의 禪位가 此에셔 始ᄒ얏ᄂ이다.

百濟王 高溫祚ᄂ 高句麗東明聖王高朱蒙의 子라. 初에 朱蒙이 卒本扶餘에 至ᄒ야 其 王의 女ᄅᆯ 娶ᄒ야 二子ᄅᆯ 生ᄒ니 長은 沸流오 次ᄂ 溫祚

라. 然이나 朱蒙이 北扶餘에 在ᄒᆞᆯ 時에 所生ᄒᆞᆫ 子 類利로써 太子를 合으니 二子가 見害ᄒᆞᆯ가 恐ᄒᆞ야 烏干馬黎 等 十人으로 더브러 南行ᄒᆞᆯᄉᆡ 沸流ᄂᆞᆫ 彌鄒忽(今仁川)에 居ᄒᆞ고 溫祚ᄂᆞᆫ 河南慰禮城(忠淸道稷山)에 居ᄒᆞ야 國號를 十濟라 稱ᄒᆞ거늘 馬韓王이 其 東北 百里地를 割予ᄒᆞ얏ᄂᆞ이다.

後에 沸流가 死ᄒᆞ고 其 臣이 다 慰禮로 歸ᄒᆞ거늘 이에 國號를 百濟라 ᄒᆞ니 其 系가 高句麗와 同ᄒᆞ고 扶餘에 出ᄒᆞᆷ으로 氏를 扶餘라 ᄒᆞ고 王位에 卽ᄒᆞ니 高句麗보다 後ᄒᆞ기 二十年이오 距今一千九百二十四年前이오이다.

時에 樂浪과 靺鞨(羅貊濟 三國間에 在ᄒᆞᆫ 國이라)이 屢次 來侵ᄒᆞ거늘 이에 漢山(廣州南漢山城)에 遷都ᄒᆞ야 慰禮民을 移殖ᄒᆞ고 城闕을 立ᄒᆞ고 馬韓이 遣使ᄒᆞ야 疆域을 定ᄒᆞ니 北은 浿水(黃海道平山猪灘)에 至ᄒᆞ고 南은 熊川(忠淸道公州)에 限ᄒᆞ고 西ᄂᆞᆫ 大海오 東은 走壤(春川)에 極ᄒᆞ고 政事에 用力ᄒᆞ야 王이 卽位ᄒᆞᆫ지 二十七年에 馬韓을 滅ᄒᆞ얏ᄂᆞ이다.

其後 多婁王과 己婁王을 歷ᄒᆞ고 蓋婁上에 至ᄒᆞ야ᄂᆞᆫ 淫樂이 甚ᄒᆞ고 國內의 飢民이 高句麗에 流亡ᄒᆞ며 또 靺鞨과 樂浪이 侵冠ᄒᆞ야 國勢가 발業ᄒᆞ고 高句麗ᄂᆞᆫ 다시 强盛ᄒᆞ야 四隣을 幷呑ᄒᆞᆯ 勢가 有ᄒᆞ니

此 時에 三國은 다 創業ᄒᆞᆫ 國이라. 各其 疆土를 開拓코쟈 ᄒᆞ야 互相侵奪ᄒᆞ다가 畢竟 疲弊ᄒᆞᄂᆞᆫᄃᆡ 至ᄒᆞ고 오작 百濟ᄂᆞᆫ 多婁王時에 數次 新羅邊境을 侵擾ᄒᆞᆯ ᄲᅮᆫ이오이다.

▲ 제7호

=〈동국사략〉과 동일

三國의 中世

新羅ᄂᆞᆫ 阿達羅王이 崩ᄒᆞ고 國人이 脫解王의 孫 伐休를 立ᄒᆞ니 王이 聰明ᄒᆞ야 人의 邪正을 知ᄒᆞᄂᆞᆫ지라. 世人이 稱曰 聖王이라 ᄒᆞ고 助賁王

에 至ㅎ야는 骨伐國(慶尙道永川郡)王이 來降ㅎ고 甘文國(慶尙道開寧)을 討破ㅎ야 郡縣을 作ㅎ고 沾解王은 河梁伐(慶尙道尙州)을 滅ㅎ고 南堂에셔 聽政ㅎ얏ᄂ이다.

王이 崩ㅎ고 國人이 助賁王의 婿 金味鄒를 立ㅎ니 新羅에 金氏가 비로소 王ㅎ얏고 自此로 王統이 久히 金氏의게 歸ㅎ며 王이 親히 政刑을 視ㅎ고 貧窮을 賑恤ㅎ고 臣民의 勞를 念ㅎ야 宮室을 不建ㅎ며

儒禮王과 基臨王은 다 助賁의 後裔로 嗣位ㅎ얏고 奈解의 孫 訖解가 嗣位ㅎ다가 崩ㅎ니 自此로 昔氏의 統이 絶ㅎ고 大抵 新羅의 中世는 諸王이 農事에 留心ㅎ야 國力을 養ㅎ얏ᄂ이다.

百濟는 肖古王 以後에 或 新羅의 侵代도 有ㅎ고 또 靺鞨이 來襲ㅎ야 專히 戰鬪에 從事ㅎ고 古爾王은 田獵을 耽ㅎ고 또 官職과 服色 等을 制定ㅎ며 責稽王은 貊(今 江原道春川)兵의게 被害ㅎ고 汾西王은 樂浪太守 刺客의게 被殺ㅎ고 比流王時는 飢饉이 荐至ㅎ야 民生이 困苦ㅎ고 契王과 近肖古王은 安靜흔 日이 無ㅎ얏ᄂ이다.

高句麗는 次大王 遂成이 右輔 高福章과 太祖王의 子를 盡殺ㅎ거늘 明臨答夫가 王을 弑ㅎ고 王의 弟 伯固를 立ㅎ니 曰 新大王이오.

王의 子 故國川王은 處士 乙巴素를 聘用홀식 大臣과 宗戚의 忌娡을 不顧ㅎ고 政事를 委任ㅎ야 國政이 修擧ㅎ고 또 田獵ㅎ다가 人民의 衣食이 困苦흠을 見ㅎ고 賑貸法을 立ㅎ며

王이 崩ㅎ거늘 王后 于氏가 發喪치 아니ㅎ고 王弟 延優를 立ㅎ야 山上王이 되니 此는 后가 延優로 더브러 有私흠이라. 王弟 發岐가 支那의 遼東太守 公孫度의게 請兵ㅎ야 延優를 伐ㅎ다가 死ㅎ고 王이 于氏를 立ㅎ야 后를 合으니 時에 乙巴素가 비록 相位에 在ㅎ나 能히 匡救치 못ㅎ고

東川王은 支那의 魏國과 戰ㅎ다가 大敗ㅎ야 城을 平壤에 築ㅎ고 移都ㅎ니 距今ㅎ기 一千六百五十年前이오 王이 如此히 衰危ㅎ얏스나 崩時에 國人이 其 德을 追慕ㅎ야 哀傷ㅎ고 近臣은 自殺흔 者도 有ㅎ며 再傳ㅎ야 西川王 時에는 肅愼氏(滿洲吉林省)가 來寇ㅎ거늘 王이 其弟

達賈로 ᄒᆞ야곰 伐ᄒᆞ야 酋長을 殺ᄒᆞ니 諸部가 震慴ᄒᆞ고 子 峰上王은 叔父 達固와 弟 咄固를 殺ᄒᆞ며 年穀이 不登ᄒᆞ야 黎民이 失所ᄒᆞ되 不顧ᄒᆞ고 宮室을 大修ᄒᆞ야 人民이 困苦ᄒᆞ거늘 國相 倉助利가 王을 廢ᄒᆞ얏ᄂᆞ이다.

初에 王이 咄固를 殺ᄒᆞᆯ 時에 其子乙弗이 循逃ᄒᆞ더니 至是에 國人이 迎立ᄒᆞ니 此ᄂᆞᆫ 美川王이오 王이 崩ᄒᆞ고 故國原王이 嗣立ᄒᆞᆷ이 邊境이 더욱 多事ᄒᆞ야 爭亂이 不息ᄒᆞ얏ᄂᆞ이다.

三國爭亂과 新羅興隆

高句麗ᄂᆞᆫ 故國原王 末年에 至ᄒᆞ야 비로쇼 百濟를 侵伐ᄒᆞ니 百濟近肖古王이 ᄯᅩᄒᆞᆫ 精兵을 出ᄒᆞ야 戰ᄒᆞᆯᄉᆡ 故國原王이 맞ᄎᆞ니 流失에 中ᄒᆞ야 崩ᄒᆞ니 自此로 兩國이 仇怨을 成ᄒᆞ야 彼此攻伐ᄒᆞᆯᄉᆡ 廣開土王은 水軍을 親率ᄒᆞ고 百濟 諸城을 攻陷ᄒᆞ니 百濟阿花王이 兵馬를 大徵ᄒᆞ니 應募者 ㅣ 少ᄒᆞ고 新羅에 奔ᄒᆞᄂᆞᆫ 者가 多ᄒᆞᆫ지라.

如此히 兩國이 相爭ᄒᆞ기 五十餘年에 不解ᄒᆞ야 百濟蓋鹵王은 魏에 遣使ᄒᆞ야 高句麗를 共伐코ᄌᆞ ᄒᆞ얏고 高句麗長壽王은 浮屠道琳으로 ᄒᆞ야곰 百濟王을 勸ᄒᆞ야 宮室과 樓閣을 壯麗케 ᄒᆞ야 國力이 疲弊ᄒᆞᆫ지라. 長壽王이 곳 往伐ᄒᆞ야 城을 拔ᄒᆞ고 百濟王을 殺ᄒᆞ니 王의 太子 文周王이 熊津(公州)에 遷都ᄒᆞ더니 其臣 解仇가 政事를 專擅ᄒᆞ다가 王의 出獵을 乘ᄒᆞ야 弑ᄒᆞ거늘 太子 三斤이 立ᄒᆞ야 解仇를 殺ᄒᆞ고 東城王에 至ᄒᆞ야ᄂᆞᆫ 더욱 微弱ᄒᆞ고 高句麗와 戰ᄒᆞᆫ 後로브터 文咨王이 ᄯᅩ 來侵ᄒᆞᄂᆞᆫ지라. 然이나 王은 臨流閣을 起ᄒᆞ고 ᄯᅩ 地를 穿ᄒᆞ고 囿를 置ᄒᆞ고 宮門을 閉ᄒᆞ야 諫者를 拒ᄒᆞ더니 畢竟 其臣 苩加의게 被弑ᄒᆞ니 太子 武寧王이 立ᄒᆞ야 苩加를 誅ᄒᆞ고

自此로 聖王 時에 至ᄒᆞ기까지 高句麗의 文咨, 安藏, 陽原 諸王과 戰ᄒᆞᆯᄉᆡ 聖王이 新羅와 合兵ᄒᆞ야 高句麗를 伐코ᄌᆞ ᄒᆞᄂᆞ 新羅眞興王이 不從ᄒᆞ고 도로혀 高句麗와 通ᄒᆞ거늘 聖王이 怒ᄒᆞ야 新羅를 伐ᄒᆞ다가 大敗ᄒᆞ

야 匹馬도 返者가 無ᄒᆞ얏ᄂᆞ이이다.

新羅ᄂᆞᆫ 脫解王 時에 屢次 百濟多婁王의 侵伐ᄒᆞᆫ 빈 되고 其後 伐休王부터 味鄒王 時에 至ᄒᆞ기ᄭᅡ지 邊境의 爭鬪이 有ᄒᆞ니 其 高句麗에ᄂᆞᆫ 大抵 結好로 爲主ᄒᆞ야 奈勿王은 質子 實聖을 送ᄒᆞ니 故로 高句麗廣開土王이 日本兵을 擊하야 新羅를 救ᄒᆞ더니

其後 實聖이 回國ᄒᆞ야 王이 되민 向者 奈勿王이 自己를 外國에 遣質홈을 怨ᄒᆞ야 奈勿의 子 訥祗를 殺코져 ᄒᆞ다가 도로혀 訥祗의게 被弑ᄒᆞ고 訥祗가 立ᄒᆞ니 此 時에 新羅ᄂᆞᆫ 高句麗의 邊將을 殺ᄒᆞ고 ᄯᅩ 百濟를 救홈으로브터 彼此失和ᄒᆞ고

炤智王 時에 至ᄒᆞ야ᄂᆞᆫ 高句麗의 長壽王과 文咨王이 屢次 北邊을 侵ᄒᆞ거늘 新羅王이 百濟와 合ᄒᆞ야 高句麗를 破ᄒᆞ고 ᄯᅩ 百濟에 高句麗가 入寇ᄒᆞ면 新羅가 ᄯᅩ한 救援ᄒᆞᄂᆞ 然ᄒᆞᄂᆞ 眞興王이 百濟聖王의 請을 不從ᄒᆞᆫ 後로브터 兩國의 交가 絶ᄒᆞ야 眞平王과 善德王 時에도 戰爭이 不息ᄒᆞ니

大抵 當時 三國이 干戈를 交ᄒᆞ야 民命을 傷ᄒᆞ고 國力을 費ᄒᆞ얏스니 오즉 疆土를 爭奪ᄒᆞᆯ 쑨이오 是非曲直이 無ᄒᆞ얏ᄂᆞ이다.

三國의 爭亂이 如此ᄒᆞᄂᆞ 新羅ᄂᆞᆫ 專혀 戰爭에 用力치 아니ᄒᆞ고 內治에 留心ᄒᆞ야 文化의 進步가 二國보다 迥出ᄒᆞ고 智證王 時에 비로소 諡法이 有ᄒᆞ얏고

法聖王은 律令을 頒行ᄒᆞ고 官制를 定ᄒᆞ며 年號를 建ᄒᆞ야 曰 建元이라 ᄒᆞ고 眞興王은 百船制度에 可觀ᄒᆞᆯ 者가 多ᄒᆞ며 年號를 三次 改ᄒᆞ니 曰 開國, 鴻濟, 大昌이오 眞平王은 改元曰 建福이오 官制가 益備ᄒᆞ고 紀綱이 愈整ᄒᆞ더니 王이 崩ᄒᆞᆫ 後에 善德, 眞德 二女王가 相繼ᄒᆞ니 善德은 眞平王의 長女라. 此ᄂᆞᆫ 女子가 王統을 承ᄒᆞᄂᆞ 始오 改元曰 仁平이오 眞德王도 ᄯᅩ 眞平王의 女弟 國飯의 女니 改元曰 太和오 時에 百濟의 攻擊을 屢遭ᄒᆞᄂᆞ 오히려 挫折치 아니ᄒᆞ고 武烈王에 至ᄒᆞ야ᄂᆞᆫ 國運이 더욱 隆盛ᄒᆞ니 大抵 眞平王 以來로 支那의 隋唐二國에 遣使ᄒᆞ야 其 歡心을 結ᄒᆞ야 高句麗와 百濟의 侵凌을 防禦코쟈 ᄒᆞ니 此가 곳 隋唐으로 ᄒᆞ야곰 二國에 用兵ᄒᆞᄂᆞ 先導가 되얏ᄂᆞ이다. (以下 見次號)

=〈동국사략〉과 동일

隋唐의 來寇

隋文帝 楊堅 時에 高句麗嬰陽王이 靺鞨兵을 率ᄒ고 遼西(滿洲盛京省)를 伐ᄒ니 此時 遼水以東은 高句麗의 地라. 楊堅이 大怒ᄒ야 漢王 諒 等으로 ᄒ야곰 拒戰ᄒ다가 遼水가 大至ᄒ야 還軍ᄒ고 王도 ᄯᄒᆫ 兵連 禍結ᄒᆯ가 慮ᄒ야 和親ᄒ더니

堅의 子 煬帝廣이 距今 一千二百九十五年前에 大兵 一百三十萬을 發ᄒ야 親히 來寇ᄒ야 遼東(滿洲盛京省遼陽州)을 圍ᄒ고 諸軍을 鴨綠水 西에 會ᄒ거늘 嬰陽王이 大臣 乙支文德으로 ᄒ야곰 詐降ᄒ야 虛實을 探ᄒ니 大將 于仲文이 執고ᄌ ᄒ다가 不果ᄒ고 大將 宇文述 等으로 더 브러 追來ᄒᄂᆫ지라. 文德이 佯敗ᄒ야 薩水(今安州淸川江)에 誘至ᄒ니 平壤과 相距ㅣ 三十里라.

文德이 다시 詐降ᄒ니 文述 等이 平壤城이 險固ᄒᆷ을 見ᄒ고 곳 還軍 ᄒ거늘 文德이 이에 出軍ᄒ야 四面을 抄擊ᄒ다가 薩水에 至ᄒ야ᄂᆫ 其 半渡를 乘ᄒ야 尾擊ᄒ니 諸軍이 다 潰散ᄒ야 一日夜에 鴨綠水에 至ᄒ니 凡四百五十里라.

先時에 隋將 來護兒ᄂᆫ 別로히 江淮水軍을 率ᄒ고 浿水를 渡ᄒ야 平壤 에 至ᄒ다가 高句麗의 敗ᄒᆫ 빈 되더니 述等의 敗ᄒᆷ을 聞ᄒ고 ᄯᄒᆫ 班師 ᄒ니 初에 隋軍이 遼에 至ᄒᆫ 者 三十萬五千에 生還者가 오작 二千七百 人이오 資儲와 器械가 失亡蕩盡ᄒ고 明年에 隋帝 廣이 다시 遼東城을 攻ᄒ다가 力盡ᄒ야 拔치 못ᄒ더니 楊玄感의 叛ᄒᆷ을 聞ᄒ고 還軍ᄒ얏ᄂ 이다.

嬰陽王이 崩ᄒ고 異母弟 榮留王이 立ᄒ니 時에 隋가 亡ᄒ고 唐이 代 ᄒ거늘 王이 使臣을 遣ᄒ야 結和ᄒ얏스나 太宗李世民이 陰히 攻取ᄒᆯ

心이 有ᄒ다가 會에 泉蓋蘇文이 王을 弑ᄒ고 王의 姪 臧을 立ᄒ니 此ᄂᆫ 寶藏王이라. 蓋蘇文이 國事를 專擅ᄒ야 唐의 使臣이 新羅에 往ᄒᄂᆫ 者를 執囚ᄒᆫ딕 唐帝 世民이 距今一千二百六十二年前에 諸軍을 自率ᄒ고 新羅百濟와 奚(內蒙古 東南境) 契丹(支那 直隷省東境)으로 ᄒ야곰 高句麗를 寇ᄒ고 大摠管 李世勣 等은 遼水를 渡하고 大摠管 張亮 等은 舟師로 海를 渡하야 卑河城(滿洲盛京省海城縣 中에 在ᄒ다)을 襲陷ᄒ고

世民이 ᄯ 親히 遼西白巖(滿洲盛京省遼陽州) 二城을 拔ᄒ고 ᄯ 進하야 安平(盛京省蓋平州)을 攻하니 高句麗 北部의 高延壽와 南部의 高惠眞이 來救ᄒᆯᄉᆡ ᄯ 靺鞨의 衆을 合ᄒ니 陣勢가 四十里에 亘ᄒᆫ지라. 世民이 望見ᄒ고 懼色이 有ᄒ더니 戰ᄒᆫ지 多日에 高延壽 等이 敗ᄒ얏ᄂᆞ이다.

然ᄒᄂ 安市城主 楊萬春은 守城ᄒ기 善ᄒ니 世民이 力盡ᄒ야 맛ᄎᆞᆷᄂᆡ 拔치 못ᄒ고 ᄯ 世民의 目을 射中ᄒ니 世民이 臥床에 在ᄒ야 班師ᄒᆯᄉᆡ 其 初出時에ᄂᆫ 兵士가 十萬이오 馬가 萬匹이러니 其 還軍ᄒ야ᄂᆫ 僅히 千與人이오 馬의 死者가 ᄯᅩ 十에 七八이 되얏ᄂᆞ이다.

世民이 敗歸ᄒᆫ 後로 蓋蘇文이 더옥 唐을 傲視ᄒ니 唐이 屢次 偏師를 遣ᄒ야 疆域을 侵犯ᄒ고 ᄯ 大木을 伐ᄒ야 船艦을 造ᄒ니 此ᄂᆫ 前日 陸軍이 得意치 못ᄒᆷ이 水路로 竝攻코ᄌ ᄒᆷ이라. 然이ᄂ 世民이 殂ᄒ야 其 事가 中止ᄒ얏ᄂᆞ이다.

百濟와 高句麗의 滅亡

百濟ᄂᆫ 威德王惠王法王이 다 德政으로 人心을 維持ᄒ더니 武王에 至ᄒ야ᄂᆫ 驕慢ᄒ야 新羅를 侵伐ᄒ기 虛日이 無ᄒ거늘 唐이 使臣을 遣ᄒ야 請兵ᄒ라 ᄒᄂ 不從ᄒ고 더욱 怠傲ᄒ야 其 慾을 逞ᄒ며

義慈王은 驕奢ᄒ야 國家를 不恤ᄒ고 ᄯ 新羅邊境을 侵擾ᄒ며 ᄯ 高句麗를 結ᄒ야 新羅의 去唐ᄒᄂᆫ 路를 絶ᄒ니 新羅武烈王이 金仁問을 唐에 遣ᄒ야 百濟를 攻伐코ᄌ ᄒ더니

義慈王 二十年 距今一千二百四十七年前에 唐 高宗李治가 蘇正方을

命ᄒ야 水陸軍을 率ᄒ고 萊州로브터 海를 濟ᄒ야 來伐ᄒ고 武烈王이
ᄯ 太子 法敏과 大將 金庾信 等으로 ᄒ야곰 聲援이 되게 ᄒ니 百濟將軍
階伯이 拒戰ᄒ다가 不克ᄒ야 死ᄒᄂ지라. 唐兵이 新羅兵과 合ᄒ야 都城
을 圍ᄒ거늘 百濟가 衆을 擧ᄒ야 戰ᄒ나 唐兵이 益進ᄒᄂ지라. 王이 이
에 定方의게 降ᄒ니 定方이 王의 以下八十餘人을 執ᄒ야 其 國에 送ᄒ
고 百濟가 亡ᄒ니 凡五部 三十七郡 二百城에 七十六萬戶라.

唐이 其 地를 五都督府에 分置ᄒ야 各 州縣을 統轄ᄒ고 百濟人을 擢
ᄒ야 都督 刺使 縣令을 拜ᄒ고 劉仁煥이 此를 專管ᄒ니 百濟가 始祖
東明聖王溫祚로브터 至是ᄒ기 三十王 六百七十八年에 亡ᄒ얏ᄂ이다.

其 後에 宗室 福信 等이 浮屠道琳 等과 謀ᄒ야 周留城(全州 西境)을
據ᄒ야 起兵ᄒ니 時에 王의 子 扶餘豊이 日本에 爲質ᄒ얏거늘 迎入ᄒ
야 王을 슴고 唐將 劉仁軌를 熊津城(公州)에 圍ᄒ더니 會에 豊이 福信을
惡ᄒ야 斬ᄒ고 高句麗와 日本에 請兵ᄒ나 羅唐의 兵이 攻ᄒ기 益急ᄒ
ᄂ지라. 豊이 逃亡ᄒ야 高句麗의 奔ᄒ니 劉仁軌가 仁願을 代ᄒ야 其 地
를 治ᄒ고 唐이 新羅로 더부러 同盟ᄒ야 和親을 講ᄒᄂ 其 地가 漸漸
新羅의 幷呑ᄒ 빈 되고 百濟가 遂絶ᄒ얏ᄂ이다.

唐 高宗李治가 이믜 百濟를 滅ᄒ고 高句麗寶藏王 二十年에 ᄯ 契丹과
大將 蘇正方 等으로 ᄒ야곰 分道ᄒ야 高句麗를 攻ᄒ니 新羅ㅣ ᄯ흔 來
會ᄒ야 軍粮을 平壤에 輸送ᄒ더라. 然이ᄂ 風雪이 寒冱ᄒ거늘 唐軍이
引還ᄒ얏다가 後 五年 泉蓋蘇文이 死ᄒ고 其子 男生이 代位ᄒ야 弟 男
建과 爭權ᄒ더니

男生이 國內城(平安道義州)으로써 唐에 降ᄒ니 唐이 鄕導官을 拜ᄒ
야 李世勣軍을 從케 ᄒ고 ᄯ 新羅兵과 劉仁願 等으로 ᄒ야곰 勣의 命을
遵케 ᄒ니 勣이 扶餘(滿洲盛京省內)諸城을 拔ᄒ고 諸道兵이 다 鴨綠柵
에 會至ᄒ야 麗兵을 破ᄒ고 平壤城을 圍ᄒ지 月餘에 王이 力盡ᄒ야 降
ᄒ니 唐이 이에 王을 赦ᄒ고 安東都護城를 平壤에 置ᄒ고 薛仁貴로 ᄒ
야곰 都護를 拜ᄒ니 仁貴ᄂ 元來 韓國人이라. 朝廷의 用人이 不公ᄒᄆ으
로 唐에 歸ᄒ얏ᄂ이다.

高句麗 五部 百七十六城에 六十九萬戶를 分ᄒ야 九都督府 四十二州 百縣을 定ᄒ니 高句麗가 東明聖王브터 至是ᄒ기 凡二十八王 七百五年 이오 距今一千二百三十九年前이오이다.

高句麗는 國力이 强盛ᄒ나 然이나 上下가 一致ᄒ 時에는 唐 太宗世民 의 神武로도 오히려 敗還ᄒ더니 畢竟 骨肉이 相爭ᄒ고 衆情이 携貳ᄒ 다가 亡ᄒ니 其 原因은 驕奢侮慢ᄒ야 隣國의 好誼를 失ᄒ 緣故오이다.

▲ 제9호

=〈동국사략〉과 동일

駕洛國과 任那 及 耽羅

三國이 鼎立홀 時 距今 一千八百六十五年前에 南方에 一國이 有ᄒ니 曰 駕洛이라. 其 國에 初王은 金首露니 國號는 伽耶(今 慶尙道金海)오 後에 金官이라 改ᄒ고 其外 五人이 各其 五伽耶의 王이 되니 곳 阿羅伽 耶(慶尙道咸安) 古寧伽耶(咸昌) 星山伽耶(星州) 大伽耶(高靈) 小伽耶(固 城)라. 其 地가 新羅 西南에 在ᄒ니 總稱 駕洛國이오.

首露王이 城郭을 築ᄒ고 宮室을 營ᄒ며 新羅의 南方을 襲ᄒ고 王이 또 事理에 明透ᄒ야 隣國의 爭詰을 一言에 決ᄒ며 其後 王居登은 新羅 와 和親ᄒ야 其 救援을 賴ᄒ고

坐知王은 傭女를 娶ᄒ야 其 黨을 寵任ᄒ다가 國이 大亂ᄒ거늘 이에 其 女를 擯斥ᄒ니 時에 新羅가 王을 伐코자 ᄒ다가 其 悔悟홈을 見ᄒ고 中止ᄒ며 仇衡王은 新羅와 結婚ᄒ나 新羅의 怒를 觸ᄒ야 北境의 患이 不息ᄒ다가 距今 一千三百七十五年前에 至ᄒ야 新羅에 降ᄒ니 法興王 이 客禮로써 待ᄒ고 其 國으로써 金官國을 숨으니 駕洛이 十王 四百九 十年에 亡ᄒ얏ᄂ이다.

大伽耶는 又曰 任那니 距今 一千三百四十四年前에 新羅眞興王이 其

地를 滅ᄒ야 大伽耶郡을 置ᄒ니 大伽耶가 昔日에 蘇那曷叱知를 日本에 遣ᄒ야 和親을 結ᄒ고 ᄯ 王子 阿羅斯 等이 日本에 往ᄒ고 其 國에 南伽耶(小伽耶) 等 七國이 屬ᄒ니 總稱 任那라.

大抵 駕洛과 任那ᄂ 一部落이라. 國力이 微弱ᄒ야 新羅百濟 及 日本의 牽制를 受ᄒ얏ᄂ이다.

耽羅ᄂ 南海中에 在ᄒ니 今濟州道라. 相傳ᄒ되 良乙那 高乙那 夫乙那 三神이 有ᄒ야 遊獵으로 爲生ᄒ더니 日本國이 女子 三人과 駒犢과 五穀의 種을 送ᄒ야 三人이 各其 一女式 娶ᄒ고 五穀을 播ᄒ고 駒犢을 牧ᄒ야 富庶에 至ᄒ얏다 ᄒ고 百濟文周王 時에 方物을 獻ᄒ니 王이 喜ᄒ야 官爵을 授ᄒ더니 百濟가 亡ᄒ 後에 其主徒冬音律이 新羅에 降ᄒ야 屬國이 되고 高麗가 新羅를 伐ᄒ 後에 ᄯ 服從ᄒ다가 其 後에 其 版圖에 入ᄒ얏ᄂ이다.

支那와 日本의 關係

高句麗ᄂ 支那와 關係가 甚多ᄒ야 薩水以南은 距今 一千八百六十三年前 漢 光武 劉秀 時에 屬ᄒ얏고 高句麗가 三面이 다 漢과 諸城이 相接ᄒ 故로 彼此相戰ᄒ야 勝敗도 有ᄒ얏고 山上王 時에ᄂ 漢이 亡ᄒ야 三國時가 되얏고 東川王 時에ᄂ 魏의 明帝 曹丕가 樂浪帶方 等을 다 奪據ᄒ더니 王末年에 至ᄒ야 魏帝 曹芳이 母丘儉 等으로 ᄒ야금 來寇ᄒ거늘 王이 迎戰ᄒ야 丘儉을 破ᄒ다가 도로혀 敗ᄒ야 南沃阻(滿洲盛京省海城縣)로 奔ᄒ더니 時에 東部人 紐由ㅣ 魏軍에 詐降ᄒ야 其 將의 胸을 刺ᄒ니 王이 其 時를 乘ᄒ야 國을 恢復ᄒ얏ᄂ이다.

然이나 丸都城(平安道寧遠郡 釰山)은 喪亂을 經ᄒ야 可居치 못ᄒ지라. 다시 平壤에 城을 築ᄒ야 遷都ᄒ고 其後 樂浪帶方 等이 다시 高句麗와 百濟에 屬ᄒ고

ᄯ 關係가 有ᄒ 國은 日本이라. 距今 一千五百年前頃 高句麗廣開土王時에ᄂ 新羅와 百濟를 救코ᄌ ᄒ야 日本과 戰ᄒ얏고 長壽王은 日本에

使臣을 遺ᄒ나 國書가 傲慢ᄒ다 ᄒ야 絶好ᄒ더니 後에 다시 使聘을 通ᄒ고 寶藏王은 聘好가 屢有ᄒ나 國境이 北方에 在ᄒ야 日本과 相距遠ᄒ 故로 關係도 쏘ᄒ 少ᄒ야 百濟新羅와 不同ᄒ얏ᄂ이다.

百濟ᄂ 距今 一千五百五十年前 近肖古王 時브터 日本과 通好ᄒ고 阿花王은 太子 直友를 遺ᄒ더니 王이 崩ᄒ 時에 直友가 오히려 不還ᄒ지라. 太子의 仲第 訓解가 國政을 攝ᄒ야 太子를 待ᄒ더니 季弟 碟禮가 訓解를 殺ᄒ고 自立ᄒ거늘 直支가 其 計를 聞ᄒ고 痛哭ᄒ더니 日本이 兵으로써 直支를 送ᄒ야 百濟에 歸ᄒ거늘 國人이 碟禮를 殺ᄒ고 直支를 迎立ᄒ고

其後 蓋鹵王은 女를 日本에 送ᄒ야 婚娶를 結ᄒ고 武寧王 以後ᄂ 諸博士를 數遺ᄒ고 武王은 其 太子 豊을 日本에 遺ᄒ얏다가 義慈王이 唐의게 被擄ᄒ 後 福信 等이 豊을 迎入ᄒ야 王을 숨앗고

百濟가 亡ᄒ 後 明年에 日本使臣 津守吉祥이 唐으로브터 還ᄒ다가 暴風을 遇ᄒ야 耽羅에 漂着ᄒ니 耽羅王이 悅ᄒ야 其子 阿波岐를 日本에 遺ᄒ고 其後 四十年間에 屢次 方物을 送ᄒ얏ᄂ이다.

新羅 建國ᄒ 以來로 日本人과 交通이 開ᄒ야 彼此 移住ᄒ니 距今 一千八百八十年前에 匏公은 日本人으로 新羅의 臣이 되고 迎鳥細鳥ᄂ 新羅人으로 日本의 臣이 되고 쏘 邊郡의 戰爭이 多ᄒ며 其後 日本神功后가 來犯ᄒ거늘 王이 其弟 未斯欣으로써 遺質ᄒ더니 後에 使者 朴堤上을 送ᄒ야 未斯欣을 奪還ᄒ고

慈悲王은 日本을 拒코즈 ᄒ야 高句麗에 救援을 請ᄒ다가 旣而오 疑ᄒ야 其 兵을 殺ᄒ니 高句麗長壽王이 來伐ᄒᄂ지라. 王이 任那의게 救援을 請ᄒ얏고 眞興王은 任那를 滅ᄒ야 日本과 釁端을 開ᄒ고 眞德女主ᄂ 金春秋를 日本에 遺ᄒ며

時에 新羅가 强盛ᄒ야 唐兵으로 더부러 百濟를 竝呑코즈 ᄒ거늘 日本이 百濟를 救ᄒ야 用兵ᄒ다가 畢竟 和親ᄒ고 新羅가 統一ᄒ 後에 使聘이 常通ᄒ며 景德王과 恭惠王 時에ᄂ 使節의 來往이 絶ᄒ얏ᄂ이다. (以下次號)

| 편집실 | 제2권 제10호 | 國家의 競爭力 | 정치 | 국가학 |

◎ 大聲 疾呼 我國民的 精神, (寄書) 金甲淳, 〈대한학회월보〉 제3호, 1908.4. (국민론, 논설)

我韓의 現勢를 觀察ᄒ고 文明을 期ᄒ며 富強을 圖ᄒ야 國勢을 挽回ᄒ고 列强과 幷立코ᄌ ᄒ야 同胞의 急務을 唱導ᄒᄂ 者 政法刷新이니 軍備擴張이니 殖産興業이니 敎員缺乏이니 各張其端ᄒ야 口頭筆枝가 轟然爭喧ᄒ니 此 說을 否認흠은 안이나 其 觀察力이 一部分에 止홀 ᄲᅮᆫ이라 到底히 急務 其 者의 全部을 徹得횼다 謂치 못ᄒ리로다. 東西古今을 勿論ᄒ고 國의 强弱과 興亡이 其 國民的 精神의 完全홈과 否홈에 在흠은 歷史上에 可證홀 빌라. 西曆 一千五百年頃에 西班牙가 사ᄅ센人의게 非常흔 殘虐을 被횻스나 國民이 精神을 共同一致ᄒ고 銳氣를 奮發ᄒ야 畢竟 사라센人을 國外에 驅逐ᄒ고 戰爭의 勢를 乘ᄒ야 各 種의 新事業을 勃興ᄒ며 又 亞米利加을 發見ᄒ고 領土를 多有ᄒ야 儼然흔 一大强國을 成立횻고 希臘은 最小흔 邦國이라. 西曆 一千四百五十年頃에 土耳其에게 幷呑ᄒ 빌 되야 無數흔 壓迫을 喫ᄒ다가 一千八百五十年에 至ᄒ야 希臘의 愛國黨이 起ᄒ야 秘密會를 組織ᄒ고 擧義圖謀ᄒ다가 土耳其軍의게 捕獲을 被횻스나 愛國黨의 滿腔血誠은 愈往愈烈ᄒ야 國會을 開ᄒ며 政府를 設ᄒ고 殘虐無道흔 土耳其軍으로 血戰흔지 七八年에 希臘의 獨立軍이 死亡無遺ᄒ되 其 國民의 獨立思想은 萬折不屈ᄒ미 於是에 英法 兩國이 其 國民의 志節을 欽歎ᄒ야 希臘의 獨立을

公認홈에 至ㅎ얏시며 秦王 符堅은 自國民族의 愛國誠이 少홈은 思料치 안니ㅎ고 徒히 兵衆의 多數만 恃ㅎ야 長江은 投鞭足斷에 說辭로 王猛의 遺託을 排棄ㅎ고 與晉交兵에 失敗을 當ㅎ야 國破身亡만 홀 뿐 不是라 風聲鶴唳가 千古에 笑柄을 作ㅎ엿시며 其他 國民의 精神 如何를 因ㅎ야 列國에 興亡혼 史歷은 縷說키 不遑ㅎ나 旣述혼 바로뼈 觀홀지라도 國民的 精神이 國家興亡에 對ㅎ야 無上혼 要素가 됨은 明瞭혼 事實인즉 國民的 精神은 곳 國家의 生命이라 正謂홀진저. 噫라 我韓 同胞여 國民的 精神이 完乎아 否乎아. 上流社會로 勞働社會까지 顧察ㅎ여도 個人的 으로는 精神이 完全ㅎ나 國民的으로난 完全홈은 姑捨ㅎ고 殆히 虛空에 架홈과 類似ㅎ니 四千年 歷史을 有혼 邦國이요 五百年

　聖德에 涵養혼 民族으로 如此히 失性的 國民을 作홈은 何에 由홈인 가 其 原因을 究ㅎ면 許多혼 論評이 紛紜ㅎ나 實은 人類階級을 崇尙홈 과 女子敎育을 不施혼 結果에 不外홈이라. 其 例證을 擧ㅎ면 更張前에 는 鄕曲에서 雄才巨略이 出ㅎ야 海內를 澄淸홀만혼 能力이 有혼 者라 도 選用홈이 少ㅎ고 오작 其 門閥만 計ㅎ며 賢不肖는 擇치 안니ㅎ니 國家에 獻身치 못ㅎ야 平生에 恨을 抱ㅎ고 草木과 同腐혼 者 其 數를 計키 難ㅎ며 女子는 人類에 同等을 不許함과 갓치 閨裏에 僻居ㅎ야 平 生事業이 針工炊餐뿐이요 學問上에는 分外로 認ㅎ야 固有혼 智慧德性 을 開發홀 程途가 無ㅎ야 品格이 卑劣ㅎ니 我韓 人口가 二千萬이라 云 ㅎ나 個中 一千萬 女人은 無用에 貢獻ㅎ엿시며 不寧惟是라 甲族이니 宦族이니 ㅎ는 者流는 其 門閥을 利用ㅎ야 平民의게 積極的으로 壓迫을 施ㅎ야도 呼伸홀 處이 無ㅎ야 門閥主義로 人民을 鉗勒ㅎ여시미 同胞中 身分이 國家와 直接關係됨을 解ㅎ는 者 若干에 不過ㅎ고 其 餘는 守家 保身이 絶對的 義務로 認ㅎ야 國步進退는 隣家牛喘으로 等看ㅎ니 志士 의 熱血이 萬沸ㅎ여도 言路가 塞혼 時代라 傷感만 徒增ㅎ고 殆히 不可 救홀 境에 至ㅎ여든니 循環ㅎ시는 天運이 無往不復ㅎ사 甲午更張令 頒 佈혼 後로 百弊가 逐次消蕩ㅎ미 人民이 自由를 唱ㅎ고 農工商實業을 務ㅎ야 生存을 競爭코져 ㅎ는 狀態는 漸次 文明域에 到達ㅎ는 傾向이니

참 國家에 無上흔 幸福이라 엇지 萬拜頌賀치 안니ᄒ리요. 然ᄒ나 鄕坊山曲에는 오히려 守舊厭新ᄒ는 習慣이 存在ᄒ야 女學校는 設立흘 思想이 全無ᄒ고 또흔 男女同學은 風化頹敗흘 兆徵이라 ᄒ야 嚴截히 禁止ᄒ니 大人先生을 育成흘 賢母良妻가 何에셔 出來ᄒ며 傭夫雇輩와 如히 勞働ᄒ야 生活에 供ᄒ는 者 繁難흔 漢文을 學習흘 暇隙이 無흔즉 簡易흔 國文으로 各 種의 學問을 敎授ᄒ야 智識을 開發흠이 國步開進上 亦 一要素이건만 京城에는 國文硏究所가 有ᄒ나 各 地方에 流行ᄒ는 國文書籍은 趙雄 春香 심청 等 傳의 類라. 其 浮誕흔 說辭가 愚者의 消遣흘 資料에 不過ᄒ고 毫末도 國民敎育上 增益흘 거시 안인즉 萬物中 最靈最貴흔 人되는 義務를 何로 從ᄒ야 知得흘 수가 有ᄒ며 儒林이라 自許ᄒ는 者는 時局의 變遷이 風潮와 如흠은 未知ᄒ고 我韓 現勢을 支那史歷中 楚漢三國時代와 一律노 論ᄒ고 或 外人을 逢着ᄒ면 一面으로 畏怯心이 生ᄒ고 他面으로 懀惡心을 抱ᄒ며 平生事業이 高冠大袖로 蠹書蟲을 作흘 쑨이요 臣民된 義務는 何如흔 거인줄 夢想에도 掛了치 안이ᄒ니 如此民族으로 비록 政法이 刷新ᄒ고 軍備가 擴張ᄒ고 農工商業이 發達흔달 엇지 國權을 恢復ᄒ야 列强과 幷立키을 期ᄒ리요. 故로 我韓急務는 上述흠과 如히 國民的 精神을 奮發흠에 在ᄒᄂ니 國民의 精神을 奮發코자 흘진된 先湏히 種種의 階級을 擘破ᄒ고 奴隷를 廢止ᄒ야 人類의 平等主義를 實行ᄒ야 一面으론 各自的 獨立心을 養成ᄒ고 一面으론 共同의 團合心을 奮勵흠이 前部를 占흘지요 女學校를 各 地方에 多數 設立ᄒ고 科程을 準備ᄒ야 一般 婦人의 智識을 開發ᄒ야 家庭敎育의 基礎를 鞏固케 함이 後部를 占흘지라. 二者를 實施ᄒ는 날은 國民的 精神이 奮發ᄒ는 日이요 國民的 精神이 奮發ᄒ는 날은 곳 我大韓萬年無疆흘 獨立紀念日인 줄 一枝筆노 豫保ᄒ노니 勉之哉어다 同胞여 勉之哉어다 同胞여.

◎ 自主와 自由, 박병철, 〈대학학회월보〉 제1호, 1908.2.
   (자유론)

隆熙 二年 春二月 此時에 惟吾

皇太子 殿下 海駕數朔에 玉候順膺天祥ᄒ옵신 恩德으도 吾學生界之
隆隆和氣가 如陽春之華榮ᄒ와 愛國熱誠이 團合精神을 噓起ᄒ야 分裂
ᄒ 各會가 統合一會하야 名曰 大韓學會라 하고 目的은 帝國同胞의 智德
을 啓發하기 爲하야 以學費之殘略과 志士之讚捐으로 學報一編을 印月
刊出하니 壯哉라 今日之團合精神이여 有此精神之合故로 不可無這學會
오 又 不可無這目的이니 其 所目的之達은 可指日而期矣라. 然則 此 莫
非吾皇太子殿下神聖德化之大所所蒙況也哉아 余以欣抃熱望으로 不念
鄙督하고 敢以自主自由之說로 猥付如左하노라.
夫 吾人社會之第一着肚警心之大本者ᄂ 卽 分別之宗而是非之統也라
何謂오 此 吾人身心之自可所主而吾人社會之自可所由者也니 故로 身心
이 無所主 則 死하며 社會가 無所由 則 亂하며 是非無統則暴하며 分別
無宗 則 邪하나니 死之所以自生과 亂之所以自治와 暴之與邪所以自覺은
是吾 所謂 自主 自由者也라. 故로 自主로 以爲主하며 自由로 以爲義할
지니 斯果非吾生究竟之所可謂主義二字者歟아. 諸法이 由乎已以生故로
曰 自由라 云하며 諸法이 主乎已以存故로 曰 自主라 云하나니 是故로
自主者은 身心之所主而彼我之性法也며 自由者은 社會之所由而自他之
常情也라. 分別이 有宗故로 所謂 行爲가 法度란 必合하며 是非가 有統
故로 所發言論이 親睦을 可協하나니 協於親故로 自他俱利하며 合於法
故로 於法故로 彼我 同福하야 知得自主以爲法이며 自由以爲親을 是可
謂吾生盡性守分之大本也로다.   吾能盡吾當然之性而整他人之爲不爲랄
謂之權利오 吾能守吾當然之分而應他人之成不成을 謂之義務이니 義者
은 卽 宜也오 務者은 卽 行也며 權者은 卽 正也오 利者은 卽 當也니
其正 其當을 不可以寓我心上하며 其宜 其行을 不可以寄我身上하고 豈

惟求諸學問에 汲汲焉하며 又 求諸異國에 區區焉哉아. 是故로 吾 所謂
自主者은 雖 父나 不得奪諸子焉하며 雖 君이나 不得傷諸民焉하며 自由
者은 雖 子나 不得與諸父焉하나니 雖 民이나 不得專諸君焉하나니 與之則
子非子며 奪之則父非父오 專之則民不民이며 傷之則君不君이니 然則 性
終을 不可枉而分終을 不可亂歟아 何其相守之至嚴하며 相待之至詳也오.
夫 至嚴不相容 則 親睦之大病也오 至詳不共和 則 德義之大過也ㅣ니 是
故로 不相容不共和之弊가 必滅其親及害人情하나니 是는 棄已라 非吾
之性也며 是는 暴已라 非吾之分也로다. 吾 所謂 性者는 生生之謂也니
生人은 以生爲性故로 分者 亦 可以爲生人之分也니 是故로 性之所存은
七情을 和之하야 親親을 主之하나니 故로 滅親者은 非道也ㅣ오 害情者
은 非人也라 可使父而奪諸子은 是非害子라 自害其性也오 子而與諸父은
是非喪父라 自喪其分也며 君而傷諸民은 此 非傷民이라 自傷其道며
民而置諸君은 此 非辱君이라 自辱其義也니 何也오. 凡 吾人生 世間에
苦樂을 自業也며 善惡을 自作也며 禍福을 自得也며 利害랄 自致也ㅣ니
故로 父不得奪諸子矣오 子不得與諸父하며 君不得傷其民矣오 民不得置
諸君故로 自主로뻐 立身行道하며 自由로뻐 利用厚生者랄 所謂 盡性守
分之大本者也라 흘지니 韓文公 所謂 以之爲已則煩而從하고 以之爲人
則 愛以公하며 以之爲心 則 和而平하고 以之爲天下國家에 無所處而不
當者ㅣ 卽 是也라. 故로 君民은 由是以爲君民하며 父子은 由是以爲父子
하며 夫婦은 由是以爲夫婦하며 兄弟은 由是以爲兄弟하며 同胞는 由是
以爲同胞也ㅣ니 反是則逆悖天倫이라 是豈非吾生着肚驚心處哉아. 其 生
也ㅣ 亦 唯由是하며 其 逝也ㅣ 亦 唯由是하며 富貴貧賤도 亦 唯由是하
니 是故로 自主爲主而道德이 興焉하며 自由爲義而人事和焉하며 分別
有宗而正邪明焉하며 是非有統而曲直判馬하며 社會有義而人情和焉ㅎ
며 身心有主而仁義存焉故로 自主 自由哉여. 卽 所謂 立志行道也ㅣ니 其
立也 自主ㅎ며 其 行也 自由故로 自主者은 萬法之本이요 自由者은 大道
之門也라. 有門而出故로 有始有終ㅎ며 有本而生故로 有先有後ㅎㄴ니
傳에 曰 物有本末ㅎ고 事有終始ㅎ니 知所先後면 則 近道矣라 ㅎ니 是其

不然乎ㅇ 勉之哉여다.

◎ 自治의 義意를 槪論흠,
會員 鄭達永, 〈대한협회회보〉 제8호, 1908.11. (행정학)

自治라 흠은 一定흔 法律範圍 內에셔 地方에 關흔 行政을 地方稅의 支辦에 依ᄒᆞ야 名譽職으로 其 事務를 自由 處理ᄒᆞᄂᆞᆫ 者ㅣ니 簡言ᄒᆞ면 卽 己의 事를 自治ᄒᆞ고 他人에게 代治흠을 不受흠이니 自治ᄂᆞᆫ 自治團體의 權利오 此를 覆行흠은 法律服從에 對ᄒᆞᄂᆞᆫ 自治團體의 義務라.

此에 主體되ᄂᆞᆫ 者ᄂᆞᆫ 公共團體니 公共團體라 흠은 國家主權에 對ᄒᆞ야 積極的 義務를 負擔ᄒᆞᄂᆞᆫ 者ㅣ니 其 事務ᄂᆞᆫ 公務오 其 團體ᄂᆞᆫ 主權者의 施政機關이 되ᄂᆞᆫ 者를 云흠이라 何者오. 法律이 公共團體에 自治의 權能을 與흠은 政務의 成績을 擧ᄒᆞ기 爲흠이라. 故로 公共團體가 만일 其 事務에 關ᄒᆞ야 懈怠히 흘 時ᄂᆞᆫ 主權은 此를 强制로 行케 ᄒᆞᄂᆞᆫ 權利를 含包ᄒᆞᄂᆞ니라. 然이나 玆에 注意흘 바ㅣ 有ᄒᆞ니 自治團體ᄂᆞᆫ 某種 事務에 關ᄒᆞ야ᄂᆞᆫ 法律上 義務를 負흠은 有ᄒᆞᄃᆡ 一般 人民에 對ᄒᆞ야 事務處理ᄒᆞᄂᆞᆫ 義務를 負擔흠은 아니오 特히 自己의 生存 目的된 事務를 行ᄒᆞᄂᆞᆫ 義務를 有흠이라. 要컨ᄃᆡ 公共團體ᄂᆞᆫ 主權者에 對ᄒᆞ야 自己의 生存 目的으로 附與된 一定흔 國家의 事務를 處理ᄒᆞᄂᆞᆫ 權利 義務를 有흔 者ㅣ니라. 如斯흘진ᄃᆡ 自治團體와 一個 人間에 如何흔 關係가 有ᄒᆞ며 又ᄂᆞᆫ 國家主權과 如何흔 關係가 有乎아 此를 區別 說明코자 ᄒᆞ나 團體 及 個人은 區別키 甚難ᄒᆞ도다. 何者오 個人은 團體의 原因이오 團體ᄂᆞᆫ 個人의 集合흔 結果라. 人이 世上에 處ᄒᆞ야 一家를 構成ᄒᆞ고 生活的 主義를 取ᄒᆞᄂᆞᆫ 同時에 家族團體가 成立되고 家族團體가 成立되ᄂᆞᆫ 同時에ᄂᆞᆫ 地方團體가 成立되ᄂᆞ니 然則 個人 及 團體의 關係ᄂᆞᆫ 密接 又ᄂᆞᆫ 可히 得離치 못흘 바 됨이라 團體와 主權의 關係에 至ᄒᆞ야ᄂᆞᆫ 몬저 官治와 自治와 區別을 要흘지라. 官治ᄂᆞᆫ 卽 中央行政이오 自治ᄂᆞᆫ 地方行政이

라. 中央行政이라 홈은 君主의 大權을 發ᄒᆞᄂᆞᆫ 機關이오 地方行政은 人民의 生活程度를 團合ᄒᆞᄂᆞᆫ 機關이라. 故로 中央行政은 直接 且 上級이 되고 地方行政은 間接이오 又ᄂᆞᆫ 下級이 되ᄂᆞᄂᆞ니 此 亦 本末의 關係가 有홈으로 團體ᄂᆞᆫ 主權을 離ᄒᆞ야 存在ᄒᆞ기 不能ᄒᆞ며 主權은 團體를 度外에 置ᄒᆞ야 諮詢에 不應ᄒᆞ기 不得ᄒᆞᄂᆞ니라. 玆에 我國 遺來의 民制를 沿論ᄒᆞᆯ진딕 此 亦 自治制와 仿佛ᄒᆞ도다 何者오.

曰 鄕約이라 魚鱗編戶가 井井稠密ᄒᆞ야 里任洞長의 名과 座首鄕監의 稱이 上下 挨次ᄒᆞ야 鄕村의 事務를 分擔ᄒᆞ고 能히 一鄕一村을 領護ᄒᆞ야 人民의 權利를 侵害홈이 無ᄒᆞ고 他人의 干豫를 不受ᄒᆞ니 時勢를 因홈으로 次第節目의 差異홈이 有ᄒᆞ나 自治의 實質上 效果ᄂᆞᆫ 一般이라. 然이나 法久弊生은 自然의 理勢라 五百年을 歷ᄒᆞ야ᄂᆞᆫ 美規ᄂᆞᆫ 虛地에 歸ᄒᆞ고 其 文具만 只存ᄒᆞ니 甚可 歎也라. 其 弊端의 原因을 論ᄒᆞ건딕 所爲任, 長者ㅣ 一鄕의 重役과 一村의 重役으로 公衆의 論議ᄂᆞᆫ 不收ᄒᆞ고 處理의 方便이 擅自操弄ᄒᆞ야 權利를 濫用ᄒᆞ니 民心이 相離ᄒᆞ야 各 自營私ᄒᆞ고 公德의 思想이 墮落이라 國家 思想이 何處由來ᄒᆞ리오 甚可痛矣로다. 然이나 時勢의 變遷을 隨ᄒᆞ야 我國民人도 自治思想이 漸生ᄒᆞ야 團體를 組成ᄒᆞ고 法律의 委任을 受ᄒᆞ기 爲ᄒᆞ야 法律의 頒布되기를 姑待ᄒᆞᄂᆞᆫ 者도 有ᄒᆞ며 或 私財를 據聚ᄒᆞ야 公衆의 用에 供ᄒᆞᄂᆞᆫ 者도 有ᄒᆞ니 自治制의 完成되기ᄂᆞᆫ 預祝ᄒᆞᄂᆞᆫ 바이라.

◎ 地方自治制度 問答,
　金陵生,〈대한협회회보〉제9호, 1908.12. (정치학)

▲ 제9호

(自强會月報에 參考홈이 可홈)

問 (第一) 面村郡道會의 議員은 何如人으로 選擧ᄒ나뇨.

答 面村會議員은 面村의 公民된 資格이 有ᄒ 者 中으로 選擧ᄒ나니 公
民된 資格이 有ᄒ 者는 面村의 政治에 參與ᄒ는 權이 有ᄒ고 名譽職
에 義務를 負擔홀 만ᄒ 住民을 云흠이니 今 其 法律上 民權이 有ᄒ
資格을 擧ᄒ건디

(一) 帝國의 臣民된 者 (二) 公權이 有ᄒ고 獨立의 男子된 者 (三)
二個年 以上을 面村의 住民된 者 (四) 二個年 以上 其 面村의 經費負
擔을 分當ᄒ 者 (五) 二個年 以上을 其 面村에서 地租를 納ᄒ고 或
直接國稅 年額 二圓 以上을 納ᄒ 者 (六) 公費로써 救助를 受ᄒ 者는
二個年을 經홀 事 卽 是니 以上 要件을 具備ᄒ 者이 아니면 面村會議
員을 選擧홀 權이 無흠. (第二) 郡會議員은 (外國制度의 新舊를 參互
ᄒ야 論列ᄒ나니) 舊制에는 郡內面村에서 選擧ᄒ 議員과 又 大地主
가 選擧ᄒ 議員의 二種이 有ᄒ더니 改正郡制에는 選擧의 公平을 得
홀 目的으로써 右에 複選法을 全廢ᄒ고 單選法을 實行ᄒ는 故로 郡
會議員의 選擧權이 有ᄒ 者는 郡內面村公民으로 面村會議員의 選擧
權이 有ᄒ고 且 其 郡內에서 一個年 以上의 直接國稅年額 二圓 以上
을 納ᄒ 者로 흠.

(三) 道會議員은 舊制에는 道會議員의 選擧에 複選法의 主義로써 選
擧人으로 ᄒ야금 直接議員을 選擧케 ᄒ는 方法을 採用ᄒ는 故로 道
內 各 郡面으로 道會議員을 選出케 ᄒ나니 卽 面의 在ᄒ야는 面會
及 面參事會에 會同ᄒ야 面長으로 會長을 삼아 選擧ᄒ고 郡의 在ᄒ
야는 郡會 及 郡參事會에 會同ᄒ야 郡守로 會長을 삼아 選擧ᄒ더니
改正道制의는 此 複選法主義의 不可됨을 覺悟흠으로써 單選法主義
를 採흠에 至ᄒ니 今 其 改正道制의 規定에 依ᄒ야 其 法律上의 要件
을 擧ᄒ즉 (一) 道內面村公民된 者 (二) 面村會議員의 選擧權이 有ᄒ
者 (三) 其 道內의셔 一個年 以來 直接國稅年額 三圓 以上을 納ᄒ
者ㅣ 卽 是라. 此 三要件을 具備한 者 아니면 道會議員을 選擧ᄒ는
權이 無흠.

問 面村民의 權利義務에 關ㅎ야 面村會議決에 不服ㅎ야 郡參事會의 訴願ㅎ고 郡參事會裁決에 不服ㅎ야 行政裁判所에 出訴ㅎ라ㅎᄂᆞᆫ 時ᄂᆞᆫ 面村會 郡參事會 道參事會에 何를 被告로 ㅎ야 起訴ㅎᄂ뇨.

答 凡 訴訟에ᄂᆞᆫ 被告가 不可無ㅣ니 此ᄂᆞᆫ 是民事에나 刑事에나 行政事件이나 當然ᄒᆞᆫ 事라. 然則 行政裁判所에 呈訴ㅎ랴 ㅎ여도 亦 被告라ᄂᆞᆫ 者ㅣ 不可無니 本境遇에 被告됨이 可ᄒᆞᆫ 者ᄂᆞᆫ 道參事會와 郡參事會가 아니오 村會가 是라. 蓋面村住民의 權利義務에 就ㅎ야 不服되ᄂᆞᆫ 議決을 行ᄒᆞᆫ 根源이 面村會에 在ᄒᆞᆫ즉 他ᄂᆞᆫ 問ᄒᆞᆯ 빈 아니라. 道參事會 郡參事會의 裁決을 竝不服ᄒᆞᆷ인즉 此를 直接住民間의 權利義務에 就ㅎ야 裁決ᄒᆞᆫ 者 아니오 面村會議決에 對ㅎ야 訴願者에 不過ᄒᆞᆫ 바인즉 住民의 權利를 毁損ᄒᆞᆫ 當初의 根源은 面村會의 在ㅎ다 云ㅎᄂᆞᆫ 故로 面村會를 行政訴訟의 被告를 삼ᄂᆞᆫ 者라.

問 面村을 自治體라 ㅎ거ᄂᆞᆯ 何故로 面村會ᄂᆞᆫ 法令에 依ㅎ야 認許된 事 外에ᄂᆞᆫ 議決權이 有치 아니ㅎᄂ뇨.

答 面村은 法人이라. 法人은 法律의 擬制에 因ㅎ야 權利義務의 主體가 되ᄂᆞᆫ 故로 面村이라 云ㅎᄂᆞᆫ 自治體가 行動ᄒᆞᆷ에ᄂᆞᆫ 卽 法律에 依ㅎ야 認定ᄒᆞᆫ 範圍 內에서 行ㅎ지 아니ᄒᆞᆷ이 不可ᄒᆞᆫ지라. 此 範圍를 超越ㅎ야 自由의 處分ㅎᄂᆞᆫ 命令을 得지 아니ᄒᆞᆫ 面村은 法에 委任ᄒᆞᆫ 事項 以外에ᄂᆞᆫ 活動ᄒᆞᆷ이 能치 못ㅎ고 從ㅎ야 面村의 代議機關된 面村會에서 亦 法의 範圍 外에 向ㅎ야 決議ᄒᆞᆯ 權能이 無ㅎ니 此 其 面村會에서 法令에 依ㅎ야 認許된 事 外에 議決權이 有ㅎ면 自治行政의 監督을 完全케 ᄒᆞᆷ이 不能ㅎᄂᆞᆫ 虞慮가 有ᄒᆞᆫ 바라. (以下次號)

▲ 제10호

問 面村監督의 目的 及 其 成效의 方法이 如何오. 答 面村으로써 自治體를 組織ㅎ고 此에 對ㅎ야 公法人된 資格을 附與ᄒᆞᆫ 以上에ᄂᆞᆫ 國家의 監督權은 不必要됨을 感覺ㅎ나 然ㅎ나 面村의 事業이 不善良ㅎ면

國家의 利害와 衝突ㅎ야 互相 矛盾되는 事이 有ㅎ고 又 自治制發達에 不利益이 되는니 何則고 面村은 國家와 異ㅎ야 單히 一地方의 利益쑨 固執ㅎ고 且 一時利益을 爲ㅎ야 永遠의 損害를 不顧ㅎ는 事이 有혼 故라 於是에 國家는 法을 設ㅎ야써 面村의 政務를 監督흠이 可혼 理由가 有흠.

面村行政을 監督ㅎ는 官廳을 擧혼즉 一般境遇에는 第一次 郡守 二次 觀察使 第三次 內部大臣人이오 特定境遇에는 第一次 郡參事會 第二次 道參社會가 此를 監督ㅎ고 以ㅎ야 行政裁判所(行政裁判所는 姑未設)의 判決로써 終審이라 흠. 府村制에셔는 行政裁判所의 判決을 請ㅎ는 者는 必先道參事會 或 郡參事會의 裁決을 經흠이 可ㅎ고 道 及 郡 參事會는 行政裁判所의 階梯될 쑨 不啻라. 內部大臣에 呈ㅎ는 바 訴願의 階梯가 되나 但 法文으로써 行政裁判所에 呈訴ㅎ는 事를 許ㅎ는 境遇에는 內部大臣에게 訴願흠을 不得흠. 問 府面村制에 其 所有物 及 營造物이 有ㅎ고 其 所有物과 營造物의 區別이 如何

答 府面村의 所有物과 營造物은 如何혼 區別이 有흠을 按흠이 府面村制理由書에 依혼즉 所有物과 土地森林 等을 指ㅎ고 營造物이라 흠은 學校病院, 水道瓦斯 等을 指흠이나 然이나 아직 所有物과 營造物에 區別이 明確다 云치 못ㅎ니 余는 此 區別은 物件 本來性質에 基準치 아니ㅎ고 其 目的 及 結果로셔 生ㅎ는 者로 信흠.

(甲) 目的의 區別 營造物은 行政上의 目的이 有혼 者며 此와 反ㅎ야 所有物은 此 目的이 有치 아니ㅎ고 行政上의 目的은 直接으로 公共利益에 供ㅎ는 事를 云ㅎ고 府面村有의 所有物은 間接으로 行政上의 目的이 有ㅎ나 直接으로 公共利益에 供흠이 不能흠.

(乙) 結果上의 區別 營造物의 賣買讓渡는 行政法上의 關係로써 民法規定에 依치 아니ㅎ며 此와 反ㅎ야 府面村有의 所有物은 民法의 規定에 依ㅎ야 此를 賣買讓渡흠을 得ㅎ되(但 上級自治體의 認可를 要흠) 蓋 府面村이 營造物을 建設維持ㅎ는 事는 公法的 行爲오 私法的 行爲가 아닌 빈라.

問 地方自治와 地方行政의 區別의 如何

答 地方에도 地方行政의 一部分된 一點은 同一되나 然ᄒᆞ나 他一點에셔
ᄂᆞᆫ 純一ᄒᆞᆫ 區別이 有ᄒᆞ니 卽 地方自治라 홈은 道郡府面村과 갓치
公法人이 其 自身의 生存을 維持ᄒᆞ고 發達을 企圖ᄒᆞ야 團體共同事務
ᄅᆞᆯ 處理ᄒᆞᄂᆞᆫ 者라 然ᄒᆞ나 法人은 法에 依ᄒᆞ야 認치 아니ᄒᆞᆫ즉 生存홈
을 不得ᄒᆞᄂᆞᆫ 故로 其 法人이 活動ᄒᆞ나 亦 法令範圍를 超越홈으로
不得ᄒᆞ며 但 上級官廳의 許可를 要홈에ᄂᆞᆫ 唯 其 監督方法됨에 不過
ᄒᆞᆫ즉 毫末도 地方自治本質에 違反ᄒᆞᄂᆞᆫ 者ㅣ 아니라.

地方行政이라 홈은 國家가 直接으로 行ᄒᆞᄂᆞᆫ 바 行政이니 地方自治
와 如히 道郡府面村의 法人에게 委任ᄒᆞ야 行케 ᄒᆞᄂᆞᆫ 行政이 아니나
그러나 其 機關도 亦 國家가 自爲設備ᄒᆞᆫ 中央行政과 如히 其 行政이
中央에 在치 아니ᄒᆞ고 地方에 屬ᄒᆞ니 故로 地方行政이라 名홈에 在
ᄒᆞ니 此ᄅᆞᆯ 要홈ᄆᆡ 地方自治와 地方行政이라 홈은 道郡府面村된 法
人에 委任ᄒᆞ야 行케 ᄒᆞᄂᆞᆫ 政務와 國家가 直接으로 行ᄒᆞᄂᆞᆫ 地方의
政務에 因ᄒᆞ야 區別ᄒᆞᄂᆞᆫ 者라.

問 道郡府面村은 如何ᄒᆞᆫ 收入으로써 其 支出에 充用ᄒᆞᄂᆞᆫ 者오.

答 [一] 道의 收入으로써 其 道의 經費에 充用ᄒᆞᄂᆞ니 此ᄅᆞᆯ 道稅라 云ᄒᆞ
니 道稅로 徵收홈이 可ᄒᆞᆫ 稅目併賦課徵收의 方法은 (一) 地方稅規則
에 依ᄒᆞ며 (二) 道制의 規定에 依홈이 可ᄒᆞᆫ 者라.

[二] 郡은 其 郡의 經費에 充用ᄒᆞ기 爲ᄒᆞ야 郡稅를 徵收ᄒᆞ니 但 郡稅
ᄂᆞᆫ 道稅와 如히 直接으로 管內住民에게 賦課ᄒᆞᄂᆞᆫ 事이 無ᄒᆞ고 郡內
各面에 賦課ᄒᆞ며 各面은 各其 面 豫算에 編入ᄒᆞ야 面稅로 徵收ᄒᆞ야
써 其 總額을 郡의 金庫에 收納ᄒᆞᄂᆞᆫ 者라.

[三] 府郡面村의 歲入으로 收入ᄒᆞᄂᆞᆫ 者ᄂᆞᆫ 此ᄅᆞᆯ 府面稅 及 雜收入이
라 云ᄒᆞ니 府面村은 此等의 收入으로써 其 經費에 充用ᄒᆞᄂᆞᆫ 者라.

問 面村制에 收入員은 面村長 及 助役[總務]을 兼홈을 不得홈으로 規令
홈은 其 理由가 如何

答 收入員은 元來 出納을 掌理ᄒᆞᄂᆞᆫ 吏員이며 面村長은 面村의 收入支出

에 對ᄒ야 命令權이 有ᄒ 吏員이며 總務ᄂ 面村長의 職務를 補佐ᄒ
ᄂ 吏員이 되ᄂ니 故로 收入員은 面村長의 命令에 依ᄒ야 現金 或
物品을 收入支出ᄒᄂ 者로 出納官과 洽似ᄒ며 又 面村長은 支拂命令
官과 如ᄒ니 若 其 面村長 及 總務와 收入員을 相兼ᄒᄆ을 得ᄒ즉 一人
으로 隨意에 支出收納을 得ᄒᄆ으로써 其 結果가 專橫의 弊害를 助ᄒ
야 財政의 紊亂을 惹起ᄒᄂ 恐荒을 不免ᄒ나니 是가 面村制에 收入
員은 面村長 及 總務를 兼任ᄒᄆ을 不得한다 規定한 所以라.

▲ 제11호

問 郡面會ᄂ 郡面의 行政을 監督ᄒᄂ 權利가 有ᄒ며 若 有ᄒ즉 其 監査
方法이 如何

答 郡面會ᄂ 郡面의 代議機關이라 執行機關이 無ᄒ나 然ᄒᄂ 確實이
郡面의 行政을 監督ᄒᄂ 權利가 有ᄒ니 監督이라 ᄒᄆ은 他의 管理者
가 有ᄒᄆ을 監督ᄒᄆ에 在ᄒ니 郡面의 行政은 君面이 스사로 管理ᄒᄂ
故로 郡面會가 此를 監督ᄒᄂ 權利가 有ᄒ도다. 蓋 郡面會ᄂ 本體오
郡面의 行政은 支體가 되나니 本體가 支體를 監督ᄒᄂ 權이 有ᄒᄆ은
勿論이어니와 尙 且 其 以上에도 事勢의 詳細를 監督ᄒᄆ이 可ᄒ니
現今 郡面制의 郡面會ᄂ 郡面의 事務에 關ᄒ 書類 及 計算書를 檢閱
ᄒ야 郡面長의 報告를 請求ᄒ야 事務의 管理 及 議決의 施行과 幷
收入支出의 正否를 監督ᄒᄂ 職權이 有ᄒ다 規定ᄒᄆ은 正當히 郡面
行政의 監査方法이 明白ᄒ 者라. 드듸여 郡面會ᄂ 郡面의 行政으로
公益을 害ᄒᄂ 所爲가 有ᄒ다 認ᄒᄂ 時ᄂ 意見書를 監督行政廳에
提出ᄒ야 其 處分을 得ᄒᄆ이 可ᄒ니 是亦 監督權으로셔 生ᄒᄆ이 當然
의 結果라. (完)

◎ 地方自治行政, 閔丙斗,〈기호흥학회월보〉제4호, 1908.11.
  (행정학)

▲ 제4호

　地方自治行政은 各其 地方의 住民으로써 其地方事務를 法令 範圍 內
에서 處理케 ᄒᆞᄂᆞ니 是ᄂᆞᆫ 其 地方 利害에 密接한 關係가 有ᄒᆞᆫ 所以라.
然而 我邦에 在ᄒᆞ야도 古來로 多少의 此에 關ᄒᆞᆫ 形跡이 有ᄒᆞ얏시나 實
際에 法文上 可據ᄒᆞᆯ 者ㅣ 無ᄒᆞᆫ 故로 近世 文明國의 現行 市町村制(시정
촌제)를 紹介ᄒᆞ야 將來 我邦의 自治行政 實施ᄒᆞᆯ 準備ᄅᆞᆯ 作코자 ᄒᆞ노라.

第一章 市面村의 構成

　土地의 耕作과 沼海의 漁獵으로써 産業을 作ᄒᆞᄂᆞᆫ 經濟界의 人民은
各其 小村落을 成ᄒᆞ야 到處에 散在ᄒᆞᆷ은 自然ᄒᆞᆫ 理勢오, 其貨物을 製造
ᄒᆞ거나 或은 交通의 中心된 者ᄂᆞᆫ 市街를 成ᄒᆞ나니 其最大ᄒᆞᆫ 者ᄂᆞᆫ 自然
히 政治 經濟 文化의 中心이 되야 狀況이 各其 不同ᄒᆞᆫ 故로, 國法은 此
를 市面村으로 區別ᄒᆞ야 其 自治와 監督의 方法을 相異케 ᄒᆞᆫ 者ㅣ라.
然이나 市面村이 共히 最下級의 地方團體를 成ᄒᆞ야 其 自治制의 基礎를
作ᄒᆞᆫ 点에 在ᄒᆞ야ᄂᆞᆫ 國法上의 地位를 同一히 ᄒᆞᆫ 者ㅣ라.

　地方團體ᄂᆞᆫ 一定ᄒᆞᆫ 區域 及 住民으로써 基礎를 作ᄒᆞ야 法律로써 構成
ᄒᆞᆫ 自治團體가 行政의 機官者된ㅣ니 市面村(시면촌)은––

▲ 제5호

第二章 市面村의 機關

地方自治團體는 其 自治의 公職을 行ᄒ기 爲ᄒ야 一定ᄒ 機關을 備ᄒ느니 地方自治機關은 國家 直接의 官府는 아니오, 其 團體의 自治權을 行使ᄒ기 爲ᄒ야 存在ᄒ 바ㅣ라. 故로 國家는 團體 自己의 自治權과 責務를 保有케 ᄒ면 團體는 更히 其 機關을 有ᄒ야 此를 行ᄒ는 者ㅣ라.

市의 機關은 市會 及 市參事會라.

(一) 市會는 公選을 成立ᄒ 地方會議니 市政의 重要ᄒ 件을 議決ᄒ며 議員은 大槪 三十人 以上 六十人 以下로 定홈이 常例니 法律의 規定으로써 人口의 多寡를 隨ᄒ야 其數를 相異케 홈이라.

市會 議員의 組織은 公選을 依ᄒ느니 市의 公民은 總히 選擧權과 被選權을 保有ᄒ니라. 選擧의 方法은 三級法을 用ᄒ느니 選擧人 中에 直接 市稅의 納額이 最多ᄒ 者를 合ᄒ야 選擧人 總員이 供納ᄒ는 總額의 三分一에 可當ᄒ 者를 一級이라 ᄒ며, 一級 選擧人 外에 直接 市稅의 納額이 多ᄒ 者를 合ᄒ야 選擧人員의 供納ᄒ는 總額이 三分一에 可當ᄒ 者를 二級이라 ᄒ며, 其餘 選擧人을 三級이라 ᄒ야, 選擧人 每級에 各其 議員의 三分一을 選擧ᄒ느니 其被選擧人은 同級 內에 在ᄒ 者만 限홈은 아니오, 三級을 共通ᄒ야 選擧홈을 可得ᄒ는 바ㅣ라.

市會의 職權은 市政의 重要ᄒ 事件을 議決ᄒ며 其 執行을 監視홈에 在ᄒ느니 市會는 議決은 行ᄒ나 施政은 行치 아니홈이라. 故로 市를 代表ᄒ야 其名義로써 命令權을 施行ᄒ는 機關은 아니며 市會의 議決을 要ᄒ는 事項의 槪目은 (一) 條例의 發布, (二) 歲入歲出의 豫算 及 決算, (三) 市稅 規費, 賦役, 其他 公課, (四) 基本財産 及 不動産의 處分, (五) 營造物의 管理 等이라.

(二) 市參事會는 市長, 助役 及 名譽職 參事會員의 三種 吏員으로부터

成혼 合議制의 行政機關이니 市의 施政을 主管호는 者ㅣ라.

市長(一人)은 市會의 推薦을 依호야 上奏 裁可를 請호야 此를 任命호며 助役(一人 乃至 三人) 及 名譽職 參事員(六人 乃至 十二人)은 市會에셔 此를 選擧호되 다만 助役의 選擧는 觀察使의 認可를 要호느니라.

市參事會는 市를 代表호야 自己의 名義로 總히 市會의 議決을 執行홈에 在호고 若 市會의 決議가 其權限에 踰越(유월)호거나 法律 命令에 違反호거나 又 公益을 妨害홈으로 認홀 時는 市參事會는 其議決의 執行을 停止호고 再議케 호되 尙且 其 議決을 變更치 아니홀 時는 道參事會의 裁決을 請홈을 得호고, 其違法 越權에 關혼 者는 市會에 對호야 行政 訴訟을 提起홈을 可得호는 바ㅣ라.

市長은 市參事會의 一員으로 自治行政의 機關되는 外에 法律 命令을 依호야 中央行政 或은 道行政이 市의 區域에 屬호는 件을 管掌호느니 此는 市長이 特히 單獨 官府로 中央行政 或은 觀察府 行政의 機關된 者오, 市參事會 職權에 屬치 아니홈은 多辯을 不要홀 바ㅣ라. (未完)

▲ 제6호

面村의 機關은 面村會 及 面村長이라.

(一) 面村會는 公選을 由호야 成立혼 地方 會議로 面村 行政과 重要혼 件을 議決호느니 議員은 八人 以上 三十人 以下로 定호되 法律 規定을 依호야 人口 多寡에 比例로써 其 數ㅣ 相異혼 바ㅣ라. 面村 議員의 組織은 公選을 依호느니, 面村 公民은 總히 選擧權과 被選擧權을 保有홈이라. 選擧醫方법은 二級法을 用호느니 選擧人 中에 直接 面村稅의 納額이 最多혼 者를 合호야 選擧人 全員이 供納호는 總額의 半에 可當호는 者를 一級이라 하며, 其餘의 選擧人을 二級이라 호야 選擧人 每級에 各

其 議員의 半數를 選擧호디 其被選人은 반다시 同級 內에 在호 者에만 限치 아니ᄒ며 兩級을 通ᄒ야 選擧흠을 可得ᄒᄂ 바] 라.

面村會의 職權은 面村 行政의 重要호 事件을 議決ᄒ야 其 執行을 監視흠에 在ᄒ며 面村會ᄂ 議決權은 行호디 施行權은 行치 못ᄒᄂ니, 面村을 代表ᄒ야 自己의 名義로써 命令權을 施行ᄒᄂ 機關은 아니라. 面村會의 議決을 要홀 事項의 槪目은 (一) 條例의 發布, (二) 歲入歲出의 預筭 及 決算, (三) 面村稅 規費 其他 公課, (四) 基本財産 及 不動産의 處分, (五) 營造物의 管理 等이라.

(二) 面村長은 單獨制의 行政 機關이라. 其 面村을 總轄(총할)ᄒ며 其 行政을 統理ᄒᄂ니, 面村長의 事務를 補佐ᄒ기 爲ᄒ야 助役을 治호디 面村會의 同義를 得ᄒ야 助役으로 ᄒ야금 行政 事務의 一部를 分掌케 호 事를 可得ᄒ며, ᄯ 助役은 面村長이 有故홀 時에 此를 代理홀 事도 有ᄒ나 然이나 面村의 行政은 單獨制된 面村長에 屬ᄒ고, 助役은 此의 補佐員된 者] 라.

面村長과 助役은 面村會에[셔 此를 選擧흠이라. 面村長은 面村을 代表ᄒ야 自己의 名義로써 面村의 施政을 總理ᄒᄂ니, 其 地劵의 主要호 者ᄂ 面村會의 議決을 執行흠에 在호디 若 面村會의 決議가 其 權限을 踰越ᄒ거나 法律 勅令에 違反ᄒ거나 又ᄂ 公益을 妨害흠으로 認홀 時ᄂ 面村長은 其 議決의 執行을 停止ᄒ고, 再議케 호디 其議決을 尙且 變更치 아니홀 時ᄂ 郡參事會의 裁決을 請ᄒ기 可得ᄒ며 其 違法 越權에 關호 者ᄂ 面村會에 對ᄒ야 行政訴訟을 提起흠을 可得ᄒᄂ 바] 라.

--

第三章 市面村의 財政

地方自治團軆ᄂ 財産 權能을 保有ᄒ며 自己의 資産으로써 獨立의 經

濟를 營行ᄒᆞᄂᆞᆫ 者ㅣ라--

▲ 제7호

市面村稅로 賦課ᄒᆞᄂᆞᆫ 稅目은 左와 如ᄒᆞᆷ이라.

一. 國稅, 道稅의 附加稅
一. 直接, 又 間接의 特別稅

附加稅ᄂᆞᆫ 職業의 國稅 又ᄂᆞᆫ 道稅에 附加ᄒᆞ야 均一ᄒᆞᆫ 稅律로서 市面村 全部에 徵收ᄒᆞᆷ이 常例오, 特別稅ᄂᆞᆫ 附加稅 外에 市面村에만 限ᄒᆞ고, 稅目을 算出ᄒᆞ야 課稅ᄒᆞᆷ을 要ᄒᆞᆯ 時에난 賦課 徵收ᄒᆞᄂᆞᆫ 者라.
三個月 以上 市面村에 滯在ᄒᆞᆫ 者ᄂᆞᆫ 其 市面村稅을 納ᄒᆞᄂᆞ니--

第四章 市面村 行政의 監督

市面村의 行政은 一次에 郡守 府尹이 此를 監督ᄒᆞ며 第二次에 內部大臣이 此를 監督ᄒᆞᄂᆞ니--

(完)

◎ 政黨論, 安國善, 〈대한협회월보〉 제3호, 1908.6. (정치학)

*안국선의 정치학은 제3호에 정당론, 제4호에 사회의 종류, 민법과 상법, 제5호에 정치학 등과 같이 일관성이 없이 게재되었다. 여기서는 정치학 관련 논문을 편집함

▲ 제3호=정당론

政黨은 政治上의 意見으로 同一き 主義를 有き 者가 相黨홈이니 朋黨은 國家와 社會에 害를 貽홈이 甚き 者로되 政黨은 今日 進步き 政治上에 不可缺홀 必要機關이라. 政府가 비록 責任內閣을 組織き다 홀지라도 政黨의 組織이 完全치 못き면 其 實을 見키 難ᄒ며 人民이 비록 多數政治를 實行코ᄌ 홀지라도 政黨의 成立이 無き면 其 益을 收키 難ᄒ니 此ᄂ 歐米 各國에 屢驗き 바라. 故로 政黨의 分立이 無き 國은 未有ᄒ니 大抵 今日 文明き 時代에 當ᄒ야ᄂ 人民의 政治思想이 ᄯᄒ 發達홈으로 政治上의 主義가 各有ᄒ야 意見에 異同이 有ᄒ며 方策에 贊否가 有ᄒ야 各其 主義를 達ᄒ랴 ᄒ되 單獨의 力으로ᄂ 行키 難ᄒ믹 我와 主義가 相同き 者와 遇合ᄒ야 其 目的를 達코ᄌ ᄒ니 此ㅣ 政黨의 由ᄒ야 起ᄂ 所以라. 然이나 人의 意見이 各異홈은 其 面의 不同홈과 如ᄒ야 巨細 不遺ᄒ고 意見이 相同き 者ᄂ 求키 不能ᄒ니 政黨에 必要き 것은 大同主義가 是라. 故로 一黨派에 屬き 者ᄂ 其 細少き 手段에 至ᄒ야ᄂ 意見이 各異홀지라도 大同主義만 同一ᄒ면 足ᄒ니 假如 進步黨의 人員이 其 進步ᄒᄂ 方策에ᄂ 或은 緩進코ᄌ ᄒ며 或은 急進코ᄌ ᄒ야 意見이 不同홀지라도 進步라 ᄒᄂ 大同主義만 同一ᄒ면 一黨에 歸홈이 固然한 結果라. 故로 大主義가 相異ᄒ고ᄂ 同 政黨에 公屬치 못ᄒ려니와 旣已 一黨에 歸屬ᄒ얏다가 些少き 方策에 關ᄒ야 意見이 不同홈으로 大主義를 不顧ᄒ고 退黨ᄒ거ᄂ 分立ᄒᄂ 者ᄂ 其 目的을 達홀 日이 無홀 것이오 ᄯ 政治上의 主義가 無ᄒ고 但只 勢를 趉ᄒ며 利를 隨ᄒ야 某黨에

投入ᄒᆞ면 此ᄂᆞᆫ 無主義의 黨員으로 因ᄒᆞ야 弊를 貽ᄒᆞᆷ이 必多ᄒᆞ고 其 黨員은 永久히 保全치 못ᄒᆞ야 該 政黨의 勢力이 減ᄒᆞᄂᆞᆫ 日에ᄂᆞᆫ 其 背向를 難知ᄒᆞ며 去就를 莫測ᄒᆞᆷ에 至ᄒᆞ리니 今日 我韓에도 政黨의 組織이 必要ᄒᆞᆷ은 余의 認ᄒᆞᄂᆞᆫ 바로되 確實ᄒᆞᆫ 主義를 立ᄒᆞᆷ이 안이면 此에 贊同ᄒᆞ기 難ᄒᆞ며 我黨에 黨員이 多數 入參ᄒᆞᆷ을 望ᄒᆞᄂᆞᆫ 바로되 無主義의 人이 投入ᄒᆞᆷ은 願치 안이ᄒᆞᄂᆞᆫ지라. 大抵 人民이 政治上에 對ᄒᆞ야 思想을 全然 斷絕ᄒᆞ면 已어니와 設使 外國保護政治下에 立ᄒᆞᆯ지라도 其 政治가 我에게 痛癢相關이 有ᄒᆞᆫ 以上은 我가 此에 對ᄒᆞ야 容喙ᄒᆞᆯ 權利가 有ᄒᆞ며 干與ᄒᆞᆯ 主義가 有ᄒᆞᆫ 것이니 엇지 越視ᄒᆞᆷ이 可ᄒᆞ리오. 故로 同一ᄒᆞᆫ 主義를 抱ᄒᆞᆫ 者ㅣ 合同ᄒᆞ야 共衆力으로 其 目的을 達ᄒᆞ랴 ᄒᆞᆷ이 是ㅣ 政黨이라. 然則 政治上의 主義를 表白ᄒᆞ고 政治上의 目的을 達ᄒᆞ기 爲ᄒᆞ야 組織ᄒᆞᆫ 政黨은 秩序를 紊亂ᄒᆞ기 前에ᄂᆞᆫ 統監府의 權力으로도 妨害치 못ᄒᆞ며 政府의 壓制로도 解散치 못ᄒᆞᄂᆞ니 萬一 此를 妨害ᄒᆞ거ᄂᆞ 此를 解散ᄒᆞ면 是ᄂᆞᆫ 人民의 自由를 無視ᄒᆞ며 國家의 興望을 違反ᄒᆞᆷ인즉 如此ᄒᆞᆷ은 自由의 讎ㅣ요 輿情의 敵이라 엇지 泯黙ᄒᆞᆷ을 肯ᄒᆞ리오.

ᄯᅩ 國家의 政治上으로 觀察ᄒᆞᆯ지라도 政黨政治를 行ᄒᆞᆷ이 極히 有益ᄒᆞᆫ 點이 多ᄒᆞ니 英國은 第一完全ᄒᆞᆫ 政黨政治를 行ᄒᆞᄂᆞᆫ 國이라 內閣을 組織ᄒᆞᆷ에 恒常 國民의 興望이 厚ᄒᆞᆫ 政黨員으로 組織ᄒᆞ야 聯帶責任을 負ᄒᆞᄆᆞ 政黨政治의 效益이 多ᄒᆞᆫ 中에 其 最著ᄒᆞᆫ 者를 擧ᄒᆞ건딕 一은 時勢에 適切ᄒᆞᆫ 政略을 得行ᄒᆞᄂᆞ니 大抵 政黨의 勝負를 決ᄒᆞᆷ은 其 主義를 贊成ᄒᆞᄂᆞᆫ 者의 多寡로 人心의 向背을 依ᄒᆞ야 定ᄒᆞᆷ인즉 甲黨이 制勝ᄒᆞ면 此ᄂᆞᆫ 甲黨의 主義가 其 時勢에 適切ᄒᆞᆷ이오 乙黨이 取敗北은 此ᄂᆞᆫ 其 主義가 時勢에 不適ᄒᆞᆷ이라. 故로 政黨政治를 行ᄒᆞᄂᆞᆫ 國에ᄂᆞᆫ 制勝ᄒᆞᄂᆞᆫ 黨이 政府에 入ᄒᆞ야 政을 施ᄒᆞᄆᆞ 其 政治가 恒常 時勢에 適合ᄒᆞ고 二ᄂᆞᆫ 可히 第一流의 人物을 擧ᄒᆞ야 政治의 樞要를 握ᄒᆞᆷ을 得ᄒᆞᄂᆞ니 大抵 國會의 議院은 人民이 全國 中에셔 人材로만 公選ᄒᆞᆫ 代議士가 會集ᄒᆞᆫ 人物의 淵藪라. 如此ᄒᆞᆫ 人材 中에셔 가장 俊傑ᄒᆞ고 가장 輿望이 多ᄒᆞᆫ 政治家 卽 政黨의 首魁로 首相을 任ᄒᆞ고 ᄯᅩ 各部 長官도 該 黨員 中에 第一

有望ᄒᆞᆫ 人으로 入閣케 ᄒᆞᄆᆡ 其 人物이 決코 庸碌無能ᄒᆞ야 短長이 無ᄒᆞᆫ 人士가 안임을 可히 豫決ᄒᆞ리로다. 政黨을 組織ᄒᆞ야 其 目的을 達ᄒᆞ고 此 利益을 政治上에 供ᄒᆞ랴면 該 黨에 一定ᄒᆞᆫ 主義를 確立ᄒᆞ고 黨員도 ᄯᅩᄒᆞᆫ 總히 其 主義를 抱ᄒᆞ야 些少ᄒᆞᆫ 意見의 背馳로 分立ᄒᆞᆷ이 無ᄒᆞᆷ을 要ᄒᆞ고 ᄯᅩ 無主義로 烏合ᄒᆞ얏다가 困難ᄒᆞᆫ 時에 分散ᄒᆞᄂᆞᆫ 等의 鄙陋가 無ᄒᆞᆷ을 要ᄒᆞ며 ᄯᅩ 同一ᄒᆞᆫ 主義를 有ᄒᆞᆫ 者ㅣ 黨與치 안이ᄒᆞᄂᆞᆫ 것도 譽ᄒᆞᆯ 것이 無ᄒᆞ니라.

▲ 제4호 = 會社의 種類, 安國善

　我韓의 萬般文物이 漸次 發進ᄒᆞᄂᆞᆫ 同時에 實業 社會도 幾何間 舊日의 面目을 改ᄒᆞ야 會社라 組合이라 ᄒᆞᄂᆞᆫ 懸板을 處處에 見ᄒᆞᄏᆡᆺ스며 地方에도 商會와 會社 等의 組織을 計劃ᄒᆞᆷ이 有ᄒᆞᆷ을 聞ᄒᆞᄂᆞᆫ도다. 然이나 會社에 關ᄒᆞᆫ 法則을 未知ᄒᆞᄂᆞᆫ 者ㅣ 多ᄒᆞ야 往往 錯誤의 擧動이 有ᄒᆞᆷ을 未免ᄒᆞ며 甚ᄒᆞᆫ 者ᄂᆞᆫ 會社의 種類도 不知ᄒᆞ야 資本金을 數人이 合ᄒᆞ야 組織ᄒᆞ면 依例히 合資會社로 知ᄒᆞ니 此ᄂᆞᆫ 不知의 甚ᄒᆞᆷ이라. 故로 會社의 種類를 玆에 區分 說明ᄒᆞ야 實業家에 參考에 供코ᄌᆞ ᄒᆞ노라.

　會社의 種類ᄂᆞᆫ 四가 有ᄒᆞ니 一은 合名會社오 二ᄂᆞᆫ 合資會社오 三은 株式會社오 四ᄂᆞᆫ 株式合資會社라. 何會社던지 其 商號에ᄂᆞᆫ 此 四種 中의 一을 表示치 안이치 못ᄒᆞᄂᆞ니 假如 株式會社 某 銀行이라 又ᄂᆞᆫ 某 合名會社라 ᄒᆞᆷ이 是也라.

一. 合名會社ᄂᆞᆫ 無限責任社員으로만 組織ᄒᆞᄂᆞᆫ 會社니 無限責任社員이라 ᄒᆞᆷ은 會社責務에 對ᄒᆞ야 會社財産으로 其 負債를 畢報키 難ᄒᆞ면 社員의 私有財産으로도 此를 報給ᄒᆞᆯ 義務가 有ᄒᆞᆷ이라. 故로 合名會社의 社員은 總히 無限責任을 負擔ᄒᆞ야 該 會社에 對ᄒᆞ야 捧次가 有ᄒᆞᆫ 債權者ᄂᆞᆫ 會社로셔 收捧키 不能ᄒᆞᆫ 境遇에ᄂᆞᆫ 其 會社社員 中 某에게 對ᄒᆞ던지 請求ᄒᆞᆷ을 得ᄒᆞᆯ지라. 故로 合名會社의 社員은 總社員의 同意를 得지 안이ᄒᆞ면 退社 或 讓渡치 못ᄒᆞ고 ᄯᅩ 退社ᄒᆞᆫ 後라도 二個年間은 其 退社

以前에 生훈 會社債務에 對호야 責任을 負호느니 社員은 總히 會社의 業務를 執行홀 權利 義務가 有호고 社員이 多數되는 境遇에는 業務擔當 社員을 特別히 選定호야 被選훈 社員만 業務執行의 權義가 有호고 其外 社員은 此에 干與홈을 不許호되 業務時間에는 何時던지 會社財産의 情況과 業務의 狀況을 檢査홈을 得호며 또 各 社員은 競業 禁止의 義務가 有호야 他會社의 無限責任社員됨을 不得호고 또 自己느 又는 第三者를 爲호야 會社營業部類에 屬훈 商業行爲를 行홈을 不得호느니라.

二. 合資會社는 無限責任社員과 有限責任社員의 二種 社員으로 組織호는 會社니 定款을 作成홀 時에 社員 中 責任의 有限과 無限을 區別記載 호야 無限責任社員은 合名會社의 社員과 如히 會社責務에 對호야 聯帶 無限의 責任을 負호고 有限責任社員은 毫末도 責任을 負홈이 無호니 兩種 社員 中에 一種만 無호야도 合資會社로 存續홈을 不得홀지라. 故로 會社가 成立된 以後에는 業務를 執行홀 權義가 有훈 者는 無限責任 社員뿐이오 有限責任社員은 業務執行에 干與홈을 不得호고 다만 監視 權만 有홀 뿐이오 無限責任社員은 合名會社 社員과 如히 競業禁止의 義務가 有호고 持分을 讓渡호는 時는 總社員의 同意를 經치 안이호면 此를 讓渡치 못호며 有限責任社員은 競業禁止의 義務가 無호고 또 其 持分을 讓渡호랴면 無限責任社員의 同義만 得호면 可호니라.

三. 株式會社는 純全훈 資本團體니 七人 以上이 發起호야 組織호되 社員은 株式을 引受호야 株主가 되고 會社에 對호야 引受훈 株式의 金額을 出資호는 義務가 有훈 以外에는 何等 義務도 無호며 如何훈 責任도 無호니 會社責務가 多호야 會社財産으로 此를 辦償치 못호는 境遇라도 一般 株主의 私有財産으로는 辦償홀 義務가 無호며 競業禁止의 義務도 無훈지라. 株式會社의 業務를 執行호는 者는 取締役이오 此를 監督호는 機關은 監査役이니 다 特別히 選任호는 것이오 一般 株主는 株主總會를 因호야 其 權利를 行使호는 道가 有홀 뿐이라 株式의 自由讓渡는 株式 會社의 一種 特質이니 他社員의 同意를 得홀 必要가 無호고 自由로 讓渡홈을 得호는 것이라.

四. 株式合資會社는 株式會社에 無限責任社員을 定ᄒ야 組織ᄒ는 것이니 其 無限責任社員에 對ᄒ야는 合名會社 社員에 關ᄒ 諸規定을 適用ᄒ고 其他 株主에 關ᄒ야는 株式會社의 規定을 準用ᄒ는 것이라.

▲ 제5호=政治家, 安國善

古昔希臘의 學者푸리트씨가 治者의 理想을 發達케 ᄒ고 政治로 ᄒ야 곰 智識中 適當ᄒ 地位를 持保케 ᄒ기 爲ᄒ야「政治家라」ᄒ는 一書를 著述ᄒ이 有ᄒ니 此는 理想的 政治者를 實際的 政治家와 明確히 區別ᄒ고 抽象的 政治學을 實際的 政治術과 判然이 分割ᄒ고 結論에는 政治家와 賢哲은 全然히 一致ᄒ이오 政治와 敎育은 總點에 至ᄒ야 合致ᄒ것이라 ᄒ이라. 氏의 意見을 從ᄒ면 眞正ᄒ 政治家의 任務는 德行의 理想的 標準에 適合ᄒ 國民을 養成ᄒ에 在ᄒ고 眞正ᄒ 政治學의 目的은 法律에 依ᄒ과 否ᄒ을 不問ᄒ고 國民을 正義로 指導ᄒ 만ᄒ 眞智識을 闡明ᄒ에 在ᄒ도다. 故로 此ㅣ 窮極ᄒ 眞理의 點으로 視察ᄒ면 普通政體의 善惡을 區別ᄒ 標準되는 諸種特質과 如ᄒ은 問ᄒ 바 아니라 大抵 治者가 少數되고 多數되며 貧者되고 富者되며 臣民이 合意的으로 治者를 奉戴ᄒ고 强制的으로 服從ᄒ는 等은 全然히 別問題니 我의 疾病을 治療ᄒ는 者는 名醫라 我의 意를 從ᄒ야 醫ᄒ거ᄂ 我의 意를 反ᄒ야 醫ᄒ은 論ᄒ 바 아니오 其 醫者가 書籍으로 醫術을 修業ᄒ과 書籍 以外에 修業ᄒ은 問ᄒ 바 아니로다. 然則 此 意味의 푸리트氏 政治的 觀念은 立法法律을 政治의 要素가 아니라 ᄒ야 全然히 政治 以外에 排斥ᄒ이라. 然이나 푸리트氏는 또 理想과 實際의 關係를 論ᄒ고 法律의 顯著ᄒ 職分을 說明ᄒ야 曰 理想的으로 言ᄒ진뒤 賢哲의 自由的 行動은 善良完全ᄒ 政治의 保證이니 狹隘ᄒ고 變通이 無ᄒ 法規보담 勝ᄒ이 多ᄒ지라. 鬱屈ᄒ 規矩準繩으로 賢哲의 自由行動을 律ᄒ은 譬컨뒤 其 術에 習치 못ᄒ고 其 枝를 知치 못ᄒ는 淺薄ᄒ 智識과 固陋ᄒ 慣習으로 變化無窮ᄒ 醫者의 手術을 制限ᄒ과 同ᄒ도다. 然이나 大智는 易求키 難ᄒ고

賢哲은 常得키 不能ᄒ니 此ㅣ 國家政治에 立ᄒᆫ 者ㅣ 法律에 依치 아니
ᄒ면 不可ᄒᆫ 所以라. 法律은 過去 現在에 在ᄒᆫ 社會의 諸般 經驗과 實際
的 智識의 具體的 表彰이니 如何ᄒᆫ 人이던지 如何ᄒᆫ 人의 集合體던지
成文法 慣習法보담 多量豊富ᄒᆫ 政治的 思想과 經驗을 有ᄒᆫ 者ㅣ 未有ᄒᆯ
지라. 故로 此等 法律에 準據ᄒ야 此와 背馳치 아니흠은 不完全ᄒᆫ 人類
間에 成立ᄒᆫ 不完全ᄒᆫ 政府組織에 在ᄒ야ᄂ 가장 必要흠이라.

푸릿트의 思想이 屢次變化ᄒ얏ᄂ니 最初에ᄂ 純全ᄒᆫ 理想的 國家를
想像ᄒ얏고 其 次에ᄂ 理想的 國家와 實際的 國家를 折衷ᄒ야 想像ᄒ얏
고 最終에ᄂ 理想的 國家를 全然히 抛擲ᄒ고 不完全ᄒᆫ 人類間에 成立흠
을 得ᄒᆯ 完全ᄒᆫ 國家組織을 案出ᄒ랴 ᄒ얏도다. 故로 氏ᄂ 政治家가 不
得不 法律의 力을 利用흠이 實際的 國家에 適合ᄒᆫ즉 社會生活을 絶對的
으로 決定ᄒᆯ 法典을 編纂ᄒ야 實際政治의 最良ᄒᆫ 結果를 確保ᄒ랴 흠이
라. 然이나 푸릿트氏의 此 思想은 實際的 國家를 帝政에 求ᄒ랴 흠도
아니오. 또 民主政治에 求ᄒ랴 흠도 아니오 帝政과 民主의 中庸을 執ᄒ
야 此를 求ᄒ랴 ᄒ얏ᄂ니 氏가 言ᄒ야 曰 帝政과 民主ᄂ 全然히 正反對
되ᄂ 二主義니 帝政은 權力의 前身이오. 民主政治ᄂ 自由의 代表라. 故
로 治者와 被治者의 感情을 融和ᄒ랴면 此 二大主義의 中庸을 執흠이
可ᄒ니 想思交情은 政治에 가장 重大ᄒᆫ 要素라 政府ᄂ 善良ᄒᆫ 法律로
服從ᄒᆫ 臣民을 指導ᄒᆯ 것이오 法律을 依ᄒ야 臣民을 强制ᄒᆯ 것이 아
니로다.

此ᄂ 卽 政府가 治者와 被治者의 合意로 成흠이라 ᄒᆫ 自然法說과
一致흠이라. 故로 政治家ᄂ 治者의 地位에 在ᄒᆯ 時에 帝政의 權力을 不
當ᄒ게 行使흠이 不可흠과 如히 民主的 自由가 放肆에 流흠도 不可흠을
覺唔ᄒᆯ 것이라 흠이니 氏가 平等의 觀念을 解釋ᄒ야 曰

民主主義의 基礎되ᄂ 平等의 觀念은 適當히 理解치 아니ᄒ면 不可ᄒ
니 何則고 平等에ᄂ 絶對的 平等과 關係的 平等의 二種이 有ᄒᆫ 즉 前者
ᄂ 國民이 各 公共事業을 處理흠에 同一ᄒᆫ 機會를 有ᄒᆯ 것이오. 後者ᄂ
國民이 政府에 立ᄒᆫ 地位가 各 國民의 價値와 比例ᄒᆯ 것이라. 假如抽

籤法으로 撰擇홈은 絶對的 平等의 方法이오 選擧法으로 選擇홈은 關係的 平等에 接近흔 方法이라.

政治家의 對흔 부리트氏의 觀念은 三千年에 近흔 往古에 屬홈이나 政治思想이 發達흔 今日에도 其 右에 出흘 者ㅣ 未有ᄒ도다. 政治家ᄂ 賢哲과 一致홈이니 政治家의 任務ᄂ 德行의 理想的 標準에 適合흔 國民을 養成홈에 在홈이라 ᄒ얏스며 理想的으로ᄂ 政治家의 自由行動이 善良完全흔 政治의 保證이니 法規에게 鬱屈히 制律될 것이 아니로되 不完全흔 人類間에 成立흔 不完全흔 組織에ᄂ 不容不法律에 準據흘 것이라 ᄒ얏스며 政治家ᄂ 其 主義를 執ᄒ고 其 目的을 達ᄒ랴 흘 時에 帝政의 權力을 偏袒홈도 不可ᄒ고 民主의 自由를 放肆에 流케 홈도 不可홈이라 ᄒ얏스며 平等의 觀念을 適當히 解釋ᄒ야 國民은 其 國民의 價値와 比例ᄒ야 總히 政治家의 地位에 居흘 權利가 有홈이라 ᄒ얏스니 政治家ᄂ 如此히 解釋홈이 當然ᄒ고 武斷政治의 手段을 用ᄒ며 權謀術數의 方道를 尙홈은 政治家에 封흔 誤解라 ᄒ노라.

▲ 제6호 = 古代의 政治學과 近世의 政治學, 安國善

希臘 古代에ᄂ 國家에 關흔 現象을 講究ᄒᄂ 것은 總히 此를 政治學이라 稱ᄒ야 國家經濟의 說明이던지 國家의 法規的 說明이던지 國家의 事實的 說明이던지 總히 此를 廣漠흔 政治學이라 ᄒᄂ 名稱下에 包含홈으로 其 目的 範圍가 明了치 안이ᄒ고 其 研究 方法도 任意 常識에 由ᄒᄂ 外에ᄂ 可히 見흘 바ㅣ 無ᄒ얏도다. 또 政治學의 根本되ᄂ 國家 性質의 說明과 國家 政策의 論據와 如흔 것도 事實의 觀察을 避ᄒ며 正當흔 推理를 忌ᄒ야 專히 學者의 空想과 爲政者의 蠢測에 準據ᄒ며 散漫無規흔 哲學者의 餘篇短簡을 搜索補收ᄒ야 政治學의 能事ㅣ 畢矣라 ᄒ고 政治 現象에 關흔 科學的 研究와 如흔 것은 夢想에도 置치 안이하얏도다. 唯獨 「아리스도텔」 氏의 學派가 燦然히 異彩를 放흘 쑨이오 其 後에 希臘이 衰退ᄒ고 羅馬가 勃興ᄒ야 尙武敏活의 氣像만 饒ᄒ고 高尙深遠

의 思想이 缺乏흔 羅馬人도 私人 權義의 學問은 深究窮硏ᄒᆞ야 後世의 木鐸이 되얏스니 國家의 關흔 學說에ᄂᆞᆫ 貢獻홈이 無ᄒᆞᆫ지라.

中世에 至ᄒᆞ야ᄂᆞᆫ 一般 學問이 頹廢ᄒᆞ믹 政治學도 共히 萎靡不振ᄒᆞ얏ᄂᆞ니 偶或國家 性質에 關ᄒᆞ야 學理的 說明을 試흔 者ㅣ 有ᄒᆞ나 多數ᄂᆞᆫ 宗敎的 臭味에 薰染ᄒᆞ야 一顧홀 價値가 無ᄒᆞᆫ지라. 大抵 歐洲 中世에ᄂᆞᆫ 俗權과 僧權의 衝突이 激甚ᄒᆞ야 直接으로 此에 關係치 안이흔 問題ᄂᆞᆫ 世人의 注意를 曳홈이 無홈으로 當時의 學者ᄂᆞᆫ 踵을 接ᄒᆞ야 共히 僧俗紛爭ᄒᆞᄂᆞᆫ 渦中에 投入ᄒᆞ니 碩學「악쑤이누스」詩人「딴테-」等도 此 思潮를 脫却치 못ᄒᆞ고 各其 主權과 僧權을 爲ᄒᆞ야 全力을 傾注ᄒᆞ야 政治上에ᄂᆞᆫ 功績이 少ᄒᆞ얏고 獨히「파도아」의「이리실리로」氏가 超然히 時流를 反抗ᄒᆞ고「아리스도텔」氏의 學風을 襲蹈ᄒᆞ야 墜緖를 繼ᄒᆞ얏스나 此 亦 政治學上의 明星은 되지 못ᄒᆞ얏도다.

近世에 至ᄒᆞ야ᄂᆞᆫ 科學의 進步가 各 方面으로 人心을 啓發홈이 多ᄒᆞ고 特히 政治上의 事情은 學者의 頭腦를 砭刺ᄒᆞ얏ᄂᆞ니「막기야베리」「싼단」이 率先ᄒᆞ야 政治學上에 一大 生面을 開始ᄒᆞ고「록구」「홉부스」가 崛起ᄒᆞ야 君主와 人民의 權利地位를 說明ᄒᆞ얏스며「파구」가 出ᄒᆞ고「몬데스규-」가 生ᄒᆞ고「후-헤틀후」「쌕룬추리-」等이 輩出ᄒᆞ야 天才를 發揮홈으로 政治學이 一朝에 空前흔 進步를 見홈에 至ᄒᆞ얏도다. 또 他方面을 考察ᄒᆞ면「아담스미스」「롯셀」等의 經濟學을 大成ᄒᆞ야 獨立의 科學을 作케 홈이 有ᄒᆞ고「싈케ㅣ」「에리네크」等이 起ᄒᆞ야 公法學의 範圍를 明確히 홈이 有ᄒᆞ니 於是에 古代 所謂 政治學 中에 法規 硏究를 目的ᄒᆞ던 것은 公法으로 法律學의 一部를 成ᄒᆞ고 國家 公私의 經濟에 關흔 것은 또흔 獨立으로 財政과 經濟의 二學科를 成ᄒᆞ고 國家의 事實的 性質을 說明ᄒᆞ야 政策의 基礎를 請究ᄒᆞᄂᆞᆫ 것은 政治學이라 ᄒᆞ야 一部 獨立의 硏究 目的을 作ᄒᆞ니라.

▲ 제7호 政府의 性質, 安國善

　大抵 政府는 其 形式의 如何홈을 不問ㅎ고 其 本然에 可히 欠치 못홀 것은 權力이니 政府가 旣有혼 以上에는 一便에 治者가 有ㅎ고 又 一便에 被治者가 有ㅎ야 治者의 權力은 其 間接과 直接을 不問ㅎ고 如何혼 境遇에던지 其 究極ㅎ는 바에 歸着ㅎ는 것은 强力이라. 故로 政府는 此를 究極의 點까지 解剖ㅎ면 「組織혼 强力」이라 請홈을 得홀지니 玆에 組織혼 强力이라 謂홈은 一人이누 或은 一人 以上 又는 一社會의 意思가 社會共同事務에 關ㅎ야 其 目的을 實行ㅎ기 爲ㅎ야 組織혼 것이 卽 政府ㅣ라 云홈이오 決코 組織혼 兵力이라 謂홈은 아니니 此를 再言홀 진딘 一人이누 或은 一人 以上 又는 一社會의 意思가 他를 治ㅎ며 他를 制御하기 爲ㅎ야 組織혼 것인딘 此에 必要혼 政治機關은 社會의 公同事務를 運行홈에 當ㅎ야 主權者의 意思를 强行ㅎ기에 適當혼 諸機關으로 成立홈을 知홀지로다.

　然이나 强力은 外面에 現홀 것이 아니니 以上에 說明홈과 如히 政府는 强力에 歸宿ㅎ는 權力으로 成홈이라 謂ㅎ되 單獨히 此를 文字上으로 解釋ㅎ야 狹隘혼 意義로 看取치 아니홈을 要ㅎ느니 卽 權力의 背後에 在혼 强力을 視ㅎ고 常히 外面에 現ㅎ는 것이누 或은 常히 使用ㅎ는 것으로 思惟치 아니홈을 要홈이라

　大蓋 政治라 謂ㅎ는 以上에는 治者의 掌中에 宿혼 權力이 存在홈은 明瞭ㅎ나 此 權力이 强力의 上에 立홈이라 云홈은 常히 表面에 現ㅎ는 事實이라 謂홈이 아니니 權力의 背後에 强力이 果有혼 與否가 實際에 分明치 못홈이 當例ㅣ라. 然則 一政府가 幾許時代間에 其 權力 最後에 歸宿혼 强力에 兵力의 形觀을 呈치 아니홈을 得ㅎ느니 現今에는 政府가 其 人民을 强制ㅎ는 事가 殆無ㅎ고 政機의 運動은 極히 靜肅ㅎ야 權力을 不用ㅎ고 自然히 運轉홈과 如ㅎ니 此는 吾人人類의 幸福이오 特히 文明國政府에 其 然홈을 見ㅎ겟도다. 此等의 政府는 强力을 使用홈이 毫無ㅎ고 能히 諸般의 政治를 行ㅎ는 것이라. 然이나 此等 政府의

背後에도 强力이 必存ᄒ니 外面에 現치 아니ᄒᄂ 緣由로 因ᄒ야 强力이 無ᄒ이라 謂ᄒ은 誤謬ᄒ이라. 大抵 近代에 第一 善良ᄒ 政府ᄂ 治者의 兵力에 依賴치 아니ᄒ고 專히 被治者의 自由同意로 根據를 作ᄒ야 政機運轉ᄒ 際에 決코 强力을 外面에 現出치 아니ᄒᄂ니 卽 此等의 政府ᄂ 國民 多數의 意思로 源泉된 憲法 及 法律로 基礎를 作ᄒ야 其 背後에 在ᄒ 强力은 一朝廷이나 或은 少數 右族의 强力이 아니라 一致ᄒ 國民 多數의 强力이오 此 國民 多數의 强力은 剛强盛大ᄒ야 可히 犯치 못ᄒ 것이여ᄂ 如此히 剛强盛大ᄒ 强力이 外面에 現치 아니ᄒ은 其 力이 廣大無邊ᄒ 所以ㅣ라. 是以로 權力을 僭奪ᄒ 專制君主의 權力의 背後에 强力이 有ᄒ과 如히 人民이 選擧ᄒ 執政長官의 權力의 背後에로 强力이 必存ᄒ니 人民이 選擧ᄒ으로 專制君主에 比ᄒ야 其 背後의 强力이 微小ᄒ다 思惟ᄒ은 非ᄒ지라. 假令 合衆國 大統領의 背後에 在ᄒ 强力과 俄羅斯皇帝의 背後에 在ᄒ 强力을 比較ᄒ면 前者가 後者보다 優ᄒ은 有ᄒ되 劣ᄒ은 無ᄒ니 但只 强迫力을 外面에 現ᄒ고 否ᄒ으로 因ᄒ야 兩者가 相異ᄒ 쑨니라. 此를 再言ᄒ지된 强力이 各其 支柱됨은 兩者가 同一ᄒ되 前者ᄂ 最强境遇에만 此를 依賴ᄒ고 後者ᄂ 當初부터 恒常 此를 依賴ᄒᄂ 갓이라. (未完)

▲ 제8호 政府의 性質(續), 安國善

以上에 陳述ᄒ 政府의 權力 及 强力의 要素ᄂ 輓近社會에 在ᄒ야ᄂ 此를 發見키 容易ᄒ고 또 民主政治의 社會에도 此를 發見ᄒ기 難치 아니ᄒ나 上古社會에ᄂ 一見ᄒ야 直時 此를 發見ᄒᄂ 事ㅣ 決코 容易치 아니ᄒ니 大抵 吾人이 今日에 在ᄒ야ᄂ 口를 開ᄒ야 文明國의 政治를 談ᄒ면 輒必 輿論政治를 言ᄒ며 庶民參政을 言ᄒᄂ니 此等의 語ᄂ 總히 十分 成長發達ᄒ 民主制度를 言明ᄒ에 足ᄒ도다. 然이나 其 輿論을 形成ᄒᄂ 多數者가 勝勢를 占ᄒ은 少數者가 眞實輿論에 服從ᄒᄂ 緣故ㅣ가 아니라 唯 其 數爻가 多數者보다 少ᄒ이오 또 多數者ᄂ 少數者에

對ᄒᆞ야 國民의 聲을 有ᄒᆞᆯ 쑨 아니라 更히 國民의 權力을 有ᄒᆞᆷ에 由ᄒᆞᆷ이니 此를 更言ᄒᆞᆯ진ᄃᆡ 多數者가 支配權을 有ᄒᆞᆷ은 其 智識으로 由ᄒᆞᆷ이 아니라 其 潛勢力으로 以ᄒᆞᆷ이라. 興論政治라 庶民參政이라 謂ᄒᆞᄂᆞᆫ 語辭의 裏面에ᄂᆞᆫ 實際上에 如此ᄒᆞᆫ 事實을 隱藏ᄒᆞᆷ이로되 世人이 此를 言ᄒᆞᆷ에 當ᄒᆞ야 決코 其所以然을 覺悟치 못ᄒᆞᄂᆞᆫ도다. 是以로 多數者가 興論을 發表ᄒᆞ고 此를 强行키 爲ᄒᆞ야 政治的 組織을 成ᄒᆞᆷ에 常備兵을 有ᄒᆞᆫ 專制君主가 權力으로 國民을 制服ᄒᆞᄂᆞᆫ 것과 恰如히 實로 權力에 依ᄒᆞ야 他를 制服ᄒᆞ니 上古 家族 政治 社會에 在ᄒᆞ야 制服力을 有ᄒᆞᆫ 者를 興論이라 ᄒᆞᆯ지라도 以上에 說明ᄒᆞᆫ 多數者 權力의 觀念은 上古制度의 思想과 適合키 不能ᄒᆞ도다. 今에 吾人이 制度의 種類를 分類ᄒᆞᆷ에 當ᄒᆞ야 上古의 制度를 何種部類에 入ᄒᆞᆷ이 可ᄒᆞᆯᄂᆞᆫ지 疑惑이 竊有ᄒᆞ니 其 理ᄂᆞᆫ 無他라. 上古의 制度ᄂᆞᆫ 多數者의 意思로 由ᄒᆞ야 政治를 決行ᄒᆞᄂᆞᆫ 民主制度도 아니오 ᄯᅩ 一人의 意思로 政治를 行ᄒᆞᄂᆞᆫ 君主專制制度도 아니오 ᄯᅩ 少數者의 意思로 行ᄒᆞᄂᆞᆫ 寡頭制度도 아니니 然則 政權의 背後에 立ᄒᆞᆫ 强力을 上古社會애ᄂᆞᆫ 何處에 此를 求ᄒᆞ리오. 家長制度의 家父權力은 武力인가 或은 家父의 意思를 强行ᄒᆞᄂᆞᆫ 純全ᄒᆞᆫ 壓制力인가 ᄯᅩ 種族의 長과 酋長의 權力의 支柱된 强力은 如何ᄒᆞᆫ 것인가. 大抵 古代族長의 權力及 王의 權力은 其 臣民의 同意 及 不同意를 離ᄒᆞ야 獨立으로 存在ᄒᆞᆷ도 아니오 ᄯᅩ 一便으로 觀ᄒᆞ면 臣民의 同意를 依ᄒᆞ야 權力의 形式을 得ᄒᆞᆷ도 아이니 卽 臣民의 同意ᄂᆞᆫ 自然으로 發動ᄒᆞᆫ 것이오 決코 一定의 法式을 依ᄒᆞ야 發表ᄒᆞᆷ이 아니로다. 此를 再言ᄒᆞᆯ진ᄃᆡ 此 同意ᄂᆞᆫ 臣民의 慣習으로 自然히 發生ᄒᆞᆫ 것이니 習慣과 同生ᄒᆞᆫ 것이라 謂ᄒᆞ야 不可ᄒᆞᆷ이 無ᄒᆞ니 此 同意ᄂᆞᆫ 臣民과 族長 或 王을 併ᄒᆞ야 羈束ᄒᆞᄂᆞᆫ 習慣 及 傳說로 自然히 成立ᄒᆞᆫ 것이라. 其 時에 族長이ᄂᆞ 或 王이 其 種族의 習慣法을 違背키 不能ᄒᆞᆷ이 第一卑賤ᄒᆞᆫ 臣民이 此를 違背치 못ᄒᆞᆷ과 無異ᄒᆞ야 卑賤ᄒᆞᆫ 臣民이 此에 服從ᄒᆞᆷ과 如히 族長이ᄂᆞ 或은 王도 ᄯᅩᄒᆞᆫ 此에 服從치 아니치 못ᄒᆞᆫ지라. 故로 此를 要ᄒᆞ건ᄃᆡ 當時社會의 事ᄂᆞᆫ 總히 嚴格ᄒᆞᆫ 生活의 方法(卽 習慣)으로 由ᄒᆞ야 羈束을 被ᄒᆞᆷ을 未免ᄒᆞ얏도다. 然則 其

時 社會에 族長이ㄴ 或은 王의 權力에 對ᄒ야 制裁力을 與ᄒ 强力은 何處에 伏在ᄒ가 思컨딘 主治者의 意思 中에 存在ᄒ얏ᄂ가. 否라. 當時 社會의 强力은 決코 主治者의 意思 中에 存在홈이 아니니 何故오. 主治者의 意思도 亦是 習慣法의 羈束을 脫치 못ᄒ얏도다. 然則 人民의 選擧權 中에 伏在홈인가. 否라. 習慣法은 人民의 選擧權도 羈束ᄒ 故로 强力을 人民의 選擧權 中에셔 求ᄒ기 不能ᄒ도다. 然則 當時의 强力온 此를 何處에 求ᄒ리오. (未完)

▲ 제11호 政府의 性質(續), 安國善

如此ᄒ 社會에셔 强力의 所在를 知코쟈 홀진딘 其 社會가 某種의 他事情의 下에 立ᄒ 境遇를 觀察홈이 가쟝 得策이 될지라. 古來國民의 文化가 아즉 進步치 못ᄒ야 尙히 習慣法의 支配를 受홀 時에 往往 外賊에게 征服을 被ᄒ 事ㅣ 其 例가 不乏ᄒ니 此等 境遇에 在ᄒ야 外敵 即 戰勝者의 意思로 敗亡者의 事務를 自由로 處理ᄒ얏ᄂ냐 ᄒ면 決코 不然ᄒ지라. 此等 境遇에 戰勝者ᄂ 兵力으로 其 王位를 守ᄒ고 敗亡者의 租稅를 厚케 ᄒ야 收斂을 無厭ᄒ나 敗者의 習慣을 變改ᄒ기ᄂ 決코 不能ᄒ니 此를 詳言ᄒ면 前朝의 君主가 其 臣民間에 行ᄒᄂ 古來의 法律을 變更치 아니 홈과 如히 戰勝者도 쏘ᄒ 此를 敢히 變更치 아니ᄒ야 戰勝者ᄂ 亡國人民의 僻說謬見中에 伏在ᄒ 勢力 即 其 迷信的 勢力에 干涉치 아니ᄒ얏ᄂ니 蓋 此 勢力은 一種火山과 如ᄒ야 一旦에 破裂ᄒ면 幾何의 兵力으로도 我王位의 顚覆을 救키 不能홈을 知ᄒᄂ 故로 敢히 此에 干涉치 아니홈이라. 此를 要ᄒ건딘 戰勝者ᄂ 當時에 眞實로 其 臣民을 統治ᄒᄂ 權力을 未有ᄒ고 오즉 掠奪을 行ᄒᄂ 權力을 有홀 쑨이니 大抵 統治라. 旣謂ᄒᄂ 以上에ᄂ 法律的 支配의 事가 可히 無치 못홀지라 統治라 ᄒᄂ 思想과 法律的 支配라 ᄒᄂ 觀念은 決코 相離치 못홀지니 如斯히 觀察홀진딘 至今에 吾人이 此等 社會의 君主가 外人이 來ᄒ야 他國을 征略홈이 아니라 本國의 君主라 假定想像ᄒ고 其 權力은 本國 法律上에 存立ᄒ 것이라

ᄒᆞ면 果然 如何ᄒᆞᆯ가. 如斯ᄒᆞᆫ 政府에셔 君主의 權力이 依存ᄒᆞᄂᆞᆫ 眞實 强力은 社會의 輿論이 是也오. 又 其 輿論은 近代 吾人이 民主政體에 關하야 稱ᄒᆞᄂᆞᆫ 所謂 輿論과 其 意義가 同一ᄒᆞᆷ을 如ᄒᆞᆯ지어다 由此觀之컨ᄃᆡ 當時의 法律은 一般人民의 意思 中으로 生ᄒᆞᄂᆞᆫ 것이오. 또 君主權力의 基本되ᄂᆞᆫ 者ᄂᆞᆫ 卽 此 法律이로다. 然則 君主ᄂᆞᆫ 一般人民의 意思에 從ᄒᆞ야 政治를 行ᄒᆞᆷ으로 古來의 習慣도 此를 遵守치 아니치 못ᄒᆞ며 또 一般人民의 意思 中에 伏在ᄒᆞᆫ 勢力은 一便으로ᄂᆞᆫ 君主의 權力을 擁護ᄒᆞᄂᆞᆫ 同時에 一便으로ᄂᆞᆫ 此를 除限ᄒᆞᄂᆞᆫ 것이라.

如此ᄒᆞᆫ 社會에 在ᄒᆞ야 輿論은 法律이ᄂᆞ 憲法에 就ᄒᆞ야 選擇을 行ᄒᆞᆯ 것이 無ᄒᆞ나 此로 因ᄒᆞ야 當時의 輿論과 今日의 輿論이 類似ᄒᆞᆷ을 可히 忘치 못ᄒᆞᆯ지니 大抵 吾人이 我國 現今의 制度를 贊成ᄒᆞᄂᆞᆫ 것은 有意的으로 出ᄒᆞᆷ이 無疑ᄒᆞ나 又 一便으로 此를 觀ᄒᆞ면 遺傳的으로 此를 贊成ᄒᆞᄂᆞᆫ 點이 또ᄒᆞᆫ 不少ᄒᆞ니 卽 吾人이 我國의 制度에 對ᄒᆞ야 贊成ᄒᆞᄂᆞᆫ 것은 自然的 浸潤의 贊成됨이 頗多ᄒᆞᆫ지라. 此를 再言ᄒᆞᆯ진ᄃᆡ 吾人은 因襲으로 由ᄒᆞ야 我制度를 贊成ᄒᆞᆷ이 多ᄒᆞ도다. 自來로 存在ᄒᆞ던 것에 同意贊成을 表ᄒᆞᆷ이 斬新의 意見을 立ᄒᆞᆷ보담 容易ᄒᆞᆫ 것인즉 吾人이 因襲的으로 我制度를 贊成ᄒᆞᆷ은 決코 足怪ᄒᆞᆯ 것이 아니니 吾人이 我國의 制度를 選擇ᄒᆞᆷ은 神聖的 法律이 制度의 變革을 禁ᄒᆞᆷ이 無ᄒᆞᆷ을 不拘ᄒᆞ고 舊制度를 全然 排斥ᄒᆞ야 新制度를 創作ᄒᆞᄂᆞᆫ 事ㅣ 無ᄒᆞ고 但只 調和的 修補의 道에 出ᄒᆞᆯ 쑨이라. 然則 我邦의 制度를 最初에 創設ᄒᆞᆫ 時代에 人民은 自己가 制度의 創作者라 思惟ᄒᆞᆯ지나 今代 人民에 至ᄒᆞ야ᄂᆞᆫ 從來의 制度를 襲用ᄒᆞᆷ이오 自家의 制作으로 成ᄒᆞᆫ 法律로 依ᄒᆞ야 支配되ᄂᆞᆫ 것이 아니라 故로 憲法的 生活을 見ᄒᆞᆷ에 至ᄒᆞᆯ지라도 以前에 成立ᄒᆞᆫ 것이오 一朝에 創作치ᄂᆞᆫ 못ᄒᆞᄂᆞ니 制度를 變更ᄒᆞᄂᆞᆫ 今日의 輿論은 上古의 人人과 相異ᄒᆞᆷ이 有ᄒᆞᆯ지나 制度를 維持ᄒᆞᄂᆞᆫ 輿論은 吾人과 上古에 人人이 上同ᄒᆞ야 古人의 保守的 思想은 吾人의 進步的 思想과 共히 政府强力의 要素를 包含ᄒᆞᆫ 것이라. (未完)

▲ 제12호 政府의 性質(續), 安國善

　以上에 說ᄒ 바가 果然 誤ᄒ이 無ᄒ면 政府의 性質은 果然 如何ᄒ가. 政府가 果然 權力及强力의 上에 立ᄒᄂ 것이면 其 中心에 在ᄒ 原理ᄂ 如何ᄒ가. 또 政府가 依ᄒ야 立ᄒᄂ 權力은 一般人民의 意思의 贊成으로 成立ᄒ고 恒常 潛伏ᄒ야 外面에 現치 아니ᄒᄂ 强力의 上에 立ᄒᄂ 것이면 政府中心에 在ᄒ 眞個의 性質은 果然 如何ᄒ가. 此 問案을 答코ᄌ ᄒ진ᄃᆝ 社會 其 者의 性質을 觀察치 아니치 못ᄒ지니 蓋此 答案은 社會 其 者의 性質 中에 伏在ᄒ지라. 按ᄒ건ᄃᆝ 社會ᄂ 元來 人工的이 아니라 個人과 如히 自然的이오 또ᄒ 有機的이라. 아리스도데氏가 言ᄒ되 人은 天性이 社會的 動物이라 ᄒ니 人의 社會的 職掌은 其 個人的 聯掌과 如히 人道의 常事에 屬ᄒ야 免코ᄌ ᄒ되 能히 免치 못ᄒ 바라. 故로 家族制度가 一次 成立ᄒᄆ으로ᄂ 人이 總히 政治의 事를 欠키 不能ᄒ니 大抵 社會ᄂ 人間普通의 習慣으로 混成ᄒ 것이오. 經驗의 進化요. 또 親類的關係가 疊積ᄒ야 發達ᄒ 것이니 更히 此를 換言ᄒ면 結合ᄒ야 生存ᄒᄂ 有機的 完全體라 謂ᄒ지로다. 然則 政府ᄂ 如何ᄒ 것인가 社會ᄂ 一個의 有機體요. 政府ᄂ 其一機關이니 政府ᄂ 社會의 行政機關에 不過ᄒ고 社會ᄂ 此로 由ᄒ야 其 習慣이ᄂ 又ᄂ 意思를 行ᄒ며 此로 由ᄒ야 四圍의 事情에 商合ᄒ야 更히 有益ᄒ 生存을 持ᄒ이라. 故로 一個人에게 對ᄒ 社會의 懲戒的 行爲ᄂ 此를 例外에 置ᄒ 것이며 專制君主의 權力은 多少의 制限을 受치 아니치 못ᄒ지니 急劇ᄒ 政體의 變革은 亦是 急劇으로 大害가 有ᄒ 反動이ᄂ 或은 革命을 惹起ᄒᄆ을 免치 못ᄒᄂ 所以의 理由가 自存ᄒᄆ을 可히 知ᄒ리로다. 若夫 普通의 社會的 義務 又ᄂ 禮義에 服從치 아니ᄒᄂ 人이 有ᄒ면 此ᄂ 實로 例外의 人이니 專制君主와 如ᄒᄆ은 卽 其 人이라. 然이나 更히 此를 按ᄒ즉 此 專制君主라도 譬컨ᄃᆝ 陶工과 如히 其 工作ᄒᄂ 材料의 特性을 從ᄒ야 箝束을 被ᄒᄂ 事ㅣ 無키 不能ᄒ니 卽 其 調理ᄒᄂ 社會의 性質을 從ᄒ야 自然히 制限을 被ᄒᄂ 事ㅣ 無키 不能ᄒ도다. 萬若 其 企劃ᄒᄂ 變革의

事가 社會一般의 思想感念을 蹂躪홈이 甚호면 必然 其 同感을 失호고 反對를 喚起호야 終乃 敗亡을 招홈이 無疑호니 大抵 社會는 總히 他有 機體와 如히 오직 進化의 道를 依호야 變化홀 것이오. 革命은 進化의 道와 表裡를 相成호야 決코 兩立치는 못호느니 社會의 秩序는 其 社會 性質 中에 秩序가 至在혼 緣由로 因호야 維持호는 것이라. (完)

◎ 政黨得失, 鄭喬, 〈대한협회회보〉 제3호, 1908.6. (정치학)

▲ 제3호

   本人이 在十年前에 以獨立協會 評議員으로 登演說臺호야 論政治之 得失이러니 今日에 復以大韓協會 評議員으로 登此演說臺호와 論政黨 之得失호오니 心中에 自不覺一悲一喜로다. 這間十載星霜에 時移事去 호야 殆同風景은 不殊호되 擧目에 有山河之異之歎호오니 所以悲也오 本人이 以十生九死之人으로 幸覩今日之盛會호오니 從此我大韓之中興 을 可期也니 所以喜也라. 蓋 黨者는 二人 以上 相黨之謂也오 政黨者는 政治上同心同德之人이 結爲團體호야 求所以達其目的者也라. 今에 先擧 支那之政黨호야 論之호노니 以支那之幅圓이 廣大호고 人民이 衆多호 며 四千餘年政治之沿革이 爲世界政黨得失之最多大故也라. 支那之善政 을 人必稱堯舜호느니 那時節에 有八元八凱之政黨호야 同寅協恭호야 庶績이 咸熙어늘 有四凶之反對黨호야 同惡相濟러니 堯老러야 倦于勤 이어늘 舜이 攝位호사 四罪而天下咸服호고 夏相之時에 后羿寒浞之黨 이 朋比簒位호니 此는 支那政黨簒弒之始也오 鄩斟之君이 戮力同心호 야 輔翼幼主少康호야 復興於四十年之後호니 此는 支那政黨中興之始也 오 夏傑이 暴虐에 小人之黨이 濁亂朝政이어늘 伊尹仲虺之黨이 協贊商 湯호야 弔民伐罪호니 此는 支那政黨革命之始也오 殷紂無道에 信任飛 廉惡來之黨호야 穢德이 彰聞이어늘 大臣十人이 輔佐周武호야 拯民於

水火之中ᄒᆞ니 此ᄂᆞᆫ 支那政黨之第二回革命也오 成王이 幼沖에 三叔이 挾武庚以作亂이어늘 周公이 與召公太公으로 協心剿除ᄒᆞ야 以安周室ᄒᆞ니 此ᄂᆞᆫ 支那政黨分爭之始也오 厲王이 暴虐ᄒᆞ니 國民이 起而逐之ᄒᆞ야 出居于彘ᄒᆞ니 此ᄂᆞᆫ 支那國民黨之始也오 周公召公이 協理國政ᄒᆞ야 無君而人民安堵十四年ᄒᆞ야 號曰 共和라 ᄒᆞ니 此ᄂᆞᆫ 世界共和黨之始也오 戰國之時에 孟嘗 信陵 平原 春申 四君이 各樹 政黨이나 無過乎背公循私之是爲오 秦之李斯趙高ᄂᆞᆫ 結私黨而矯遺詔ᄒᆞ야 以致秦亡ᄒᆞ고 漢之周勃陳平張辟彊紀通等은 同心協力而誅諸呂ᄒᆞ야 以安劉氏之業ᄒᆞ니 可謂君權黨也오 李膺杜密范滂之黨數百人은 値桓靈之昏庸ᄒᆞ야 不能勝張讓趙忠輩閹寺之黨ᄒᆞ야 竟致張角之亂ᄒᆞ고 李德裕牛僧孺ᄂᆞᆫ 分黨爭擔타가 乃爲北司之乘隙擠排ᄒᆞ야 以速唐氏之亡ᄒᆞ고 程伊川은 爲道德君子오 蘇東坡ᄂᆞᆫ 乃絶世文章이오 劉安世ᄂᆞᆫ 亦 一代賢人이어늘 奈之何爲洛蜀閩黨之領袖ᄒᆞ야 互相 攻擊타가 俱爲王安石呂惠卿章惇蔡京之驅逐ᄒᆞ야 竟召靖康之禍ᄒᆞ니 可勝惜哉라. 明之高攀龍趙南星은 爲東林黨之巨擘ᄒᆞ야 不能除魏忠賢客氏之私黨ᄒᆞ야 流賊이 逢起ᄒᆞ고 外寇ㅣ 豕突ᄒᆞ야 明朝社稷이 竟爲邱墟ᄒᆞ고 東南半壁에 中興艱辛인되 史可法, 高弘圖, 姜日廣, 呂大器之衆君子ㅣ 不能敵馬士英, 阮大鉞, 數箇小人ᄒᆞ야 以致南岸不守에 北兵飛渡ᄒᆞ야 金陵王氣가 暗然銷盡ᄒᆞ니 嗚呼痛矣로다. 蓋支那歷代政黨之得失은 如右ᄒᆞ고 歐洲之政黨은 與支那之政黨으로 大有異焉ᄒᆞ니 在昔希臘之斯巴他(스팔타)ᄂᆞᆫ 有二王而臨御ᄒᆞ야 國權則委任於年六十以上二十八人政府大臣과 及其都民ᄒᆞ야 年年選王 에포아(卽 總督) 以投票ᄒᆞ야 統轄其政治러니 後爲少數人政府ᄒᆞ고 末乃變爲共和政治ᄒᆞ고 雅典(아덴)은 選擧九알코아於貴族中ᄒᆞ야 以成貴族政治러니 後有大政治家率論(솔논者 大爲革新其政略ᄒᆞ야 以爲歐洲列國文明之鼻祖ᄒᆞ고 羅馬ᄂᆞᆫ 以君主之國으로 變爲共和政治ᄒᆞ야 歷數百年에 統合歐羅巴全洲ᄒᆞ고 亞非利加洲도 亦入其版圖ᄒᆞ고 中古에 爲三頭政治ᄒᆞ니 其 首領은 「케살사이세로」와 「폼페이크루셔쓰」와 「카토디스로익」 三人이 是也라. 分黨弄權이러니 케살이 與폼페이로 幷力ᄒᆞ야 竄카로于시프루(地名)ᄒᆞ고 其

後에 케살이 殺폼페이호고 專權稱王타가 未幾에 爲其麾下쁘루터스 카시우스之所殺호고 復爲三頭政治호니 「말크안토니」와 「옥타비우스」와 「테피두스」 三人이 爲三黨之巨魁호야 三分羅馬而王이러니 曾未幾何에 테피두스는 還其所分 亞非利加洲之地호고 옥타비우스는 與안토니로 互相 戰鬪타가 竟殺之而幷有其地호야 옥타비우스가 遂爲羅馬黃帝호야 自是로 共和之國이 變爲君主政治호고 東羅馬는 有블누파티(卽 靑黨)와 그린파티(卽 綠黨)호야 互相 爭權에 國內 大亂호고 瑞西之爲奧地利管轄也에 其 總督 쎄슬너가 虐待瑞西之人호야 懸其帽子於通衢竿頭호고 命衆拜禮호니 獨월니암헬이 不肯焉이어날 쎄슬너ㅣ 大怒호야 置一箇 林檎於其兒子頭上호고 命월니암 射之호되 若不中之則將戮之호리라 호니 월니암이 如命而復有一矢在其手中이어늘 쎄슬너 詰其故호되 對以 若中其兒子則以一矢로 射쎄슬너而報仇라 호야늘 怒縛之而將渡湖置獄홀식 中流에 風雨暴至호야 幾不能濟라. 命解其縛호야 以助盪槳호니 旣登彼岸에 월니암이 先跳疾走호야 入隱林中이라가 待쎄슬너之過而射殺之호니 於是에 國人이 大悅호야 頓生自主之心호야 在一千三百七年에 瓦爾得과 威兒尼와 亞爾那脫三人이 糾合同志各十人호야 合三十三人이 訂盟起義호야 屢與奧地利로 戰勝호야 遂復自主之權호야 以爲共和之政호니 寧不欽歎哉아. 西曆 一千一百三十年間에 日耳曼에 「엘프」와 「쎄벨린」 兩黨이 起호야 一은 日耳曼王 콘라드를 輔佐호고 一은 敎化王을 幇助호야 百年之久토록 互相 攻擊호야 煙塵이 自地中海로 至于北海호니 民生之塗炭을 不可盡述이오. 一千三百八十一年에 英王理査得之時에 稅吏ㅣ 勒索人口錢於民間홀식 至鐵工 와트다일너家호야 見其幼女호고 凌辱太甚호니 와트다일너 不忍忿憤호야 手刃公差호니 衆共快之호야 呼號奮起에 推以爲首호고 百姓十餘萬이 結爲一黨호야 遂入倫敦호야 大爲擾攘호니 此爲英國民黨之始오. 一千六百七十八年 察斯第二之時에 英國에 有二黨焉호니 其曰 揮哥者는 民黨也오 曰 土里者는 君黨也니 互相 頡頏호야 久而騷亂호고 近日則有改進保守兩黨호야 專務乎施政上호니 最爲純粹之政黨이오. 一千七百八十九年 法王路易第十六之時에 有

207

革命黨三派ᄒ니 一曰 쟈코빈이오 二曰 기론듸스트오 三曰 마온텐이니 此 三黨이 迭起ᄒ야 總以變革舊政으로 爲大關鍵ᄒ야 屠戰國內貴族敎 徒ᄒ야 以至于庶民이 前後幾十萬人이라. 爲歷史上第一慘酷之情況ᄒ고 緣此而那破崙이 崛起ᄒ야 初爲首領政治러니 乃爲皇帝之獨斷ᄒ고 後欲 幷吞全歐ᄒ야 以致列邦之大騷擾ᄒ니 若非英國水師提督捺伊孫이 敗法 艦於西班牙海峽ᄒ고 陸軍大將 越令頓이 初敗法之陸軍於西班牙地ᄒ고 再敗之於滑鐵盧러면 其窮兵黷武之禍ㅣ 將彌滿於歐非兩大洲矣러니 何 莫非三派革命黨之基其禍亂也오. 自一千八百二十四年으로 至一千八百 三十年間에 當法王察斯第六在位之日ᄒ야 又有四政黨幷起ᄒ니 쌔나파 틔스트黨은 復思那破崙之政治ᄒ고으러 퍼블닉黨은 思共和政治ᄒ고 올 니니스트스黨은 思君主之政治ᄒ고 으로 듸칼으리퍼블리칸스黨은 思社 會之政治ᄒ야 互相 競鬪ᄒ야 竟召普法之戰ᄒ야 爲歐洲古無今無之一大 戰爭ᄒ니 此豈可不大可戒懼者哉아. 俄羅斯ᄂᆫ 以專制爲治러니 今有나 이힐니스트스之政黨ᄒ니 譯而言之則爲虛無黨也라. 以顚覆皇室而共和 政治로 爲大主旨ᄒ야 其 根이 已深ᄒ고 其 蔕ㅣ 已固ᄒ야 不可容易破解 者也니 歐洲政黨之得失은 如右所陳ᄒ고 日本則維新之初에 有攘夷開化 之兩黨ᄒ야 相爲爭鬪러니 現今則進步自由之黨이 雖有分派나 皆以爲國 爲民之意로 爲大頭腦焉ᄒ고. (未完)

▲ 제4호 政黨의 得失(續), 鄭喬

以我東言之컨딘 檀箕 兩朝에ᄂᆫ 未聞有政黨ᄒ고 羅麗濟 三國鼎峙之 時에 亦 無有聞焉ᄒ고 高麗中葉에 武臣이 結黨ᄒ야 凌轢文臣ᄒ고 專擅 朝政ᄒ며 廢立君主를 在其掌握ᄒ고 至于本朝ᄒ야 列聖이 繼承ᄒ고 賢 良이 佈列ᄒ야 殆數百年토록 未聞有政界上之黨泒러니 宣廟朝時에 始 有東人西人之黨ᄒ니 初因細微之事ᄒ야 逐成難解之爭ᄒ니 朝士 沈義謙 이 往權臣 尹元衡之家ᄒ야 見其小舍廓에 有多數寢具ᄒ고 問知其一之爲 當時名士 金孝元之衾具ᄒ고 心甚鄙之러니 其 後에 金孝元이 登科ᄒ야

擬吏郎之望이어놀 沈義謙이 力爲沮之ᄒ야 以此而黨派成焉ᄒ야 右沈者
ㅣ 爲西人ᄒ고 右金者ㅣ 爲東人이라. 宣祖 二十一年 戊子에 日本使平義
智等이 來聘通好而有探試窺覘之端이어놀 二十三年 庚寅에 遣僉知 黃允
吉 司成 金誠一ᄒ야 同日使報聘而使之探其情形이러니 明年에 允吉等
이 回來ᄒᆯ새 允吉이 馳啓情形ᄒ되 必有兵禍라 ᄒ고 及至復命引見之日
ᄒ야 對如前言ᄒ고 誠一之言則以爲不見如此情形이라 ᄒ고 允吉則言
豊臣秀吉이 目光燦燦ᄒ야 似是膽智人也라 ᄒ고 誠一則言 其目知鼠ᄒ
야 不足畏也라 ᄒ니 蓋 允吉 則 西人也오 誠一 則 東人也라. 黨派在心ᄒ
야 不肯雷同ᄒ야 言言相左如此ᄒ니 若 使二人으로 爲公忘私ᄒ야 所言
符合이러면 或有預爲防禦之策이어늘 朝廷이 莫之偏信ᄒ야 蹰躇因循타
가 乃至壬辰四月에 日兵 渡來ᄒ야 長驅大進ᄒ니 措手不及ᄒ야

大駕西遷ᄒ니 政黨分爭之禍ㅣ 如是其甚哉로다. 是時에 宣廟ㅣ 不勝
慨歎ᄒ샤 登義州銃軍亭ᄒ샤 御製詩에 有曰 痛哭關山月이오 傷心鴨水
風을 群臣今日後에 寧復各西東가 ᄒ엿스니 若觀此時則爲人臣子者ㅣ 能
無感悔之心哉아. 幸賴隣邦之來援과 志士之仗義ᄒ야 克復舊都나 八年兵
火에 生靈魚肉을 慘不忍言이오 北有建州之警이어늘 當時臣僚ㅣ 不思修
武備禦外寇之策ᄒ고 依舊黨爭ᄒ야 東人이 分爲南人北人ᄒ고 南人이
復分爲淸南濁南ᄒ고 北人이 分爲大北小北ᄒ야 若非其黨이면 雖正人君
子라도 擠之於千仞坑塹ᄒ고 若其同黨則雖巨奸大惡이라도 昇之於萬里
雲霄ᄒ니 國是之淆亂과 政治之衰頹ㅣ 倘復如何哉아. 其 不修武備之擧
ㅣ 確鑿有據ᄒ니 自己亥與日本으로 更爲修好之日로 計算則歷二十五年
而爲仁祖朝元年甲子也라. 逆臣 李适이 以平安兵使로 擧兵犯闕ᄒ니 仁
祖계옵셔 幅巾靑袍로 騎一驢而率從臣數人ᄒ시고 蒼黃播遷于公州雙樹
山城ᄒ시니 當時臣僚ㅣ 可謂有其人乎哉아. 幸而有鄭忠信等之盡忠勤王
ᄒ야 削平禍亂ᄒ니 外患은 姑捨ᄒ고 內亂이 可憂어늘 又 不思陰雨綢繆
之策ᄒ고 只以同黨伐異로 爲政府之事業이라가 越三年 丁卯에 姜弘立
이 爲淸人之嚮導ᄒ야 蹂躪關西ᄒ고 前鋒이 至于平山ᄒ니 大駕 又 爲播
越于 江華ᄒ샤 遣使求和ᄒ야 盟爲弟兄ᄒ고 約以歲幣ᄒ니 寧不愧哉아.

當時 金人之 退兵이 適因積月霖雨에 道塗泥濘ᄒᆞ고 人民이 奔竄에 鹵獲不贍之致也오. 非兵力之 不足也니 宜思備禦再來之策이어늘 徒慕虛名에 斥和之黨이 又 起ᄒᆞ야 互相 攻擊타가 未十年而 又 有丙子之亂ᄒᆞ야

　大駕將幸江華ᄒᆞ실ᄉᆡ 御崇禮門而敵兵之斥候ㅣ 已及於西郊矣라. 當場景色이 蒼黃罔措ᄒᆞ야 遂自光熙門으로 播遷于廣州南漢山城ᄒᆞ시고 朝臣中에 復以斥和講和로 爲一大問題ᄒᆞ야 只事攻擊타가 末乃濟權ᄒᆞ야 遂有丁丑之盟ᄒᆞ니 其忍痛含寃迫不得已之事를 何可盡言이리오. 蓋以臣民의 尊敬君上之體禮로 謂大駕播遷이라도 ᄒᆞ며 據其實而言之則宣祖仁祖祖孫 두 분계읍서 三十八年間에 四次 播遷을 ᄒᆞ시게 ᄒᆞᆫ 政黨이 分明ᄒᆞ지라. 其 時에 政府大臣이 萬一 如本人者러면 世人이 皆以爲如彼漢輩ㅣ 有何知識聞見ᄒᆞ야 能思修武備防禍亂之謀乎아 ᄒᆞ야 責不歸焉이로ᄃᆡ 擧皆鴻儒碩德之人으로 爲公爲卿ᄒᆞ야 富貴則掀天動地ᄒᆞ고 閥閱則世冑華族也오. 後皆配享于廟廷及文廟者어늘 胡爲乎思不及此오 誠不可思議者也로다. 其 後에 西人이 復分爲老少兩黨ᄒᆞ야 於是에 四色이 分立ᄒᆞ야 置國事於度外ᄒᆞ고 爭權勢於朝內ᄒᆞ야 竄逐流配를 猶日不足ᄒᆞ며 殺害屠戮이 無歲無之ᄒᆞ야 歷數百年而以致國勢萎靡ᄒᆞ고 風俗頹敗ᄒᆞ야 至于今日之境ᄒᆞ니 寧不慨然가 然其七代八代九代十代之孫이 猶藉其門地ᄒᆞ고 貪其權位ᄒᆞ야 衣錦食肉ᄒᆞ고 高臺廣厦에 歌姬美妾으로 安享泰平之樂ᄒᆞ니 眞可歎可笑로다. 幸於十年前에 有一會起焉ᄒᆞ니 可謂 政黨이오 亦可謂民黨也니 乃獨立協會也라. 以忠君愛國四大字로 票而佩之ᄒᆞ야 期圖改革進取之方이어늘 政府大臣이 忌之深ᄒᆞ고 嫉之甚ᄒᆞ야 百方謀害ᄒᆞ야 末乃以負商黨으로 打而破之ᄒᆞ니 那負商之打扮은 頭戴平涼子ᄒᆞ고 雙懸一叢似雪白的團團鬆鬆物ᄒᆞ니 那叫做甚麼物件이며 手提着木捧ᄒᆞ고 揚揚得意樣子로 千百其群이 亂嚷胡叫ᄒᆞ며 東跳西躍ᄒᆞ야 打倒他獨立二字ᄒᆞ야 擲去于九萬里長空ᄒᆞ야 急急如律令ᄒᆞ야 自家之獨立을 自家之自手로 破之ᄒᆞ니 獨立 二字를 何可保守乎와 嗚呼痛哉ᄒᆞ며 嗚呼悲哉로다. 本人이 亦於其時에 有國難奔ᄒᆞ고 有家難投ᄒᆞ야 潛身匿跡ᄒᆞ야 僅保生命이 殆過十年이라. 至于今日ᄒᆞ야난 天下事난 已去ᄒᆞ고 身亦老且病矣라. 更

復何望가 興言及此에 寧不悲感이리오. 然이나 何幸有志君子ㅣ 設此 大
韓協會ᄒ야 以復舊權進文明으로 爲目的ᄒ고 今日 僉君子ㅣ 亦以忠愛奮
發之心으로 來此傍聽ᄒ시니 曷勝喜幸이며 曷勝感謝아 惟我今日同胞ᄂ
勿以會內會外而別之ᄒ고 同德協心ᄒ야 維持獨立二字ᄒ야 使我大韓으
로 中興케 ᄒ시기를 本人이 望之渙而期之切焉ᄒ노이다.

◎ 政黨의 事業은 國民의 責任,
  松堂 金成喜, 〈대한협회회보〉 제1호, 1908.4. (정치학)

> *송당 김성희는 제1호~제2호까지 '정당의 사업은 국민의 책임'이란 논문을 게
> 재하고, 제3호에는 '정당의 책임', 제4호에는 '국민적 내치 외교'를 게재하였
> 다. 비슷한 성격의 정치학(국가학, 외교학) 논문이어서 한 곳에 모아 둔다.
> *송당 김성희의 논설은 제7호, 제8호, 제9호에도 게재되었으나, 정치론과 관
> 련된 학술 담론과 논설만 편집함

▲ 제1호

總論

  余於群學에 知有政黨之所自來矣라 何也오 夫人之生也에 則有群ᄒ니
自家族之始成으로 以至國家也政府也社會也ㅣ 皆一群也라 人非群이면
不能使內界發達이오. 人非群이면 不能待外界競爭 故로 獨立自營之個人
이 結爲通力合作之群體ᄒ야 具有人格則無形之法人이 自在其上者를 謂
之國家오 一群之務를 不可不共擔治之而人人이 皆費時與力則自營之道
에 有所不及 故로 乃選群中若干人ᄒ야 專任群務ᄒ니 則執行其事者를
謂之政府라. 然則 國家ᄂ 民之血肉體質之所組織也오. 政府ᄂ 同源分枝
之人이 備役於群中者也라 其群也 一而群變爲黨ᄒ야 各堅旗幟之時에 未

始不軋轢而引之以德ᄒ고 培之以公義ᄒ야 代表全國民共同之責任ᄒ고 發揮自由民參政之精神이 是曰 政黨이니 蓋十八世紀以來 立憲國家之新事業이 無一不出乎此耳라.

夫立憲者ᄂᆞᆫ 限制君權之銓衡而政黨者ᄂᆞᆫ 監督政府之標準也라 使我韓未開之民으로 忽聞此限制君權監督政府之說ᄒ면 必瞿然而驚ᄒ며 色然而怒ᄒ야 甚者ᄂᆞᆫ 斥之以大不敬이나 然이나 今不爲此則國家之命運을 莫保오. 吾群之血族이 靡類矣니 寧不悲乎아 政黨이 成則立憲之制ᄅᆞᆯ 可以行矣오. 立憲이 行則君王之威가 尊ᄒ고 政府之權이 益伸ᄒ야 國家人民이 共享幸福ᄒ리니 其所以然之由ᄅᆞᆯ 試欲一陣於全國公眼ᄒ노라.

第一節 論國家

古之刱造國家者ㅣ 用專制라 何也오 封建이 全盛ᄒ고 豪族이 割據ᄒ야 强必凌弱ᄒ며 衆必暴寡 故로 支離分裂ᄒ야 不可以成統一之策일ᄉᆡ 雖欲圖國家之安寧ᄒ며 整國民之秩序ᄒ나 得乎아 當是時ᄒ야 梟猛傑驚之人이 出ᄒ야 果斷勇決之力으로 鉗制群雄ᄒ고 幷吞小國ᄒ야 組成一大新國者ᄂᆞᆫ 非有專制之能力이면 不能爲他라 然이나 大業을 旣成之後에 不以平民主義로 變其政策者ᄂᆞᆫ 未有不國隨身亡ᄒᆞ니 蓋以貴族이 卵育於勢利之下ᄒ야 跋扈專擅을 有不可過者라 放弑擅代之變이 在在可怪 故로 英人이 謂專制國之 敗亡은 全由於貴族이라 ᄒ니 貴族之爲屬階ᄂᆞᆫ 泰西 各國이 尤有甚焉이라. 由是로 人群之進化가 愈速ᄒ고 國君之勢力이 漸殺ᄒ야 十七世紀以上 神權 國家君權國家等 專制名位ᄂᆞᆫ 相率 謝世ᄒ고 有一 立憲制 代之ᄒ야 各君其國ᄒ니 蓋貴族 政治ᄂᆞᆫ 雖是平民政治之蟊賊이나 其爲君主專制之捍敵則大矣니 此亦公理也否아.

立憲國은 何由以生고 十八世紀頃에 貴族之勢力이 猶且盛大ᄒ야 掌握政權矣러니 經濟社會가 最先發達於下ᄒ야 中流以下之人의 富力이

增大矣라 自是로 平民이 多占 社會之 權力則 參與政治之思想이 不得不
生矣오. 哲學鼓吹之力이 甚多ㅎ야 平等自由之說을 人無不唱ㅎ니 貴族
政體는 己被蹂躪ㅎ야 盡滅無餘矣라 於是에 立一憲法政體ㅎ니 此制는
本出於平民主義 故로 有平等權之特質이라 然이ᄂ 立憲君主制와 立憲民
主制가 又分於近世國家ㅎ니라.

立憲上 君主制 民主制之異는 但其元首之選擧制 繼續制也而政治之作
用은 一也라 余觀歐米列强에 爲國政策ㅎ니 對外也에 民群이 先驅於前
ㅎ야 血不染刀而拓土揚威ㅎ며 對內也에 民群이 自據中心點ㅎ야 以習
慣으로 爲法律ㅎ고 以思想으로 爲政治ㅎ야 出則群體라. 群群所在에 各
種機關이 日以發達ㅎ야 爭爲世界上一等國民ㅎ니 豈彼國君相이 世世賢
明而致之者리오 卽由乎變專制爲立憲ㅎ야 以民爲國家之主人而任其事
也라 故로 英國君主는 含飴弄孫之婦人이라. 固無責任之可言而其國이
常治ㅎ고 日本 天皇은 但據政治的性質而聖神不可侵이라 ㅎ야 其位益
尊ㅎ니 何以故오 國之興亡을 民自責任ㅎ야 不待功於君主ㅎ고 不假柄
於政府而元首則尊而戴之而已라 苟今爲君人者로 知有立憲制之尊榮이
如此則古今兩洋에 必不生專制種子也리라.

立憲家所謂限制君權者는 君이 雖無直接之關係ㅎᄂ 君失其政則民喪
其國家 故로 雖欲恒遭聖明이ᄂ 豈易得耶아 禹湯之聖으로도 難保其子
孫之無桀紂며 文武之明으로도 難保其子孫之無幽厲則今日에 遇可爲之
君ㅎ야 發布大憲ㅎ고 裁定法律以待之ㅎ야 爲治平之準備而使其君으로
不出於範圍之外가 豈不善哉아 又 所謂 監督政府者는 政府官吏가 雖世
世良佐라도 立法이 在於我ㅎ고 司法이 又在於我ㅎ고 行政이 亦在於我
則旣非集合共同之公義而占有惟一無二之私權矣라 安能保其盡善而無謬
濫也리오 故로 民有立法之責任而使行政官行之ㅎᄂ니 法律一定之後에
ᄂ 政府民人이 不相侵權이 爲主要點也라. 故로 國會代議士當辦之務를
再說於下ㅎ노라.

立憲政體之特質은 卽代議機關也라 其作用이 有四事ㅎ니

一 代表全數國民ᄒ야 爲統一政體事

一 君權民權을 法典上制限事

一 立法部之權利를 保維事

一 行政官之行爲를 監督事

行政事項中 財政出入及預算決算이 亦係於議員之可否則開議會에 全國一事務를 於斯盡辦矣라. 夫生命財産은 是民之最關切肌利害也라 自定良法ᄒ야 自衞其身ᄒ며 自治其生을 一切不假借於人而自出於共同之意則雖欲不善이 七得乎아 故로 欲爲生死於政治之思想ᄒ며 欲爲犧牲於國家之責任者ㅣ 卽 民人이니 此所謂國民的國家니라.

嗚呼라 我韓之群體ᄂ 檀箕以來相承之血族也라. 無他種之刺激故로 柔善仁愛之風은 有餘而進化之程度ᄂ 大不敏矣라 近自商港之開로 玉帛이 交聘ᄒ고 風氣가 漸闢ᄒ야 舊謬之不得不革과 新理之不可不究ᄂ 夫人이 皆知矣라 今我大皇帝陛下丕承堯以傳舜以授之緖業ᄒ샤 踐祚之始에 維新二字를 大書特書ᄒ야 定爲國是ᄒ시니 於乎盛矣라. 憲法之發布와 國會之設立은 卽次第事也라 昏衢之明燭과 寒屋之光熱이 豈易遘者耶아 爲吾群者ᄂ 淬礪道德於華盛頓獨立旗下ᄒ고 發揮精神於瑪志尼少年會中ᄒ야 振起中興事業ᄒ며 構造國民國家ᄒ야 與世界로 直接同進이어다 嗟乎同胞여.

第二節 論政府

古代政府ᄂ 不過君主之宮室이라 親裁萬機에 宦寺爲輔ᄒ고 別有軍國大事라야 乃號召藩臣及貴族ᄒ야 詢其意見ᄒ니 此其貴族政府萌芽之時代也라 自後로 政府之專擅이 日甚ᄒ야 或 篡奪焉ᄒ며 或稱兵焉ᄒ야 以至魚肉生民ᄒ며 蕩滅國基者ㅣ 相屬不絶ᄒ니 觀於周秦以後至宋明之事와 希臘羅馬及英法舊代之禍에 可徵矣로다 始自ㅣ 五世紀以來로 歐人之

智가 先自發達ᄒ야 破封建ᄒ고 置專務官吏ᄒ니 宮中府中이 遂截然分離ᄒ야 各守獨立之權이ᄂ 然이ᄂ 機關組織이 猶未完備矣러니 及其法國大儒孟的斯鳩出에 萬法精神之說이 風靡全歐ᄒ야 遂今立法, 司法, 行政, 三大權으로 分立於政治界上ᄒ니 此實憲法之鼻祖也오 自英國地方自治制之發達로 中央政府之集權體가 盛備於列國ᄒ니 此實國會之母也라.

政府之所由生이 乃如是而質言ᄒ면 憲法以前之國家ᄂ 階級的政府而憲法以後之國家ᄂ 平等的政府니 何也오. 世卿貴族이 相襲橫恣ᄒ야 無所忌憚일시 乃至極點ᄒ야 民不堪命則反動力이 不得不激烈이라 故로 英王位之流放과 法侯族之焚蕩이 令人酸鼻ᄂ 然이ᄂ 乃有荷蘭王이 批准權利干英人而其禍熄ᄒ고 拿破崙王이 許人權制度於法人而其紛이 解ᄒ고 板垣伯이 唱平等權於日廷然後에 其國會始成ᄒ니 由是觀之컨딕 階級的政府ᄂ 不惟憲法之罪人이라 卽 是國民之仇敵이니 豈有相安之道乎아.

蓋政府者ᄂ 對於國家之目的ᄒ야 爲運用之機關也라. 其運用之範圍가 憲法上有一定之三條原則ᄒ니

第一 在私人에 不爲之事와 不可爲之事와 欲爲不能之事ᄂ 皆政府ㅣ爲之ᄒ며

第二 雖屬私人之事ᄂ 若補助而生公益者則政府ㅣ 必補助之ᄒ며

第三 民業之有害於公益者ᄂ 政府가 不可不停止之니

政府之行動範圍ᄂ 止此矣라 不過爲吾群公益之事而行政上分言之則內閣이오 統言之則政府也라 以國民共同的思想으로 構造者를 謂之國民的 政府니 近日 文明國責任內閣이 卽 是也라. 夫責任內閣云者ᄂ 始自英政府刱造而一面은 對君主에 有代表行政之責任이오. 一面은 對國民에 有保護生命財産之責任이 是也니 嗚呼라. 我韓內閣은 其 責任이 在外乎아 在內乎아 在上乎 在下乎아 主權이 被削에 外侮ㅣ 日至ᄒ니 其事甚乖而不能可否於論議ᄒ고 構兵行暴에 內亂이 斯劇ᄒ니 其計無謂而旣不能撫綏ᄒ고 又 不能威戢ᄒ니 何以謂有責任也리오 於外人之吸利에 隨求

隨應ᄒ야 副署惟謹ᄒ니 此乃對君主之責任乎아 生命 財産 家屋 土地를 被割盡剝而無計施措ᄒ야 視若秦瘠ᄒ니 不可謂對民人之責任이 明矣라. 國破而身不存은 政府與民人이 俱是一例니 盍三思之오 亟令組織國會ᄒ 야 以助共同的團體之現象焉ᄒ라. (未完)

▲ 제2호

第三節 論政黨

政黨者ᄂ 政治上 平和的 革命神也라. 始立於思想界ᄒ야 以智識學問 言論으로 施於實際而能致 其 國利民福者也니 何也오. 夫政黨 社會之發 達은 莫盛於英國與日本之近世而其程度之高下ᄂ 莫不繫乎羣體之組織 如何也라. 故로 英之保守自由二大黨(保守ᄂ 卽王室黨이오 自由ᄂ 卽國 民黨)의 軋轢之禍가 延至 數百年타가 逮乎十九世紀 議院制 改革 以後에 始乃整頓而 貴族政客이 常主保守ᄒ야 欲圖偸安姑息者多 故로 急進黨 及 阿爾蘭黨之 勢力이 每相衝突ᄒ니 此 是 近日問題之 可究也오. 日本 則 破壞主義之 初에 雖 有攘夷黨派之 名目ᄒᄂ 此ᄂ 一時謬見이라. 固 無足言而 其 後 政進黨이 爲正式政黨이오. 其他 憲政黨進步黨友黨은 皆改進黨名義之變相則 國民自由上純一之精神은 非英人之可及也라. 所 以其國文明之速進이 爲世界之最오. 德國은 保守漸進二黨之反抗이 時 或激烈而總理大臣은 本不藉於政黨之助力 故로 雖無一體顚覆之憂ᄒᄂ 政黨之不完全은 更何足觀也리오. 然則於此三者에 必有我師어니와 非自 由上精神之國民이면 不可爲政黨이니라. 何以知其然也오 保守者ᄂ 常出 於貴族保位守成之心而不知國步之不進과 人權之漸窒也니 其 流弊之濡 染을 可勝言哉아 況欲新成立者ᄂ 必破壞其 舊陋積汚之物이 可也니 今 國民之有意於政黨者ㅣ 勿陷誤謬ᄒ야 斷送國命於波瀾埃及之鄕ᄒ라.

雖然이ᄂ 政黨之於 國家全體에 有利害之可別ᄒ니 凡 社會上 言論이

決不出於劃一則必團結黨派ᄒ야 以成一部合同이라야 乃可以防其分裂이ᄂ 然이ᄂ 全黨이 旣有目的之 指定則 黨員言論이 或 欠自由ᄒ야 杜撰正理ᄒ며 或 偏護私黨ᄒ야 自棄公義ᄒ니 此其一利一害之機關也. 今國民之有意於 政黨者ᄂ 必先自養成 其公平不偏之精神이 可也니 此ᄂ 政學大家英國拉列侍之格言也라. 諒哉어다 夫集合公衆之道德性ᄒ야 一爐陶冶에 確成團體ᄒ야 持雄力於國會ᄒ고 占多數於議院ᄒ야 喚起輿論ᄒ고 維持國是가 是 所謂 國民的 政黨이니라.

嗚呼라 我韓國民이 其 有政治思想者幾人고. 甲午更張은 卽 是政治上第一期之革命也라. 然이ᄂ 其 動力이 在外而不在內故로 乍起乍滅ᄒ야 專制惡行이 愈加於前日而民不得思議於改革者ᄂ 固政府之不許歟아 抑吾輩之不爲歟아 當爲而不爲則是ᄂ 民自默認於政府專制也라. 況乎其時之內勢外敵이 比之今日ᄒ면 猶可爲也니 有一羣體가 克圖其 革舊刷新之事則十年之間에 何成積之不見ᄒ야 至於蟹網之俱失也리오 天胡此醉오 叩帝閽其難聞이오 人不見信ᄒ니 攬橫流其未極이라. 思之益恨에 悔何及矣오 光武二年 獨立協會ᄂ 又是政治上第二期之革命也라. 一括이 自動에 萬目이 咸湊ᄒ니 此其民人之於政府에 始有言論權之秋也로다. 自由之唱이 殆遍一時而終不得實行改革者ᄂ 固以政府之壓力歟아 抑以吾輩之默逃歟아 當辯而還默則是ᄂ 不惟民自默認於政府라 亦 欲後援於政府也니 然則亡國之機關을 認之者도 民也오 援之者도 民也니 有民如此ᄒ면 無民何異리오. 哀莫大於心死ᄒ니 往者未追오 禍已迫於眉燃ᄒ니 泣將何及고

隆熙二年 大韓協會ᄂ 新集政黨生命之機關이니 將來國會之代表也오. 前日憲政研究之結果也라. 蓋吾群之政治思想이 已自自强會含蓄膨脹而乃發展於今日則國家之命運과 民人之責任이 蓋在乎此ᄒ니 扁鵲은 休走ᄒ라. 鍼石이 猶可及於膏盲이오 副手今來ᄒ니 舟楫이 何憂涉於滄海리오 嗚呼同胞여. 夫能造時勢於宇內ᄒ고 回天日於陰崖ᄂ 固政黨之權力範

圍也라. 何也오 一千六百八十九年에 英王維廉第三이 納桑達侖之言ᄒ고 命下議院 中最多數之黨派首領ᄒ야 使之組織政府ᄒ니 自後로 沿爲成案 ᄒ야 凡 非得議院之多數贊成者면 不得立於政府라. 至后安時代ᄒ야 首 相瑪波羅ᄂ 本保守黨(王黨)首領而及戰事起에 雖極反對ᄒ나 因進步黨 (民黨)之贊成ᄒ야 卒不能更易ᄒ고 占士第二ᄂ 雖欲自攬政權ᄒ야 任用 私人이나 卒爲議會所抗ᄒ야 不能行其志ᄒ고 格蘭斯頓的士黎里兩雄角 立之時에도 視其總選擧之黨派多少ᄒ야 以爲進退 故로 不待國會而更行 總辭職之例ㅣ 多矣오. 日本 政黨은 大隈伊騰이 次第立幟而 明治三十四 年 伊藤內閣이 因議院反對ᄒ야 乃乞天皇手諭而勸解故로 擧國이 沸騰ᄒ 야 謂其違背憲法而假威皇權이라. 詈罵不絶ᄒ니 安可久保其位리오 不得 已乞骸ᄒ니 此皆君主ㅣ 不能私於政府之公案也오. 政府가 不能抗於民會 之鐵限也라 政黨之權力範圍固如是ᄒ니 今以先進國成例로 磨礪之ᄒ고 又以不成文法律로 裁補之ᄒ야 維持上下ᄒ며 安保生命이 正今日吾輩之 責任云爾라.

結論

憲法發布之前과 國會設立之前에 政黨이 難以成立이라 ᄒ야 論者不 一而足이나 欲造成有責任之政府則必賴夫有責任之民人이니 民人之責 任이 何待乎政府之指定而後에 有之也리오. 余嘗聞日本政學大家所論則 有政黨 然後에 立憲政體를 可以實行矣오 有立憲正體 然後에 國家를 可 以生存於世界라 ᄒ니 夫政黨者ᄂ 立憲之先驅也오. 立憲은 國家之根據 也라 先驅以劃披荊棘ᄒ고 根據以發榮支體ᄒ야 順勢而導之면 何憂乎其 難成이리오. 論者ㅣ 又以民人程度之不足爲憂ᄂ 然이나 試問政府之程度 ᄂ 果已足乎아 政府與民人之程度가 俱處於正比例之地位ᄒ야 俱無動機 則索命於枯魚之肆가 不亦晚乎아 況立憲之動機가 與其先自政府起ᄒ야 種豆得豆種爪得爪론 無寧先自民人起ᄒ야 刷新制度에 無遺下謬種之弊 耶아 近來에 有哲學諸家가 著書刊報ᄒ야 鼓吹其責任心於民人者多則活

218

潑之精神이 蓬蓬勃勃ᄒ니 一瀉千里에 何遠之不可到리오 爲吾輩之前進
ᄒ야 準備其參考次로 略採日本政黨大隈氏之論ᄒ야 揭此三大綱於下ᄒ
노라.

第一. 貴統一

按政黨者ᄂ 不得不以習慣思想同者로 集爲一體ᄒ야 以示統同意見也
라. 凡物이 必有其中心이라야 乃得繫維以長存이니 失其中心則本體且
立壞矣라. 宇宙而失其心則世界가 將爲消滅이오. 太陽系而失其中心則
星月이 皆亂軌道而衝突故로 組織政黨者ㅣ 當以統一的 國民國家로 爲
中心點事

第二. 重公義

按政黨者ᄂ 公黨也라. 其所重이 在於公義而不爲私利之所牽이라. 故
로 非以道德性團結이면 不可以維繫於不敵之途라 對於國家에 但表示其
忠義心이오. 無所望於報酬者則其所爲之事ᄂ 皆犧牲的精神而已니 故로
舍公義면 無以達政黨之目的而必陷於前代所謂朋黨이 明矣라. 今組織政
黨者ᄂ 惟以公義的國民政府로 爲本然之目的事

第三. 尊自由

按政黨者ᄂ 恒持光明正大之義와 國利民福之說ᄒ고 號召天下ᄒ야 以
吸其同情而絶不容有一毫强迫之擧ᄒ며 但對圖參與政治之思想에 有同
一之意見則宗敎上學說上에 無論何派ᄒ고 切勿過問ᄒ며 但起輿論於共
同之中ᄒ고 不借外援於勢力之人이 可也니 今組織政黨者ᄂ 惟以自由的
國民政黨으로 爲大主義事

大隈氏 曰 政黨者ᄂᆞᆫ 當國民思想渾沌未定之時ᄒᆞ야 與之明燈以照夜ᄒᆞ야 使人知所方向而致力於國家也라 ᄒᆞ니 今 我韓之 民이 居於半開未開之間矣라. 言論以彰明之ᄒᆞ고 報誌以見聞焉ᄒᆞ야 完其腦力而定其方針則 健馬之致遠과 大車之容重에 不難爲責任國民이로다.

▲ 제3호 政黨의 責任, 金成喜

= 앞의 글과 연재된 것은 아니지만 동일 필자의 동일 주제 논문임

國家之所以爲國家와 政府之所以爲政府와 政黨之所以爲政黨이 皆由乎民人當盡之責任은 前號에 旣縷言之어니와 今世界에 無政黨之立憲國家ᄒᆞ며 亦無有政黨之專制國家ᄒᆞ니 何也오. 政黨이 立 然後에 國會成而憲法이 定ᄒᆞ고 憲法이 定而監督機關이 備然後에 政府內爲責任內閣이니 所謂 責任內閣은 對於君主에 僅有事實上責任이오 未有法律上之責任ᄒᆞ나 對於民人則與國會之監督機關으로 幷峙之時에 有不得不擔負責任之勢ᄒᆞ니 是以로 國會未成立之前에 若自處以責任內閣이면 是ᄂᆞᆫ 欲先制監督之名義而外借新法ᄒᆞ고 內護專制ᄒᆞ야 爲終身計也라. 然이나 專制旣久에 不欲以監督之柄으로 授之民黨은 各國立憲之初에 未有不如是者ᄒᆞ니 蓋政府之自授監督權이 必無其時則使政府로 不得不受其監督이 卽國民的政黨之責任也라.

未旣知國民之責任이 如是則當有履行之事實이오 旣知政府之不自授監督權이면 則當有要求之思想이니 蓋其要求之目的은 非爲少數人之私利而沾漑之也오 全國統治機關을 欲與大多數人民으로 共同之ᄒᆞ야 發達其利益ᄒᆞ며 享有其太平者也니 質言之ᄒᆞ면 所要求者난 憲法發布, 國會召集이 是也라. 未知爲政黨全體者ㅣ 皆有是思想否耶아. 今二十世紀 新世界ᄂᆞᆫ 非專制國民立族之地也라. 生存競爭劇烈之場에 自知其不能直接周旋故로 衣髮焉變ᄒᆞ며 敎育焉務ᄒᆞ야 將爲改觀的人物이나 至於全國生命

220

最關係之政治ᄒ야난 不究所以自立標準自定新製之方而惟欲竢政府之杜撰ᄒ고 仰麟之之鼻息ᄒ면 不其迂乎아.

專制者난 數百年來政府自專之物이라 卒不欲讓人革去난 固無足怪也나 憲法者난 國利民福之大機關也라. 求之者義則授之者亦義耳니 以世界歷史觀之則可援可照之殷鑑이 自在矣라. 英吉利之大憲章權利法典을 維廉第三이 始許其發布ᄒ니 非此면 騷動之風潮를 莫禦오 普魯士之於法蘭克福脫에 第一期 國會를 始許其召集ᄒ니 非此면 已覆之前轍을 必蹈라 豈不可懼乎아. 故로 余以爲愛其國者야 必求之오 愛其國者야 必授之而未有不求而授之者ᄒ며 亦未有求而不授者矣라 念之哉어다.

雖然이나 其求之也에 非經許多艱險ᄒ며 非經許多阻力則不能達其正鵠이 明矣니 遠者난 勿論이어니와 請言近者ᄒ야 備政黨史中參考호리라. 嘗讀日本稗史ᄒ니 明治 七年 副島, 江藤, 板垣 等이 上書政府ᄒ야 建民選議院之議ᄒ고 設愛國公黨ᄒ야 號召天下ᄒ니 是爲政黨之嚆矢라. 於土佐에 設立志社而地方政黨이 漸興ᄒ고 又於大坂에 設愛國社ᄒ야 十二年冬에 開第三次大會ᄒ고 派員各地ᄒ야 組織大團體後에 改名爲國會期成同盟會ᄒ니 河野片岡은 受二府二十二縣八萬七千人之委任ᄒ야 請願國會之召集ᄒ고 又有共愛會繼之而茨城縣一萬一千八十四人之聯署와 長野縣信州獎匡社二萬一千五百三十五人之聯署로 上書於元老院ᄒ야 請立國會ᄒ니 當時要求之書가 共計七十餘通이라. 其後 十四年에 以北海道官有物拂下事로 激論이 大起ᄒ야 政府分裂일시 乃有國會開設之詔ᄒ니 板垣之功이 最多於自由黨ᄒ고 嚶鳴社, 東洋議政會, 鷗渡會 等은 皆與大隈로 共進退ᄒ야 一變爲改進黨ᄒ니 自是以後로 二大黨이 對峙以立ᄒ야 遂至今日ᄒ니라.

蓋 明治 十四五年頃 日本政府난 藩閥的 政府也라. 自由 改進 兩黨派가 各有主義ᄒ야 一主 激烈的 革命ᄒ고 一主 平和的 改革이 政黨之與政府

에 血戰之歷史와 衝突之情形은 不可盡記어니와 至於伊藤氏之歷聘歐米
ᄒ야 調査憲法之時에 政府大臣이 頻欲以壓制之術로 補求一時라가 致
有 福島事件, 大坂事件加波山事件, 飯田事件而欲顚覆政府ᄒ야 懷暴動
暗殺之計者ㅣ 猶尙不止나 然이나 二十二年編定憲法, 二十三年召集議會
之後에난 官民激憂之想이 始皆歸宿於議會之席ᄒ니 日本政府之福이 豈
非此耶아. 想見其時爲政黨者之衝風雨踏星月ᄒ야 不避艱難險阻之遇ᄒ
고 停辛茹苦에 未嘗爲外界所撓而獲最後之勝利ᄒ니 何其偉也오. 嗚呼라
我韓人은 如板垣, 大隈者ㅣ 有幾焉고 今組合大多數之同情ᄒ야 發揮其
精神則要求憲法之宣布도 可也오 要求議會之召集도 可也라. 兩事旣準ᄒ
면 百世可知之法과 萬年不拔之基를 從此可定이오 責任內閣은 自在鞏固
오. 神聖皇威는 益復尊嚴이니 然則政黨이 非政府之良友乎아.

▲ 제4호 國民的 內治 國民的 外交, 金成喜

國家之何以亡何以存을 我國民이 皆知之乎아 欲吾人之生存인딘 不能
不有一國家라. 故로 知其亡則當思保存之오. 若已亡也則當思其構造之니
此는 我二千萬人人之同情也라. 嗚呼라 藜藿이 蹂躪ᄒ니 柴室之憂가 奚
益이며 木石이 冤若ᄒ니 東海之心을 誰塡고.

夫 人之病也에 不知內界之剝蝕과 外界之刺擊이 爲如何之原因則莫或
醫之而終至於死而已라. 今世界에 演述韓人歷史者多而皆曰韓國之命運
은 卽扁鵲이 逃走而齊侯已死之日也라. 湯熨이 無所及이오 鍼石이 無所
施라 ᄒ나니 豈其然乎리오 豈其然乎리오. 余는 聞之호니 國家者는 有機
體也라. 以民之血肉筋骨로 組織之ᄒ고 以民之精神으로 關聯之라 ᄒ니
夫我二千萬人之血肉筋骨이 不散이면 國體를 可存이오. 夫我二千萬人之
精神이 不鎖ᄒ면 皇通焉與日月而攝應ᄒ며 幷雲漢而蘇回ᄒ야 將發揮動
盪於大東洋新舞臺之上云耳라.

雖然이나 現今에 最可悲者는 內界之剝蝕을 難救니 何也오. 政府之不
欲與民으로 爲痛癢之關係者ㅣ 久矣라. 至於無自動自主之力에 但求庇假

息於虎口之下而猶不圖援民之讓而自濟ᄒᆞ며 借民之力而自强ᄒᆞ고 自欲
行動於共同的國民以外之地ᄒᆞ야 對內政策이 如是顚倒ᄒᆞ니 所以國民之
不得不超脱於政府之牽制ᄒᆞ야 思欲自立於善惡無關之外者也라. 故로 民
人之防政府를 如盗賊ᄒᆞ고 政府之視民人을 如仇敵ᄒᆞ야 各自爲謀에 兩
不相容ᄒᆞ니 此ᄂᆞᆫ 亡國之第一原因이라 何辜于天고. 嗚呼痛哉라 民人之
罪歟아 政府之罪歟아 吾自斷案曰專制政體之罪라 ᄒᆞ노라.

又 有所可懼者ᄒᆞ니 外界之刺撃을 難解也라. 夫强國之對弱國에 始以
尊重獨立ᄒᆞ며 保全領土等語로 誘惑之ᄒᆞ니 此ᄂᆞᆫ 條約上之詭遇也오 中
以假義於平和ᄒᆞ야 干渉內政에 首稱教育ᄒᆞ니 此ᄂᆞᆫ 同化術之導線也오
終以啓發天産이 爲世界公益이라 ᄒᆞ야 殖其民而拓土地ᄒᆞ니 其所究竟은
不血兵刃ᄒᆞ며 不費糧餉ᄒᆞ고 駸駸然作天授之領地而後에 已ᄒᆞ니 此ᄂᆞᆫ
政累家之手段而文明國通例也라. 今欲生存於此世而 昧於時勢ᄒᆞ야 不能
善始而圖終은 雖 不但責備於 政府ᄒᆞ나 國際上約章을 秘密的 糊塗的으
로 不許 國民議之而專擅行之則憤敗之 後에 其 咎安歸오. 今 云暴徒也
義兵也之妄動이 亦 何故也오. 因此而全國人種이 殄滅乃已니 天下萬世
에 將何以謝之오 國家ᄂᆞᆫ 乃人民共同之公産이오 非政府之私有어ᄂᆞᆯ 今
於革舊就新整理之際에 瞑行獨裁라가 中痞之怪疾이 猝發ᄒᆞ야 補不得瀉
不得에 莫可收拾ᄒᆞ니 此ᄂᆞᆫ 亡國之第二原因이라 誰爲爲此오. 嗚呼痛哉
라 政府之罪歟아 民人之罪歟아 吾自斷案曰專制政體之罪也라 ᄒᆞ노라.

然則 國家體裁를 不得不 新構造 然後에 可以得生存於二十世紀新世界
也니 新構造를 當如何오 第一은 國民的 內治오 第二ᄂᆞᆫ 國民的 外交也니
內治의 材料ᄂᆞᆫ 憲法上 監督之機關이 是也오 外交의 材料ᄂᆞᆫ 事實上 經驗
之歷史가 是也玆欲次第揭説于下ᄒᆞ노라.

何謂國民的內治오 今世界ᄂᆞᆫ 立憲專制兩政體之新陳嬗代之時也라. 所
謂 專制者ᄂᆞᆫ 政府少數人政治也오 立憲者ᄂᆞᆫ 國民大多數之政治也니 英儒
邊沁이 曰 國家之有政治ᄂᆞᆫ 爲最大多數之最大幸福而設이라 ᄒᆞ니 若爲少
數人一方面之利益ᄒᆞ야 逆潮流於大多數所趨之地則絶對的 反阻力이 生
ᄒᆞ야 必至於亡其身覆其國ᄒᆞ나니 不見夫奧相梅特涅之事乎아 不見夫拿

破侖之末路乎아 其利害之所歸를 至易見也로다.

以近日事로 言之라도 可師可友之隣人이 指導韓人에 未始不以政治改善으로 爲最先目的而曾不剔刪舊汚ᄒ고 猶噓其不死之專制ᄒ야 欲自利其身而又餌之於政府ᄒ야 利用其少數之人ᄒ고 不恤其大多數之積久怨怒而反以嫉之ᄒ니 乃如是則韓日兩國人所受之痛毒이 尙有未艾者也라 其不懼乎아.

余는 以爲地方騷動之風潮와 不平之憾情이 不鎖磨於國會之議席이면 無以化之오 不移轉於自治之範圍면 無以戢之라 ᄒ노니 何也오. 自昨年以來로 民志之渙散이 如是ᄒ고 民之體分裂이 又如是ᄒ니 雖使彼等으로 自爲料理向化라도 歸宿也無所오 契活也無地則其所愈壓而愈激ᄒ고 愈彈而愈發은 卽今日之現象也라. 雖然이나 不戢之면 必自焚이오 不惟自焚이라 環伺列强의 難解之問題가 必有及於東亞之全局矣리니 眞如是也則豈容留韓日兩國人立足之地乎아. 夫 衝突은 爲調和計也라. 今於漲怒積沸之發에 但以兵力衝突則雖百衝突이라도 無一調和之時어늘 況以借外兵而討內族乎아 設以同血之族으로 爲可討之賊이라도 草木이 滿山에 鳥雲之▨沒을 其 能易制乎아 稻苗盈疇에 稂莠之糅雜을 其 能易鋤乎아 行陣搜討는 以理以勢에 萬不可能이니 孰與其使斯民으로 自行其除暴安良之爲易易事也오. 孟德斯鳩曰 國家之程度는 必依國民政治思想而發達이라 ᄒ니 夫 政治思想者는 卽立憲章定權限ᄒ야 監督政府之行政ᄒ며 曁乎市州郡自治之制를 皆 民人이 自擔自辦之謂也니 質言之ᄒ면 國家政治之本源이 卽 國民之思想也라. 凡 以政治的으로 鼓吹之淬礪之ᄒ야 成出公同的一爐治之思想이면 作用上에 必有愚者智ᄒ며 梗者化ᄒ야 不期然而然者矣라. 蓋以日本薩長二州之風氣로 改革之初에 帖然歸順ᄒ야 力贊王室에 克成大業ᄒ니 此非政治思想之爲歟아. 法國大革命이 忽焉爆發ᄒ야 腥血이 淋漓에 朝野分裂而卒以集成團體ᄒ야 更造雄國ᄒ니 此非政治思想之爲歟아. 亟宜草創憲法條例ᄒ야 布告國中호되 令民自解而逐條辨析ᄒ고 各述意見而務合國情ᄒ야 損益制定之ᄒ고 又示國會定期ᄒ야 選擧制度와 豫算問題를 使各準備ᄒ고 各令講定自治之制ᄒ야

先自都市實行ᄒ고 廣施警察機關ᄒ야 使地方行政으로 貫徹於中央集權
則雖漂蕩無恒之流라도 皆知法律之爲重而不可犯者니 此非汲汲爲之者
乎아. 此等 組織을 雖不可以四三年內畢擧也나 然이나 先湏宣示於民ᄒ
야 使知改觀的國家에 民議之見用則自當奮勵警飾ᄒ리니 使其悖惡蔑紀
之徒ᄂ 不得容其奸ᄒ고 稍知公義者를 皆得率轂循軌則此所謂以民戡民
以民化民之道也라. 不有愈於勞外兵而殘內族乎아.

何謂國民的外交오 國際上 交涉事務를 民人之擔負其任은 各國 憲法條
例에 雖無明文ᄒ나 十九世紀 以來로 歐米 列强의 對外政策이 無不以民
族으로 爲前驅故로 外交方針을 必從其民而定之矣라. 日本小野塚喜平次
博士之所述政學大綱에 著有國民的外交之政策이 甚明瞭ᄒ니 世界 外交
家가 多爲唱和ᄒ야 國民的 外交時代ᄂ 卽 今二十世紀 新世界라 ᄒᄂ니
故로 淸人 觀雲子曰往古之時에 外交之事를 皆以國君으로 當之ᄒ고 國
民은 無預而近日之國家ᄂ 反是ᄒ야 凡 外交를 無不以國民으로 爲主宰
之原動力ᄒ니 以近日事로 觀之則美洲之排斥亞細亞人이 爲外交上一大
案而其原動力이 出於其民則此ᄂ 美洲國民之外交也오 中國은 因鐵道之
借款ᄒ야 起而抗之原動力이 出於其民則此ᄂ 中國民之外交也라 ᄒ니
蓋 淸國之民이 馴擾於政府專制之下久矣라. 內政外交를 不敢過問이러니
近則干預外交之氣力이 漸强ᄒ니 如再昨年之拒美約, 去年之拒英款에 槪
有可觀者也로다.

夫辦外交之事務者ᄂ 不可視爲政府的이오 當視爲國民的이니 旣視爲
國民的則不可不以外交之問題로 先布于民ᄒ야 求其同意然後에 乃行之
可也라. 若反是而政府ㅣ 逕庭締約이라가 遇有國民大多數之反對則其將
何以處之오. 故로 無國民同意之外交ᄂ 非完全之成約이오 非有力之公案
이라.

內治外交上의 所以爲材料若監督之機關若經驗的 歷史ᄂ 當俟他時更
論ᄒ노라.

▲ 제6호 監督機關說(續四號), 金成喜 譯述

凡 政治之運用이 必係乎人而人之智德이 未始爲安全者也라. 有意識無意識之間에 常現出種種之缺點ᄒ니 此ᄂ 根於普通性而無可如何故로 非有監督乎其旁者면 而能軌於正者鮮矣라. 試觀兒童이 就學에 苟無監學이면 豈能進業이며 百工이 居肆에 苟無監工이면 烏能善事리오. 況 執政者ᄂ 所處之地位가 濫用其權力ᄒ야 不知其過誤者最容易事也라. 故로 無監督機關則政治之運用이 終無以無斃矣라.

東西列國政治學諸家之論이 自三百年來로 靡有不備而監督之責이 宜在民人은 唱自孟的斯鳩而近自十九世紀로 始得實行ᄒ야 今乃發運而東亞則政治思想의 發達이 甚早ᄒ야 距今千餘年前支那春秋戰國以來로 一般 學說이 流入我韓ᄒ야 已認君主爲國家之機關而不認國家爲君主之私有物ᄒ니 此種 大義가 深入人心이 久矣라. 宜其政治之可以完全進化而顧不能爾爾者ᄂ 特因其監督之機關이 未立也라.

且以歷史上陳跡으로 觀之ᄒ니 幸而得賢君主則良政治行而國以康ᄒ고 不幸而不得賢君主則惡政治行而國以危ᄒ야 一國之命脈이 全繫於君主一身故로 不知監督之術을 當施於政府ᄒ고 只向君主而擬監督焉ᄒ야 其 方法이 有數種ᄒ니 一曰 形式上之監督이오 二曰 名譽上之監督이오 三曰 精神上之監督이라.

所謂 形式上之監督은 如立師保諫議等官이 是也라. 以表面論之면 固儼然若有一機關이나 果有與君主對拒之力乎아. 此種 機關은 雖 賢君主라도 不過藉爲補助之用이오 其不賢之君主則踩躪之若拉枯朽ᄒ며 或虛設以伴食而已則此種監督이 豈不能失敗乎아.

所謂 名譽上之監督은 以生前死後名譽로 導之者니 幽厲之名이 旣登大貶而使孝子慈孫으로 百世不能改之者ᄂ 欲使時主로 有所憚焉이라. 雖然이나 人之能自愛其名者ᄂ 必曰稍賢之人而夫旣賢矣면 雖無其監督이라도 必不爲惡이어니와 若不賢이면 區區身後之名을 安足爲慮而懼之乎아.

所謂 精神上之監督은 正君身格君心에 言必稱 天ᄒ야 使君主로 對於

天而負責任ᄒ니 周漢儒者之極言災異가 皆不外乎督君主之恐懼修省者
也오. 西國歷代ᄂ 又以宗敎力而臨之ᄒ야 祈天叫天에 一依於主宰之下나
然이나 所謂 天者ᄂ 不過抽象的之一名詞耳라. 欲變爲具體的而其道無由
故로 此種 監督은 終不見實效矣라.

是以로 先哲이 思欲托其體於人民ᄒ야 乃曰 民之所欲을 天必從之라
ᄒ고 又曰 天視自我民視ᄒ며 天聽自我民聽ᄒ며 天聰明이 自我民聰明
ᄒ며 天明畏自我民明畏라 ᄒ니 此皆欲移監督君主之權於人民也라. 其
用心이 雖 苦나 然이나 其所謂民之所欲與民視民聽聰明民明畏가 又仍
爲抽象的은 蓋無一固定之機關而眞正之民意를 無從以現出故也라. 雖曰
有瞽誦史諷工箴士諫等事而聽與不聽采與不采ᄂ 仍惟君主所欲이오 事
實上固不得强君主之聽之采之에 何哉아. 夫如是故로 先哲所立監督君主
之案이 遂無往而不窮矣라.

夫 人民이 欲行其監督權則將何由計也오. 惟有擧國이 揭竿而與君主
爲難ᄒ야 易其位而去之라. 故로 曰 聞誅一夫오 未聞弑君이라 ᄒ고 又
曰 湯武之革命은 順天應人이라 ᄒ니 於此等 非常之擧에 不得不以正義
許之ᄂ 蓋以君主一身이 全擔政治之責任則苟其失政이면 咎亦自擔故也
라. 雖然이나 倘欲假途於革命而行政治上之監督則其國이 常陷於無政府
之野蠻이오 不寧惟是라. 革命을 旣行而監督機關이 依然無完全之術則
革命이 與不革命等而徒流人民之血이니 此胡爲也오. 政府도 亦 然ᄒ야
苟一革命而國家政治가 進於良則雖忍苦痛而爲之라도 猶可어니와 若監
督機關이 不能隨而成立則有何補哉아. 故로 余以爲民人之責은 不求革
命而求監督이 可也니 監督者 何오 匡救而糾正之ᄒ야 俾不出於法律範
圍之外是也라.

雖 然이나 民人之於君主에 直接監督은 事實上所不能也오 卽能矣라
도 亦非國家之福故로 所當爲者監督政府而足矣라. 政府而有責任則君主
之不能爲惡은 不惟憲法上理論也라 固事勢上必然也라.

民人이 雖欲監督政府而無機關之組織이면 萬不能實行이니 機關者ᄂ
何오 選擧代議ᄒ야 發表國民之意志者也라. 夫監督機關은 權力之淵源이

니 此 權力이 苟在君主則專制之害를 有不可勝言이라 奚暇機關之能組織
乎아. 故로 此權力之能無弊維持者는 惟國民全體也라. 然이나 國民이 散
處於國中ᄒ니 當以何術노 使之能共同一致ᄒ야 以行此監督權也오 此即
事實上不易解決之問題也라. 余言至此에 監督機關之歷史를 不能不爲之
說也로다.

  蓋 古代希臘羅馬에 亦有代表民意之機關而降及中世ᄒ야 全然 淪沒이
라가 直至百餘年前而此機關이 乃復活用於各國ᄒ니 其一興一廢之間에
果孰爲之며 而誰致之오 是無他故焉이라. 古時 希臘은 地勢錯落ᄒ고 各
邦이 駢立ᄒ야 大者는 不過 數萬人이오 小者는 或 僅數千而已라. 咸聚
廣場이 議政也甚易ᄒ고 羅馬는 惟 貴族이 得與政事故로 只有元老院之
建設이나 然이나 能行與民共治之政矣러니 及夫四征八討에 疆宇日恢而
元老院之勢力이 日殺ᄒ야 共和民政이 一變爲帝政ᄒ니 豈其人民之退化
耶아. 領土既廣ᄒ고 人口滋繁ᄒ야 勢不能集於一堂而議政也오. 日耳曼
民族도 亦 然ᄒ야 當其在森林中에 萬幾를 惟采公議러니 及蹂躪羅馬ᄒ
고 分建大國에 乃一變而爲武門專擅之政ᄒ니 亦以廣土衆民을 無術可以
合議故也라. 于斯時也에 惟 英國이 僻在海隅ᄒ야 爲羅馬威稜所不及故
로 得延舊日議政之殘喘而冥冥之中에 又若有黙示之者ᄒ야 一日에 發明
代議之制ᄒ야 能樹立千餘年未遑之大事業ᄒ니 此 制는 定區域算人數ᄒ
야 選出代表人而赴國會議政이오 不必擧全國民而集於一堂者라. 然이나
自法理上觀之면 其 效力이 與全國民集一堂者로 等矣라.

  自有此法則以來로 無論若何大國若何衆民ᄒ고 皆得以設代表民意之
敏滑機關ᄒ야 運用無滯ᄒ니 近世立憲政體之建設이 即 是也라. 此 法이
本非有甚微妙不可思議之秘機而前此諸國民이 莫或見及於此ᄒ고 獨英
民이 擅創立之名譽ᄒ니 眞可謂英國은 憲法之祖也로다. (未完)

▲ 제9호 政黨與政黨互監督論, 金成喜

(이 논설은 앞의 감독기관론에 이어진 것으로 추정됨)

夫 政黨者ᄂ 立憲政治使用之機關手也라. 事實上不能不監督政府之行
動은 夫 旣縷言이나 然이나 政黨이 旣占國民大多數共同之優勢ᄒ야 代
表而監督之焉則法理上矯枉過直之弊와 選擧時循私蔑公之害를 有不可勝
言者而彼被監督之政府ᄂ 烏得以敵之哉아. 然則 以少數人政府之專制로
轉化爲多數人政黨之專制而更無所憚이니 豈不可懼乎아 不寧惟是라. 政
黨之於政府에 忠告之ᄂ 友誼也어니와 忠告而不從則必攻擊之니 攻擊而
不顚倒則不已ᄂ 亦 勢也라. 故로 政府之畏憚은 莫如乎政黨而畏憚之極에
嫉怨이 生而視以仇賊ᄒ야 有時乎失國家安寧之序ᄒ니 又不可懼乎아.

是以로 政治家 理論에 有兩政黨之問題ᄒ니 兩政黨이 并峙於一國則
此政黨이 聯合彼政黨ᄒ야 有以擧總攻擊者ᄂ 政黨以外之政府가 專橫自
恣之時也라 固不俟論이어니와 若 其 兩黨이 相對에 國家的 精神과 政治
的 思想이 莫克相埶而又不相下則在黨員之地位엔 有能監督之權利ᄒ고
在內閣之地位엔 有被監督之定則ᄒ니 此ᄂ 遞相爲黨員而行我之監督也
오 遞相爲內閣而受彼之監督也라. 是所謂互監督也니 郅治之國에 不得不
有兩政黨者ㅣ 是也라.

故로 世界各國現有之政黨이 莫不以自由保守兩大主義로 爲準而其步
武之或進或不進과 目的之或達或不達은 實由乎國民之思想이 不同ᄒ고
政體之範圍가 不同也라 余欲試爲之演繹而論斷也로다.

夫 自由者ᄂ 不羈於他族而自主進行也오. 保守者ᄂ 棲息於一法律之下
而各守其權限者也니 英國이 自查理斯時로 有王黨民黨之分而名稱이 屢
易ᄒ고 性質이 屢變ᄒ야 乃至一千八百三十年而爲自由保守之兩大黨ᄒ
니 自是競爭이 愈劇ᄒ야 內閣之組織과 黨員之監督이 遂相交而迭興ᄒ
야 以至于今而其黨體之完全確立은 冠絶全球ᄒ고 美國政黨은 始雖由於
徵租事之起原이나 自由保守之性質은 實本於母國氣風而爲二黨矣라. 行

政上 直接之思想과 機關之範圍가 無不與英同而其競爭之勢力은 尤有劇焉ᄒᆞ니 英政府는 政黨內閣以外之官吏由試驗而得者는 非可與內閣更迭而進退而美則一政黨이 占優勝則擧國官吏ㅣ 皆得易實故로 政黨이 一組織也에 號稱爲第二政府ᄒᆞ니 以此較之ᄒᆞ면 兩黨之均勢未定ᄒᆞ야 少有畸重畸輕之弊故로 其程度則有所遜於英政黨之圓滿者是也오 其 次는 意太利니 二大政黨이 聯合而共濟之時에는 雖有百年不拔之勢ᄒᆞ나 其 要는 不基於國民的性質而基於地方的問題故로 個人分子之觀念이 盛而中央集權之力이 薄矣오. 瑞西는 自左右中三黨之目이 起而黨派之界線이 甚爲漠然ᄒᆞ야 憲法大旨가 遂在於若有若蕪之間ᄒᆞ니 行政機關이 烏得以無疵乎아.

若法蘭西德意志는 何政黨派之多也오. 雖由其國民之性質思想上種種之原因이나 大革命 以來로 民氣ㅣ 習於變動而無經久恆貞之像ᄒᆞ야 大統領馬洪이 一辭其職에 十年間 內閣更迭이 爲十四漕矣라 此固法民之性質然也오. 多數之黨派가 分門立幟ᄒᆞ야 惟馳於消極的理想故民處於壓制之下而不能自拔ᄒᆞ니 德民之思想은 一何至此오 以憲法之原理揆之則兩不足觀也로다.

雖然이나 一國內政黨派之或多或少는 原因乎政治機關組織之範圍則豈但以黨派之多少로 論其優劣哉아. 政黨 中에 有單獨體政黨聯合體政黨ᄒᆞ니 何謂單獨體政黨也오. 凶牙利之政黨은 僅一焉而單獨行動者也라. 未有不純一凝固之性質而明拱暗拱之間에 未易見發達之效果ᄒᆞ니 細究其原則有可以悲可以祝者耳라. 蓋馬其人之對史拉夫異族에 不許其政權而獨占統一之力者는 恐見呑噬本族而國隆滅矣라. 然則 雖同一馬其之種族이라도 有諂附於外而孟蝕於內者則不許其同黨이 明矣라. 立志如是則何慊乎單獨的行動乎아 何謂聯合體政黨也오. 英之保守黨外에 有愛爾蘭黨ᄒᆞ고 自由黨 中에 有版那曼諸可托諾不別理阿斯其斯諸黨派而必以保守自由兩大黨으로 爲正標準故로 實地事爲上에 時或參加附會ᄒᆞ야 監督本體ᄒᆞ고 保守 自由 兩黨이 亦 或 一連合同ᄒᆞ야 各負其責任ᄒᆞ니 可謂殊途而同歸오 百慮而一致라. 譬如兩大江河가 橫貫千理에 巨川이 合湊則

雖有小水之分割이라도　不失其兩大流域之位實ㅎ니　英政黨之純固發展
이　蓋非偶然也로다.

嗚呼라 試問我韓國家에 有政黨乎아 痲木病風之人이 天然自在에 不知
感觸之來也則忠告而何益이며 攻擊而何損이리오. 故로 政黨特著之效는
前不見古人ㅎ고 後不見來者ㅎ니 念天地之悠悠에 獨愴神而徘徊로다. 又
問我韓國家에 無政黨乎아 滋養之力이 膨脹에 則爲花而爲實ㅎ고 蒸熱之
氣充溢에 則爲虹而爲霓ㅎ니 大多數 國民精神的 代表者 卽 本會在耳라.

夫 本會는 合公群之道德而爲性質ㅎ고 佩民國之福利而爲思想ㅎ고 包
自由保守兩主義而爲範圍者也라. 故로 獻身外族ㅎ야 以圖私榮은 無其人
也오 剝膚內黨ㅎ야 以肥一己는 無其人也오 妄托鄰庇ㅎ야 以墜大權은
無其人也라 我而自强ㅎ고 我而自治ㅎ니 固無待乎他黨之監督我로리.

雖然이나 若單獨體政黨은 甚非如馬其人不得己之勢者면 不足爲也니
豈若如英人聯合體之爲美也리오.　其有性質也思想도能與我爲聯合의機
關手者면 當馨香而視之오 其有革舊自新ㅎ야 改堅正義之幟而與我爲互
監督者면 當再拜而迎之로라.

▲ 제12호　眞政黨與非政黨論, 松堂　金成喜

夫 政黨은 官爵名號에 對한 理想的이 아니라 政治 事實上 同主義 同
目的으로 團體를 決合ㅎ야 一黨의 首領을 擁戴ㅎ고 現內閣의 行動을
或 監督的 糾覈ㅎ며 或 奮鬪的 打倒ㅎ야 國利民福의 正路를 進就ㅎ는
者라. 然이나 本 主義를 運用ㅎ야 目的地에 趣向ㅎ을 際에 抵抗力이 乏少
ㅎ면 慾藪에 陷ㅎ야 獵官의 野心이 出ㅎ거나 威權에 慴ㅎ야 盲從의 奴
性을 成ㅎ느니 故로 抵抗이 有한 者는 眞政黨의 資格이오 盲從性이 有
한 者는 非政黨이라 謂ㅎ을지라. 試問ㅎ노니 我本會의 黨員은 何를 從ㅎ
며 何를 去코자 ㅎ는고 責任上 名譽的에 大關係가 有ㅎ니 參考次 日本
政黨의 得失을 暫論코자 ㅎ노라.

余가 日本 政黨에 對ㅎ야 可愛可敬할 者도 有ㅎ고 可哀可吊할 者노

有호지라. 日本國人의 尊王倒幕호 以來로 新政府의 實權이 薩長兩藩士 木戶孝允大久保利通의 手에 在호야 全國의 文武大權이 薩長人 專有物이 될 形勢를 成호즉 當時에 專橫縱恣의 弊가 何如호고 於是에 土佐의 板垣退助와 肥前의 大隈重信과 如호 誠實호 人格이 前後下野호지라. 一則 法蘭西 社會學說을 崇拜홈으로 自由民權의 論을 鼓吹호야 自由黨을 組織호니 此는 激進의 主義오 一則 英吉利 政治學說을 崇拜홈으로 改良進步의 論을 倡道호야 改進黨을 組織호니 此는 漸進의 主義라. 均是政客의 銳鋒을 表率호고 政府로 더부러 奮鬪搏戰호야 明治二十三年 國會의 效果를 得호고 一世專擅호던 藩閥政府로 호야곰 輿論政治를 採用호고 獨裁政體의 野心을 斂縮케 호니 第一議會로 브터 第七議會까지 黨綱이 完美호야 或 政費의 節減과 軍備의 整理를 主張호며 或 內政의 改革과 外權의 擴張을 主宰홈에 正正堂堂히 旗鼓로써 毅然히 立호야 解散을 屢遭호나 本主義를 不變호고 阿順호 態度가 毫無호 故增租案問題에 對호야 藩閥政府가 相顧畏憚호야 實行을 不得호니 政黨의 抵抗力이 是와 如호도다. 余 所謂 可愛可敬 者ㅣ 是오.

日本人의 第八議會 以後는 民黨이 政府로 더부러 愈接愈近호야 獵官의 私心을 售호며 戰後 經營의 問題로 藉口호야 盲從으로써 天職을 作호는 狀態는 伊藤內閣이 自由黨과 提携홈에 一見호얏고 松方內閣이 進步黨과 提携홈에 再見호얏고 山縣內閣이 憲政黨과 提携홈에 三見호얏도다. 朝三暮四의 術로 出奴入主호다가 蛇身牛鬼의 醜態百出호 政友會가 又爲出現홈에 至호니 此는 伊藤侯의 直參組織호 黨派라 엇지 純粹호 官吏의 大同俱樂部와 同一호 步武라 謂치 아니리오. 民黨 中에 僅存호 憲政本黨도 政友와 聯合을 近近이 形成호야 政府의 增稅案을 一一通過호니 今年 豫算案 案姑且確聞을 不得호얏거니와 第一議會에 明治三十四年 豫算案 歲入 八千三百十四萬餘圓과 歲出 八千三百七萬餘圓으로써 第二十四 議會에 明治 四十一年 豫算案歲入 六億百四萬餘圓과 歲出 六億千五百九十五萬餘에 比較호면 國民의 負擔이 七倍의 加重되고 餘數가 猶有호니 膏血이 盡호면 必斃홀지라. 生民이 何辜오 政黨盲從의 禍

가 是와 如ㅎ도다. 余 所謂 可哀可弔者ㅣ 是라.

然則 日本國은 政體의 改革도 東亞에 嚆矢오 民權의 樹立도 東亞의 先進이라 ㅎ나 前者에ᄂ 政黨의 抵抗力이 有ᄒ 故로 國利民福을 增進홈에 如彼ㅎ고 後者에ᄂ 盲從心이 生ᄒ 故로 國利民福을 妨害홈이 如此ㅎ니 政黨乎여 政黨乎여 爲麟爲鳳ᄒ 時에ᄂ 國民의 崇拜ᄅ 受ㅎ려니와 爲蝎爲: ᄒ 時에ᄂ 國民의 怨府ᄅ 成ㅎ나니 然則 政黨의 步武가 엇지 難愼치 안니ㅎ리오. 嗚呼라 我本會의 黨員은 抵抗力의 幾分이 有ᄒ가 無ᄒ가 一事二事에 原動力의 大發表ᄂ 姑無ㅎ거니와 兵燹을 橫被에 血肉이 塗地ㅎ니 軍政에 對ᄒ 綏戢策에 抵抗을 可得홀지며 金融枯涸ㅎ야 生命이 漸盡ㅎ나 財務에 對ᄒ 積散術에 抵抗을 可得홀지며 亂臣이 干紀에 逃外釀禍ㅎ니 司法에 對ᄒ 裁判權에 抵抗을 可得홀지라. 若 不然이면 我本會 黨員의 當辦홀 事務가 何에 在ㅎ뇨 國利民福 大關係에 抵抗치 아니ㅎ면 天然的 盲從의 奴性에 墮홀 뿐 아니라 亡國殃民의 後援을 自作ㅎ다 홀지니 嗚呼 黨員이여 汲沒히 勘行ㅎ시오.

◎ 政體槪論, 元泳義, 〈대한협회회보〉 제3호, 1908.6.
　(국가학, 정치학)

　　*원영의는 제3호에 정체 개론, 제4호에 법률 개론을 게재하였다. 제5호에는 정치학 관련 논문을 다시 게재하였다. 여기서는 원영의의 정치학 관련 논문을 편집함

▲ 제3호=정체 개론

　政治者난 有法律之主從關係ㅎ니 上有統治之權限ㅎ고 下有服從之義務라. 蓋 上古時代에 人民이 自在自如ㅎ야 不相往來라가 或 斃於禽獸ㅎ며 或 彊於凍餒러니 生齒漸繁에 緣於衣食住而生存競爭之端이 起矣라.

於是에 各有合群自保之心ᄒ야 推戴人類中聰明特達者而爲之主ᄒ고 餘
皆從之ᄒ니 此ㅣ 主從之所以分也라 循蜚蒙昧之人類가 豈能如今日之議
會僉同也리오. 爲其主者가 特以禦制方法으로 推測人情之好生惡死與畏
禍喜福者ᄒ야 以賞善罰惡之道로 限其人類自由之權於法律範圍內而上有
治下之權ᄒ고 下有從上之責ᄒ니 此난 政治之所由設也라. 自是而人文이
漸闢에 政治大體ㅣ 分爲二種ᄒ니 曰 君主政體也와 共和政體也ㅣ라. 就
君主政體而分於二種ᄒ니 曰 專制也와 立憲也ㅣ요 就共和政體而分於二
種ᄒ니 曰 貴顯也와 民主也ㅣ라. 君主者난 人君이 執持主權也ㅣ오 共和
者난 君與臣民이 共相和議也오 專制者난 又名獨裁니 人君이 生殺予奪에
獨專裁判也ㅣ오 立憲者난 公立成憲ᄒ야 國家措施를 不遵其法而不任私
意也ㅣ오 貴顯者난 貴族顯官이 專主法政ᄒ고 庶民은 不得干預而只得聽
其揮指也오 民主者난 庶民이 干預國事ᄒ야 君主貴顯이 要行政令에 不協
于民議則不得施行也ㅣ라. 然而 衆多人民이 智愚不同ᄒ고 是非不一故로
僉同其議ᄒ야 公選才德智識之士而薦于議會ᄒ니 是謂代議士也ㅣ라. 然
則 政體之中에 君主共和ㅣ 未知孰爲最美ㅣ也로다. 執此而問諸政治家則
心曰共和也ㅣ라 ᄒ리니 蓋 君主政治난 凡百措置가 難保無謬而有欠於上
下通情也ㅣ오 共和政治난 至公無私ᄒ야 上下和同也ㅣ라. 然則 共和之貴
顯民主가 孰爲最美오 ᄒ면 必曰 民主也ㅣ라 ᄒ리니 蓋 貴顯政治난 其在
上下權利에 不能無偏而抑揚事情이 頗欠共公이오 民主政治난 出自萬民
公心이라. 其心旣同에 其議 其行 其事ㅣ 莫不一於公同ᄒ니 是則大同之
明之治라 下無謀叛之心ᄒ고 上無討伐之虞ᄒ리니 國欲不安이나 其可得
乎아. 大抵 國之爲國이 乃集合衆多人民而成者也ㅣ라. 是以로 上而君位
와 下而官職이 皆爲民而設者也ㅣ니 其可爲民之卑賤而忽乎哉아. 所以民
主之爲最美者ㅣ 此也ㅣ라. 雖然이나 此必待世界文明之程度ㅣ 至於斵雕
返樸而後에 乃可也오 不可遽議於今日也ㅣ라. 槪論世界上萬國政體則區
域之風土와 民族之種類와 習慣之俗例가 各自不同則旣不能較若劃一이
오 又不能一變至道也라. 夫 亞洲諸國이 莫非君主專制而惟日本이 爲立憲
也ㅣ오 歐洲 諸國이 莫非立憲而惟俄國이 爲專制而法國與瑞士ㅣ 爲共和

也ㅣ오 非洲 諸國이 或 爲專制ᄒ며 或爲酋長而惟埃及이 爲立憲 而利卑
里亞ㅣ 爲共和也ㅣ오 南北美洲 諸國이 皆爲共和而惟巴西及布哇ㅣ 爲立
憲也ㅣ라. 然則 專制난 不可遽革以共和ᄒ니 如或不諒其進化之秩序而妄
欲急激之則是猶悶其苗之不長而揠之也ㅣ니 烏有其奏效也哉아. 竊爲今
日之計컨ᄃᆡ 使君主政體로 一變而至於立憲則東洋人類가 可與歐洲列强
으로 旗鼓相當이어니와 此亦不諒其人民程度之如何而遽議則是猶策駻
駒以千里之步ᄒ고 籠雛禽以扶搖之風이라 烏有其奏效也哉아 然則 何爲
其可也오. 夫 學校者난 政府之母也ㅣ라. 世豈有不敎不學而能知者乎아
知之而後에 可以開明이오 開明而後에 可與語政治라. 故로 良民上에 無
惡政府오 良政府下에 無惡民ᄒ나니 此난 政府出自其國人民이오 非從天
而下也ㅣ라. 爲其國民者ㅣ 盡 思敎育之爲急務也哉ㄴ뎌.

▲ 제5호=政治의 進化, 元泳義

太初以來로 人類動物이 他動物과 雜處ᄒᆞᆷ이 猛獸毒蟲의 傷害를 多被
ᄒᆞᆯ ᄲᅵ 不是라. 獨處生活키 不能ᄒᆞᆫ 故로 家族의 小團體로 一區를 劃分ᄒᆞ
야 族長을 服從ᄒᆞ니 此ᄂᆞᆫ 家族時代오. 家族의 强力이 有ᄒᆞᆫ 者가 異種을
盡滅ᄒᆞ고 其 地를 占據ᄒᆞ야 部落을 自成ᄒᆞ니 此ᄂᆞᆫ 酋長時代오 衆 且
强ᄒᆞᆫ 部落이 寡弱을 呑噬ᄒᆞ야 威勢가 漸盛ᄒᆞᆷ이 森立ᄒᆞᆫ 小族을 略大ᄒᆞᆫ
種族에 聯合ᄒᆞ야 政府의 制度를 萌芽ᄒᆞ니 此ᄂᆞᆫ 有國時代라.

人類가 天地의 自然ᄒᆞᆫ 理氣를 稟賦ᄒᆞᆷ이 最히 萬物에 靈長ᄒᆞᆫ 智力이
各各 自由를 濫用ᄒᆞᆷ이 今 所謂 道德 法律 範圍內 拘束키 不能ᄒᆞᆫ 即 此
時에 衆人을 統御ᄒᆞᆯ 者ᄂᆞᆫ 何人고. 蓋 其 軀幹이 强大ᄒᆞ야 衆人의 懾服되
거나 老宿ᄒᆞᆫ 閱歷이 較深ᄒᆞ야 衆人의 推重이 되거나 智勇이 出衆ᄒᆞ야
一方에 富雄ᄒᆞᆫ 者가 愚惡難制ᄒᆞᆯ 衆人을 統攝ᄒᆞ야 特權을 占有ᄒᆞ란 即
壓制보다 誘導ᄒᆞᄂᆞᆫ 政策이 先務ᄒᆞ니 其 政策은 神道設敎에 在ᄒᆞᆫ지라.

是以로 族長과 酋長과 國君의 當初制定ᄒᆞᆫ 政治ᄂᆞᆫ 神意의 傳達노 衆人
을 誘導ᄒᆞ야 尊敬服從의 心이 有케 ᄒᆞ니 此ᄂᆞᆫ 神官政治의 所由起로다.

蓋 好生惡死와 畏禍喜福은 自然훈 天良의 性情이라. 此를 專히 道德과 法律의 人爲로 誘導키 不能훈 즉 人心이 神學의 所化되지 아니호면 感發 懲創홀 道理가 無훈 故로 敬神의 說이 文野升降의 樞紐가 되얏도다.

夫 義易의 象占과 洪範의 稽疑는 人心에 孚及키 難훈 事爲를 皆 神意에 藉托호야 決定홈이오 祈禱 及 祭祀의 典禮와 盟誓與誥諭의 文字는 天地神祇와 祖宗精靈이 人의 善惡을 隨호야 禍福을 降與홈으로 以호야 恐動勸勉호며 其他 陰惡陽善과 天堂地獄의 說이 心中에 浸淫호야 牢不可破홈에 至혼지라. 自是로 國君을 曰 天子 曰 聖神 曰 神孫 曰 百神之主라 호는 尊稱이 有호야 天神과 如히 畏服호니 此는 神權主義의 時代라. 此 神權을 因호야 野昧未開훈 衆人을 統御호는 專制政治가 從出호얏도다.

專制의 要旨는 國民의 心志로 호여곰 卑屈에 日就호야 全國人民이 國君의 奴隷的 氣象을 帶훈 冥頑不靈훈 物類에 同歸호느니 此等 邦國에는 其 人民의 連顚困苦호야 無可告訴훈 者를 神理命運에 悉委호고 驅役을 願供호며 鞭笞를 甘受호야 惟 其 命令을 是從홈으로 習慣을 自成호니 此를 忠義로 自命호는 者가 多호도다.

若 敎化에 竭力호야 國土를 造成호면 其 人民이 公同的 愛國思想으로 政府의 無理훈 壓制를 不受호고 天下로 一人을 專奉호는 圈子를 超脫호는 强勸力이 生홀 念慮가 不無홈으로 民은 可使由之오 不可使知之라 호는 古訓이 有호도다.

然호나 草昧未開훈 時代에 專制政治가 進步에 最히 有益훈 主點이 되니 蓋 人群의 團聚가 未固호고 人類의 秩序가 未完호거늘 無知沒覺훈 言論의 自由를 一任호면 土崩瓦解호야 收拾키 不得홀 境遇에 必至호리니 進步에 障碍됨이 不尠훈 故로 君權의 專制가 不可已훈 所以로다.

天下의 大勢를 舉論호건딘 何國을 無論호고 當初에 專制의 勢力으로 人民의 固有훈 權利를 拑制剝奪호는 弊害가 甚多호나 究竟은 進步에 有助홈도 有호고 終始如一히 野昧的 狀態를 未脫홈도 有호니 其 故는 一言으로 蔽호야 曰 人種强弱의 所致라 홀지니 蓋 懦弱退縮호는 人種은

專制를 驟去키 斷難이어니와 勇强進就ᄒᆞᄂᆞᆫ 人種은 專制를 持久키 不能
ᄒᆞᆯ 故로 人民의 國政에 參預ᄒᆞᄂᆞᆫ 强勸力을 許與ᄒᆞ니 此ᄂᆞᆫ 立憲政治의
所由起로다. (未完)

▲ 제7호＝政治의 進化(第五號續), 元泳義

憲政은 國家에 一切 法律의 根本이라 立法과 行政과 司法의 三大權이
有ᄒᆞ야 君主에 統一ᄒᆞᆷ으로 其 法이 完備에 未臻ᄒᆞᆫ 境遇에ᄂᆞᆫ 往往히 主
權의 過盛ᄒᆞᆫ 壓力으로 人民의 反抗ᄒᆞᄂᆞᆫ 激力을 惹起ᄒᆞ야 其 中에 渠魁
傑出者가 其 藩籬를 打破ᄒᆞ고 法律을 議立共守ᄒᆞ니 此ᄂᆞᆫ 共和政治의
所由起로라.

共和ᄂᆞᆫ 貴族과 平民의 二種으로 分ᄒᆞ니 貴族은 君權을 抵抗限制ᄒᆞ야
人民의 自由를 防護ᄒᆞᄂᆞᆫ 功이 有ᄒᆞ나 一種 特權의 力量으로 人民을 拘
束ᄒᆞ야 令行禁止에 梗塞防礙ᄒᆞᄂᆞᆫ 諸弊가 自無ᄒᆞ니 東洋中古에ᄂᆞᆫ 周之
周召單劉와 齊之國固와 魯之三桓과 鄭之七穆과 晉之樂郤胥源范荀과 楚
之照屈景이 皆 一國의 大權을 執持ᄒᆞ야 國君의 廢立이 其 手에 出ᄒᆞ고
歐洲 中古에ᄂᆞᆫ 希臘之國中 一部와 德國之宗敎貴族과 法國之封建貴族等
이 强大ᄒᆞᆫ 權力을 握有ᄒᆞ야 國君封土로 一己私産을 成ᄒᆞ며 陪臣 及 居
民으로 一已私僕을 作ᄒᆞ야 獨立의 君主와 無異ᄒᆞ니 如此히 貴族의 專橫
이 人類의 漸次 進步를 因ᄒᆞ야 持久키 難ᄒᆞᆷ은 自然ᄒᆞᆫ 定理니 此ᄂᆞᆫ 民主
政治의 所由起로다.

民政은 平民의 知能과 財力이 日益增長ᄒᆞ야 貴族의 輕蔑을 不受ᄒᆞ고
天賦의 自由를 保守ᄒᆞ니 雅典의 民會取決과 希臘의 亞根任職과 羅馬의
答多儀制 及 根蘇儀制와 法義德奧의 國民主義와 美利堅의 民主聯邦自
治體가 皆 敎育을 盛行ᄒᆞ며 宗敎를 改革하며 僧侶階級을 撲滅ᄒᆞ야 後世
의 其 福利를 仰食ᄒᆞᆷ으로 主民의 設이 人心에 深中ᄒᆞ도다.

以上 所論은 政治界 歷史를 遡考ᄒᆞ면 其 進化의 已然ᄒᆞᆫ 事迹이 如右
ᄒᆞ거니와 將來의 如何ᄒᆞᆫ 極度에 歇泊ᄒᆞᄂᆞᆫ지 逆料키 實難ᄒᆞ도다.

然ᄒ나 現今 進化의 極度로 觀ᄒ건ᄃᆡ 憲政과 民主의 完備與否에 無過ᄒ도다.

憲政의 完備로 論ᄒ건ᄃᆡ 憲政의 始祖ᄂᆞᆫ 英國이라. 七百年 前부터 專制ᄅᆞᆯ 立憲으로 變ᄒᄃᆡ 其 間에 變故ᄅᆞᆯ 屢生ᄒ다가 今日에 至ᄒ야ᄂᆞᆫ 立憲政體가 完全無缺ᄒᆫ 狀態ᄅᆞᆯ 成ᄒ고 其餘 歐洲 各國은 專制ᄅᆞᆯ 立憲으로 變ᄒᆯ 時에 多大ᄒᆫ 騷亂이 相繼ᄒᆷᄋ로 各國의 憲政成就가 數十年에 不過ᄒ니 其 久近과 優劣의 差別이 不無ᄒᆷ은 何故오 各國의 憲政은 學問議論으로 由ᄒ야 成ᄒᆷ이오 英國의 憲政은 實際上으로 由ᄒ야 進ᄒᆷᄋ로 他國보다 優勝ᄒ도다.

其 完備ᄒᆫ 制度ᄅᆞᆯ 論ᄒ건ᄃᆡ 立法權은 議院決定을 經ᄒᆫ 然後 施行ᄒᆷ에 在ᄒ고 行政權은 議院이 監督ᄒᄂᆞᆫ 權이 有ᄒ고 司法權은 法律의 權力을 全持ᄒ야 裁判所에 民事上 裁判과 行事上 裁判의 行爲ᄅᆞᆯ 定ᄒ고 英國의 巴立門國會ᄂᆞᆫ 政府大臣을 黜陟ᄒᄂᆞᆫ 權이 有ᄒ니 蓋 行政立法의 二權이 國會手中에 全歸ᄒ지라. (未完)

▲ 제8호=政治의 進化(六號續), 元泳義 述

國會ᄂᆞᆫ 上下 二議院을 幷置ᄒ야 保守黨과 進步黨의 宗旨로 平均ᄒᆷ에 至ᄒᄃᆡ 上議院에ᄂᆞᆫ 王族과 敎士와 功臣 及 富人 等으로 充備ᄒᆫ 故로 保守黨이 多ᄒ고 下議院에ᄂᆞᆫ 一切 人民의 代表者로 選擧ᄒᆫ 故로 進步黨이 多ᄒ니 進步黨이 無ᄒ면 委靡惰怠ᄒ야 立國키 不能ᄒ지오 保守黨이 無ᄒ면 恃氣急進ᄒ야 國事ᄅᆞᆯ 誤了ᄒᆯ 弊가 不無ᄒ깃기로 現時 立憲國이 兩議院을 幷置ᄒᆫ 所以로다.

民政의 最善은 雅典이니 其 民이 一己의 意見을 各憑ᄒ야 是非ᄅᆞᆯ 分別ᄒᄃᆡ 黑白石子ᄅᆞᆯ 櫃中에 投入ᄒ거나 或 一臂ᄅᆞᆯ 高樹ᄒ야 其 所主助ᄅᆞᆯ 明示ᄒ며 或 他國과 失和ᄒᆫ 境遇에 能和與否ᄅᆞᆯ 民會에 一聽ᄒ고 民會外에 主持ᄒᄂᆞᆫ 議會紳督이 又 有ᄒ야 民會所議ᄅᆞᆯ 議會에 先白ᄒ야 商酌ᄒ 然後에 充準ᄒᄂᆞ니 其 議會員도 亦 民會에서 預先選擧ᄒᄃᆡ 其 選擧

式을 一年爲期ᄒ야 期滿更立ᄒ니 此 卽 今日 泰西 各國에 上下 議院의 權輿로다.

希臘은 政事를 總理ᄒᄂᆫ 者가 有ᄒ니 巴西路와 亞根이라 稱하는 二名目이 是라. 巴西路ᄂᆫ 治國과 司察를 兼任ᄒᆷ이오 亞根은 治國만 專管ᄒ고 司察를 不兼ᄒ이러니 諸紳이 其 王司察의 職을 共削ᄒ고 其 名稱을 亞根이라 改易ᄒ되 其 任을 父傳子繼ᄒ다가 其 後에 其 任期를 十年으로 爲定ᄒ야 一人을 別易ᄒ더니 終竟에 一歲一易ᄒᄂᆫ 規程을 立ᄒ되 一人으로 爲政ᄒ고 八人으로 爲副ᄒ야 政事大權을 一人專制에 不歸케 ᄒᆷ이러라.

羅馬ᄂᆫ 民政을 行ᄒᆯ 時에 王權이 歸一ᄒ고 總統每一歲更易ᄒ니 其 名曰 抵革答多라 後來에 其 權의 太重ᄒᆷ을 患ᄒ야 更히 二大臣을 歲擧ᄒ야 總統의 權을 分掌케 ᄒ니 其 名曰 白利多라 ᄒ고 嗣後에 根蘇利라 稱ᄒ니 白利多ᄂᆫ 首先의 意를 譯言ᄒᆷ이오 根蘇利ᄂᆫ 商議의 意를 譯言ᄒ이라 其 國에 急事가 有ᄒᆯ 時ᄂᆫ 答多의 儀制를 用ᄒ되 六個月 爲限ᄒ고 平時 治國에ᄂᆫ 根蘇利의 儀制를 槪用ᄒ니 此ᄂᆫ 泰西 今日 民政의 總統을 公擧ᄒᄂᆫ 權輿러라. (未完)

▲ 제9호 = 政治의 進化(續), 元泳義

法美 兩國은 拿破倫과 華盛頓의 大力量으로 民主의 基礎를 創立ᄒ야 後世에 多大ᄒᆫ 影響을 與ᄒ얏도다.

拿破倫은 歐羅巴 全洲와 開戰ᄒ기 前에ᄂᆫ 帝位를 獨踐ᄒ야 無上威力으로 僧侶의 階級을 打破ᄒ며 世襲公候의 舊例를 除却ᄒ고 人民의게 自由平等의 權利를 與ᄒ야 自昔所分의 富貴貧賤界가 烏有에 歸ᄒᆷ으로 歐洲 人民의 心中에 自由平等은 皆 天所公授오 一二個人의 私據ᄒᆯ 바 아님을 知ᄒ야 人民에게 賊害ᄒᄂᆫ 者를 抗拒ᄒᆷ에 奮力忘軀ᄒᄂᆫ 故로 法國에 大革命이 遂出ᄒ니 餘波所及에 意德奧 諸國이 乘機奮起ᄒ야 數千年 相承ᄒ든 老君權이 凌夷墜地ᄒ얏도다.

239

華盛頓은 美洲流民으로 大志雄烈이 出類拔萃ᄒ야 英國의 重稅를 不堪ᄒᄂ 人心을 從ᄒ야 血戰八年에 屢蹶屢奮호듸 一片精神이 磨而不磷ᄒ야 終竟에 獨立旗를 堅ᄒ며 自由鍾을 鳴ᄒ야 民主聯邦治體를 首倡ᄒ고 巍巍히 天下를 與有치 아니ᄒᄂ 故로 其 國의 文明富强이 大指를 首屈ᄒ리로다.

如此히 政治上 歷史를 遡考컨듸 天然 淘汰의 進化를 不已키 不得홀 所以를 可히 推想홀지로다. 蓋 家族時代ᄂ 他動物의 傷害를 避ᄒ며 小團體의 生活을 營홈이오 酋長時代ᄂ 家族의 優强者가 小團體를 大團體의 生活노 擴張홈이오 有國時代ᄂ 大團의 生活制度를 創立홈이오. (未完)

▲ 제10호 政治의 進化(續), 元泳義

神官政治ᄂ 大團體의 一個優强者가 衆人을 誘掖ᄒᄂ 權略으로 杳冥ᄒ 信意를 憑托홈이오 專制政治ᄂ 優强者가 愚者의 信義를 服從ᄒᄂ 機會를 利用ᄒ야 壓制的 威力을 委行홈이오 立憲政治ᄂ 人民의 智力이 漸進ᄒ야 憲法의 公理를 神意와 如히 成立ᄒ야 無理ᄒ 壓制를 超脫홈이오 共和政治ᄂ 君臣의 自由權利를 和同홈이오 民主政治ᄂ 共和의 平民이 貴族의 輕蔑을 不受ᄒ야 一船權利를 保守홈이라. 政治의 進化된 經驗이 大槪 如右ᄒ니 古人 所謂人衆이면 勝天ᄒ나 天定이면 亦能勝人이라 홈이 今日에 引據홀 準備語를 可作ᄒ리로다.

近世人言에 英雄이 時勢를 造ᄒ다 홈은 人衆勝天에 近ᄒ고 時勢가 英雄을 造ᄒ다 홈은 天定勝人에 近ᄒ나 經驗的 理勢를 推想컨듸 人世의 政治가 春夏秋冬의 時令과 如히 其 變更ᄒᄂ 境遇에ᄂ 天與人變이 不켸ᄒ기 不能ᄒ리로다.

大抵 生民이 有ᄒ 以來로 國家가 無키 不能ᄒ고 國家가 有ᄒ 以來로 政治가 無키 不能ᄒ니 風俗과 性質과 産業과 生殖等節의 如何結果ᄂ 政治에 關係홈으로 其 國家의 衰敗ᄒ 狀態ᄂ 政治의 腐敗홈으로 職由홈이라.

政治가 腐敗호 國家는 風俗이 解弛頹壞ᄒ고 性質이 萎靡怠惰ᄒ고 産業이 蕭條凋殘ᄒ고 生殖이 減縮滅絶ᄒᄂ니 此는 曷故焉고 政治界의 貪虐橫暴로 人民의 膏澤을 吸收ᄒ며 志氣를 抑壓ᄒ며 方向을 迷惑ᄒ며 公理를 背逆ᄒ며 紀綱을 紋亂ᄒ야 進化의 能力이 更無홈이라.

傾者를 覆之는 天道의 定理오 亡子를 推之는 王道의 通義라. 自古東西洋의 立國이 不識케라 幾千萬이 有ᄒ고. 其 間에 强大者가 弱小者를 呑噬ᄒ며 優勝者가 劣敗者를 合幷ᄒ야 讀史者로 ᄒ여금 萬劫滄桑의 感懷를 不勝ᄒ리로다. (未完)

▲ 제11호 政治의 進化(續), 元泳義

神官政治는 愚疾人衆을 神道로 誘掖홈이오 專制政治는 神義를 服從ᄒ는 時機를 利用ᄒ야 壓制的 威力을 施홈이오 立憲政治는 民智의 漸開홈을 因ᄒ야 壓制의 圈子를 超脫홈이오 共和政治는 立憲主權의 過盛홈을 減煞홈이오 民主政治는 共和 中 貴族의 强權力을 損抑홈이니라.

大抵 生民이 有호 以來로 國家가 無키 不能ᄒ고 國家가 有호 同時에는 政治가 無키 不能ᄒ니 人民의 風俗性質 産業生殖 等節의 如何호 結果는 都是 政治上에 關係가 甚緊홈으로 其 國家의 盛衰호 狀態는 專히 政治의 腐敗與否에 原因홈이니라.

堯舜은 天下를 仁으로 師홈이 天下가 仁에 興ᄒ고 桀紂는 天下를 惡으로 師홈이 天下가 惡에 興ᄒ니 此는 民智가 未開호 時代에 在上者의 導率 如何를 由ᄒ야 均是人民으로 堯舜民과 桀紂民의 兩截을 作成홈이라.

自此以降ᄒ야 春秋全國時代로붓터 秦始皇時에 至ᄒ야는 專制의 束縛이 太甚홈으로 風俗의 不美와 性質의 不良과 産業生殖의 不繁을 做成ᄒ더니 嗣後로 帝王家의 行政이 一大權力을 享有홈에 甚樂ᄒ야 秦의 苛政을 革除ᄒ나 其 尊君抑臣의 嚴分을 遵守ᄒ야 人民은 可使由之오 不可使知之ᄒ는 黑暗域에 置홈으로 支邦現狀이 今日에 至ᄒ얏도다.

西洋은 拿破倫과 華盛頓의 良好ᄒᆫ 政策으로 今日 文明極度에 達ᄒ야 西勢東漸의 風潮가 天演界에 漲溢ᄒ지라.

▲ 제12호 政治의 進化(續), 元泳義

是以로 日本은 西洋의 風潮를 先被ᄒ야 立憲政治로 東洋의 覇權을 獨占ᄒ니 此ᄂᆫ 武俠의 性質노 變化에 善히ᄒ야 政治의 改良이 神速ᄒ 效力이로다.

如右히 政治界에 天然陶汰의 進化를 據論컨ᄃᆡ 進化ᄒᆯ 時期를 當ᄒ야ᄂᆫ 進化를 不要키 不得ᄒ지오. 進化에 未臻ᄒ 時期에 在ᄒ야ᄂᆫ 進化를 强要키 不能ᄒ지니 譬컨ᄃᆡ 天의 四時가 互相 代謝ᄒᆷ이 寒暑의 氣候와 裘葛의 時服을 相違키 不能ᄒ야 新舊의 變更이 不無ᄒ지니 此ᄂᆫ 天理人事의 當然ᄒ 바라.

此 外에 優强者의 蹂躪을 受ᄒᄂᆫ 弱國은 其 政治가 年久生弊ᄒᆷ이 大厦의 朽柱崩礎와 如히 岌嶪ᄒ 危勢를 呈ᄒ되 撑起修築ᄒᆯ 經營을 改圖키 不得ᄒᆷ은 腐敗ᄒ 政治라 謂ᄒ지라.

然ᄒ나 政府官人은 異代에서 借來ᄒᆷ도 아니오 他國에서 聘來ᄒᆷ도 아니오 四目二口의 別人種도 아니오 只是自國의 人民 中에셔 生出ᄒᄂᆫ 故로 良民上에 惡政府가 無ᄒᄂᆫ니 人民의 衰狀은 皆 自取ᄒᆷ이라 誰怨誰尤리오. 自己의 程度가 文野의 如何ᄒ 地點에 在ᄒᆷ을 不顧ᄒ고 專히 政府에 歸咎ᄒᆷ이 可ᄒᆯ가.

東西洋政治歷史ᄂᆫ 日星과 如히 昭揭ᄒ며 丹靑과 如히 炳烺ᄒ니 其 進化가 天然淘汰로다. 不已키 不得ᄒᄂᆫ 原理ᄂᆫ 幾多年風霜浩劫에 或競爭心을 衝突ᄒ며 或 反動力을 激起ᄒ야 人民의 智識이 因以漸開ᄒᆷ으로 右說의 神意專制立憲共和等政治가 次第層生ᄒᆷ이 其 間에 無數ᄒ 困難과 變革을 經ᄒ야 文明에 克進ᄒ니 此豈 一朝一夕의 所致리오. (未完)

◎ 政治上으로 觀흔 黃白 人種의 地位(라인시 氏 略述),
  韓興敎 譯, 〈대한학회월보〉 제8호, 1908.10. (정치학)

▲ 제8호

第一. 民族主義의 發達

　十九世紀末에 國際關係를 支配ᄒᄂᆫ 政策의 特徵은 民族主義가 著大
흔 勢力을 現出흔 이것이라. 民族主義라 흠은 各民族間의 特性을 發揮
ᄒ야 그 政治的 生活을 完全케 ᄒ고져 ᄒᄂᆫ 思想인ᄃᆡ 中古의 世界統一
主義에 代ᄒ야 近代政治의 權衡이 되니라. 勿論 十九世紀의 後半에 至
ᄒ야 四海同胞의 思想은 平和主義의 講師에 依ᄒ야 熱心으로 主張흠이
오 坐흔 事實上으로도 人類全體의 幸福을 爲ᄒ야 民族異同을 不問ᄒ고
協同一致의 努力으로써 營흔 平和事業이 不少ᄒ나, 그러나, 가장 國際
問題를 解決ᄒᆯ 것은 四海同胞의 理想이 아니오 狹隘흔 民族主義니라.
此 民族主義ᄂᆫ 國際政治의 發展과 흠계 次第로 誇張되야 ᄒ갓 民族的
特性을 發揮ᄒ랴 努力흠에 不止ᄒ고 他民族間에 存흔 事物을 總히 非文
明으로 認ᄒ고 此를 排斥ᄒᄂᆫ 傾向을 生ᄒ며 國家ᄂᆫ 그 習慣과 法律의
力에 依ᄒ야 그 特性을 絕對的 維持코져 ᄒᄂᆫ 方針을 執ᄒᄂᆫᄃᆡ 至ᄒ고
從ᄒ야 外交政略에셔도 他國의 心事를 往往히 誤解ᄒ야 各民族이 各各
新文明의 維持者로써 自任ᄒᄂᆞ니 徒然히 政治上으로만 然ᄒᆯ 쑨 아니라
世界的 性質을 有흔 美術, 文學, 科學上으로도 坐흔 民族的 傾向을 現示
ᄒ고 그 製作物에셔도 漸漸各民族의 特性을 表出ᄒᄂᆫᄃᆡ 苦心ᄒᄂᆫ 狀態
잇ᄂᆞ니라. 그러면 列國의 政治家ᄂᆫ 偏僻되히 現實的 政略을 崇尙ᄒ고
平和, 正義, 人道라 ᄒᄂᆫ 觀念은 樂天家의 空想으로 認ᄒ야 國家의 行動
은 道理에 基因됨 보담 차라리 自己中心의 意思로써 起始됨으로 認ᄒ고
民族的 偏頗心 民族的 習慣은 哲學者의 理論보담 政治家의 重視ᄒᄂᆫ
바이 되니라.

最近 政治傾向을 見ᄒ즉 列國은 更히 此 民族主義를 誇張ᄒ야 民族的 帝國主義를 삼으며 그 活動의 範圍ᄂ 眞實노 極히 廣大ᄒ니라. 大蓋 人口의 增加ᄂ 領土의 狹隘를 自覺ᄒ야 彼等의 氣力과 機會의 許ᄒᄂ 限에 世界表面에서 아모쪼록 多大ᄒ 土地를 割取ᄒ야 民族的 勢力과 그 財力를 發達케 ᄒ며 셔로 海外異邦에 着眼ᄒᄂᄃᆡ까지 及ᄒ나니라. 此 民族的 帝國主義의 實行者ᄂ 英國으로써 率先者라 稱ᄒ니라. 英國은 世界에 跨在ᄒ 廣大ᄒ 領土를 有ᄒ고 民族的 生活目的을 大成ᄒᆷ은 곳 그 殖民政策을 銳意實行ᄒ 짜문이라. 列國은 일즉 英國을 利己貪慾의 國이라 罵ᄒ더니 今엔 彼等도 ᄯᅩᄒ 英國을 傲軍ᄒ야 아직 占領되지 아니ᄒ 世界表面에 向ᄒ야 激烈ᄒ 土地分割의 競爭을 일삼ᄂᄃᆡ 至ᄒ나니라.

此 領土擴張에 關ᄒ야ᄂ 列國이 ᄯᅩᄒ 多少 道德上의 理由가 有ᄒ다고 聲言ᄒ야 曰, 世界의 大部分은 그 天然力을 發達키 不能ᄒ 無智無能의 民族의 掌中에 在ᄒ니 곳 一面으로셔ᄂ 列國의 人口가 年年增加ᄒᆷ을 隨ᄒ야 遠隔ᄒ 地方의 天然的 富源을 開拓ᄒ야 人類의 幸福을 不可不增進ᄒ 時에 際ᄒ야ᄂ 劣等民族을 占領ᄒ기 짜문에 無端히 是를 未開ᄒ 그ᄃᆡ로 暴珍ᄒᆷ은 天意를 背反ᄒ 故로 彼 優等民族은 此等의 劣等民族을 指揮監督ᄒ야 그 生産을 增加ᄒᄂ 方法을 不可不講하겟다고 하고 領土擴張을 圖謀하는 口實은 獨히 此에 不止ᄒ며 彼等은 世界로써 가장 勢力잇ᄂ 人種의 相續ᄒᆯ만ᄒ 財産이라 ᄒ고 有力ᄒ 民族은 野蠻 又는 微力者를 逐斥ᄒ야 領上를 占領ᄒᆯ만ᄒ 天賦의 權利잇다고 主張하ᄂ니라.

民族的 帝園主義ᄂ 領土를 獲得ᄒᆷ보담 更一層 깁히 貿易의 擴張에 就ᄒ야 重大ᄒ 利害를 感ᄒᄂ니라. 故로 列國은 海外市場을 求ᄒ기 짜문에 勉力ᄒ야 航路를 保護ᄒᄂ 方針을 取ᄒ고 此와 互相關聯되야 海軍及石炭貿蓄所를 必要로 認ᄒᆷ에 至ᄒ나 그러나 民族的 帝國主義를 實行ᄒᄂᄃᆡ 가장 急激ᄒ 方法은 貿易殖民의 漸次 發達됨을 不待ᄒ고 直히 邦土를 掠奪ᄒ며 或 그 保護監督ᄒᄂᄃᆡ 在ᄒ니라. 斯와 如히 獲得ᄒ 領土를 支配ᄒᄂ 手段이 不一ᄒ야 埃及에 關ᄒ 英國의 統監策과 如ᄒ고 支那에 關ᄒ 列國의 勢力圈劃定과 如히다 그 方法으로써 見ᄒᆯ 것이라

抑量컨티 勢力圈 或 利益圈이라 ᄒᆞᄂᆞᆫ 句語ᄂᆞᆫ 一國民이 他地方에 對ᄒᆞ야 政治上 保護權과 ᄯᅩᄒᆞᆫ 宗主權을 不有ᄒᆞ고 單으로 貿易上 又ᄂᆞᆫ 工業上의 利益을 占有ᄒᆞᄂᆞᆫ 境遇에 適用ᄒᆞᆫ 바 되나 그러나 近時에ᄂᆞᆫ 他地方에서 利益의 先取權을 意味ᄒᆞᆷ과 如ᄒᆞ고 或은 政治上 監督權을 含有ᄒᆞᆷ과 如히 認ᄒᆞᄂᆞ니 斯와 如ᄒᆞᆫ 政略은 全世界로써 文明諸國의 間에 分割ᄒᆞ기 得ᄒᆞᆷ으로 信ᄒᆞᄂᆞᆫ 弊를 生ᄒᆞ고 其 結果로써 民族的 慾望을 過度히 獎勵ᄒᆞᆷ에 至ᄒᆞ니라.

是를 要ᄒᆞ건티 今日 列國은 地球表面에 아직 分割되지 아니ᄒᆞᆫ 바의 部分에 就ᄒᆞ야아모쪼록 夥多ᄒᆞᆫ 分配를 得ᄒᆞ랴 ᄒᆞ고 此 目的를 達ᄒᆞ기 爲ᄒᆞ야 如何히 急激ᄒᆞᆫ 手段이라도 敢히 遮코져 아니ᄒᆞ니라. 然則 彼等이 各各先取權을 得ᄒᆞ랴 ᄒᆞᄂᆞᆫ 事에 對ᄒᆞ야 競爭ᄒᆞᆫ 結果, 只今은 餘地가 甚히 不多ᄒᆞ니라. 於是乎 그 廣大ᄒᆞᆫ 天富를 有ᄒᆞ고 無數의 勞動者를 有ᄒᆞᆫ 亞細亞 方面을 占領ᄒᆞ야 未來의 工業的 中心이 되랴 ᄒᆞᄂᆞᆫ 計劃에 出ᄒᆞ니라. (未完)

▲ 제9호

編纂上의 事情으로 因ᄒᆞ야 次號에 讓留ᄒᆞᆷ.

◎ 人類의 政治的 生活을 要ᄒᆞᄂᆞᆫ 原因,
　金祥演, 〈대동학회월보〉 제2호, 1908.3. (정치학)

夫 政治라 ᄒᆞᆷ은 法律的 主從의 關係를 定ᄒᆞ야 上은 統治ᄒᆞᄂᆞᆫ 權限이 有ᄒᆞᆷ과 下ᄂᆞᆫ 服從ᄒᆞᄂᆞᆫ 義務가 有ᄒᆞᆷ을 謂ᄒᆞᆷ이라 故로 其人類의 程度가 如何히 法律에 明ᄒᆞ며 敎育에 瞻ᄒᆞ야 可히써 文明的 價値의 人種을 成ᄒᆞ얏더라도 其國家的 生活의 團體를 得지 못ᄒᆞᄂᆞᆫ 時ᄂᆞᆫ 此를 純粹ᄒᆞᆫ 政治的 人民이라 謂치못ᄒᆞᄂᆞ니라. 蓋人類ᄂᆞᆫ 生物界의 一種動物이나 元來

靈知가 有흔 者인 故로 此類에 比ᄒᆞ야 生存競爭의 慾望이 最大ᄒᆞ야 能히 宇宙間森羅萬般의 外物을 制服使用홀ᄯᅵᆫ아니라 其同類同族의 競爭을 好ᄒᆞ야 種種優勝劣敗의 端緒가 生흠으로써 各人類의 生存上必要條件으로 是乃國家的 團體의 成立이 必要됨에 至ᄒᆞ얏ᄂᆞ니라. 如斯히 人類ᄂᆞᆫ 生存競爭의 結果로 孤立키 不能ᄒᆞ야 반다시 團體的 生活을 營爲흠에 至ᄒᆞ얏시되 其團體員互相間에 在ᄒᆞ야 利害의 不問흠과 休戚의 不一ᄒᆞᆷ으로써 或時勢ᄅᆞᆯ 因ᄒᆞ야 決裂의 歎을 免치못홈에 至ᄒᆞᄂᆞ니 如斯흔 境遇에 在ᄒᆞ야ᄂᆞᆫ 其各方의 利害ᄅᆞᆯ 能히 調和融通케 ᄒᆞᄂᆞᆫ 者가 誰오 即神聖흔 我領地團体된 國家丨是라 是以로 國家의 政治的 主眼은 可及的으로 其編頗ᄅᆞᆯ 避ᄒᆞ고 平衡을 主ᄒᆞ야 其團体員 互相間의 紛爭을 不生케 ᄒᆞᄂᆞᆫ것이어늘 若此ᄅᆞᆯ 各個人의 自由腕力에 放任ᄒᆞ면 勝利ᄂᆞᆫ 恒常腕力이 稍强흔 者에 歸ᄒᆞ야 畢竟 無政府의 態度ᄅᆞᆯ 成케흠에 至ᄒᆞ리니 엇지 恐懼치아니리오.

國家ᄂᆞᆫ 恒常個人의 腕力보다 一層剛强흔 權力을 有흔 者라. 故로 能히 各個人을 統治ᄒᆞ며 各個人은 其國家團体員의 一分子됨으로써 恒常服從ᄒᆞᄂᆞᆫ 義務가 有흔 同時에 又其範圍內에 在ᄒᆞ야 國民되ᄂᆞᆫ 權利가 有ᄒᆞᄂᆞ니 現今所謂文明國民이라홈은 오즉 其國家에 對ᄒᆞ야 上下主從의 關係에 立홀ᄯᅵᆫ아니라 能히 其政治上의 思想이 有ᄒᆞ며 能히 其政治上의 能力이 有ᄒᆞ며 能히 其政治上의 行動이 有ᄒᆞ야써 國家의 要素되ᄂᆞᆫ 國民의 職責을 盡ᄒᆞᄂᆞᆫ것이니 是乃今日國民된 者의 十分服膺홀 者丨라 謂흠이라.

己上 所述흠과 如히 人類ᄂᆞᆫ 天然的 必要의 條件으로 一大團体ᄅᆞᆯ 成ᄒᆞ야도 互相間生存의 幸福을 完全코져홈은 即政治的의 生活을 必要ᄒᆞᄂᆞᆫ 所以인 故로 國家가 個人의 生存을 保全홈은 即自體의 生存을 保全홈이오. 個人이 國家의 生存을 保全홈은 ᄯᅩ흔 自体의 生存을 保全홈이니 大抵政治의 生活을 目的 ᄒᆞᄂᆞᆫ 人類ᄂᆞᆫ 先次其共同의 利害關係와 又其共同

의 團合力如何를 極히 硏鑽知得홈이 可흘지니니라.

◎ 政治學, 安國善, 〈기호흥학회월보〉 제2호, 1908.9. (정치학)

▲ 제2호

政治學 硏究의 必要

"人類는 政治的 動物"이라 홈은 希臘의 碩學 아리스토터루 氏가 二千
年 以前에 看破흔 眞理라. 政治는 人間生活의 必要 條件될 뿐 아니라
亦 其 性情이니 彼蒙昧 野蠻의 人類가 家에 家長을 戴흐고, 部落에 酋長
을 奉흐야 其勸力에 服從흐야 外部의 侵害를 防禦흐며 內部의 平和를
維持흐는 所以가 其政治的 性情의 發見이 아니면 何오. 故로 人類의 集
團이 有흐면 政治가 玆 有흐고, 政治가 旣有흐면 組織이 伴有흐야 國運
의 消長과 人民의 休戚이 此에 干繫(간계)치 아니홈이 無흐니 此ㅣ 古今
의 學者와 政治家가 國家 組織에 頭腦를 消盡흐며 志士 仁人이 善政良
治에 心血을 枯渴흐는 所以로 "我에게 自由를 與흘지어다. 不然커던 死
를 與흘지어다." 홈은 人民 完美흔 政治 組織을 渴望흐는 聲이오, "民의
聲은 卽 天의 聲"이라 홈은 惡政을 繼續키 不能홈이라 흔 別名이라.
　人間 歷史의 大部分은 人類 政治的 渴望에 原因흔 活動의 歷史오, 革
命이라 云흐며 戰爭이라 云홈이 總히 政治의 自然的 結果에 不外흐도
다. 政治가 人生에 關係됨이 重大치 아니흔가.

　複雜흐야 變幻이 無極흔 國家의 政治는 原來 規矩(규구) 準繩으로 可
히 律키 難홈이로딕 人類는 多年의 經驗으로 國家 盛衰의 法理을 可히
發見흐며 周密흔 注意를 須흐야 國家 政策의 原則을 能히 了知흐나니
此等의 理法과 原則이 爲政家를 補益흐며, 被治者에게 貢獻홈이 鮮少치

아니ᄒᆞᆯ지라. 此 理法을 說明ᄒᆞ며 此 原則을 講究홈이 卽 **政治學**이니 **換言**ᄒᆞ면 **政治學**은 **國家의 事實的 性質**을 **說明**ᄒᆞ며, **國家 政策의 基礎**ᄅᆞᆯ **講究ᄒᆞᄂᆞᆫ 學問**이라. 故로 政治學은 다만 國家의 目的을 決定ᄒᆞ며 政體의 愚劣을 比較ᄒᆞ야 國家의 根本的 槪念을 普及ᄒᆞᆯ 쑨만 아니라 政權의 範圍와 國民 勢力의 影響도 ᄯᅩ한 政治學의 領域이니, **彼法律學과 如**흠은 **政治學과 共히 國家의 性質을 闡明흠이 多ᄒᆞ나 論理의 貫徹을 偏重ᄒᆞ야 實際의 迂遠을 不顧**ᄒᆞ며 **經濟學과 如흠은 國家 政策의 根本을 論評흠**이 或 有호ᄃᆡ **富의 一點을 專主ᄒᆞ야 一般 政策의 得失을 論**치 아니ᄒᆞ니, 此 皆 國家의 片面的 觀察이라. 故로 各其 學問의 目的을 達홈에ᄂᆞᆫ 不可흠이 無ᄒᆞ나, 國家 現象에 對ᄒᆞ야 事實的 說明을 與ᄒᆞ며 國家 政策의 基礎를 論斷홈에ᄂᆞᆫ 盧山의 平面峰巒(평면봉만)을 批評ᄒᆞᄂᆞᆫ 譏誚(기초)를 未免ᄒᆞᆯ지라.

如此ᄒᆞᆫ 獘害를 避ᄒᆞ고 如彼ᄒᆞᆫ 欠點을 補ᄒᆞ야 國家 其者를 全局으로 觀察ᄒᆞ야 事實的 說明을 與ᄒᆞᄂᆞᆫ 者ᄂᆞᆫ 卽 政治學의 本領이니 政治學의 硏究가 ᄯᅩ한 必要치 아니ᄒᆞ뇨.

人智가 進步ᄒᆞ고 交通이 發達ᄒᆞ야 國家의 現象은 複雜이 愈極ᄒᆞ고 社會의 狀態ᄂᆞᆫ 紛忙이 漸臻(점진)ᄒᆞ야 政務가 多端ᄒᆞ고 事項이 交雜ᄒᆞ니 學者ᄂᆞᆫ 說明에 窮ᄒᆞ고 政家ᄂᆞᆫ 措置에 困ᄒᆞ야 色絲를 歎ᄒᆞ며 岐路에 泣홈이 擧世 皆然ᄒᆞ도다.

近代의 國家ᄂᆞᆫ 法治國되ᄂᆞᆫ 同時에 文化를 助長ᄒᆞᄂᆞᆫ 國家라. 國家 競爭이 激烈에 益赴ᄒᆞᄂᆞᆫ 同時에 各國 共同 經營의 事業이 益增ᄒᆞ며 個人 自活의 精神을 普及ᄒᆞ기 爲ᄒᆞ야 其參政權을 擴張ᄒᆞᄂᆞᆫ 同時에 政府ᄂᆞᆫ 其 運動을 敏活케 ᄒᆞ기 爲ᄒᆞ야 集權을 謀ᄒᆞ며, 貧富의 懸隔을 調和ᄒᆞ랴 ᄒᆞᄂᆞᆫ 社會的 思想이 勃興ᄒᆞᄂᆞᆫ 同時에 **産業 振興을 爲ᄒᆞ야 土地ᄅᆞᆯ 擴張코자 ᄒᆞᄂᆞᆫ 帝國主義가 有**ᄒᆞ야 紛錯 縱橫ᄒᆞ고 纏繞(전요) 多方ᄒᆞ야 其局에 當ᄒᆞ고 其事에 處ᄒᆞᆫ 者로 ᄒᆞ야금 茫然自失ᄒᆞ야 解決키 難케 ᄒᆞ니, 政治敎育의 素養이 有ᄒᆞ야 政治學의 智識을 豫備ᄒᆞᆫ 者] 아니면 能히

此等 至難혼 問題를 解釋호야 國家 急須의 政策을 確立치 못홀지라. 政治學의 必要홈이 또혼 吾人의 言을 不俟호리로다.

▲ 제4호 古代의 政治學

政治學을 研究코자 홀진된 古代의 學者가 唱導혼 學說의 一般을 先窺홀 必要가 有호니 大抵 古代의 政治學은 近世의 政治學으로 호야곰 發達케 혼 原因이라. '휴움' 氏가 曰 "過去를 知호라. 過去를 知치 못호면 現在를 知키 不能호니 將來를 엇지 知호리오." 홈은 此의 眞理를 表示홈이로다. 故로 溫故知新의 理法은 政治學 研究者에게 極히 必要홈이니 學者 ㅣ 過去의 誤謬를 發見호야써 創造호는 바 無호면 엇지 能히 將來 政治學의 進步를 企及호리오.

古昔時代에 在호야 政治學이 最先 發顯홈은 希臘이니 希臘은 諸般 學術의 淵源됨과 如히 또혼 政治學의 根源이라. 是盖 希臘에는 '아리스도터-', '푸릿트', '소크라테스' 等의 賢哲이 輩出호야 一代의 人心을 啓發호고, 千古의 思潮를 指導혼 結果에 不外홈이나 希臘 當時의 政治的 事情도 또혼 關係가 有호니 大抵 如何혼 偉人 賢哲이라도 無中에셔 學問을 創設호기는 不能혼지라. 故로 政治學 研究者는 是等 學者의 學說을 闡明호기 前에 몬져 此等 學者로 호야곰 此等 學說을 主張게 혼 希臘의 政治的 事情을 觀察홈이 可호니 姸美혼 政治 組織이 成立치 아니혼 國에 엇지 崇高혼 政治 理論이 發生호리오.

學者가 古今에 行호던 政體를 區別호야 貴族政體, 專制政體, 民主政體 等의 種類를 擧호니 希臘은 古昔에 在호야 此 三種 政體를 行홈으로 其時의 人이 此等 各種의 政體가 有홈을 知호고 因호야 其 利害得失을 研究호야 此學으로 호야곰 發達케 호얏도다. 大抵 希臘은 政體를 三變호얏느니 有史時代의 最初(卽 紀元前 七百代)에는 貴族政治를 行호얏

눈디 貴族은 諸神의 後裔라 ᄒ야 政治上의 特權을 掌握ᄒ고, 一般 人民은 政治에 參與홈을 不得ᄒ야 國의 主權이 貴族에게 在ᄒ얏스며, 其次에ᄂ 專制政體를 行ᄒ얏스니 都府의 發達 繁榮과 商業 貿易의 振興과 一般 智識의 進步 等으로 因ᄒ야 人民이 漸次로 貴族制度의 傳說的 基礎를 疑홈에 至ᄒ고, 又 一便으로ᄂ 貴族의 淫奢軋轢이 道德을 腐敗ᄒ야 政治上의 弊害를 生케 홈이 偉傑ᄒ 野心家가 此機를 乘ᄒ야 獨手로 國家를 統御코자 ᄒᄂ 者ㅣ 有ᄒ야 其 權略을 逞(영)ᄒ니 各市國이 此를 歡迎ᄒ야 從來의 貴族政體를 破棄ᄒ고, 僭主를 奉戴ᄒ야 專制政治를 採用홀지라. 然이나 此等 僭主가 各市國에 君臨홈은 先祖의 餘榮으로 由홈도 아니오, 宗敎上의 傳統으로 由홈도 아니오, 全然히 貴族政治의 疲獘홈을 乘ᄒ야 一時의 功名을 立홈에 不過홈이라. 是以로 其初에ᄂ 其 榮位를 繼續ᄒ기 爲ᄒ야 人心을 收攬홀 目的으로 市民에 迎合ᄒ도록 市政을 改善ᄒ고 宵肝 勉勵ᄒᆫ 市民이 一時ᄂ 專制政治를 謳歌ᄒ얏도다. 然이나 專制政治의 本色은 暴力과 殘忍이라. 不久에 其 本色을 露出ᄒ야 壓制와 暴抑이 無所不至ᄒ니 市民이 激昂ᄒ야 貴族과 結托ᄒ야 其暴政을 反抗ᄒ고 僭主를 總히 國外로 方謫홀지라. 於是에 希臘 諸市國의 政體ᄂ 夏變ᄒ야 民主政體를 採用ᄒ얏ᄂ니 貴族政治ᄂ 物質的 精神的의 進步를 助長ᄒᄂ 良具가 아니며, 專制政治ᄂ 市民의 權利를 伸張ᄒ고 幸福을 增進ᄒᄂ 善道가 아니라. 故로 從來에 經驗ᄒ 貴族과 專制의 兩政體가 總히 有害ᄒ즉 此外에 夏히 良政體를 行코자 ᄒ야 民主政體를 行홈에 至ᄒ지라.

然이나 自此로 貴族黨과 民主黨의 軋轢 紛爭이 激甚ᄒ야 貴族은 其前日의 榮華를 夢想ᄒ야 舊地位를 回復ᄒ야 ᄒ고, 市民은 民主政治를 採用ᄒ랴 ᄒ니 此 兩政治의 利害를 言ᄒᄂ 者ㅣ 有ᄒ며 是非를 論ᄒᄂ 者ㅣ 生ᄒ야 政治學上에 燦然ᄒ 希臘 思想를 發揮홈은 此 二 政治 擾亂 紛爭ᄒᄂ 間에 發達ᄒ 것이니, 希臘의 學者가 日前에 如此ᄒ 貴族 專制 民主의 三種 政體를 實驗ᄒ야 其 利害得失을 比較 考察홈으로 古時代에 在ᄒ야 能히 豊富ᄒ 智識과 明確ᄒ 觀察로 政治學上의 曙光을 放射ᄒ야

後世 斯學의 淵源을 作흠은 其時 政治的 事劈의 致然케 흠이라 ᄒ노라. (未完)

*이후 연재되지 않았음. 제6호부터는 이춘세의 '정치학설'이 역술됨

▲ 제7호＝統治權의 性質, 法律讀書人

統治權이라 흠은 命令을 行ᄒ며 又ᄂ 自己의 力으로써 其 命令을 强制ᄒ기 可得홀 權力을 謂흠이니 近世의 國家에 在ᄒ야ᄂ 統治權은 國家의 統一ᄒ 바로 國家 以外의 團體에 在ᄒ야 統治權을 有ᄒ 者ᄂ 悉皆 國家의 附與에 不外ᄒᄂ니 然則 國家의 附與흠이 아니오 獨立ᄒ야 統治權을 有ᄒ 者ᄂ 國家 以外에 存在흠이 無ᄒ도다.

然이나 總權力으로써 오즉 國家에 專屬ᄒ엇다 云흠은 不可ᄒ니 何者오. 蓋權力은 自己의 意思로써 他人의 意思를 束縛ᄒᄂ 力이라. 故로 如此ᄒ 權力은 國家 以外의 總團體와 總組合에 存在ᄒ 바ㅣ니 此ᄂ 多數ᄒ 人類가 集合ᄒ야 共同의 目的을 達흠에 當ᄒ야 其 法則을 定ᄒ며 又其法則을 指導執行ᄒᄂ 意思가 無치 못홀지니 是卽 團體, 組合의 權力이라. 故로 團體의 鞏固 與否와 組合의 公私를 不問ᄒ고 共同의 一體를 構成ᄒ 以上은 반다시 權力을 有ᄒ바ㅣ라.

如斯히 權力은 國家及國家 以外에 團體, 組合에 存在ᄒ 바로 玆에 前者ᄂ 統治權이라 云ᄒ고 後者ᄂ 統治權이 아닌 權力이라 稱ᄒ야 左에 其 性質을 區分 略論ᄒ노니

統治權이 아닌 權力은 오즉 命令을 行홀 ᄲᅮᆫ이오 自己의 力을 由ᄒ야 自己의 手段으로써 其 命令을 强制흠을 不得ᄒᄂ니 就中 各 組合員은 何時든지 스스로 其 組合을 脫退흠을 可得ᄒ고 組合의 權力으로써 組合員의 意思에 違反ᄒ야 其 脫退를 拒絶흠을 不得흠이 卽 非統治權의 特徵이라. 故로 統治權이 아닌 權力은 如何히 廣博ᄒ 命令을 行홀지라도 만일 其 組合員이 스스로 其 權力에 服從ᄒᄂ 意思가 無ᄒ고 其 權力

의 範圍를 超越홈에 當호야는 此에 對호야 强制홈을 不得호는 바 ㅣ라.

統治權이 아닌 權力도 또호 其 所定호 法則의 違反에 對호야 罰則을 定호고 此를 科홈을 可得호나 然이나 其 處罰은 單純호 懲戒權이오 統治權이 아니라. 如此호 懲戒權은 個人 互相間에 關호 純然호 私法關係에 在호야도 此를 廣認홈이 有호니 譬컨딕 學校와 學徒의 關係, 社長과 社員의 關係와 如히 苟其 繼續的의 關係를 有호 者에 在호야는 通常 如此호 懲戒權을 認호느니 一見호면 是亦 權力者가 固有호 命令權을 享有홈과 如호나 然이나 何許 境遇에 在호야 懲戒權의 最重호 者는 오즉 其 人的關係에 當호야 此를 脫退케 호는 以上의 罰則을 科홈을 得호나 此 懲戒權이 有홈에 不拘호고 服從者는 何時든지 其 團體를 脫退호야 懲戒處分을 免홈에 至호는 바 ㅣ라.

然이나 此와 反호야 統治權은 抵抗호기 不可호 權力이라. 卽 統治權은 自己의 力에 依호야 其 命令에 對호 服從을 强制홈을 亦得호느니 統治權 以外의 權力에 對호야는 服從者는 스스로 脫退홈을 可得홀지라도 統治權의 對호야는 自己의 意思로써 脫退홈을 不得호며 且 統治權이 아닌 權力은 오즉 其 組合員을 脫退케 홈을 得홀 뿐이오 組合員의 意思에 反호야 此를 組合에 抑留홈을 不得호되 統治權에 在호야는 自己의 力에 依호야 團體員의 意思에 反호야 此를 團體에 抑留홈을 可得호나니 譬컨딕 今日의 國家는 通常 臣民에게 對호야 他國에 歸化호는 權利를 認許호얏시나 此는 唯其 一定호 條件下에 在호야 然홀 뿐이오 單純히 國家를 脫退호는 意思表示홈으로써 服從關係를 脫홈을 不得호느니 他國에 歸化를 許호는 與否는 專히 國家의 任意며 若 臣民이 旣已 國家에 對호야 現實호 義務를 負擔호 境遇에 在호야는 國家는 其 行爲를 履行호 後가 아니면 決코 其 服從關係를 脫홈을 許치 아니호느니 譬컨딕 犯罪에 因호야 處罰을 受호는 者와 又는 兵役의 義務를 未終호 者는 其 刑罰의 執行及兵役의 義務를 終了호 後가 아니면 到底히 他國에 歸化홈을 不許홈과 如홈이라.

如此호 强制力을 有호 權力은 卽 統治權이니 因호야 統治權은 國家에

專屬홀 쓴이오 國家 以外의 團體에 在ᄒ야 如斯호 權力을 有호 者ᄂ
總히 國家에 附與호 바ㅣ니 然則 原來의 統治權은 唯獨 國家에 存在홀
쓴이오 他의 團體에 有호 統治權은 傳來의 統治權이오 原來의 統治權이
라 未稱홀지로다.

然이나 統治權이오 즉 國家에 其源이 專屬ᄒ얏다 云홈은 近世의 國
家에 就ᄒ야 論홈이오 中古의 國家에 對ᄒ야 此를 適用홀 言論은 아니
니 何者오 中世에 在ᄒ야ᄂ 國家的의 團體가 아니오 多少의 範圍에 在
ᄒ야 自己原來의 權利라 稱ᄒ야 統治權을 有호 團體가 不少ᄒ니 就中
最大호 權力을 有호 者ᄂ 基督敎會라. 此會ᄂ 其 時에 在ᄒ야 國家의
權力에 對抗ᄒᄂ 强大호 權力을 保有ᄒ얏시며 且 敎會쓴 아니라 封建諸
侯도 쏘호 國家에 附與호 바ㅣ 아니오 自己獨立의 權力을 有ᄒ얏슨 즉
中世에 在ᄒ야ᄂ 國家와 國家가 아닌 團體ᄂ 其間에 嚴格호 區別을 立
ᄒ기 困難호 바ㅣ오 近世國家觀念에 發達과 伴ᄒ야 如此호 國家가 아닌
團體의 統治權을 國家에서 統一ᄒ고 此等의 獨立호 團體로ᄒ야곰 國家
의 權力에 服從케호 故로 今日의 國家에 在ᄒ야ᄂ 國家 以外에 國家의
權力으로브러 獨立된 統治權은 全無ᄒ다 斷言ᄒᄂ 바ㅣ라.

▲ 제8호=領土의 性質/國體의 區別, 法律續書人

領土의 性質

領土ᄂ 國家의 一要素로 地球表面의 一部를 限定ᄒ야 其國의 統治權
이 完全히 發動ᄒᄂ 區域이라. 然이나 此를 因ᄒ야 國家의 統治權이 領
土以外에 對ᄒ야ᄂ 專主히 發動홈을 不得호다 云홈은 不可ᄒ니 何者오
自國의 臣民은 비록 他國의 領土內에 在호 境遇라도 오히려 自國의 統
治權에 服從치아니홈을 不得ᄒᄂ 所以라. 然이나 一國의 統治權이 他國
에 波及홈에 當ᄒ야ᄂ 戰爭行爲等 非常호 境遇를 除호 外에ᄂ 通常 一
個의 制限 卽 其國의 承認을 必要ᄒᄂ 故로 若其 承認을 不得ᄒ면 實際

에 其 權力을 行動키 不能흔지라. 然則 國家의 統治權이 完全히 發動흐는 區域은 唯其領土內에 限흔다 云치 아니흠을 不得흘지로다.

如斯히 一國 領土의 法律上 效果는 積極的으로 總團體及 總個人이 他國의 國籍에 屬흠과 自國의 國籍에 屬흠을 不問흐고 自己의 領土內에 存在흔 以上은 悉皆自國의 權力에 服從흐는 바ㅣ며 消極的으로 自國의 領土內에 在흐야는 他國의 統治權이 行使흠을 不許흐는 故로 領土는 반다시 一個의 國家에 屬흠이 原則이오. 一國의 領土로 同時에 他國의 領土됨이 無흔지라. 然이나 或 者는 往往 此에 對흐야 誤解가 不無흐니 左에 其二三의 誤解處를 擧흐야 略論흐건딕.

第一. 戰時占領地 盖戰時占領地는 被占領國의 領土되는 同時에 占領國의 領土됨과 如흔 表觀을 呈出흐나 此 境遇에 在흐야는 被占領國의 權力은 占領國軍隊의 壓迫을 被흐야 占領에 屬흔 間은 專히 占領軍의 權力이 行흘 쑨인 즉 同一의 土地가 二個權力의 管轄에 屬흠이 아니오.

第二. 聯邦國 聯邦內 各國의 領土는 同時에 聯邦國의 領土를 成흐야 同一土地가 二個 以上의 國家에 屬흠과 如흐나 然이나 元來 聯邦國은 聯邦內의 各國으로 組織흔 者인 즉 其 領土도 쏘흔 一國에 專屬흐는 原則에 抵觸될바ㅣ無흠은 地方團體의 領土가 同時에 國家의 領土됨과 同一흠에 依흐야 可知흘지오.

第三. 國際地役 國家는 往往 交際上 他國의 軍隊로 흐야곰 自國을 通過흠을 許흠이 有흐느니 是卽 國際地役이라 然而 此 國際地役은 自國의 承認에 由흐야 自己의 權力을 스스로 制限흔 바ㅣ니 外國의 權力은 다만 自己의 許容下에 在흐야 行흘 쑨인 즉 毫末도 自國의 權力을 行흠에 當흐야 妨碍가 無흔바ㅣ라.

上陳흔 三種은 同一의 土地가 二個 以上의 權力에 管轄되지 아니흠을 論흠이라. 然이나 此外에 多少의 論究흘 餘点이 又有흐니 卽 中世封建時代의 觀念及 近世學者의 所謂 領土權이 是라.

中世의 封建時代에 在흐야는 統治權과 所有權의 觀念을 混同흐야 領土는 君主의 世襲財産으로 看做흐되 但 其 全部가 直接으로 君主의 所有

254

地됨이 아니오 所有權의 觀念을 二種으로 分ᄒ야 君主는 領土의 全部에 對ᄒ야 最高의 所有權을 有ᄒ고 人民은 君主의 分配에 依ᄒ야 單히 收益 所有權을 享有홈에 止홀 쑌이러니 漸次 國法의 發達을 隨ᄒ야 統治權과 所有權의 區別이 判然홈으로 近世에 在ᄒ야는 君主는 領土에 對ᄒ야 最高 所有權이 無ᄒ고 오직 統治權을 其上에 行홀 쑌이라. 然이나 今日 에 在ᄒ야도 多數의 學者는 領土로써 統治權의 目的物이라 稱ᄒ야 領土 主權을 主唱ᄒ야 曰 統治權은 人에 對ᄒ야 行홈과 共히 土地에 對ᄒ야도 行홈을 可得홀지니 國家가 土地의 上에 有훈 權利는 即 領土權으로 其 性質은 民法上 所有權과 相異혼 公法上의 一物權이라 云云ᄒ나 然이나 統治權은 命令及 强制의 權이니 此命令及 强制를 人에 對ᄒ야는 行홀지 라도 土地에 對ᄒ야는 到底히 行홈을 不得홀지라. 然則 土地의 上에 行 ᄒ는 權利는 所有權과 其他 私法上 物權이오 統治權이 아니니 領土로써 統治權의 目的物이라 稱홈은 正當혼 見解라 未稱홀지로다.

領土權의 存在를 主張ᄒ는 者의 第一論点을 據ᄒ면 國家의 統治權은 唯其 臣民에게 及홈이 原則이라. 然이나 領土內에 在留혼 外國人은 自 國의 臣民이 아님에 不拘ᄒ고 오히려 統治權에 服從홈을 要홈은 國家 가 領土權을 有혼 所以라 云ᄒ나 然이나 國家의 統治權은 決코 自國의 國籍을 有혼 臣氏에 限홀 쑌 아니오 領土內에 存在혼 人民은 總히 統治 權에 服從ᄒ는 바ㅣ 라. 換言ᄒ면 外國人이 在留國의 統治權에 服從홈 은 其 國土地에 對혼 權力의 間接 結果가 아니라 直接으로 統治權의 客體된 所以니 此点으로써 領土權의 存在를 證明ᄒ기 不能ᄒ며 他一의 論点을 據ᄒ면 無住地도 쏘혼 領土됨이 無妨ᄒᄂ니 住民이 全無혼 土地 에 在ᄒ야는 人에 對ᄒ면 統治權이 未有혼 即 土地에 對ᄒ는 權利의 存在를 認치 아니ᄒ면 其 領土된 性質을 說明ᄒ기 不能ᄒ다 云ᄒ나 然 이나 無住地가 領土되는 效果도 住民이 有혼 土地가 領土됨과 無異ᄒ야 此 境遇에 在ᄒ야도 其 領土의 效果는 唯其 區域內에 在ᄒ야 他國 統治 權의 發動을 不許홀 쑌이오. 且 將來에 在ᄒ야 住民이 有홀 時는 其人은 其國의 權力에 服從치 아니홈을 不得홀지니 此点에 在ᄒ야도 쏘혼 土

地其物이 統治權의 目的物됨을 不得홀지라. 然則 領土는 決코 獨立ᄒ야 統治權의 客體됨이 아니니 彼所謂 領土權은 人에 對ᄒ 統治權의 一方面에 不過ᄒ고 領土權이라 云ᄒ는 一種의 物權이 存在홈이 아님을 可知홀지로다.

國體의 區別

國體라홈은 國家 機關의 組織 如何에 基因ᄒ 國家의 種類를 謂홈이니 此 區別에 對ᄒ야 希臘의 아리스도-도 以來로 學者가 通常君主政治國과 貴族政治國及 民主政治國의 三種으로 區分ᄒ얏스나 近時에 在ᄒ야는 單히 君主國과 共和國의 二種으로 主論ᄒ는 者ㅣ不無ᄒ니 盖貴族政治와 民主政治는 國民中 特權이 有ᄒ 小數者가 國家의 最高機關됨과 總國民이 其最高機關됨에 因ᄒ야 區別ᄒ는바나 然이나 民主政治國에 在ᄒ야도 實際上 政治에 參與ᄒ는 者는 國民中의 一部에 止홀 ᄲᅮᆫ이오 女子와 小兒及 其他 無能力者는 此에 參與홈을 不得ᄒ야 其間의 區別이 理論上 判明치 아니ᄒ 所以라.

且 三種의 國體外에 從來學者가 往往 二個別種의 國體를 算入ᄒ는 者ㅣ 有ᄒ니 壓制政治와 神主政體가 是라. 然이나 彼所謂神主政體는 卽 君主가 神의 代表者로 神의게 其權力을 受ᄒ 바로 看做홈이니 此는 君主權力의 淵源에 對ᄒ 國民의 觀念을 表明홀 ᄲᅮᆫ인 즉 一種의 國體로 別論홀 者ㅣ 아니오 壓制政治는 卽 君主政治의 一變體라 稱ᄒ나 是는 單히 君主가 統治權을 行ᄒ는 方法如何에 基因ᄒ 觀察됨에 不過ᄒ 즉 ᄯᅩᄒ 君主國의 一種이오. 別種의 一國體를 成홀 바ㅣ 아님은 多言을 不竢홀지로다.

然而 君主國과 共和國의 區別에 對ᄒ야도 學者를 隨ᄒ야 其 觀察点을 相異히 ᄒᄂ니 或은 統治權의 主體如何를 因ᄒ야 君主의게 統治權의 主體가 存在ᄒ 國은 君主國이오 國民의게 統治權의 主體가 存在ᄒ 國은 共和國이라 稱ᄒ며 或者는 統治權의 主體는 國體의 如何를 不問ᄒ고

通常 國家나 國體의 區別은 專히 各 其國의 最高機關의 組織如何를 因
ᄒᆞ야 該 機關을 一人의 自然人으로 成立ᄒᆞᆫ 國은 君主國이오 多數ᄒᆞᆫ 自
然人의 集合으로 成立ᄒᆞᆫ 國은 共和國이라ᄒᆞ야 議論이 不一ᄒᆞ나 一般의
學者는 後說을 主張ᄒᆞᆫ 바ㅣ라.

上陳ᄒᆞᆫ 바 君主國과 共和國은 國體의 根本的 區別이오 此를 更히 細
別ᄒᆞ면

第一. 君主國의 種類

(一) 世襲君主國及 選擧君主國 世襲君主國이라ᄒᆞᆷ은 君主의 位에 就ᄒᆞᆯ
者를 同一王統에 屬ᄒᆞᆫ 者에 限ᄒᆞ고 其 王統中으로 豫定ᄒᆞᆫ 王位繼承의
順位에 從ᄒᆞ야 特別ᄒᆞᆫ 選擧行爲를 不待ᄒᆞ고 當然히 王位에 就ᄒᆞᆷ을 謂ᄒᆞᆷ
이니 今日에 存在ᄒᆞᆫ 君主國은 總히 世襲君主國이라. 然이나 歷史上으로
觀察ᄒᆞ면 選擧君主國도 其例ㅣ 不無ᄒᆞ니 盖選擧君主國은 君主를 選擧ᄒᆞ
는 特定의 機關이 有ᄒᆞ야 其 機關의 選擧에 因ᄒᆞ야 君主의 位에 就ᄒᆞᆷ을
謂ᄒᆞᆷ이니 中世의 獨逸帝國의 皇帝는 選擧侯의 選擧에 因ᄒᆞ야 帝位에
就ᄒᆞᆷ을 得ᄒᆞᆯ 쑨이오 一定ᄒᆞᆫ 繼承의 順位를 從ᄒᆞ야 當然히 其位에 就ᄒᆞᆷ
을 不得ᄒᆞ든바ㅣ라. 然이나 選擧君主國은 君主國의 異例에 屬ᄒᆞ야 或은
漸次同一王統中으로 選擧케 ᄒᆞ야 畢竟 世襲君主國을 成ᄒᆞ며 不然ᄒᆞ면
純然히 共和國으로 變ᄒᆞᆫ 傾向이 有ᄒᆞ야 今日에 至ᄒᆞ야는 君主國은
其跡이 頓無ᄒᆞᆫ 바ㅣ라.
(二) 君主專制國及 制限的 君主國 君主專制國이라ᄒᆞᆷ은 君主가 國家에
唯一ᄒᆞᆫ 最高機關으로 毫末도 他 機關의 制限을 受ᄒᆞᆷ이 無ᄒᆞ고 自己의
任意로 統治權의 全部를 行使ᄒᆞᆷ을 謂ᄒᆞᆷ이니 國家 組織上에 가장 單純ᄒᆞᆫ
者오 制限的 君主國은 此와 反ᄒᆞ야 君主가 其 統治權을 行使ᄒᆞᆷ에 當ᄒᆞ
야 君主의 命令下에 不立ᄒᆞᆫ 他 獨立機關의 制限을 受ᄒᆞᆷ을 謂ᄒᆞᆷ이니 此
制限的 君主國에도 中世에 在ᄒᆞᆫ 等族國家와 近世에 所謂立憲國의 區別
이 有ᄒᆞᆫ 바ㅣ라.

中世에 所謂 等族的 國家는 統一的 性質을 欠缺흔 点에 對ㅎ야 近世의 國家와 相異ㅎ느니 中世에 國家에 在ㅎ야는 君主는 統一的 國家의 機關으로 存在흠이 아니오 스스로 獨立흔 權利主體로 土地及 人民을 領有ㅎ며 且 人民中 特權을 有흔 階級 卽 所謂 等族은 君主와 相對ㅎ야 獨立흔 團結을 成ㅎ야 此 團體中으로 代表者를 選出ㅎ야 等族會를 組織ㅎ고 君主는 此等族會設의 承諾을 不得ㅎ면 租稅를 徵收ㅎ거나 又는 法律을 制定흠을 不得ㅎ는지라. 然이나 其 租稅를 徵收ㅎ여 法律을 制定흠은 近世의 議會에셔 君主의 行爲를 協贊흠과 其趣ㅣ 相異ㅎ느니 卽 君主와 等族會가 共同ㅎ야 如何흔 行爲를 行흠이 아니오 君主와 等族會가 互相 對立흔 權利主體로 其間에 契約을 締結ㅎ야 租稅의 承諾은 等族會가 君主의게 對흔 承諾이오 法律은 君主와 等族會의 契約에 不外ㅎ느니 中世의 國家는 如此히 君主와 等族會의 互相對立흔 國家로 近世의 統一的 國家와 相異흠을 因ㅎ야 兩立的 國家라 或稱ㅎ는 바ㅣ오.

近世에 所謂 立憲的 國家는 中世의 等族的 國家로 自ㅎ야 漸次 發達된 者ㅣ나 法律上 性質에 在ㅎ야는 兩者間에 著大흔 差異가 有ㅎ니 盖君主와 議會가 竝立ㅎ야 君主가 議會의 同意를 不得ㅎ면 租稅를 徵收ㅎ거나 又는 法律을 制定흠을 不得ㅎ는 点에 在ㅎ야는 中世의 等族的 國家와 類似ㅎ나 然이나 實質上으로 觀察ㅎ면 近世의 國家는 統一的 團體의 國家라. 故로 君主와 議會가 互相 對立흔 權利主體가 아니오 同一히 統一的 團體된 國家의 直接機關으로 法律의 制定은 君主와 議會의 契約이 아니오 君主와 議會가 共同ㅎ야 同一히 國家를 爲ㅎ는 目的으로 其 意思를 表示ㅎ야 兩者의 意思가 符合흠을 因ㅎ야 統一的 國家의 意思를 作成ㅎ는 바ㅣ라.

近世의 立憲國은 英國에 在ㅎ야 비로소 發達된 者ㅣ니 駁國은 中世의 等族會議의 發達을 由ㅎ야 近世議會의 性質을 現出ㅎ야 立憲制度를 完成흔 以來로 北米合衆國과 佛國及 其他 歐洲 大陸 諸國이 漸次 英國을 模範ㅎ야 立憲制度를 採用흔바ㅣ니 玆에 立憲君主國의 重要흔 特色을 擧ㅎ건딕

甲. 代議制度의 存在 最高機關되는 君主下에 國家의 直接機關으로 議
會를 存在하느니 議會는 其 全部 又는 一部를 國民中 特別한 資格
이 有한 者로 組織하야 立法權에 參與하는 權을 有하야 議會의
議決을 不經하면 法律을 制定, 頒布함을 不得하며 立法權 以外에
尚且重要한 行政 特히 財政에 對하야 監督權을 有하며 從하야 國
務大臣은 議會에 對하야 責任을 負擔하는 바ㅣ라.

乙. 大臣의 副署 君主의 國務上 行爲는 如何한 行爲를 勿論하고 國務
大臣의 副署를 要하느니 此 副署가 有한 後에 비로소 君主의 行爲
로 法律上 效力을 生하는 바ㅣ라.

丙. 司法權의 獨立 裁判權은 獨立의 地位를 有한 裁判所에서 此를 行
하느니 裁判所는 他의 指揮 命令下에 不立하고 獨立의 職權으로
써 法律을 適用하는 바ㅣ라.

第二. 共和國의 種類

(一) 寡人的 共和國 此는 憲法上에 限定한 小數의 人이 國家의 最高權力
을 行使함을 謂함이니 今日의 獨逸帝國이 其 適例라. 該國에 在한 最高
機關은 聯邦參事會니 該聯邦參事會는 聯邦各國의 君主 又는 元老院의
代表者로써 組織한 者ㅣ라.

(二) 貴族的 共和國 此는 國民中 特種의 階級 卽 治者와 被治者의 階級
이 有하야 治者의 階級에 屬한 者가 統治權을 總攬함을 謂함이니 近世
에 在하야는 如此한 共和國은 無한 바ㅣ라.

(三) 民族的 共和國 此는 總國民이 國家의 最高機關되는 地位를 有함을
謂함이나 玆에 總國民이라 稱함은 純然한 國民의 全部를 論함이 아니
오 精神喪失者 小兒와 如한 無能力者는 勿論하고 其他 種種의 缺格原因
을 定하야 此等 特定의 理由를 因하야 除外하기 外에는 總國民이 國權
의 行使에 參與하는 權을 有하야 總國民의 意思로써 統治權의 源泉이라
稱하는 바ㅣ니 此를 更히 區別하면 左開三種이 有하느니.

甲. 國民總會를 有한 民主國 此 種의 民主國에 在하야는 參政權을 有

혼 國民의 全體가 一合議體를 組織ᄒ고 此 國民總會가 國家의 最高機關됨을 謂홈이니 此國民總會는 오직 地域이 挾隘ᄒ고 人口가 稀少혼 國에 在ᄒ야 實行홀 ᄲ이라. 故로 此種의 國家에 在ᄒ야도 今日에 至ᄒ야는 國民總會外에 別로 代議會를 組織ᄒ고 通常의 立法權과 其他 權力은 此 代議會에셔 行使ᄒ고 國民總會는 特히 重大혼 事件에 對ᄒ야 最高의 立法權을 有홀 ᄲ이라.

乙. 純然혼 代議的 民主國 此種의 民主國은 代議會에서 國家統治權의 全部를 行使홈을 謂홈이니 代議會는 卽 國民의 代表機關으로 統治權을 行使ᄒ는 바ㅣ라. 故로 國民이 國家의 最高機關됨을 勿論이나 國民이 스스로 統治權을 行使홈은 아니라 國民의 行爲는 오즉 選擧行爲에 限홀 ᄲ이오. 代議會가 國民의 名義에 在ᄒ야 實際의 統治權을 行ᄒ는 바ㅣ라.

丙. 直接民主的 組織을 有혼 代議的 民主國 此種의 民主國은 前二種의 中間에 在ᄒ야 原則으로 代議的 組織을 成ᄒ고 此에 伴ᄒ야 直接民主의 要素를 結合혼 者ㅣ니 其 甲種의 民主國과 相異혼 바는 此種의 國家에 在ᄒ야는 總國民이 一個所에 集合ᄒ야 一合議體를 成홈이 無ᄒ고 오직 國民의 總投票를 行홈에 在ᄒᄂ니 此 國民總投票의 制度를 採用ᄒ는 邦國은 瑞西聯邦及 聯邦內에 各州가 是라. 此等國에 在ᄒ야도 通常의 立法權은 代議會에서 行ᄒ고 特히 憲法을 改正ᄒ거나 其他 重大혼 事項에 對ᄒ야 代議會의 決議後에 更히 國民의 總投票를 要ᄒ는 바ㅣ라.

▲ 제9호=國務大臣의 地位及責任, 法律讀書人

夫國家가 政務를 處理홈에 當ᄒ야는 全國을 代表ᄒ는 君主가 有ᄒ야 萬機를 總攬ᄒ는 바ㅣ라 然이나 此君主或大統領이 國務를 總攬ᄒ는 權限은 有홀지라도 實際上複雜多端혼 事務를 親自執行홈은 事實上絶對的不能이라 謂ᄒ야도 過言이 아닐지로다

然홈으로 君主의 下에 唯一홈 機關을 設立ᄒᆞ고 政務를 輔弼케 ᄒᆞ야 完全홈 功效를 是圖ᄒᆞᄂᆞ니 國務大臣은 即此輔弼의 機關이라 其地位及 責任이 如何타 云홀가 左에 學理上으로 次弟畧陳코져 ᄒᆞ노니

第一 國務大臣의 地位 國務大臣은 君主의 國務上行爲를 輔弼ᄒᆞᄂᆞ 機關이니 此ᄂᆞ 立憲君主國及君主專制國을 勿論ᄒᆞ고 均一히 設置ᄒᆞᄂᆞ 바ㅣ오 立憲君主國이나 君主專制國에 特有홈 者ᄂᆞ 아니나 然이나 立憲國에 在홈 國務大臣의 地位ᄂᆞ 專制國에 在홈 輔佐機關의 地位와 不同ᄒᆞ니 即 君主專制國에 在ᄒᆞ야ᄂᆞ 大臣의 輔弼은 憲法上의 必要가 아니라 故로 君主ᄂᆞ 大臣의 輔弼을 竢ᄒᆞ야 政務를 行ᄒᆞ든지 又ᄂᆞ 其輔弼을 不待ᄒᆞ고 單獨으로 政務를 行ᄒᆞ든지 專히 君主의 自由로 事實上 必要에 止홀 ᄯᅢᆫ이오 法律上 必要에 基因홈이 아니로ᄃᆡ 此와 反ᄒᆞ야 立憲君主國에 在ᄒᆞ야ᄂᆞ 君主의 國務上 行爲ᄂᆞ 特別홈 例外의 境遇를 除홈 外에ᄂᆞ 總히 國務大臣의 輔弼을 依치아니면 此를 行홈을 不得ᄒᆞᄂᆞ니 然則國務大臣 의 地位ᄂᆞ 立憲國下에 在ᄒᆞ야 確定홈 意義를 始得ᄒᆞ얏다 云홀지라

盖立憲國에 在ᄒᆞ야ᄂᆞ 君主의 行爲ᄂᆞ 憲法及法律規定을 因ᄒᆞ야 自己 單獨의 意思로써 國法上 效力을 不生ᄒᆞ고 반다시 國務大臣의 輔弼을 俟ᄒᆞ야 비로소 其 效力을 生ᄒᆞᄂᆞ니 從ᄒᆞ야 其 行爲에 對홈 責任은 國務 大臣이 스ᄉᆞ로 此를 負擔ᄒᆞᄂᆞ 바ㅣ라

然而 輔弼의 格式은 副署로써 公證ᄒᆞᄂᆞ니 法律, 勅令, 條約, 豫算과 如홈은 勿論ᄒᆞ고 其他 總訓令와 如홈도 苟其國家의 政務에 關홈 者ᄂᆞ 原則으로 幷히 大臣의 副署를 要ᄒᆞᄂᆞ 바ㅣ라 然이나 輔弼을 行ᄒᆞᄂᆞ 大 臣은 總히 副署를 要홈이 아니오 國務의 輕重及關係를 因ᄒᆞ야 或은 總 國務大臣의 副署를 要ᄒᆞᄂᆞ 者ㅣ 有ᄒᆞ며 或은 特定의 大臣이나 又一人의 副署를 要ᄒᆞᄂᆞ 等 各其 境遇를 隨ᄒᆞ야 差異가 有홈 바ㅣ라

如斯히 國務大臣은 君主의 行爲를 輔弼ᄒᆞ며 從ᄒᆞ야 此에 對홈 責任을 負擔ᄒᆞᄂᆞ니 然則 君主의 行爲에 對홈 副署를 拒絶홈을 可得홀지 此亦一 大難問이라 然이나 法理上으로 論ᄒᆞ면 或境遇에 當ᄒᆞ야ᄂᆞ 拒絶홈을 可 得혼다 云치 아니홈을 不得홀지니 何者오 若君主의 行爲가 憲法及法律

에 違反ㅎ거나 又는 國家의 利益에 妨害홈에 不拘ㅎ고 尙且君主의 命令에 服從ㅎ야 此에 副署치 아니홈을 不得ㅎ는 義務가 有타 云홀진딕 大臣의 輔弼은 全히 無意味흔 結果를 成홀지니 是實大臣의 輔弼機關된 性質上 當然흔 權利及義務로 解釋홈이 可흔지라 故로 歐洲의 某國에 在ㅎ야는 大臣責任法上에 明文으로 國務大臣이 君主의 行爲를 法律에 違反ㅎ거나 又는 國家의 利益을 妨害홈으로 認홀 時는 其 理由를 擧ㅎ야 副署를 拒絶ㅎ는 義務가 有타 規定흔 者도 有흔 바ㅣ라 然이나 此는 法理上으로 推想흔 言論에 不過홀지오 事實上 如斯흔 君主의 行爲가 有타 云홈은 到底히 不得홀지며 且大臣이 副署를 拒絶ㅎ는 權이 有타 云홀지라도 毫末도 事實上 權力이 君主의게 不在ㅎ고 大臣의게 移轉ㅎ얏다 云홈은 不可ㅎ니 何者오 此는 君主가 何時든지 自己의 意思에 不適흔 大臣은 罷免홈을 可得ㅎ는 故로 若大臣이 副署를 拒絶홈에 當ㅎ야 君主는 自由로 此를 罷免ㅎ고 他大臣으로 ㅎ야곰 代行홈을 可得홀지니 然則 實際上權力이 大臣의게 不在ㅎ고 君主의 大權에 存在홈은 無疑흔 바ㅣ라

　國務大臣의 地位를 論홈에 當ㅎ야 學者가 往往混同ㅎ는 바ㅣ有ㅎ니 卽國務大臣及各部大臣이 是라 然이나 此는 謬見됨을 難免이니 盖國務大臣은 專히 君主의 行爲를 輔弼ㅎ는 機關될 쓴이오 外部에 對ㅎ야 發動ㅎ는 權이 未有ㅎ며 各部大臣은 行政의 一部를 擔任ㅎ야 其 範圍內에 在ㅎ야 自己의 權限으로 人民의게 對ㅎ야 命令홈을 可得ㅎ는 바ㅣ니 其 職務上 差異는 多言을 不竢홀지로딕 但各國의 制度上國務大臣이 行政長官을 例兼ㅎ야 二重의 職務를 行흘 쓴이오 決코 同一資格으로 論홈은 不可흔 바ㅣ라

第二 國務大臣의 責任 此는 如何흔 所謂에 對ㅎ야 責任을 負ㅎ며 且其 所爲에 對ㅎ야는 如何흔 責任을 負擔ㅎ는지 左에 區別畧論ㅎ건딕

(一) 國務大臣은 如何흔 所爲에 對ㅎ야 其責을 任홀가 盖國務大臣은 第一에 自己의 所爲에 對ㅎ야 其責을 任ㅎ느니 卽一私人으로 行흔 所爲及 各部大臣으로 行흔 職權上所爲에 對ㅎ야 其責을 負擔ㅎ나 然이나 此는

大臣의게 對한 特別한 責任이 아니오 一般個人이든지 又는 各部의 官吏가 總히 受하는 바 責任이라 然則 國務大臣의 特別한 責任은 君主의 行爲에 對하야 負擔하는 바로 此에 對하야 學者의 見解가 不一하니 卽 或者는 云 君主는 縱令過失이 有할지라도 스스로 其責을 負함이 不可한 故로 國務大臣이 其身을 代하야 責任을 負擔한다 하나 此說은 大臣의게 毫末도 過失이 無하고 其責을 負치 아니치 못할 正當한 理由를 說明키 不能하며 他一說은 云 君主는 惡事를 行하기 不能하나니 君主가 過失이 有함은 곳 國務大臣의 過失인즉 大臣이 其責을 任함이 可타하나 然이나 君主의게 過失이 全無타 云함은 純然한 假定的 言論이오 眞理에 反함은 事實上 自明한 바ㅣ라

是를 由하야 觀하면 國務大臣이 君主의 行爲에 對하야 責任을 負하는 正當한 理由는 卽 立憲國에 在하야는 君主의 國務上行爲는 大臣의 副署가 아니면 其效力을 不生하나니 國務大臣은 君主를 輔弼하야 其 行爲에 關하야는 自己의 意見을 陳述하며 又는 君主의 行爲가 憲法及法律規定에 違反하거나 國家의 公益에 妨害가 有함으로 思惟할 時는 此에 同意치 아니하는 義務가 有함에 不拘하고 此에 同意한 時는 此에 對하야 責任을 負치 아님이 不可하니 是卽自己의 參與한 行爲에 對한 當然한 結果로 普通官吏의 責任과 不同한 바ㅣ라

普通官吏에 在하야는 官吏는 上官의 命令에 服從하는 義務를 負하는 者인 故로 비록 自己의 行爲라도 上官의 命令에 服從한 時는 此에 對한 責任이 無하되 是와 反하야 國務大臣은 君主의 命令이 憲法, 法律에 違反하거나 又는 國家公益에 妨害가 有함으로 思惟할 時는 此에 服從치 아니하는 義務가 有한 故로 大臣은 君主의 命令에 基因함을 前提로 作하야 其責을 免키 不能한 바ㅣ라

(二) 國務大臣은 如何한 責任을 負할가 盖責任이라 함은 自己의 過失에 對하야 其 結果를 受함을 謂함이라 然而其所受의 結果에 法律上强制力을 有함과 不然한 者를 因하야 此를 法律上의 責任及政治上의 責任으로 分論코져 하노니

甲. 法律上의 責任 此는 法律上 强制力을 有혼 制裁니 此亦刑法上, 民法上, 官吏法上, 憲法上의 四種으로 細論호건뒤

刑法上及民法上의 責任에 對호야는 大臣도 一般人民及普通官吏와 如히 刑法上 不法行爲에 關하야는 刑事裁判所의 判決에 服從홀지며 民法上의 不法行爲에 關호야는 民事裁判所의 判決에 服從홀지며

官吏法上의 責任은 官吏가 其執務上의 義務違反에 對혼 懲戒處分이니 國務大臣은 一般官吏와 相異호야 其執務上過矢로 因호야 懲戒處分을 受홈은 無호니 然이니 其代에 君主는 何時든지 大臣을 罷免홈을 可得호느니 此罷免權은 卽 大臣의게 對혼 官吏法上의 責任이라 云홀지며

憲法上責任은 卽國務大臣의게 對혼 特別혼 責任이니 歐洲諸國의 憲法에 在호야는 大臣의 特別혼 不法行爲에 對호야 議會의 一院 又는 各院이 大臣을 彈劾호는 權을 認호야 如此혼 境遇에는 大臣은 特別혼 政治裁判所에 移호야 此를 審査호야 處罰호는 制度가 有혼 바ㅣ니 此憲法上責任의 嚆矢는 英國에셔 發達호야 立憲制度의 傳播와 共히 各國이 一般히 遵行호얏스나 今日에 在호야는 政治上 責任의 發達를 隨호야 議會는 大臣을 彈劾호는 等 複雜혼 節次를 不行호고 單히 大臣의 不信任을 決議호거나 罷免을 請求호는 等一層有力혼 手段을 因호야 其 目的을 達호는 故로 彼政治裁判所의 制度는 反히 其跡을 已絶혼 바ㅣ라

乙. 政治上의 責任 此는 立憲國에 在혼 大臣責任中 가장 重要혼 者ㅣ니 大臣이 執務上의 過失卽輔弼의 過失及自已職權行爲의 過失에 對호야 世論의 批評을 因호야 其 結果를 受홈이니 此政治上의 責任이 法律上 責任과 相異혼 바는 法律上 强制力을 有혼 制裁가 無호고 其 結果가 單히 事實問題에 歸홀 쓴이라

元來 政治上의 責任은 所謂 議院政治國에 在호야 完全히 發達혼 者ㅣ니 此等國에 在호야는 議會가 大臣의 不信任을 決議호야 其

他 大臣이 議會의 信任을 喪失한 時는 大臣은 該會를 解散하야 輿論에 訴求하거나 不然하면 其職을 辭免하는 慣習을 依하야 確定하되 此亦法律上義務가 아니오 單히 事實上慣習에 止할 뿐이며 且議院政治를 不認한 君主國에 在하야도 國務大臣은 政治上責任으로 議會의 質問에 對하야 答辯하는 義務가 有하며 議會는 大臣의 過失을 擧하야 君主의게 上奏하야 其 罷免을 請求하거나 又는 不信任을 決議함을 得하느니 此等決議及上奏가 直接으로 法律上效力을 生하야 大臣이 此에 依하야 其 結果를 受함은 無하느 然이나 事實上 效果는 實際에 在하야 往往法律上 效果보다 重大한 結果를 惹起하는 바ㅣ라.

▲ 제10호=議會의 性質及其組織을 論함, 法律讀書人

夫君主專制國에 在하야는 其 國務를 處理함에 當하야 君主 一人이 總轄하고 國務 各大臣의 但히 事實上 必要에 基因하야 其 政務를 輔佐할 뿐이며 其他 一般國民은 此에 對하야 何等의 干與가 無한 바ㅣ로되 是와 反하야 立憲國에 在하야는 君主의 國務上行爲는 特別한 例外의 境遇를 除한 外에는 總히 國務大臣輔弼을 不竢하면 外部에 對하야 其效力이 不生하는 바오 一步를 更進하야 國民도 重大한 政務即 立法, 豫算等에 對하야 相當히 參與하는 制度가 有하느니 玆에 所謂議會가 即是라 左에 몬져 其性質을 分析的으로 略論하건뒤
第一. 議會는 國家의 機關이라. 議會의 制度는 元來 歐洲中世의 等族會議로부터 發達된 者ㅣ나 然이나 國法上 性質에 至하야는 多少相異하느니 被等族會議의 時代에 在하야는 統一的 團體된 國家의 觀念은 全然 發生치 아니하야 國王과 國民은 互相對立한 權利主體로 國家는 即 此 二者의 對立的 關係에 不外하든 바ㅣ로되 近世에 至하야는 議會는 君主와 互相對立한 權利主體가 아니며 國家는 오직 統一的團體로 君主와 議會가 共히 此 統一的 團體의 機關이니 因하야 君主가 權利主體아임과

同時에 議會도 또흔 權利主體가 되지 아니흐는 바ㅣ며 且中世의 等族會
議는 全國民을 代表흔 者ㅣ아니오 國民 中 個個의 階級卽 貴族僧侶 市
民及農民 等 三段階級의 各 代表者로 組織된 者ㅣ라. 故로 此 各 代表者
는 各其 選擧人의 權利를 代表흐야 選擧人의 委任에 依흐야 代理權을
得흠으로 其 會議에 在흔 意見의 發表에 對흐야는 唯一히 選擧人의 指
揮에 服從흠을 要흐는 바ㅣ로되 是와 反흐야 近世議會의 議員은 國民
中 特種 階級의 代表者가 아니오 全國民 中 一定흔 資格이 有흔 者로
選出흐는 者ㅣ라. 故로 議員과 選擧人間에는 委任關係를 因흐야 其 權
限을 得흠이 아니오 憲法上 當然히 其 權限을 有흔 者ㅣ니 從흐야 議員
은 選擧人의 指揮에 依흐야 其 意見을 發表흠이 아니오 自己의 獨立意
見으로 其 議事에 參與흠이니 此는 歐洲 諸國 憲法에 在흐야 往往明文
으로 規定흐는 바ㅣ라.

第二. 議會는 國家의 直接機關이라. 議會의 權限은 直接으로 憲法에 依
흐야 規定흔바오. 何人의게 讓受흔 者ㅣ 아니며 又 君主의 命令下에 服
從흠이 아니오 君主와 共히 國家의 直接機關의 一種이니 如斯히 國家에
對흐야 君主와 議會의 兩者가 直接으로 權限을 幷存흠은 立憲國이 專制
國과 迥殊흔 所以라.

第三. 議會는 獨立機關이 아니라 議會가 君主와 共히 直接機關의 一種
됨은 上陳흠과 如흐나 決코 君主와 同一히 平等의 地位를 保有흔 者ㅣ
아니라 議會의 權限은 專히 內都에 關흔 國家意思의 作成에 參與흐며
又는 行政을 監督흠에 止흘 쑨이오 直接으로 國民의게 對흐야 統治權
을 發動흠을 不得흐는 바ㅣ라.

第四. 議會는 國民의 代表機關이라. 此는 議會의 性質에 關흔 重要흔
問題로 從來 多數學者의 議論이 不一흔 바ㅣ니 其 第一說은 卽 議會로
써 國民이 其 參政의 權利를 委任흔 者ㅣ라 흐야 舊時代의 一般히 唱道
흐든 바로 今日에 在흐야도 英佛派의 學者는 尙且此를 是認하는 者ㅣ
不無흐나 然이나 此說의 要旨는 第一에 全國民이 一法人으로 參政權의
主體되는 事와 第二에 國民과 議會間에 委任關係가 有흔 事와 第三에

參政權의 實體는 國民의게 屬ㅎ야 國民이 其 行政을 議會에 委任ㅎ얏다 云ㅎ는 三個前提에 不過흔즉 此說의 誤謬는 多辯을 不要흘지니 何者오 國民은 一法人되는 者ㅣ 아니며 且其選擧는 決코 委任이 아닌 所以오. 其 第二說는 獨逸派의 學者가 普通 唱道ㅎ는 바로 議會와 國民間의 代表關係를 否認흠이니 其 首唱者의 論흠을 據ㅎ건딕 國民은 權利主體가 아니오. 法律上 何等의 意思가 未有ㅎㄴ니 因ㅎ야 權利을 委任ㅎ야 代表者로 ㅎ야곰 其 權利를 行使ㅎ야 意思를 發表ㅎ기 可흔 能力이 無ㅎ니 議會의 議員으로써 全國民의 代表者ㅣ라 云흠은 法律上 意義를 未有흔 者ㅣ라. 旣已 法律上 意義에 在ㅎ야 議員은 何人의 代表者가 아니며 且其 權限은 直接으로 憲法에 基因흔 바오. 國民의게 讓受흔 바ㅣ 아닌 즉 議員의 法律上 地位는 決코 代理 又는 委任의 法理에 依ㅎ야 規律되는 者ㅣ 아니라 云云ㅎㄴ니 此 說은 一見ㅎ면 批難흘 餘地가 無흠과 如ㅎ나 然이나 若此說을 左袒흘 時는 代議制度의 本性을 全失흠을 未免흘지도다.

彼第二說에 云흔 바 國民은 一法人됨이 아니오 國民이 議員을 選出흠은 權利를 委任흔 者ㅣ 아니니 議員은 國民의 指揮를 服從흘 바ㅣ 아니며 且國民과 議員의 關係는 決코 委任 又는 法人과 機關의 關係로써 論흠을 不得다 흠은 正當흔 言論이라. 然이나 第一에 代表의 關係는 法人과 機關間에만 存在흘 쑨 아니오 機關과 機關間에도 存在흠을 亦得흘지니 此는 君主와 攝政의 關係를 見ㅎ야도 可徵흘지라 何者오 君主는 國家의 最高 機關으로 一切의 政務를 總攬ㅎ되 如何흔 境遇에는 君主의 名義로 其 大權을 行使ㅎ는 機關卽 攝政이 有ㅎㄴ니 攝政이 君主의 代表機關됨은 明白흔 바ㅣ라. 然則 代表機關이라흠은 一機關의 意思가 法律上他機關의 意思로 看做흠에 不外흠이니 彼議會가 國民의 代表者ㅣ라 云흠은 全國民으로써 國家의 一機關으로 是認ㅎ야 議會의 意思가 此 國家機關된 國民意思로 看做흠이니 其 關係도 또흔 攝政의 意思를 君主의 意思로 看做흠과 同一히 國民은 實로 法人이 아니오 權利主體가 아니라. 然이나 是로 因ㅎ야 議會와 國民間의 代表關係를 否認

호기 不能호며 第二에 代表의 觀念은 委任의 觀念과 不同호느니 何者오 代表關係는 委任에 因호야 生호는 事ㅣ 有호나 然이나 반다시 此를 要 호는 者ㅣ 아니오 法律上 當然히 其 關係를 發生호는 者ㅣ 不無호니 此 點에 在호야도 君主와 攝政의 關係는 其 適例됨을 可得홀지라. 攝政 은 元來 君主의 委任을 因호야 就任호는 者ㅣ 아니오. 又 其 君主의 指 揮에 服從호야 此에 對호야 其 責을 任호는 者ㅣ 아니며 其 權限은 直接 으로 憲法規定에 依호야 得호는 바는 何人이든지 無疑한 바니 國民 과 議會間에도 此와 同一히 議會는 國民의 委任을 因호야 其 權限을 得홈이 아니오 又는 國民의 指揮에 服從호는 者ㅣ 아니니 然則 此等의 理由로써 代表關係를 否認홈은 不足한 言論됨을 未免홀 지로다. 蓋 法 律學은 實際生活의 學이니 法學上 觀念은 卽 吾人의 實際生活에 關한 信念으로써 其 基礎를 作홀지라. 然則 議會가 國民의 代表者ㅣ라 云홈 은 吾人의 實際生活上 不可疑홀 信念이니 此는 民主國의 議會에 在호야 가장 明瞭히 認호는 바라. 彼 直接民主國을 除한 以外의 民主國에 在 호야는 實際 統治權을 總攬호는 者는 議會오 國民이 아니니 만일 此를 表面上 形式으로 觀홀진되 民主國은 其 實寡人政治國이라 云치 아니홈 을 不得홀지나 其 不然한 所以는 卽 議會는 國民의 代表機關으로 其 意思를 法律上 國民의 意思로 看做호는 바니 民主國의 觀念은 오즉 此에 依호야 說明홈을 可得홀 쑨이요 君主國에 在호야는 國民은 最高 機關이 아니라. 然이나 議會가 國民의게 對한 關係는 專히 民主國에 關 홈과 相異홈이 無호느니 此는 君主國에 在호야도 議會制度의 目的호는 바는 卽 國民으로 호야곰 國政에 參與케 홈을 爲主홈이오 單히 全國民 을 一個處所에 會同호야 合議體를 組織호기 不能홈으로 其 一部分을 選出호야 國民을 代表호야 政權을 實行케 홈에 不過호느니 議會는 實로 國民思想의 反映이라 云홀지라.

既已 議會가 國民의 代表者ㅣ라 云홈이 吾人의 容疑치 아니홀 信念을 作홀 以上은 法律上 觀念에 在호야도 쏘한 此를 認치 아니홈이 不可호 니 若 單純한 表面의 形式에 拘泥호야 法律上 觀念과 吾人의 實際生活

上 信念을 互相背馳케 解釋홀진딕 是는 法律學의 本質을 誤解ᄒ얏다 可稱홀지니 此를 由ᄒ야 觀ᄒ건딕 立憲國이 在ᄒ야는 議會의 組織을 依ᄒ야 國民의 全體가 國家의 一機關되는 地位를 得홈이라 然이나 此 國家機關은 스스로 其 權限을 行使홈을 不得ᄒ고 반다시 議會를 經由 ᄒ야 行使홈을 可得ᄒ나니 議會는 卽 國民의 代表機關으로 國民의 名義 에 在ᄒ야 其 權限을 行使ᄒ는 바ㅣ라 云치 아니홈을 不得홀지로다.

議會의 性質은 大略 上陳홈과 如ᄒ나 然이나 其 組織의 制度에 對ᄒ 야는 一院制及 兩院制의 區別이 有ᄒ니 玆에 其 沿革及可否를 略論ᄒ건 딕 現今 立憲國에 在ᄒ 議會는 擧皆兩院制를 採用홈에 至ᄒ얏고 院制를 採用ᄒ는 邦國은 希臘瑞西의 各州及 獨逸國內의 小國等에 不過ᄒ나 然 이나 獨逸은 其 帝國議會以外에 別로 聯邦參事會가 有ᄒ니 此는 外他 諸國에 在ᄒ 政府의 地位와 相當ᄒ 바오 議會의 一院을 成홈은 아니나 其 組織에 在ᄒ야 聯邦各國의 代表者로 成立ᄒ야 恰然히 他聯邦國 議會 의 上院과 相當ᄒ야 兩院制와 類似ᄒ 組織을 成ᄒ얏고 其他 各國은 君 主國과 民主國을 不問ᄒ고 兩院制를 採用ᄒ느니 蓋此 制度는 英國으로 從出ᄒ 바ㅣ라.

中世 歐洲 諸國의 等族會議는 三種의 階級으로 組織ᄒ야 各 階級의 代表者는 各別ᄒ 合議體를 成ᄒ야 獨立으로 決議를 行ᄒ야 三院制의 形式을 成立ᄒ얏스나 오직 英國에 在ᄒ야는 其 歷史上 偶然ᄒ 事情을 因ᄒ야 僧侶와 諸侯가 合ᄒ야 一院을 成ᄒ고 各州의 騎士及市府의 代表 者가 ᄯ호 一院을 成ᄒ야 二院制를 實行ᄒ 以後로 米國 諸州의 憲法及 佛國의 憲法에 在ᄒ야 비로소 此 制度를 繼續ᄒ야 歐亞 各國에 傳播홈 에 至ᄒ 바ㅣ라. 然이나 諸國에셔 此 兩院制를 實行ᄒ는 바 專主히 英國 制度의 影響이 아니오 理論上 多少의 根據가 又 有ᄒ니 其 第一의 理由 는 社會의 上等階級에 在ᄒ 者로 ᄒ야곰 特別의 代表者를 得케 홈이라. 蓋 議會는 國民을 代表ᄒ는 者인즉 此를 代表ᄒ는 者는 國民 中 種種의 勢力에 相當케 아니홈이 不可ᄒ나 然이나 單히 其數로써 論ᄒ면 社會 의 下等人民은 恒常 上等人民보다 居多ᄒ 故로 만일 會社의 上等과 下

等을 不問ᄒ고 同一히 代表케 ᄒᄂᆞᆫ 時ᄂᆞᆫ 上等階級에 在ᄒᆞᆫ 者ᄂᆞᆫ 社會에 對ᄒᆞ야 重大ᄒᆞᆫ 勢力을 有ᄒᆞᆷ에 不拘ᄒᆞ고 其 數에 關ᄒᆞ야 通常 下級에 掣肘되ᄂᆞᆫ 結果ᄅᆞᆯ 未免ᄒᆞᆯ지니 此 狀態ᄅᆞᆯ 脫ᄒᆞ야 實際勢力에 相當ᄒᆞᆫ 代表者ᄅᆞᆯ 得케 ᄒᆞᆯ진ᄃᆡ 上級에 在ᄒᆞᆫ 者로 ᄒᆞ야금 特別의 代表者ᄅᆞᆯ 有케 아니ᄒᆞᆷ이 不可ᄒᆞ니 一院을 專主히 特定ᄒᆞᆫ 資格이 有ᄒᆞᆫ 者로 組織ᄒᆞᆷ이 可ᄒᆞ다 云ᄒᆞᄂᆞᆫ 바ㅣ라. 然이나 此ᄂᆞᆫ 二院制ᄅᆞᆯ 說明ᄒᆞᆷ에 當ᄒᆞ야 薄弱ᄒᆞᆫ 言論이니 若 其 主張ᄒᆞᄂᆞᆫ 바와 如히 上流社會에 在ᄒᆞᆫ 者로 ᄒᆞ야금 特別의 代表者ᄅᆞᆯ 得코져 ᄒᆞᆯ진대 一院制에 在ᄒᆞ야도 特히 上等階級에 在ᄒᆞᆫ 者로 特別의 選擧權을 許與ᄒᆞ면 可ᄒᆞᆯ지니 此로 因ᄒᆞ야 二院에 區別ᄒᆞᆯ 必要가 無ᄒᆞ며 第二의 理由ᄂᆞᆫ 二院制로써 立憲制度의 缺點을 補ᄒᆞ야 多數決의 專橫을 防止코져 ᄒᆞᆷ이라. 元來 立憲制度ᄂᆞᆫ 多數決의 制度니 多數의 主張ᄒᆞᄂᆞᆫ 바ᄂᆞᆫ 少數가 此에 從ᄒᆞᆷ을 不要ᄒᆞᄂᆞᆫ 思想이라. 然而 二院制度ᄂᆞᆫ 多數決主義와 正反對로 兩院의 決議가 互相一致치 아니ᄒᆞ면 到底히 議會의 決議ᄅᆞᆯ 未成ᄒᆞᄂᆞ니 若 普通의 多數決主義ᄅᆞᆯ 從ᄒᆞᆯ 時ᄂᆞᆫ 一院制ᄅᆞᆯ 採用치 아니ᄒᆞ면 반다시 三院制ᄅᆞᆯ 採用ᄒᆞ야 兩院의 決議가 苟有ᄒᆞ면 他 一院은 此에 反對ᄒᆞᆷ을 不拘ᄒᆞ고 議會의 決議ᄅᆞᆯ 成立ᄒᆞ야 完全히 其 理論을 貫徹케 ᄒᆞᆯ지로되 近世 諸國이 此ᄅᆞᆯ 不取ᄒᆞ고 反對主義의 二院制ᄅᆞᆯ 採用ᄒᆞᄂᆞᆫ 所以ᄂᆞᆫ 多數決制度가 決코 善良ᄒᆞᆫ 制度가 아님으로 其缺點을 補ᄒᆞ기 爲ᄒᆞᆷ이니 其主要ᄒᆞᆫ 目的을 擧ᄒᆞ건ᄃᆡ

第一. 二院制ᄂᆞᆫ 議會의 過重ᄒᆞᆫ 權力을 抑壓코져 ᄒᆞᆷ이라.

立憲國에 在ᄒᆞᆫ 議會의 權力은 民主國에 關ᄒᆞᆯ 섇 아니라 君主國에 在ᄒᆞ야도 極히 重大ᄒᆞᆫ 바로 法律을 協贊ᄒᆞ거나 豫算을 議定ᄒᆞᄂᆞᆫ 等 重要ᄒᆞᆫ 事項에 當ᄒᆞ야 其 權을 濫用ᄒᆞᆯ진ᄃᆡ 行政의 進行을 阻害ᄒᆞ야 其 弊害가 暴君의 專制에 不下ᄒᆞᆯ지니 若 一院으로써 議會ᄅᆞᆯ 組織ᄒᆞᄂᆞᆫ 時ᄂᆞᆫ 其 一院의 決議ᄂᆞᆫ 直接으로 議會의 決議ᄅᆞᆯ 成ᄒᆞ야 往往 權力을 濫用ᄒᆞᆷ이 不無ᄒᆞᆯ지나 二院制에 在ᄒᆞ야ᄂᆞᆫ 不然ᄒᆞ야 一院에셔 過激ᄒᆞᆫ 決議ᄅᆞᆯ 行ᄒᆞᆯ지라도 他 一院에셔 此ᄅᆞᆯ 掣肘ᄒᆞ야 彼不當ᄒᆞ게 權力을 濫用ᄒᆞᄂᆞᆫ 弊害ᄅᆞᆯ 豫防ᄒᆞᆯ지며

第二. 二院制는 政府와 議會의 衝突을 緩和코져 흠이라.

立憲國에 在ᄒ야는 政府와 議會는 互相獨立흔 權限으로 對立흔 바 l 니 此 境遇에 在ᄒ야 其 間의 衝突이 生흠은 到底히 不可避흘 事實이라. 然而 此 衝突의 危險은 議會가 一院으로 成立흔 境遇에 在ᄒ야 益甚흘지로되 此와 反ᄒ야 兩院으로 組織흔 時는 其 一院이 政府와 衝突ᄒ는 境遇에 他 一院은 其 調和機關됨을 可得흘지며

第三. 二院制는 立法의 節次를 愼重케 흠이라.

元來 法律은 行政事務와 相異ᄒ야 永遠히 其 效力을 有흠으로 敏速흠을 爲主흠보다 鄭重흠을 要흘지니 一院制에 在ᄒ야는 一時의 感情에 刺激ᄒ야 不當히 議決ᄒ는 弊害가 不無흘지로되 二院制에 在ᄒ야는 二者 l 獨立ᄒ야 各各 特別흔 觀察點으로 審査ᄒ야 誤決의 弊를 豫防ᄒ기 可得ᄒ는 所以라.

▲ 제14호=國家의 法律上 觀念, 法律讀書人

國家의 觀念을 法律上으로 立論흠에 當ᄒ야 特히 注意흘 바 l 有ᄒ니 卽 我國, 日本 或 英國 等 格別흔 一種의 國家에 就ᄒ야 言흠이 아니오 現今 國際團體를 成흔 國家의 普通의 現象에 對ᄒ야 共通의 觀念을 定코져흠이라. 然이나 一方에 在ᄒ야는 古來 歷史上의 國家를 遺漏음이 無ᄒ게 網羅ᄒ야 此에 共通ᄒ는 觀念을 立코져 흠은 아니니 蓋 古代의 社會는 現今의 社會와 相異흠으로 國家의 現象에 至ᄒ야도 쏘흔 古今의 差異가 判然ᄒ야 唯一흔 觀念으로써 貫徹코져 흠은 不能에 屬흘 쑨 아니라 縱令 此를 統一ᄒ야 同一흔 觀念下에 論흠을 得흔다 云흘지라도 是는 但히 思想의 複雜을 惹起흘 쑨이오 現今의 國法을 說明흠에 當ᄒ야 些毫의 裨益이 無흔 바 l 니 何者오 古昔의 國家에 在ᄒ야는 洋의 東西를 勿論ᄒ고 領土 及 臣民으로써 君主 一 個人에게 隸屬흔 私有物로 着做ᄒ야 君位의 繼承을 一個 財産相續과 如히 皇子가 數人이 有흘 時는 其 國의 領土는 諸子에게 分割ᄒ얏스며 又는 特種의 團體가

有ㅎ야 獨立의 權力으로 互相對立ㅎ야 國家의 統一을 保維치 못흔 바 l 니 此는 各國의 史乘에 照ㅎ면 可知홀 바 l 라. 故로 玆에는 但 今日 國家에 一般 共通ㅎ는 法律上 觀念을 略陳코져 ㅎ는 바 l 라.

蓋 法律上 觀念은 恒常 事實로써 基礎를 作ㅎ는 바 l 니 是 卽 事實에 基因치 아니흔 觀念은 假設이며 擬制됨에 不過ㅎ는 所以라. 然이나 實在의 現象은 또흔 直接으로 法律上 觀念됨을 不得ㅎㄴ니 此는 法律學이 主觀的 學이오 物理學과 生理學 等과 如히 客觀的 事物을 硏究ㅎ는 學問이 아닌즉 彼 法學界의 所謂 法과 權利도 또흔 오직 吾人의 主觀的 思想에 止홀 쑨이오 客觀的 事實을 探究홈은 아니라 此와 如히 國家의 觀念에 至ㅎ야도 또흔 其 法律上 觀念은 吾人이 國家에 關ㅎ는 法律的 現象을 圓滿히 說明홈에 當ㅎ야 如何히 思唯홈이 可흔 問題요 國家라 云ㅎ는 社會現象의 事實上 如何흔 바를 論홈이 아니니 然則 事實上 性質을 法律上 觀念과 混視치 아니홈을 要홀지로다.

現今 學者가 國家의 事實上 現象을 論홈에 當ㅎ야 第一에 國民, 第二에 領土, 第三에 最高權力 卽 總括的으로 換言ㅎ면 一定흔 領土에 定着흔 國民이 最高權力下에 服從흔다 云홈은 一般 唱道ㅎ는 바로 異議가 少無흔 바 l 나 然이나 法律上의 觀念 如何 卽 其 結合은 法律上 如何흔 觀念에 相當ㅎ며 且 其 最高權力은 法律上 何人의 主體됨을 得ㅎ는 問題에 至ㅎ야는 學說이 區區不一흔 바 l 라.

舊時의 學者는 國家의 性質을 說明홈에 當ㅎ야 有機體說을 主張ㅎ나 然이나 此에 對ㅎ야도 論議가 또흔 不同ㅎ야 或者는 國家로써 人類의 自由意思에 因ㅎ야 造成된 機械的 製作物이라 稱ㅎ며 或者는 國家로써 自然히 生長, 發達ㅎ며 又는 衰滅ㅎ는 者오. 人意에 因ㅎ야 製造ㅎ며 破懷홈을 可得홀 者 l 아니라 云ㅎ는 바 l 로되 此等의 言論은 誤謬를 未免흔 바 l 라 可謂홀지로다. 何者오 國家로써 有機體라 云홀진딕 他 自然的 有機體와 如히 第一에 物質的 要素와 精神的 力을 結合ㅎ야 成ㅎ는 事와 第三에 스사로 一個의 全體를 構成홀지라도 其 各 部分은 特別흔 機關을 設備ㅎ야 各其 作用 及 能力을 保有ㅎ며 且 其 全部에

對ㅎ야 生活上 種類의 需要를 滿足케 ㅎ는 事와 第三에 內部에서 發達
ㅎ야 外部에 生長ㅎ는 等 要件이 具有홈을 要ㅎ지니 是卽 後者의 主張
ㅎ는 바로 前者의 機械的 見解를 駁論홈에 有力ㅎ 바ㅣ나 此 亦 自然科
學上 見解오 決코 法學上 見解는 아니라 蓋 法學上으로 言ㅎ면 人類
以外의 動物, 植物을 人類와 同一히 有機體라 云ㅎ는 唯一ㅎ 觀念에 歸
屬ㅎ며 從ㅎ야 國家도 또ㅎ 此 種類와 恰似히 看做홈은 無意味ㅎ 바ㅣ
라 謂치 아니홈을 不得홀지로다. 何者오 是는 法學上 原則으로 論ㅎ는
바 人은 權利의 主體요 動物, 植物 等을 權利의 目的物되는 觀念을 忘却
ㅎ 바ㅣ니 然則 自然的 有機體說도 純然ㅎ 自然科學上의 言論이오 法學
上 性質에 對ㅎ야는 何等의 價値가 未有ㅎ 바ㅣ라.

　法律上으로 國家의 性質을 觀察홈에 當ㅎ야 大畧 三種의 區別이 有ㅎ
니 卽 國家로써 統治權의 目的物이라 云홈과 或은 統治關係라 稱홈과
又 或은 統治權의 主體라 홈이니 左에 此를 次第 略陳ㅎ건듸

第一. 國家客體說 此는 國家로써 統治權의 目的物이라 稱ㅎ야 國家의
上位에 存立ㅎ 他 意思主體의 管轄에 屬ㅎ 바로 解釋홈이니 是 卽 古昔
에 公權力을 私法上 權利와 同一히 看做ㅎ야 領土 及 臣民을 君主 及
其 子孫의 所有物로 認ㅎ든 時代의 國家에 對ㅎ 思想이니 今日 所謂
國家와 相容치 못홀 바는 多言을 不要홀지오. 且 領土 及 臣民이 君主의
私有物이 아니며 公의 權力이 私法上 權利와 明確ㅎ 區別이 有홈은 何
人이든지 躊蹰치 아니ㅎ는 바ㅣ라. 然이나 此와 類似ㅎ 思想은 今日에
在ㅎ야도 其 跡이 絶無홈은 아니니 卽 其 說이 代表者되는 사이델氏의
主張ㅎ는 바를 見ㅎ면 統治權에 服從ㅎ는 者는 土地 及 臣民이니 若
此 土地 及 人民을 用語의 慣例에 從ㅎ야 國家라 稱ㅎ는 時는 統治者와
國家는 互相分離ㅎ야 一은 權利主體며 一은 其 目的物된다 云云ㅎ고
又 曰 予輩는 統治權에 服從ㅎ는 狀態에 在ㅎ 土地 及 人民을 稱ㅎ야
國家라 謂홈은 恰然히 民法에 在ㅎ야 物이 人의 管轄에 屬ㅎ 狀態로
此를 人의 所有物이라 云홈과 如하다 ㅎ니 此 說은 오직 古昔에 國家統
治의 關係를 純然ㅎ 私法上 關係로 看做홈에 盲從치 아니ㅎ고 다만 此

룰 公法上 關係의 變形으로 認흠에 不過흐야 君主는 依然히 國家以外의 上位에 立흐야 吾人이 物을 所有흐는 關係와 如히 君主는 國家룰 管轄흠으로 看做흠인 則 現今에 國家는 純然흔 統一的 團體로 領土 及 人民은 其 要素의 一部分이오 國家가 아니며 君主도 坐흔 國家中 一個人이오 國家以外의 上位의 立흔 者ㅣ 아니라 稱흐는 思想과 矛盾됨을 難免이오 且 氏의 論과 如히 領土 及 人民으로써 國家라 稱흘지라도 領土, 人民이 物이 人의 所有權의 目的物됨과 如히 統治權의 目的物됨은 아니니 何者오. 統治權은 人과 人의 關係오 人이 物에 對흔 關係가 아닌 則 領土로써 統治權의 目的物이라 흠은 誤見을 未免이오 且 人民은 統治權에 服從흐는 者ㅣ로되 人이 其 所有物을 管轄흠과 如히 君主가 此룰 任意로 處分흠을 得흠이 아니오 統治者가 其 統治權에 依흐야 或 權利룰 制限흐며 義務룰 負擔케 흠을 得흘 쓴이니 民法上 關係로 此룰 比較흘지라도 坐흔 債權이오 物權이 아닌 則 人民을 物이 所有權의 客體됨과 如히 統治權의 客體라 云흠은 正當흔다 未稱흘지로다.

第二. 國家狀態說 元來 國家는 狀態며 統治關係라 흐야 法律上 觀念과 事實上 性質을 混同흐야 立論흠이니 所謂 實驗法學派의 가장 主張흐는 바 思想이라. 然而 此 說은 人類가 集合흐야 唯一흔 權力에 依흐야 統合흐는 狀態룰 稱흐야 國家라 흠이니 一見흐면 其 當을 得흠과 如흐야 批難을 餘地가 無흘 듯흐나 然이나 其 實은 前述흔 國家客體說과 思想을 同一히 흐야 法學上 觀念을 維持키 不能흠은 一般이라 何者오. 此 說에 在흐야도 坐흔 統治權의 主體는 君主오 領土 及 臣民은 其 客體라 云흐되 오직 彼 前說과 如히 其 主體된 君主와 客體된 領土 及 臣民으로써 直接으로 國家라 稱치 아니흐고 다만 其 統治흐는 狀態로써 國家라 흐느니 因흐야 國家의 一要素로써 懊家라 云흐는 批難은 得免흘지라도 國家가 統一的 單位룰 未成흐고 主體와 客體가 互相對立흐야 二種의 部分에 分割되는 缺点은 難免이오 且 此 狀態說을 依흐면 國家는 全然히 活動흘 能力이 未有흐야 現今 學者가 一般히 唱道흐는 바 國家는 스스로 其 意思룰 保有흐며 又는 活動흐야 他國과 戰爭룰 行흐며 條約

을 結ᄒᄂᆫ 等觀念을 說明키 不能ᄒᆫ 바ㅣ라.

第三. 國家人格說 此 說은 國家를 一 人格者로 看做ᄒ며 又ᄂᆫ 一種의 權利主體로 立論ᄒᆷ이니 最初 希臘의 國家學者에 依ᄒ야 明瞭히 認識ᄒᆫ 바로 中世의 國家觀念이 微弱ᄒᆷ을 因ᄒ야 此 思想도 ᄯᅩᄒ 一時에 隨以 消滅ᄒ얏다가 近時에 至ᄒ야 國家觀念이 勃興ᄒᆷ과 共히 此 說을 一般히 承認ᄒᄂᆫ 바ㅣ니 是ᄂᆫ 無他라. 國家에 關ᄒᆫ 各種의 法律現象을 攷究ᄒᆷ에 對ᄒ야 가장 得當ᄒᆫ 바오. 特히 左陳ᄒ 四個 現象은 君主를 主體로 認ᄒᄂᆫ 學說에 全然히 說明키 不能ᄒᆫ 所以라.

(一) 國家ᄂᆫ 永續的 團體라라. 故로 其 分子된 君主 又ᄂᆫ 臣民의 更迭을 由ᄒ야 其 繼續을 中斷ᄒᄂᆫ 者ㅣ아니라 만일 君主主體說을 採ᄒᆯ진ᄃᆡ 到底히 此 繼續을 說明키 不能이니 統治權의 消滅은 卽 統治關係의 消滅로 統治權의 主體가 消滅ᄒ고 他 統治權의 主體가 此를 代ᄒᆯ진ᄃᆡ 是ᄂᆫ 舊國家가 亡ᄒ고 新國家가 立ᄒᆷ과 無異ᄒ즉 君主主體說을 主張ᄒᄂᆫ 學者의 가장 說明이 困難ᄒᆫ 바 問題오.

(二) 國家ᄂᆫ 統一的 單位라. 만일 反對說을 從ᄒᆯ진ᄃᆡ 國家ᄂᆫ 統治權의 主體된 君主와 其 客體된 領土 及 人民의 二種 部分으로 分割ᄒ야 其 統一的 性質을 說明ᄒ기 不能ᄒᆯ지오.

(三) 國家ᄂᆫ 活動能力의 主體라 國家ᄂᆫ 獨立ᄒᆫ 一人格을 保維ᄒ야 自己의 意思로 活動ᄒᆷ을 得ᄒᄂ니 만일 客體說 及 狀態說을 主張ᄒᆯ진ᄃᆡ ᄯᅩᄒ 說明키 不能ᄒᆫ 바오.

(四) 領土에 定着ᄒᆫ 人民이 權力下에 結合ᄒᆫ 者ᄂᆫ 반다시 國家ᄲᅮᆫ 아니오 其 外에 尙且 國家의 內部에 在ᄒ야 此와 同一ᄒᆫ 團體가 不無ᄒ니 卽 府, 郡 等 地方團體가 是라. 蓋 地方團體ᄂᆫ 國家와 如히 領土를 保有ᄒ며 又ᄂᆫ 人民를 集合ᄒ야 成立ᄒᆫ 者로 唯一의 權力下에 統治되ᄂᆫ 바로 ᄯᅩᄒ 一種 法人됨은 一般學者의 承認ᄒᄂᆫ 바ㅣ니 然則 此亦 國家人格說 을 認치 아니ᄒ면 國家와 地方團體의 區別을 說明ᄒ기 不能ᄒᆫ 바ㅣ라.

然而 君主로써 統治權의 主體라 云ᄒᄂᆫ 思想은 事實上 性質과 法律上 觀念을 混同ᄒᆷ을 因ᄒ야 從生ᄒᆫ 바ㅣ니 事實現象으로 觀察ᄒ면 君主國

에 在ᄒᆞ야ᄂᆞᆫ 國家統治權의 根源이 君主의게 屬홈은 多辯을 不竢ᄒᆞ고 明白ᄒᆞᆫ지라. 是로 因ᄒᆞ야 或者ᄂᆞᆫ 君主로써 直接統治權의 主體라 홈이 自然ᄒᆞᆫ 事理라 稱ᄒᆞ나 然이나 君主가 統治權의 主體라 홈은 卽 君主가 其他 位에 在ᄒᆞ야 一人格者로 權利의 主體됨을 意味홈이로되 元來 權利의 觀念은 利益으로써 其 要素를 作ᄒᆞᄂᆞᆫ 故로 權利의 主體ᄂᆞᆫ 卽 利益의 歸屬ᄒᆞᄂᆞᆫ 主體를 指홈은 何人이든지 不爭ᄒᆞᄂᆞᆫ 바ㅣ니 若 君主로써 統治權의 主體라 홀진딩 其 國 統治의 利益은 專히 君主 一身에 歸屬ᄒᆞᆫ다 云치 아니홈을 不得홀지로다.

然이나 現今의 國家思想에 在ᄒᆞ야ᄂᆞᆫ 決코 君主가 自己 一身의 利益을 計圖ᄒᆞ기 爲ᄒᆞ야 統治權을 行使홈이 아니오. 全國家의 利益을 爲ᄒᆞ야 統治權을 行使홈은 君主主體說을 認ᄒᆞᄂᆞᆫ 學者도 敢히 容喙치 못ᄒᆞᄂᆞᆫ 바ㅣ라. 然則 統治權의 利益이 歸屬ᄒᆞᄂᆞᆫ 바ᄂᆞᆫ 君主 一身이 아니오. 全國家에 存在홈은 論理上 必然ᄒᆞᆫ 結果니 從ᄒᆞ야 君主ᄂᆞᆫ 統治權의 主體가 아니오. 오즉 國家의 名義에 在ᄒᆞ야 統治權을 行使홈에 不外ᄒᆞᆫ 바ㅣ라.

是를 由ᄒᆞ야 觀ᄒᆞ면 國家ᄂᆞᆫ 多數ᄒᆞᆫ 各 個人의 人格을 依ᄒᆞ야 其 自身이 또ᄒᆞᆫ 一個 人格 卽 所謂 集合人格을 成ᄒᆞᆫ 바ㅣ며 此 集合人格이 領土를 基礎ᄒᆞᄂᆞᆫ 者를 領土團體라 稱ᄒᆞᄂᆞ니 國家ᄂᆞᆫ 卽 最高ᄒᆞᆫ 領土團體로 集合人格의 性質을 保維ᄒᆞ고 永久繼續ᄒᆞ야 統一的 單位로 活動ᄒᆞᄂᆞᆫ 能力을 具備ᄒᆞᆫ 者ㅣ라 云홈이 可홀지로다.

▲ 제15호＝局外中立에 就ᄒᆞ야 論홈, 法律讀書人

局外中立이라 홈은 國家가 交戰國間의 戰爭에 對ᄒᆞ야 何一方에 偏傾ᄒᆞᆫ 待遇를 行홈이 無ᄒᆞ고 戰爭 中 雙方에 對ᄒᆞ야 平和의 國交를 繼續ᄒᆞᄂᆞᆫ 狀態를 謂함이라. 因ᄒᆞ야 局外中立의 法則은 交戰者의 一方에 對ᄒᆞ야 積極的 又ᄂᆞᆫ 消極的으로 交戰上 不利益이 되기 可ᄒᆞᆫ 行爲를 行ᄒᆞᄂᆞᆫ 事이 無ᄒᆞ고 可成的으로 雙方에 對ᄒᆞ야 戰爭 以前브터 保維ᄒᆞ야 由來ᄒᆞ든 國交를 守홈이 原則이라. 然이나 局外中立의 地位ᄂᆞᆫ 오직 戰時를 當

ㅎ야 存在홀 쑨임으로 平時 國際法의 法則을 全然히 此에 適用홈은 不
可ㅎ니 換言ㅎ면 交戰國과 中立國의 權利義務는 交戰者가 戰爭을 行홈
에 必要不可缺홀 權利와 中立國이 中立을 維持홈에 必要흔 諸種의 法則
이 有홀 쑨 아니라 平時關係에 在ㅎ야 國家는 自其獨立權의 作用을 依
ㅎ야 特定흔 國家에 對ㅎ야는 他國보다 一層 親密흔 交際를 行ㅎ야 此
에 特別흔 待遇를 施홈을 可得홀지라도 戰時에 在ㅎ야는 決코 交戰國
雙方에 對ㅎ야 嚴格히 偏重흔 態度를 取ㅎ야 其 國交를 行홈은 不可흔
바ㅣ니 盖 獨立國은 戰爭以前에 在ㅎ야 他國과 條約을 締結ㅎ야 其 行
爲를 制限치 아니흔 以上은 他國間에 關흔 戰爭中은 局外 中立되는 權
利를 有ㅎ며 又는 其 義務가 有흔 地位에 處ㅎ야 反對의 宣言를 行치
아니흔 時는 第三國은 스스로 局外中立되는 事를 推測홀지로다.

然而 戰爭中 獨立國이 局外中立됨에 對ㅎ야 昔時의 學者는 完全中立
以外에 特히 不完全 又는 制限的 中立의 名稱을 認ㅎ야 戰爭前브터 國
家가 一定흔 兵士 又는 作戰의 資料될 物品을 交戰國 一方에 貸與ㅎ며
給與ㅎ거나 又는 交戰上 特權의 利益을 其 一方에 限ㅎ야 許與홈을 條
約으로써 約定흔 時는 開戰後에 在ㅎ야 其 規定에 基因ㅎ야 交戰者 一
方을 補助홈을 可得홈에 不拘ㅎ고 其他의 關係에 在ㅎ야는 全然히 局外
中立의 地位에 處ㅎ야 偏傾흔 行爲를 行홈이 不可ㅎ다 云ㅎ얏스나 然
이나 現今에 在ㅎ야는 如斯흔 不完全 又는 制限的 中立되는 國家의 地
位를 不認ㅎ야 假令 條約에 依홀지라도 戰爭中 交戰國 一方의 戰爭行爲
를 助勢홈은 中立의 義務에 違反됨을 未免ㅎ야 其 責任을 負擔치 아니
치 못ㅎ는 바라.

且 구로샤스氏의 著書에 在ㅎ야는 戰時에 關흔 中立國의 地位를 保維
홈이 困難ㅎ고 且 危險홈을 說明ㅎ야 云 第三國은 交戰者의 正當與否를
審査ㅎ야 不正흔 交戰者의 行爲는 設或 防止홀지라도 正當흔 交戰者의
行動은 妨害홈이 不可홀지오 單히 其 正否를 識別키 不能흔 境遇에 在
ㅎ야만 雙方에 對ㅎ야 同一흔 待遇를 行홈이 可ㅎ다 ㅎ니 此는 實로
氏의 當時 即 第十七世紀의 學說로 今日 國際慣例에 實行ㅎ는 바 交戰

者 兩方에 對ㅎ야 絕對的平等의 待遇를 行ㅎ는 義務가 有흠에 違反되는 바ㅣ며 且 其時에 在ㅎ야는 特히 條約으로써 中立國의 關係를 規定치 아니흔 以上은 交戰國 一方이 中立國領土內에 在ㅎ야 兵士를 募集ㅎ며 其他 戰鬪準備를 行ㅎ는 事를 許與ㅎ며 或은 中立國이 交戰國一方에 對ㅎ야 戰爭의 材料를 供給흠이 不少ㅎ얏스나 第十九世紀 以後에 至ㅎ야는 中立國은 交戰國間의 爭議에 就ㅎ야 正當與否를 審査ㅎ야 助勢의 義務를 相異케 아니흠과 同時에 戰爭以前의 條約有無도 不拘ㅎ고 如何흔 境遇든지 中立國은 交戰者에게 加勢흠이 不可ㅎ고 又 其 領土內의 人民으로 ㅎ야곰 交戰者一方의 不利益되기 可흔 勢力을 他一方에 行흠을 禁止ㅎ고 此에 伴ㅎ야 交戰國에 對ㅎ야 嚴正ㅎ게 中立의 主權을 尊重히 ㅎ는 바ㅣ라. 上陳흔 바를 由ㅎ야 觀察ㅎ면 局外中立에 對ㅎ야 時代變遷과 學者의 所論을 隨ㅎ야 各其 解釋이 不一흔 바ㅣ나 是는 惟獨 局外中立에 關ㅎ야 然흘 쑨 아니오 諸般 學問에 均一히 未免ㅎ는 狀態로되 特히 本問題는 國際法上 觀念이 幼稚흠을 因ㅎ야 또흔 學說 及 慣例가 區區ㅎ든 바로 第十九世紀以後 國際關係가 益益 複雜흠을 隨ㅎ야 漸次 發達된 바ㅣ라. 然而 此 局外中立은 永久的 中立 卽 永世中立과 區別치 아니흠이 不可ㅎ니 局外中立은 國家가 他國間에 戰爭이 有흠을 際ㅎ야 自國의 獨立權에 基因ㅎ야 其 戰爭에 干與흘 自由가 有흠에 不拘ㅎ고 스스로 第三者의 地位에 處ㅎ는 바오 決코 交戰者 及 其他 各國의 制限的으로 認定흠을 意味흠이 아니로되 永世中立은 不然ㅎ야 或種의 國家와 一定흔 領土 又는 特定흔 物件 及 人員에 對ㅎ야 列國間 條約에 依ㅎ야 交戰者가 此를 侵害치 못흠과 同時에 永世局外 中立國은 敢히 交戰者에게 向ㅎ야 作戰上 行動에 干與흠을 不得ㅎ는 바ㅣ니 卽 此 國家는 自國의 危險을 防禦ㅎ는 以外에는 如何흔 境遇든지 外國과 戰爭을 開始흠이 不能ㅎ고 又 他國과 戰端을 開始ㅎ는 交涉에 參入ㅎ지 못흠을 條件的으로 諸强國의 條約에 依ㅎ야 其 獨立 及 安全을 保證흔 國이니 換言ㅎ면 主權國의 權能되는 一部分 卽 防戰以外의 戰爭에 關흔 事項을 諸國間 條約에 依ㅎ야 永久이 抛棄흔 者ㅣ라. 故로 此 國은 聯邦

內 各國 及 被保護國과 如히 國際上 完全호 主權國이라 稱키 不能호
바ㅣ라. 然이나 彼聯邦 及 被保護國과 如히 純然히 外交上 關係를 行치
못홈은 아니오. 但 國防以外의 戰爭에 關係가 有호 外交事項에 至호야
만 制限이 有호야 自行키 不能홀 쑨이니 歐洲中 瑞西, 白耳義, 룩셈부릉
等 三國과 亞弗利加 공오國과 如홈이라. 此를 要컨디 局外中立國은 條
約에 依호야 戰時, 平時를 不問호고 自國의 安全을 防禦호는 境遇外에
는 他國과 戰爭의 行爲에 干與호기 不能홈과 同時에 他國이 또호 其
領土를 侵害치 아니호는 바 國際法上 主權國의 特例라 云홀 바ㅣ며 一
定호 處所, 物件 又는 人員에 對호야도 또호 戰爭行爲에 及치 아니호는
事를 列國條約에 依호야 規定호 者ㅣ니 此亦 普通으로 中立의 文字를
襲用호나 其 實은 永久的 中立에 屬호는 者ㅣ니 譬컨디 蘇士運河戰地假
病院 及 其附屬員 等과 如홈이라. 然이나 玆에 所謂 局外中立이라 홈은
永久的 中立과 其他의 中立을 論코져 홈이 아니오 오직 獨立國이 戰爭
中 交戰國을 助勢호는 能力이 有홈에 不拘호고 自其戰爭에 干與치 아니
호고 雙方에 對호야 平和의 國交를 行호는 地位에 處호 者를 云홈이라.

　局外中立의 意義는 大略 上陳홈을 因호야 姑舍호고 左에 中立國과
交戰國의 關係 卽 中立國에 對호는 交戰國의 權利及義務를 換言호면
中立國의 權利幷 其 義務를 次第 論述코져 호노라.

第一. 中立國에 對호는 交戰國의 義務 盖中立國이 自其 義務를 違反치
아니호는 以上은 交戰國은 戰爭行爲를 因호야 其 國의 主權을 侵害호기
不可호 嚴正호 義務가 有호느니 玆에 其 大要를 擧호건디

(一) 中立國의 版圖를 侵害치 못호는 義務, 中立國의 領土 及 領海內에
在호야 戰鬪를 行치 아니홈은 古昔時代에 在호야도 旣認호든 바ㅣ로되
其 實行에 至호야는 近世의 慣例됨이 無疑호 바ㅣ라. 因호야 交戰國의
軍隊 又는 軍艦은 中立國의 版圖內에 在호야 互相戰鬪를 行홈이 不可홀
쑨 아니라 一步를 更進호야 戰爭에 關호는 一切의 行爲를 行홈이 不能
호느니 譬컨디 軍艦이 公海에 在호야 敵船을 驅逐호야 中立國 領海에
入호는 時는 此를 拿捕호기 不能호며 又 交戰國 軍隊는 中立國의 許可

가 無ᄒ면 其 領內를 通行ᄒ거나 侵入ᄒ기 不能ᄒ며 中立國에 在ᄒ야
도 其 通行을 許可홈은 ᄯᅩᄒᆫ 義務의 違反이라 云홀지라. 且 交戰國은
中立國 版圖內에 在ᄒ야 敵國攻擊의 準備로 海陸軍을 募集ᄒ거나 兵器
彈藥 其他 直接으로 戰爭에 供用홀 物品을 取得홈이 不能ᄒ나 然이나
戰爭에 直接 供用치 아니ᄒᄂᆫ 物品에 關ᄒ야ᄂᆫ 此를 禁止홀 바ㅣ 아니
니 譬컨딕 航海에 必要ᄒᆫ 石炭 糧食과 如홈은 購買홈을 可得홀지로되
中立國의 任意로 交戰國 軍艦에 對ᄒ야 航海用 物品을 支給홈에 其 分
量을 制限홈은 ᄯᅩᄒᆫ 無妨ᄒᆫ 바ㅣ라. 然이나 其 制限에 對ᄒ야도 交戰國
雙方에 均一히 施行홈이 可홀지로다.

(二) 中立的 規定을 遵守ᄒᄂᆫ 義務 中立國은 他國의 戰爭中 自其中立을
嚴正히 維持ᄒ기 爲ᄒ야 交戰者가 其 版圖內에 在ᄒ야 遵守ᄒ기 可ᄒᆫ
法規를 實行홈을 可得ᄒ나 然이나 其 中立에 關ᄒᄂᆫ 規定은 專主히 領
海內에 在ᄒ야 交戰國 軍艦에 對ᄒᄂᆫ 者라 何者오. 軍隊ᄂᆫ 中立國 版圖
內에 侵人ᄒ기 不能홀지로되 海軍에 就ᄒ야ᄂᆫ 中立國에셔 其 入港을 禁止
치 아니ᄒ면 自由로 其 領海 及 港灣에 入홈을 可得ᄒᄂ니 從ᄒ야 中立
國은 自國의 中立을 維持홈에 必要ᄒᆫ 條件을 附ᄒ야 交戰國 軍艦의 入
港을 許可ᄒᄂᆫ 바ㅣ며 交戰國은 此에 服從ᄒᄂᆫ 義務가 有ᄒ고 單히 其
規定이 不法으로 不相當ᄒ거나 又ᄂᆫ 一方에 對ᄒ야 偏重ᄒᆫ 狀態가 有홀
時ᄂᆫ 此를 理由ᄒ야 相當ᄒᆫ 要求를 行得홀 ᄲᅮᆫ이로되 特히 天災를 因ᄒ
거나 又ᄂᆫ 航海上 不適當ᄒᆫ 境遇에 陷홀 時ᄂᆫ 中立國의 規定如何를 不
拘ᄒ고 其 版圖內에 入ᄒ야 困難을 避홈을 亦得홀지라. 然이나 其 外의
境遇에 在ᄒ야 中立國에 對ᄒᄂᆫ 義務의 履行을 怠慢히 ᄒ거나 違反ᄒ
ᄂᆫ 時ᄂᆫ 中立國은 其 救濟賠償을 求홀 ᄲᅮᆫ 아니라 必要ᄒᆫ 境遇에ᄂᆫ 兵力
으로써 自國權利의 侵犯을 防禦ᄒ거나 又ᄂᆫ 侵犯者를 逮捕ᄒ야 其 物品
을 執留홈을 可得홀지로다. 然이나 其 救濟賠償의 程度ᄂᆫ 各其 事實을
隨ᄒ야 不一홈으로 當事者間의 談判에 依ᄒ야 決定ᄒᄂᆫ 外에 他道가
無홀지로다.

第二. 交戰國에 對ᄒᄂᆫ 中立國의 義務, 戰爭中 中立國義務의 範圍에 就

ᄒᆞ야ᄂᆞᆫ 學說 及 實例가 尤極不一ᄒᆞᆷ으로 明瞭히 枚擧ᄒᆞ기 不能ᄒᆞ니 其 大體를 總括ᄒᆞ면 直接 間接으로 戰鬪에 干與ᄒᆞ거나 又ᄂᆞᆫ 其 一方의 戰爭行爲에 助勢ᄒᆞ기 不能ᄒᆞᆷ과 同時에 交戰國의 政府 又ᄂᆞᆫ 箇人으로 ᄒᆞ야곰 自國領內를 戰爭行爲에 使用ᄒᆞ거나 又ᄂᆞᆫ 戰鬪準備로 從事ᄒᆞᆷ을 禁止ᄒᆞᆷ에 在ᄒᆞᄂᆞ니 今 其 義務를 大別 略陳ᄒᆞ면

(一) 戰爭行에 爲干與ᄒᆞ거나 助勢ᄒᆞᆷ이 不可ᄒᆞᆫ 義務, 局外中立의 性質上 中立國은 軍艦 又ᄂᆞᆫ 軍隊로 交戰國 一方을 助勢ᄒᆞᆷ이 不可ᄒᆞᆷ은 容疑ᄒᆞᆯ 바ㅣ 아니오 且 其 一方에 對ᄒᆞ야 特別ᄒᆞᆫ 便益을 與ᄒᆞ기 可ᄒᆞᆫ 條約을 締結ᄒᆞᆫ 境遇에도 戰爭을 際ᄒᆞ야ᄂᆞᆫ 此를 實行ᄒᆞᆷ은 中立義務의 違反이며 其他 戰鬪用의 物品 假令 船舶, 兵器, 彈藥等을 賣却 又ᄂᆞᆫ 貸與ᄒᆞᆷ도 ᄯᅩᄒᆞᆫ 義務의 違反으로 國際法上 禁ᄒᆞᄂᆞᆫ 바ㅣ라. 然이나 玆에 注意ᄒᆞᆯ 者ㅣ 有ᄒᆞ니 卽 國家ᄂᆞᆫ 他國의 戰爭中 自國의 兵器, 彈藥을 政府에서 公賣치 아니ᄒᆞᆯ 時ᄂᆞᆫ 其 領土內의 人民이 箇人的으로 此를 行ᄒᆞᆷ에 當ᄒᆞ야ᄂᆞᆫ 何等의 責任이 無ᄒᆞᆯ지로되 但 交戰國이 代人으로 ᄒᆞ야곰 此를 買入ᄒᆞᄂᆞᆫ 虞慮가 有ᄒᆞᆯ 時ᄂᆞᆫ 其 賣買를 行ᄒᆞᄂᆞᆫ 與否ᄂᆞᆫ 一個 疑問에 屬ᄒᆞᆫ 바ㅣ라 云ᄒᆞᆯ지로다.

(二) 自國版圖內를 戰爭行爲에 供用케 ᄒᆞᆷ이 不可ᄒᆞᆫ 義務, 此에 對ᄒᆞ야ᄂᆞᆫ 學說이 紛紜ᄒᆞ니 卽 或者ᄂᆞᆫ 云 交戰國 軍隊가 中立國을 通過ᄒᆞᆷ은 其 權利로 認ᄒᆞ야 中立國에셔 正當ᄒᆞᆫ 理由가 無ᄒᆞ면 此를 拒絶ᄒᆞᆷ이 不可ᄒᆞ다 ᄒᆞ며 或者ᄂᆞᆫ 中立國版圖內에 在ᄒᆞ야 交戰國은 兵士를 募集ᄒᆞᆷ을 可得ᄒᆞᆯ지니 其 兵士가 軍隊의 主要ᄒᆞᆫ 部分을 占치 아니ᄒᆞᆫ 以上은 中立國에셔 此를 許可ᄒᆞᆯ지라도 何等의 義務에 違反될 바ㅣ 아니오 且 軍隊의 通過도 其 許可를 交戰國 雙方에 對ᄒᆞ야 行ᄒᆞᄂᆞᆫ 時ᄂᆞᆫ 中立됨에 無妨ᄒᆞ다 云ᄒᆞ나 然이나 此ᄂᆞᆫ 陳腐ᄒᆞᆫ 言論됨을 未免ᄒᆞᆯ지라 何者오 兵士의 募集은 姑舍ᄒᆞ고 軍隊의 通過로 言ᄒᆞᆯ지라도 戰爭의 進行上 此를 許ᄒᆞᆷ은 不可ᄒᆞ니 卽 戰爭의 勝敗의 勝敗ᄂᆞᆫ 其 關係가 時間의 迅速與否에 多大ᄒᆞᆫ 影響이 有ᄒᆞᆫ즉 此를 許ᄒᆞᆷ은 戰鬪를 助勢ᄒᆞᆷ이오 且 其 軍隊의 通行을 許ᄒᆞᆫ 行爲自體ᄂᆞᆫ 性質上 戰爭의 進行을 帮助ᄒᆞᆷ인즉 中立의 性質에 違反

흔 者] 라 云치 아니흠을 不得홀지니 此는 第十八世紀 初葉에 墺國軍隊
가 瑞西國을 通過ㅎ야 佛國領土를 攻擊흔 事이 有흠에 不拘ㅎ고 其 後
에 알사스州의 兵士를 佛國陸軍本隊에 合倂ㅎ기 爲ㅎ야 瑞西國의 版圖
를 通行흠을 請求ㅎ얏더니 同國에서 此를 拒絶ㅎ고 但 兵器 及 軍服을
携帶치 아니흔 者에 限ㅎ야 通過흠을 許ㅎ얏고 쁀룩셀宣言에 在ㅎ야
中立國은 交戰國 軍隊에 屬흔 病者 負傷者로 ㅎ야곰 版圖內에 通過흠을
許ㅎ고 尤 其 運搬의 列車中에도 戰鬪에 關흔 人 及 物을 搭載치 아니흔
境遇에 限ㅎ며 且 其 通過를 許흠에 就ㅎ야도 中立國은 其 運搬의 安全
及 此를 監督흠에 必要흔 手段을 講究ㅎ는 義務가 有ㅎ다 規定ㅎ얏고
平和會議의 陸戰法規에 在ㅎ야도 坯흔 此와 同一흔 規定이 有흠을 見ㅎ
야도 可知홀지라 因ㅎ야 現今에 至ㅎ야는 交戰國 軍隊가 中立國을 通過
흠은 病者 負傷者 外에는 總히 不法으로 看做ㅎ는 바] 라.

　且 中立國은 交戰國 一方에 對ㅎ는 戰爭行爲의 準備를 其 版圖內에셔
行흠을 防止ㅎ는 義務에 就ㅎ야는 中立國은 戰爭에 使用ㅎ는 船舶 及
其他 器具를 其 版圖內에서 製造ㅎ야 自國으로브터 出港흠을 絶對的으
로 禁止ㅎ는 義務는 無흔다 云야도 可홀지니 盖 此 等 物은 實로 戰時禁
制品으로 交戰國은 此 等 物品이 敵國에 入ㅎ는 時는 坯흔 捕獲沒收흠
을 可得홀지라도 中立國은 其 出港에 關ㅎ야 何等의 義務가 有흔 者]
아니로되 軍船 彈藥 等 直接 戰爭에 供用될 者는 其 出港을 防止흠이
可ㅎ느니 若 中立國이 怠慢 又는 不公平흠을 因ㅎ야 其 出帆을 行흔
時는 其 結果에 對ㅎ야 責任을 難免이라. 故로 此 等 關係는 實際 最히
困難흔 바] 라.

　上陳흠과 如히 中立國이 交戰國 一方에 對ㅎ야 兵力의 助勢 及 其他
特權을 許與ㅎ기 不可ㅎ며 又는 其 版圖內에 交戰國 軍隊의 通過 及
戰鬪行爲의 準備를 行치 못ㅎ게 ㅎ는 等 各種의 義務에 違反ㅎ야 從生
ㅎ는 直接의 損害는 被害國된 交戰國에 對ㅎ야 賠償치 아니흠이 不可
흔 바로 往往 此 等 事實이 有홀 時는 國際上 爭議가 紛紜ㅎ야 畢竟
仲裁裁判에 就ㅎ야 審判決定ㅎ는 바] 오. 且 中立國人民이 交戰國에 對

ᄒᆞ야 中立違反의 事項이 有ᄒᆞᆯ 時ᄂᆞᆫ 此ᄂᆞᆫ 純然ᄒᆞᆫ 箇人的關係로 單히 交戰國에서 違反者ᄅᆞᆯ 逮捕ᄒᆞ야 捕獲審檢所에 依ᄒᆞ야 處罰ᄒᆞᆯ ᄲᅮᆫ이오 中立國政府ᄂᆞᆫ 此에 對ᄒᆞ야 何等의 責任이 無ᄒᆞᆫ 바ㅣ라.

▲ 제16호 = 主權國의 種類, 法律讀書人

大抵 時의 古今과 洋의 東西ᄅᆞᆯ 勿論ᄒᆞ고 國家가 國家로 成立된 以上은 반다시 主權을 享有ᄒᆞ며 又ᄂᆞᆫ 行使치 아니홈이 無홈은 歷史上으로 觀察ᄒᆞ든지 事實上으로 追論ᄒᆞ든지 ᄯᅩ흔 正確無疑ᄒᆞᆫ 바ㅣ니 然則 玆에 特히 「主權國의 種類」 云云文字ᄅᆞᆯ 記載홈은 如何ᄒᆞᆫ 主權國의 意義ᄅᆞᆯ 論코져 홈인가.

上古와 如히 國家와 國家間에 各各 鎖國主義ᄅᆞᆯ 固守ᄒᆞ야 交通이 杜絶ᄒᆞ든 時代에 在ᄒᆞ야ᄂᆞᆫ ᄯᅩ흔 上陳홈과 如흔 結果 卽 國家마다 各自 其 國內에 對ᄒᆞ야 最高 唯一ᄒᆞᆫ 主權이 有ᄒᆞ야 主權國의 種類 云云文字ᄅᆞᆯ 使用ᄒᆞᆯ 必要가 少無ᄒᆞᆯ지로되 現今과 如ᄒᆞᆫ 國家와 國家間에 交通이 頻繁ᄒᆞ야 開進不已ᄒᆞᆫ 二十世紀時代에 對ᄒᆞ야 國際的 關係 卽 國家間 比較的 觀察에 基因ᄒᆞ야 主權國의 種類 云云文字ᄅᆞᆯ 使用ᄒᆞ야 硏究ᄒᆞᆯ 價値가 無ᄒᆞ다 云홈을 不得ᄒᆞᆯ지로다.

然而 今日에 在ᄒᆞ야도 國內法上으로 觀察ᄒᆞᆯ진ᄃᆡ 如何ᄒᆞᆫ 國家든지 國法上 主權은 其 版圖內에 在ᄒᆞ야ᄂᆞᆫ 最高ᄒᆞᆫ 地位에 處ᄒᆞ야 唯一ᄒᆞᆫ 主權이라 故로 此 主權에 對ᄒᆞ야 何等의 區別이 少無ᄒᆞᆯ지로되 國際法上으로 觀察ᄒᆞ면 ᄯᅩ흔 國內法上 主權과 同一히 看做ᄒᆞ야 絶對的의 語意ᄅᆞᆯ 行홈은 不可ᄒᆞᆯ지로다.

上陳흔 바ᄅᆞᆯ 由ᄒᆞ야 觀ᄒᆞ건ᄃᆡ 主權을 兩種의 方面으로 視論홈을 可得ᄒᆞᆯ지니 卽 對內主權 及 對外主權이 是라. 然則 玆에 此 對內, 對外主權의 意義ᄅᆞᆯ 先述ᄒᆞ고 次에 主權國의 種類ᄅᆞᆯ 區分 略論코져 ᄒᆞ노라.

對內主權이라 홈은 其 國法上 最高 唯一ᄒᆞᆫ 主權으로 外他의 主權을 不認ᄒᆞ야 其 國內 上下關係에 絶對的 地位ᄅᆞᆯ 保有흔 者ㅣ로되 對外主權

이라 홈은 是와 相反ᄒ야 國際法上 各國의 主權이 互相獨立ᄒ야 平等의 地位를 持保ᄒᄂᆫ 者ㅣ니 換言ᄒ면 對內主權은 他國의 承認을 不待ᄒ고 其 國이 實際上 成立ᄒᆫ 時ᄂᆫ 對內의 主權 卽 法理上의 主權이 完全히 成立ᄒᄂᆫ 者ㅣ로ᄃᆡ 對外의 主權은 반다시 他國의 承認을 要ᄒᄂ니 何者오. 雖 其 國內에 在ᄒ야ᄂᆫ 最上의 權力을 保有ᄒᆯ지라도 外國이 此를 獨立國으로 非認ᄒ면 國際團體에 加入ᄒ야 國際的 利益을 共享홈을 不得ᄒᄂᆫ 바ㅣ라.

如斯히 主權을 對內, 對外로 分割홈을 不得ᄒᆯ 以上은 各國의 享有行使ᄒᄂᆫ 主權의 分量이 ᄯᅩᄒᆫ 均一홈은 到底히 期望키 不能ᄒᆫ 바ㅣ라. 因ᄒ야 國際法學者의 口頭에 所謂 主權國, 一部 主權國의 名稱을 唱道홈에 至ᄒᆫ 바ㅣ니 左에 此를 分析 略論ᄒ건ᄃᆡ

第一. 主權國 此 主權國의 意義에 對ᄒ야도 學者의 所論이 不一ᄒ야 或者ᄂᆫ 自國의 統治를 自行ᄒ야 他國에 對ᄒ야 能히 獨立ᄒᄂᆫ 時ᄂᆫ 主權國이라 云ᄒᄂ니 此 所謂 主權國은 卽 完全ᄒᆫ 主權 及 獨立의 兩者를 要ᄒᄂᆫ 바ㅣ며 又 或者ᄂᆫ 是를 不認ᄒ야 主權과 獨立은 各別의 物이라 云ᄒ며 從ᄒ야 其 事實을 擧ᄒ되 歐洲의 白耳義와 如ᄒᆫ 國은 完全ᄒᆫ 主權은 不有ᄒᆯ지라도 列國의 保證 及 承認을 依ᄒ야 條約的으로 獨立國 됨을 確認ᄒ얏스니 然則 主權國은 擧皆 完全ᄒᆫ 獨立主權을 保有ᄒᆫ 者ㅣ 아니라 ᄒ며 又 或者ᄂᆫ 云 其 國의 組織如何ᄂᆫ 不問ᄒ고 法律을 制定ᄒ야 此를 其 團體內에 對ᄒ야 强行ᄒᄂᆫ 權力을 保有ᄒ며 他 優等政府에 對ᄒ야 服從치 아니ᄒᄂᆫ 國이니 換言ᄒ면 積極的 及 消極的 要素 卽 權力의 實行과 他 權力의 認否ᄂᆫ 主權國觀念에 必要ᄒᆫ 바ㅣ라 ᄒ야 多數學者가 是認ᄒᄂᆫ 바ㅣ라.

第二. 一部主權國 此ᄂᆫ 로렌스氏의 主唱ᄒᆫ 바 名稱이니 卽 一個의 政治團體로 對外主權의 一部分은 享有行使ᄒ야도 他 都分은 外國의 政治團體에서 行使ᄒᄂᆫ 者를 謂홈이라. 故로 或者ᄂᆫ 此를 半主權國이라 稱ᄒ나 然이나 半字의 意義가 實際上 正確ᄒᆫ 바ㅣ 아님으로 現今에 採用치 아니ᄒᄂᆫ 바ㅣ라. 然而 此 一部主權國을 更히 細別ᄒ면 聯邦國, 被保護

國 及 永世局外中立國의 三種이 有ᄒ니

(甲) 聯邦國 此 制度ᄂᆫ 對外主權의 一部分을 中央政府에 一任ᄒ고 其
外의 部分만 各國이 各自 保有ᄒ야 直接으로 他國과 關係홈을
得ᄒᄂ니 此 聯邦을 組織ᄒᄂᆫ 諸國 及 其 聯邦의 中央團體ᄂᆫ 各
各 一部의 主權國이라. 故로 聯邦內 各國은 聯邦 全體 及 此ᄅᆞᆯ
組織ᄒᆫ 他國의 安寧을 妨害치 아니ᄒᄂᆫ 範圍以內에 在ᄒ야만 各
各 自由로 他國과 交涉홈을 得ᄒᄂᆫ 바ㅣ라. 然而 此 聯邦國內에
强大ᄒᆫ 勢力을 保維ᄒᆫ 國家가 有ᄒ야 其 聯邦內 各個國보다 優越
ᄒᆫ 權力을 行ᄒᄂᆫ 者ㅣ 有ᄒ다 假定ᄒ면 是國은 事實上 完全ᄒᆫ
主權됨에 不拘ᄒ고 法理上으로 觀察홀진ᄃᆡ 其 權力은 聯合의 規
約을 依ᄒ야 同一히 制限을 受ᄒᄂᆫ 者ㅣ라 云치 아니홈을 不得
홀지라. 故로 古來의 聯邦國 中 如此히 不分明ᄒᆫ 國體ᄅᆞᆯ 保維ᄒᆫ
者ㅣ 不無ᄒ되 國體의 發達을 因ᄒ야 殆無홈에 至ᄒᆫ 바ㅣ라.

(乙) 被保護國 此ᄂᆫ 國家主權이 不完全ᄒ야 對外主權의 行使ᄅᆞᆯ 條約
에 依ᄒ야 他國에 讓與ᄒ거나 又ᄂᆫ 制限ᄒᆫ 바ㅣ되야 其 國의 保
護에 依ᄒ야 國家의 成立을 保維ᄒᄂᆫ 者ㅣ니 蓋 其 保護國 及
被保護國의 關係ᄂᆫ 專主히 條約의 規定如何ᄅᆞᆯ 因ᄒ야 一定ᄒᆫ 範
圍以內에서 制限을 受ᄒᄂᆫ 바ㅣ니 或은 被保護國의 對外主權 一
部만 保護國에셔 行使ᄒᄂᆫ 者ㅣ 有ᄒ며 或은 被保護國의 內政도
干涉ᄒᄂᆫ 保護國이 不無ᄒ나 然이나 保護國과 被保護國의 關係
ᄂᆫ 元來 服從的 關係가 有ᄒ야 保護國의 一部ᄅᆞᆯ 成ᄒᄂᆫ 者ㅣ 아
니라 故로 保護國의 行使ᄒᄂᆫ 바 對外主權은 其 自國을 爲홈과
被保護國을 爲ᄒᄂᆫ 等 二種의 關係가 有홈이오 決코 同一ᄒᆫ 對
外主權의 行使로 混視홈이 不可ᄒᆫ 바ㅣ라. 因ᄒ야 保護國이 縱
令外國과 戰爭을 開始ᄒᄂᆫ 境遇에 在ᄒ야도 被保護國은 當然히
中立國의 地位ᄅᆞᆯ 保守홈을 得ᄒᄂᆫ 바오 保護國과 同一ᄒᆫ 地位에
處ᄒᄂᆫ 者ㅣ 아니니 此ᄂᆫ 保護國과 被保護國이 各各 別立ᄒᆫ 國
家로 從出ᄒᄂᆫ 바로 ᄯᅩᄒᆫ 國際法上 被保護國이 保護國의 屬國되

지 못흠을 證明흔 바ㅣ니 此에 對ᄒ야 自來의 實例가 不尠ᄒ나 玆에 省略ᄒ노라.

然而 或者ᄂ 此 一部主權國을 論흠에 當ᄒ야 附庸國을 並論ᄒᄂ 者ㅣ 有ᄒ나 然이나 此 附庸國과 被保護國의 關係ᄂ 可히 同一히 論흘 者ㅣ아니니 何者오 附庸國은 他國과 其 主權에 對ᄒ야 服從的 關係가 有흔 國이오 國際法上 獨立흔 國이라 稱키 難흔 바ㅣ라. 今에 此 兩國의 相異흔 點을 擧ᄒ면 第一에 保護國과 被保護國의 關係ᄂ 專主히 互相間 條約에 依ᄒ야 各各 遵行흘 ᄲᆞᆫ이오 條約以外의 事項에 對ᄒᄂ 何等의 干涉이 無흠으로 被保護國은 條約에 基因ᄒ야 得흔 權利ᄂ 自意로 行使흠을 不得ᄒᄂ 바로되 附庸國 卽 從國이 主國에 對흔 關係ᄂ 不然ᄒ야 主國의 國內法으로 此를 定ᄒᄂ 바ㅣ라. 因ᄒ야 自已固有의 權利가 無ᄒ고 且主國에셔 特別히 許與흔 權利라도 其 權利ᄂ 主國에셔 何時든지 隨意制限흠을 得ᄒᄂ 바ㅣ며 第二에 被保護國은 保護國 主權에 服從ᄒᄂ 者ㅣ 아니라 故로 保護國에셔 縱令彼保護國의 內政ᄭᆞ지 干涉ᄒᄂ 境遇가 有흘지라도 此 兩國은 各各 別個의 國家로되 附庸國에 至ᄒ야ᄂ 內政上 主國의 干涉을 受ᄒᄂ 事의 尠少흘지라도 ᄯᅩ흔 獨立國이 아니며 第三에 被保護國은 비록 不完全ᄒ나 一個의 獨立國됨으로 條約的 規定을 除흔 以外에ᄂ 十分權利를 保有흠이 原則이로되 是와 相反ᄒ야 附庸國은 主國의 一部에 不過ᄒᄂ 故로 特別히 許與흔 바 權利라도 何時에 喪失흠을 預測키 不能흘지라. 因ᄒ야 不許흔 事項에 關ᄒ야ᄂ 如何흔 權利가 有타 云치 못흘지니 然則附庸國은 實로 被保護 及 聯邦國과 如히 一部主權國下에 幷論흠이 不可흠은 明瞭흘지로다.

(丙) 永世局外中立國 此ᄂ 自國을 保守ᄒ기 爲ᄒᄂ 境遇를 除흔 外에ᄂ 他國과 戰爭을 開始ᄒ기 不能ᄒ며 且諸 外國間 戰爭을 開始ᄒᄂ 境遇에 參入흠이 不可흔 等 條件을 諸 强國間 條約에 基因

ㅎ야 其 獨立을 保證ᄒ 國이니 換言ᄒ면 主權行使의 一部分 卽 國防以外의 戰爭에 關ᄒ 事項을 永久히 抛棄ᄒ 國이라. 然則 永 世局外中立國도 ᄯᆞ 完全ᄒ 主權國이라 論키 不能ᄒ은 明白ᄒ 바ㅣ로되 或者ᄂ 此 永世局外中立國이 被保護國 及 聯邦과 相殊 ᄒ 點 卽 第一에 聯邦 及 被保護國은 外交上 關係ᄅ 中央政府 及 保護國에서 行使ᄒᄂ 바ㅣ로되 永世局外中立國은 但 國防以 外의 戰爭關係에 對ᄒ 外交事項만 制限될 ᄲᅮᆫ이오 外他의 外交上 關係에 對ᄒ야ᄂ 自由行使ᄒᆷ이 他 主國과 相異ᄒᆷ이 無ᄒ고 且 彼 等 國에ᄂ 制限을 受ᄒ 事項을 其 中央政府 及 保護國에서 行使ᄒ되 永世中立國에ᄂ 비록 或 事項에 制限을 受ᄒ얏슬지라 도 他國이 此ᄅ 代行ᄒᆷ을 不得ᄒᄂ 等을 理由ᄒ야 一部主權國下 에 同一히 論ᄒᆷ이 不可ᄒ다 云ᄒ나 然이나 此 說을 正當ᄒ다 ᄒ 지 못ᄒᆯ지니 何者오 他 一部主權國보다 其 制限에 差異ᄂ 雖有 ᄒ나 根本的 制限을 不受ᄒᆷ은 아인즉 此 國을 主權에 制限이 毫 無ᄒ 國과 如히 幷論ᄒᆷ은 不可ᄒ 所以라.

◎ 警察 性質의 觀念, 南基允, 〈대한흥학보〉 제1호, 1909.3.

　　*경찰학에 대한 이론적 설명

　夫 國家에 爲干城者 有二하니 一曰 戰時干城이요 二曰 平時干城也니 戰時之干城은 爲軍隊之所擔任者요, 平時之干城은 爲警察之所主務也라. 然이나 戰亂의 時日은 短하고 平和의 歲月은 長하나니 此二者를 擧하 야 何者를 謂重要乎. 余曰 爲平時之干城者 警察를 指하야 其答을 可定 홀지라.

　軍隊之任은 只 不過於外患防禦而其限界最狹하고 警察之務은 以爲屬

於內務行政而此範圍甚廣혼 故로 人民의 生命에 危險을 保護 或 豫防호야 國家安寧 秩序를 維持호며 財産에 侵害를 禁止 或 救助호야 社會幸福發達를 增進케 호며 且 公共의 權利를 制限하고 個人의 自由를 强制홈은 卽 安寧幸福을 專爲홈이라. 欲圖安寧則不可不防害요 欲圖防害則不可不强制也니 其 活動方面과 其 趣旨岐路를 略說 左記호노라.

國家行政의 活動을 爲호야 警察之種類가 甚多難遑이나 其 源因 有二호야 曰 國家警察 曰 地方警察也니 國家가 以爲警察作用之主體而管轄於國家全部者를 謂之國家警察也며 市長村長에 委任호야 使擔任者로 處理于其範圍者를 謂之地方警察也라. 現今 實際上 最所 必要者는 司法警察 行政警察 保安警察 此 三者也니

○ 司法警察者난 以裁判之準備로 依司法之命令호야 逮捕罪人하고 捜査臟物호야 社會仇敵을 斥除홈을 爲目的者也며

○ 行政警察者난 國家安寧 秩序를 維持호고 社會幸福 發達를 增進호기 爲호야 助長行爲 { 助長行政은 卽 國家安寧 幸福과 人民의 教育發達을 爲主義者 }의 目的을 作用者也則 此 性質 種類를 小分호면 道路警察 衛生警察 風俗警察 保安警察 等 包含者也며

○ 保安警察者는 維持國家之安寧호고 除斥公共之危害호야 聚會團體而以講談評論으로 誹毁國家之政事者와 集合多數而以興訛做說노 惹記社會之騷撓者를 禁止强制호야 國家安寧 幸福을 以爲目的而行政 中 一部局獨立者也라. 此를 更以區別호야 高等保安(高等警察) 通常保安(行政警察普通) 二種으로 分定호나니

國家 及 公共團體에 關호야 發生혼 危險을 防止者는 屬之于高等警察호고 一般個人을 由호야 幻出호는 弊害를 制禦者는 歸之于通常警察也故로 前者난 公安警察 或 治安警察이라 云호며 後者난 私安警察 或 個人警察이라 稱하나니 通常 警察을 擧호야 如左分類則

路道警察 衛生警察 風俗警察 營業警察 交通警察 通常保安警察

○ 道路警察者난 道路에 對ᄒ야 諸般 危險을 注意ᄒ야 公路(官設總稱) 私路(私人의 門前 又 田園道路)을 勿論ᄒ고 架設橋樑ᄒ며 修築堅固ᄒ며 渠溝을 淸潔除斥ᄒ야 交通上 俾得安全케 흠을 企圖흠이라 道路가 有三種ᄒ야

一曰 國道也니 國道者난 自畿內로 陵所, 宗廟, 開港場, 鎭臺 及 各府縣에 到達하난 線路를 云흠이요.

二曰 縣道也니 縣道者난 官府에 接屬ᄒ 各 鎭臺 及 支廳分營 等에 來往ᄒ난 線路을 稱云흠이며

三曰 里道也니 里道者는 自甲區로 至乙區 線路와 牧畜, 坑山, 園囿, 神杜, 佛閣 及 田畑 等에 往來ᄒ기 爲ᄒ야 設施ᄒ 線路을 指名흠이라. (行政警察에 包含)

○ 衛生警察者는 人民의 健康衛生에 妨害을 豫防ᄒ기 爲ᄒ야 飲食物 販賣을 管轄(干涉相當締結)ᄒ며 公共에 病疾流行의 傳染을 制禦ᄒ기 爲ᄒ야 淸潔法 消毒을 注意ᄒ고 家庭에 汚物掃除을 命令ᄒ며 周圍에 惡臭排斥을 指揮ᄒ야 國家生存의 健康을 企圖ᄒ는 目的也며(行政警察에 包含)

○ 風俗警察者는 社會 單純ᄒ 風俗을 廢頹홀 不德非倫을 禁止ᄒ고 人民 最良ᄒ 品性을 維持홀 勸善斥惡을 奬勵ᄒ며 猥褻行爲(不正淫行을 包含)의 惡習과 醜狀異樣의 擧動을 注意防止ᄒ야 國家의 善良ᄒ 風紀를 爲目的者也라(行政警察에 包含)
　非德不倫의 方面은 大略 娼妓 女娘買(삼픽) 淫賣(갈보) 密賣淫(은군자) 等의 行爲을 因ᄒ야 發生흠이요. 醜狀異樣者은 衣服을 不得 端正ᄒ

고 肉體을 露出 全身 或 半身이며 又 面部를 掩包 或 不當흔 行裝을 携帶하며 疑訝흔 體容을 造飾흠을 云흠이라

○ 營業警察者는 營業物의 狀態와 營業者의 行爲를 因하야 發生하는 結果로부터 公共의 危害(火藥 銃砲 阿片烟 及 腐敗食物 等)되는 原因을 防止하기 爲하야 營業自由를 制限하며 或 命令處分하는 行政作用을 云也라.

營業性質이 有二種하야 狹義 廣義로 分하니
廣義營業者는 以財産取得之意思로 繼續的 性質上 同一흔 行爲를 總稱也며 狹義 營業者는 營利的 以獨立業務로 有價物之轉換과 且 勞力之供給을 謂之也라. 此等의 自由를 制限者를 稱云 營業警察也라. 營業 中 十分 注意者 古物商 及 質屋(典當局)也則 此 盜難物品에 干흔 注意也

○ 交通警察者는 交通上 危害를 防止하야 公共의 往來를 安全케 하고 車馬의 通行과 物品의 運輸를 便利케 하며 互相 衝突이 無케 하며 通信機關을(電報 電話線 郵便機關) 保護하야 社會幸福을 企圖하는 目的也며

○ 通常 保安警察者는 社會 諸般事項에 對하야 危害를 防止하야 安寧을 保持하는 行政作用인 故로 其 範圍 廣漠無限하야 不能細擧하고 但 以種類로 略記흘지라.

山林 川澤 漁業 狩獵 等 警察 及 火災 水災 建築 工場 風俗 不良少年 等 警察이 盡是包含者也.
警察의 事務의 表를 擧하야 保安警察의 各部 位置를 說明 如左

警察의 事務의 表

統治	立法				
	行政	保安警察	高等警察		眞正 意義의 警察(行政警察)－警察(警察官署에셔 締結하난 全部)
			通常警察 行政警察 等	營業警察 交通警察 保安警察(俠義)	
		各部行政	行政警察(廣義)	衛生警察	
			助長行政	狩獵警察 其他 命令을 依ᄒ야 分配ᄒᄂ 警察	
	司法	裁判			
		裁判 準備 行爲		司法警察	

　警察之行動關係가 大略 如是ᄒ야 以安寧 幸福으로 爲目的ᄒ고 人民의 身體 財産 名譽 自由 等에 對ᄒ야 保護 或 强制ᄒ고 危害災難을 除斥 豫防ᄒ야 用之如手足於國家ᄒ고 使之如耳目於行政則 不可無瞬時者警察也며 不無謂干城者도 警察리 是也라 ᄒ노라.

◎ (학해) 國家 種類의 大略,
　　朴海遠, 〈대한흥학보〉 제4호, 1909.6. (국가학)

　他國境에 入ᄒᆯ 時에 먼져 其國의 大禁을 問흠은 古代에 一人 行色도 尙然ᄒ얏거든 自由政策이니 保護政策이니 稱ᄒᄂ 國際的 競爭이 劇甚ᄒᆫ 今日이리오, 是以로 世를 濟ᄒ고 邦을 經코자 ᄒᄂ 者ᄂ 外勢를 察ᄒ며 內政을 修ᄒᄂ니 浩瀚(호한)은 史乘에 歷歷히 徵考ᄒᆯ지라. 管仲은 諸侯를 九合ᄒ고 天下를 一匡ᄒ야 齊國에 霸業을 成ᄒ얏고 加富爾[19]는

---

19) 가부이(加富爾): 가리발디. 이탈리아의 통일을 주도한 사람.

英國에셔 講究ᄒᆞᆫ 自由 貿易 政策으로 伊太利에 獨立 基礎를 樹ᄒᆞ얏스니 此ᄂᆞᆫ 天下 大勢를 善察ᄒᆞᆫ 結果로 不世勳業을 成就ᄒᆞ얏도다.

嗚呼라. 吾人의 地位ᄂᆞᆫ 何에 在ᄒᆞ며 所求ᄂᆞᆫ 何에 在ᄒᆞᆫ고. 萬一 東西洋 狀態를 推究치 안이ᄒᆞ면 昏衢(혼구)에 坐ᄒᆞᆷ과 如ᄒᆞ야, 其國을 失ᄒᆞᆯ ᄲᅮᆫ 안이라, 其身도 保키 難ᄒᆞᆯ지라. 高遠를 致코자 ᄒᆞᆯ진ᄃᆡ 卑邇(비이)로 始ᄒᆞᄂᆞ니 此ᄂᆞᆫ 理의 常則이라. 余가 國家 種類의 槪略을 譯述ᄒᆞᆷ도 此에 不過ᄒᆞ리로다.

第一 聯邦

聯邦이라 ᄒᆞᆷ은 多數ᄒᆞᆫ 國家가 集合ᄒᆞ야 一國家를 成立ᄒᆞ고, 此를 組織ᄒᆞᆫ 各國家ᄂᆞᆫ 各各 自國의 主體가 된 同時에 國際法上에도 主體가 되ᄂᆞᆫ 故로 聯邦을 組織ᄒᆞᆫ 各國家에ᄂᆞᆫ 반다시 共通ᄒᆞᆫ 事項이 有ᄒᆞ야 其事項의만 主權이 合一되야 外國에 對ᄒᆞ야 行動ᄒᆞ고, 其共通ᄒᆞᆫ 事項에 範圍를 違越(위월)ᄒᆞ야 各 國家에 主權을 侵害ᄒᆞᆷ을 不得ᄒᆞᆷ이라.

(按) 此等 國 制度는 東洋史에 未見ᄒᆞ얏고, 但히 事實上으로 觀ᄒᆞ면 西洋에 獨逸國(德國)이 有ᄒᆞ도다. 獨逸 聯邦를 代表ᄒᆞᄂᆞᆫ 者는 卽 獨逸帝인ᄃᆡ 쏘 普漏西[20] 王이 되야 外國에 公使를 派遣ᄒᆞ고 接受ᄒᆞᆷ이라. 獨逸를 組織ᄒᆞᆫ 各 國家도 各各 外國 公使를 接受ᄒᆞᄂᆞᆫ 權利가 有ᄒᆞ되, 但히 領事를 派遣ᄒᆞᄂᆞᆫ 權利는 獨逸帝게만 在ᄒᆞᆷ이라. 由此觀之컨ᄃᆡ 其聯邦을 組成ᄒᆞᆫ 各 國家의 主權은 獨逸國이 侵害치 못ᄒᆞᆷ을 可知ᄒᆞ겟도다.

第二 君合國

君合國이라 ᄒᆞᆷ은 二箇 以上의 國家이 同一ᄒᆞᆫ 君主를 戴ᄒᆞᆯ ᄲᅮᆫ이오, 他

---

20) 보루서(普漏西): 프로이센. 보로사(普魯士)로 표기할 경우가 많음.

事項에는 關聯됨이 無ᄒ야 國際法上에 其人格을 喪失치 안이ᄒ고 쏘 稱號와 政體를 異케 ᄒ야도 無傷ᄒ고 其中에 一國이 他國과 條約을 締結ᄒ야도 但히 一國만 拘俗되고 他國에는 影響이 不及ᄒ이라.

(按) 此亦 東洋에는 未有ᄒ고 西洋에 白耳義21) 國王이 亞弗利加에 在ᄒ 公果自由國22)王를 兼ᄒ 事實이 有ᄒ고 箇中에 愈奇ᄒ 事는 君合國를 組織ᄒ 各 國家는 君主만 同一ᄒ 쌴이오 內政上이던지 國際上에 各各 自由로 行動ᄒ고 關涉를 受치 안느니라.

第三 政合國

政合國이라 ᄒ은 二箇 以上의 國家의 政治上에 關ᄒ 部分的 事項만 合同ᄒ야 外國에 對ᄒ야 行動ᄒ이라. 此種의 國家는 國際法上에만 同一ᄒ 君主를 戴ᄒ고 國內法上에는 各各 主權이 有ᄒ고 共同ᄒ 關係가 無ᄒ이라.

(按) 此亦 東洋에는 有ᄒ을 未聞ᄒ고 西洋에 政合國으로 著名ᄒ은 奧地利 匈牙利 兩國인듸 此 兩國은 外務 軍務 財政ᄭ지만 共同ᄒ고 此外 事項에는 關係가 無ᄒ도다. 然이나 政合國을 組織ᄒ 一國이 他國과 交戰ᄒ 時는 關係가 無ᄒ 國도 交戰國으로 同視ᄒ느니라. (未完)

---

21) 백이의(白耳義): 벨기에.

22) 공과자유국(公果自由國): 콩고 자유국. 벨기에는 국가로 인정받은 이후 해군(Marine Royale, 1865년에 해체되었다가 1917년에 다시 창설)을 창설하고, 식민지 개척을 장려한다. 레오폴 2세 치하인 1878년에는 콩고 지역을 식민지로 삼아 콩고 자유국(1908년부터 벨기에령 콩고)으로 만들고, 제1차 세계대전 이후 르완다와 부룬디를 차지하여 벨기에령 루안다−우룬디를 만들어낸다. 벨기에령 콩고는 1960년 6월 30일에 콩고 민주 공화국으로 독립하고, 벨기에령 루안다−우룬디는 1962년 7월 1일에 르완다 공화국과 부룬디 공화국으로 각각 독립했다. 〈위키백과〉

(미완이지만 차호에 연재되지 않았음)

◎ (학해) 自治의 模範, 編輯人 譯, 〈대한흥학보〉 제3호, 1909.5. (행정학, 지방자치제도)

*지방자치제도 = 관청과 자치단체의 개념과 역할

▲ 제3호

近代 文明 諸國에 代議制度와 表裏 相資ᄒ야 政治 組織에 雙美라 稱홈은 卽 地方自治制度가 是라.

凡 國家 行政機關을 二種으로 分ᄒ니 一曰 官廳이요, 二曰 自治團體라. 官廳이라 云者ᄂ 一定ᄒ 範圍에셔 行動ᄒᄂ 國家의 全部機關이요, 自治團體라 云者ᄂ 法律이 人格을 認定ᄒ 國家의 一部 機關이라. 官廳으로붓터 行ᄒᄂ 行政은 國家의 直接 行政이니 此ᄂ 官治라 稱ᄒ고 自治團體로붓터 ᄒᄂ 行政은 國家 行政權의 間接作用이니 此ᄂ 自治라 云ᄒᄂ니라. 自治의 目的은 一定ᄒ 範圍에셔 國家 主權 監督下에 在ᄒ야 自治 事務를 處理ᄒ야 自己의 生存을 達홈인뎌. --

自治의 意義

自 (自然이라 ᄒᄂ 自字의 意味가 아니라 自强이라 ᄒᄂ 自字의 意味며)
治 (被治라 ᄒᄂ 治字의 意味가 아니라 能治라난 治字의 意味가)

自治라 홈은 自己의 事를 自己가 處理ᄒᄂ 意味니 其 自己事라 云홈은 國家로부터 委任ᄒ 行政 事務가 卽是라. 故 其 行政事務가 自己의 生存目的이 되지 못ᄒ면 自治의 生體를 作홈을 不得ᄒᄂ지라. --

各國의 自治制度

英國은 議會制度로써 模範을 中外에 垂ᄒ얏거니와 自治制度에서도 列國에 先進이 된지라. 英國制度를 觀察ᄒ면 自治라 ᄒᄂᆫ 意味가 頗廣汎ᄒ니 彼國政治가 卽 自治라 ᄒ야도 可ᄒ도다. 一般學者가 但 其 表面으로만 觀察ᄒ고 厥國人民의 思想如何에ᄂᆫ 着眼치 아니홈을 由ᄒ야 英國政治의 基礎가 獨於國會에 在ᄒ다 ᄒ얏시나 其 實은 地方自治에 根據홈이니 不然코 單純ᄒᆫ 形式的 國會制度와 及代議制度ᄂᆫ 或 君主의 專制異狀과 或 議會의 擅行奇態를 演出홀 거시니 由此觀之ᄒ면 立憲制度의 眞趣가 國會에 不在ᄒ고 地方自治制度에 在홈을 確認ᄒ깃도다. 泰西 各國이 漸次 地方制度를 採用ᄒ야 今日에 至ᄒ엿시니 左에 其 沿革狀態를 略述호노라.

元來 英國은 自由主義로 國是를 定ᄒ고 保守的 思想이 贍富ᄒᆫ 故로 市町村制의 改正이 極히 容易ᄒ엿도다.

西曆 一千三百六十一年 에도와도 第三世에 至ᄒ야 舊來制度를 廢止ᄒ고 治安判事制度를 定ᄒ엿더니 其時 當局ᄒᆫ 시에립후가 其 職司를 失홈을 因ᄒ야 自治制度가 漸次 消滅ᄒ고 封建制度로 一變ᄒ엿다가 十八世紀 初에 市吏村長의 公選制度를 更定ᄒ야 自治制度를 改正確立ᄒ고 人口 五萬以上 市ᄂᆫ 分離獨立케 ᄒ야 行政區劃을 定ᄒ며 五萬口以下 小市에 對ᄒ엿셔도 郡長(郡守)의 監督權을 尤是縮小케 ᄒ야 完全ᄒᆫ 自治制度를 施行ᄒ니라.

英國은 自來로 郡의 下에 聯合區가 有ᄒ고 區의 下에 村區가 有ᄒ더니 一千八百三十四年에 至聯合區를 合一ᄒ야 一大村을 成ᄒ니 卽 一自治團體라.

聯合區와 村區를 合一ᄒ야시ᄂ 但 便宜上으로 租稅教育 及 選擧의 區劃이 有ᄒ다. 該自治團이 監督會議에 依ᄒ야 自治權을 使用ᄒ며 其 監督會議의 議員은 總議員數에 半數ᄂ 聯合區內의 治安判事로 選ᄒ고 半數ᄂ 村區人口 多小에 應ᄒ야 選定호디 其 選擧法은 納稅財産 五十磅 以下에ᄂ 一票로 五十磅以上 百磅以下에ᄂ 二票로 二百五十磅以上에 ᄂ 六票로 定ᄒ며 然ᄒᄂ 但 一人이 十二票以上의 投票ᄂ 不許ᄒ며 聯 合區의 監督會ᄂ 中央政府의 直轄된 地方政務局의 監督을 受ᄒ기로 組 織ᄒ다.

美國은 本是 英國 地方行政에 主要되ᄂ 特質를 移ᄒ야 厥國 地方行政 의 根源를 成ᄒ엿시나 諸方 殖民地를 從ᄒ야 厥制가 小異ᄒ니라. 一 니 잉구란도殖民地 二 中部殖民地 三 南部殖民地 都合 三種의 特別ᄒ 變形 이 生ᄒ엿시되 總括ᄒ야 觀察ᄒ면 凡郡에 關ᄒ 行政職務ᄂ 治安判事所 에 集中ᄒ야 判事 等이 會計官을 任命ᄒ야 財政을 管理케 ᄒ고 又 救民 法에 關ᄒ 行政을 監督케 ᄒ며 各 判事가 警察과 及道路를 管轄ᄒ고 又 此等事務에 關ᄒ 屬史를 指揮監督ᄒ니라.

郡制變化에 對ᄒ야 注意ᄒᆯ 바ᄂ 十七世紀 以後로부터 以上 判事職任 을 郡民의 選擧에 依ᄒ야 取用ᄒ니 此 選擧制度ᄂ 聯邦各州가 悉皆採用 ᄒᄂ 바며 郡長과 行政事務에 關ᄒ 一切 官職을 悉皆民選制度로써 適用 ᄒ다.

最初에ᄂ 自治團體를 完全ᄒ 法人으로 看做치 아니 ᄒ엿더니 一千八 百九十九年에 紐育에셔 修正ᄒ 條令에 비로셔 郡市町村을 完全ᄒ 法人 으로 認定ᄒ야 如財産所有權 又 訴訟權 等 特定ᄒ 權利가 有ᄒ 團體ᆫ 쥴노 宣告ᄒ니라.

又 紐育州 村制編成法規에 村役場은 委員 三人 或 三人 以上 及 委員

長으로써 合議體를 組織ᄒ고 其 下에 又 會計 書記 收稅吏 道路監司가 有ᄒ니라. 委員 及 委員長 會計 收稅吏 等이 村選擧人에서 被選된 委員은 任期 二箇年으로 其他 官吏ᄂ 任期 一箇年으로 限ᄒ며 其 資格은 厥村 經費上에 必要ᄒ 課稅財産이 有ᄒ 者와 與同村에 住居ᄒᄂ 者로 限ᄒ며 其 委員會議 權限은 消防役 警察吏 度量衡 捺印役을 任免黜陟ᄒ며 財産管理와 契約締結과 又 村의 一切 要求를 檢査ᄒ다.

德國은 封建制度 以前에 自由民으로써 組織ᄒ 農業組合이 有ᄒ며 又 組合長이 有ᄒ야 君主의 代表로 權利을 行使ᄒ야 租稅의 徵收와 組合員間 爭議에 關ᄒ 裁判과 及組合內에 警察를 司ᄒ 權이 有ᄒ더니 封建時代에 至ᄒ야 此 組合이 諸候伯의 勢力下에 倂呑되여 漸次 農業이 衰微ᄒ고 農民이 困窮의 極에 至ᄒ야 農民戰爭이 起ᄒ니라.

此時 우이루혜룸 第一世及宰相 주다잉氏가 振農政策을 實施ᄒ고 後 十八世紀 末葉에 至ᄒ야 地方團體가 蘇生ᄒ야 農民이 單純ᄒ 共同生活를 得ᄒ엿시며 十九世紀 初에 至ᄒ야 市에 社會的 組織으로 改良ᄒ야 完全ᄒ 自治制度가 成立ᄒ니라.

其 村政의 一班을 擧ᄒ진듸 村會가 自治事務에 對ᄒ야 監督整理ᄒᄂ 一般權力이 有흠은 美國制度와 同一ᄒ고 其 職任組織은 村內 選擧人으로 組織ᄒ며 村會決議ᄂ 村長과 及村書記 二人이 施行ᄒ다.

法國은 自治制度가 英德과 相似ᄒ되 其 起源은 一層 古代에 在ᄒ지라. 蓋 法國은 封建制度의 基礎가 德國과 如히 堅牢치 아니ᄒ 故로 農民組合이 破壞ᄒ 時ᄂ 無ᄒᄂ 十一世紀에 至ᄒ야 各地方에 領土가 有ᄒ야 種種 特權을 行使ᄒ야 町村을 壓制ᄒ더니 十八世紀에 至ᄒ야 多少間 自治影響이 生ᄒ고 十九世紀 初에 大革命이 起ᄒ야 自治基礎를 完全成立ᄒ니라.

其 規制는 各 町村에 町村長과 及其 職務補助員 數人을 置ᄒ니 皆 町村會議員이 互相 選擧ᄒᆫ 者라. 其 任期ᄂᆫ 町村會議員의 任期와 如ᄒ되 或 境遇를 從ᄒ야 知事와 內務大臣이 停職홈을 命홈이 有ᄒ며 或 大統領이 此를 罷免홈도 有ᄒ니라. 町村會ᄂᆫ 每年에 四回通常會를 開ᄒ고 臨時會ᄂᆫ 隨意 召集ᄒ며 町村長이 町村內에 一切 法令을 公布執行ᄒ며 選擧人名簿와 兵士徵集簿를 別製ᄒ며 課稅表目을 布告ᄒ며 公共營造物를 管理ᄒ다.

日本은 地方行政制度가 成務帝時에 山河를 界ᄒ며 阡陌를 分ᄒ야 國郡에ᄂᆫ 長을 置ᄒ고 縣邑에ᄂᆫ 主를 置ᄒ엿더니 其後에 三韓制度 文物를 取則ᄒ고 支那法制를 採用ᄒ야 五十戶로써 一里로 삼고 二里以上 二十里以下를 合ᄒ야 一郡을 삼고 郡의 上에 國을 設ᄒ야 國司 郡司 里長을 置ᄒ고 各相隣接ᄒ 五戶로써 一組合을 삼아 互相 監督ᄒ더니 其後 數多ᄒ 變革를 經ᄒ야 德川時代에 至ᄒ야 重要ᄒ 地方은 直轄ᄒ되 此ᄂᆫ 天領이라 稱ᄒ고 其他ᄂᆫ 諸候의게 分ᄒ야 此ᄂᆫ 藩이라 名ᄒ야 各 其 領土內라 自主의 政을 行케ᄒ 故로 其 制度가 各異不一ᄒ며 但 德川氏의 直轄ᄒᄂᆫ 重要地에 施行制度ᄂᆫ 略同ᄒ다. (未完)

*미완이지만 더 이상 연재물 없음

◎ 政治論, SK생, 〈대한흥학보〉 제8호, 1909.12. (정치학)

*정치와 정치학의 구별 급 관계 정치학자와 정치가

▲ 제8호

西哲이 云ᄒ되 「人類ᄂᆫ 天性 政治的 動物」이라 ᄒ엿스니 何를 謂홈

298

인고 大抵 人生은 自然히 社會的 生活을 一家의 團欒함과 如히 ᄒᆞ야써 國家를 組織ᄒᆞ난 性이 有ᄒᆞ지라. 故로 其 生命은 政治를 依ᄒᆞ야 保護함이 되고 其 財産은 政治를 依ᄒᆞ야 保守ᄒᆞ난 바이 된지라. 져 牛와 羊이 聚首ᄒᆞ야 群을 成ᄒᆞ고 峰과 蟻ㅣ 整列ᄒᆞ야 君臣의 義을 定함이 有ᄒᆞ나 그러나 人類난 此等 獸畜 微物等과 異ᄒᆞ야 萬物의 靈長이 된 者난 卽 <u>國家를 組織함에 在ᄒᆞ야는 쟈못 高尙ᄒᆞᆫ 思想을 有ᄒᆞᆫ 動物이된 故로 此 를 政治的 動物이라 云ᄒᆞᆷ이니라.</u> 吾人은 幸히 上古 草昧 野蠻의 時代를 免ᄒᆞ고 今日 文明 二十世紀에 誕生ᄒᆞᆫ 男子ㅣ라. 東西古今의 治亂興亡을 斟酌商量ᄒᆞ야써 人類의 人類된 本能的 思想을 充滿케 ᄒᆞᆫ 然後에야 可히 此 世에 立ᄒᆞᆷ이 不愧ᄒᆞᆯ지라. 故 余로는 蕪辭를 不拘ᄒᆞ고 所學을 左에 繹論ᄒᆞ노니,

夫 政治란 者난 國家의 活動을 云ᄒᆞᆷ이라. 一國家는 其 主權의 獨立을 維持ᄒᆞ고 其 臣民의 福利를 增進키 爲ᄒᆞ야 法令을 施ᄒᆞ고 機關을 設ᄒᆞ 야써 行動ᄒᆞ나니 此 機關에 列ᄒᆞᆫ 者는 卽 政治에 參與ᄒᆞᆫ 者이 된지라. 行政官은 國家內政에 參ᄒᆞ고 立法者는 國家立法에 參ᄒᆞ고 裁判官은 司 法에 參ᄒᆞ고 外交官은 外政에 參ᄒᆞ고 陸海軍人은 軍政에 參ᄒᆞ야 各其 方面으로 法令을 制定活動ᄒᆞᆯ시 此等 行動의 主體는 國家의 統御者ㅣ 有ᄒᆞ야 其 最 無無上ᄒᆞᆫ 主權을 行使ᄒᆞ는 故로 其 國家 以外의 人民으로 ᄒᆞ야곰 其 局에 當ᄒᆞᆷ을 不得케 ᄒᆞ나니 此는 何故인고 曰 政治의 要는 一國의 獨立富强을 保維ᄒᆞᆷ에 在ᄒᆞᆫ지라. 만일 外國人으로써 政治의 局面 에 立케 ᄒᆞ야써 其 國運의 獨立富强을 完全케 ᄒᆞᆫ다 ᄒᆞᆷ은 莫大ᄒᆞᆫ 誤診ㅣ 되는지라 故로 或 外國人으로써 國政의 指導者(顧問等招聘)난 되게 ᄒᆞ 나 國家 公權은 賦與함이 絶無ᄒᆞ니 此 公權을 有ᄒᆞᆫ者를 爲限ᄒᆞ야 政治 에 參與케 ᄒᆞ는지라. 故로 私法上에 在ᄒᆞ야는 內外人同等의 權義를 承 認ᄒᆞᆷ으로써 文明國의 主義를 唱道ᄒᆞ는 國에 在ᄒᆞ야도 外國人에게 公法 上의 資格을 與ᄒᆞ는 事ㅣ 無ᄒᆞ니 此는 實로 國運의 障害를 與ᄒᆞᆷ에 在ᄒᆞᆫ 故이라. 一大 注意ᄒᆞᆯ 者ㅣ 是也오.

政治學은 此에 反ᄒᆞ야 비록 外國人이라도 此 學을 硏究ᄒᆞᆷ을 得ᄒᆞᄂᆞ
지라 日本人이 歐米의 政治學을 修ᄒᆞ고 支那人이 日本의 政治學을 修ᄒᆞ
야 後進國이 先進國의 政治狀態를 知ᄒᆞ고 政治의 學을 究ᄒᆞ나니 此난
無他라 後進國의 義務요 利益이되ᄂᆞᆫ 故이니라. 夫政治學이란 者ᄂᆞᆫ 國家
의 主權者가 其 領土及 臣民을 統御ᄒᆞᄂᆞᆫ 事를 攷究ᄒᆞᄂᆞᆫ 學問이라. 國家
의 成立如何와 統治權의 主體及 客體ᄂᆞᆫ 何에 在ᄒᆞ야 如何히 統治ᄒᆞᆷ은
憲法의 定ᄒᆞᆫ 바이요 國家ᄂᆞᆫ 外國에 對ᄒᆞ야 如何ᄒᆞᆫ 地位에 處ᄒᆞ엿스며
如何ᄒᆞᆫ 權利義務를 有ᄒᆞᆷ은 條約 及 國際法의 規定ᄒᆞᆫ 바이라. 然則 憲法
과 條約 及 國際法은 政治學의 主要를 占ᄒᆞᆫ 學問이되고 且 政治學은
科學에 屬ᄒᆞᆫ지라 哲學的硏究와 歷史的硏究를 中和ᄒᆞ야 眞理를 攷究ᄒᆞ
고 利害得失를 參考ᄒᆞ며 經濟思想에 倫理思想을 加ᄒᆞ야 國利 民福을
打算ᄒᆞ고 良心公德을 培養ᄒᆞᄂᆞᆫ 普通敎育에 不過ᄒᆞ니 卽 一般 人民의
知覺ᄒᆞᆯ 바 學問이 是也오 政治ᄂᆞᆫ 技術에 屬ᄒᆞᆫ지라 政治舞臺의 錯雜變化
無極ᄒᆞᆫ 活世界에 在ᄒᆞ야 臨機應變ᄒᆞ야 將來의 無窮ᄒᆞᆫ 計劃을 經營ᄒᆞᄂᆞᆫ
技術이된지라. 故로 政術은 政學 以前에 起ᄒᆞ엿나니 堯舜三代의 治績
이 有ᄒᆞᆫ 然後에 孔孟의 政治論이 起ᄒᆞ고 第十七 世紀 英國의 內亂과
及 革命이 有ᄒᆞᆫ 後에 홉부스의 主權論과 록쿠의 憲法論이 起ᄒᆞ엿스니
此를 因ᄒᆞ야 可히 証明ᄒᆞᆯ 바이로다. 然則 技術은 學問의 幇助를 因ᄒᆞ야
漸漸 其 妙境에 達ᄒᆞ고 學問은 技術의 材料를 得ᄒᆞ야 益益 其 眞理를
發見ᄒᆞ나니 故로 政治와 政治學의 關係ᄂᆞᆫ 此를 因ᄒᆞ야 可히 明確하다
云ᄒᆞ리로다. (未完)

▲ 제9호

大抵 古代 國家의 興亡隆衰ᄒᆞᆫ 所以를 考ᄒᆞᆯ진딘다. 一定ᄒᆞᆫ 理由ㅣ 自在
ᄒᆞ니 卽 對外原因과 對內 原因이 是也ㅣ라. 對外原因은 外國의 戰亂의
結果로 一國의 滅亡을 招ᄒᆞᆫ 바이니 甲國의 滅亡은 乙國의 倂呑이 是也요
對內原因은 主權의 萎靡와 民心의 腐敗를 由ᄒᆞᆷ이니 國家要素의 一를

缺하면 其 國家난 完全한 國家ㅣ라 云ᄒᆡ기 難한지라. 故로 經世에 志를
有한 者난 其 興亡의 由來를 考察하야뼈 將來의 寶鑑을 作하나니라.

昔者에 伽阿世智人의 大로뼈 맛참ᄂᆡ 北方野蠻의 民族 羅馬人의게 亡
한 바이 되엿스니 其 原因은 伽阿世智人의 腐敗를 因흠이라. 그 義氣로
뼈 國民의 心髓를 作할 時代난 伽阿世智의 隆盛할 時代是也오 金錢崇拜
로뼈 自恬不恥할 時代난 卽 伽阿世智의 滅亡홀 時代 是也ㅣ로다. 更히
波蘭의 分割을 見하라. 所謂 政治學者의 學說은 如何히 波蘭人으로 하
야곰 輕薄ᄒᆞ게 ᄒᆞ엿스며 權力의 平均은 如何히 列强三國으로ᄒᆞ야곰 世
道에 違反한 行動을 作케 ᄒᆞ엿난고 此等 實際上 事實을 綜合ᄒᆞ야뼈 國
家興替의 眞理를 發見ᄒᆞ야 將來 一國家로 ᄒᆞ야곰 前車의 覆轍을 不踏케
함은 實로 政治學의 助를 捨ᄒᆞ고 何에 在흔고.

且 近代의 歷史를 參觀ᄒᆞ라. 彼 俾斯麥은 獨逸帝國建設의 大事業을
成한 後 民心의 協同치 아니함을 際ᄒᆞ야 右手에 난 獨逸帝國大宰相의
笏를 執ᄒᆞ고 左手에난 下層人民 撫育의 方法을 講ᄒᆞ야 맛참ᄂᆡ 聯邦 獨
乙帝國의 覇業을 完全케 함과 如흔 者난 卽 鐵血宰相이 政策上 國家社
會主義의 名稱으로뼈 眞理를 求ᄒᆞ야 政治의 方法을 得宜하엿스니 政治
學의 效ㅣ 是也오 其他 루-소를 非難ᄒᆞ야 佛國의 革命으로뼈 誤謬한
政治라 云함도 亦是 政治學의 敎ㅣ 아닌가. 爾來數千載國家興亡의 大原
理를 論據ᄒᆞ야 將來 幾千百代에 永遠히 國家의 獨立富强을 致케 함이
專히 此 學 攻究함에 在ᄒᆞ다 ᄒᆞ노라.

政治學者와 政治家 政治學을 一科學으로 攻究ᄒᆞ야 眞理를 闡明함으
로뼈 目的을 하난 者난 政治學者라 云ᄒᆞ고 政治를 實際上으로 施ᄒᆞ야
뼈 國家의 目的을 達함으로뼈 百般의 手段을 採하난 者를 政治家라 云
하나니 政治學者난 政治家의게 政治學上의 眞理를 敎ᄒᆞ고 政治家ᄂᆞᆫ 政
治學者의게 國家活動의 資料를 給ᄒᆞ나니 如斯히 政治와 政治學이 密接

의 關係를 有ᄒ고 政治家와 政治學者가 不相離할 關係가 有ᄒ니 政治의 實際施行과 其學의 進步發達은 各各 其人을 俟ᄒ야 成함을 得ᄒ나니라. 彼俾斯麥은 政治家ㅣ라. 獨逸 連合의 大政策을 建할ᄉᆡ 巨萬의 軍事費를 普國 議會에 請求함ᄋᆡ 議會ᄂᆞᆫ 冷淡히 此를 拒絶하ᄂᆞᆫ지라. 比斯麥이 卽時 議會를 解散ᄒ고 前年度의 豫算을 施行한 後次回에 該軍事蹟를 請求함이 六回에 至ᄒ엿스나 議會와 此를 反對함이 亦是 六回에 至한지라. 그러나 俾斯麥은 오히려 强硬ᄒᆫ 政略을 取하야 맛참ᄂᆡ 軍事를 擴張한지라. 當時 普國의 政治家ᄂᆞᆫ 萬口咸唱ᄒ야 比 斯麥의 憲法違反한 罪를 罵論ᄒ고 輿論을 喚起함이 普國의 政治ᄂᆞᆫ 累卵의 危를 當한지라. 當時의 公法學者로 有名한 政治學者 라판도ᄂᆞᆫ 卽 法令豫算論을 著하야 法令과 豫算의 異同을 辨ᄒ야 國政의 誤ㅣ 無케 홈을 敎ᄒ지라. 普國의 政治ᄂᆞᆫ 漸次로 此에 面目을 改ᄒ야 라판도의 名이 一世에 高ᄒ엿스니 이ᄂᆞᆫ 實로 政治學者가 政治家의게 資料를 給케 ᄒ야 眞理로써 敎ᄒ 實例ㅣ 是也오. 日本維新의 初에 薩長二藩이 尊皇의 大義를 唱ᄒ야 大權의 奉還을 德川의게 迫홈의 德川이 不應ᄒᆞᆫ지라. 薩長二藩이 卽時 兵을 引ᄒ고 江戶를 陷落코져 ᄒ야 品川에 接近ᄒ야 砲花一發에 江戶一城을 燒土에 化하랴 할ᄉᆡ 德川의 名臣 勝安房이 時勢의 趨向을 觀察ᄒ고 大權奉還의 可홈을 將軍의게 告하야 맛참ᄂᆡ 西鄕隆盛과 相會談笑홀ᄉᆡ 이에 旣爲 維新의 覇業을 奏ᄒ엿스니 此等 政治家의 事業은 實로 政治學者의게 好個의 資料로써 與한 바 實例ㅣ 是也ㅣ로다.

以上과 如히 政治家와 政治學者ᄂᆞᆫ 相互 密接ᄒᆞᆫ 關係가 有한지라. 故로 政治學者로 政治家ㅣ 되고 政治家오 政治學을 兼備ᄒᆫ 者면 其 國家의 幸이 莫大하다云ᄒ리로다. 噫라 古來로 政治學者된 者ㅣ 少ᄒ고 政治家된 者도 其政治의 如何를 不知ᄒᆞᆫ 者ㅣ 亦 多ᄒ나 今日 社會進步된 國家에 在ᄒ야ᄂᆞᆫ 學識이 有한 政治家를 要求ᄒ나니 智識競爭場裏에 身을 立한 者ᄂᆞᆫ 此 學을 深究함이 可홀진져.

◎ 政治上으로 關한 黃白人種의 地位,
韓興教,〈대한흥학보〉제1호, 1909.3.

(前 대한학보 제9호 속) (라인 시 氏 略述)

第二. 列國의 東洋經營

案컨딕 民族的 帝國主義의 思想은 世人의 心을 刺激하야 이것 싸문에 國際間의 軋轢을 增加하는 傾向이 有하니라. 列國은 英國으로써 世界를 英國化하랴 하는 野心이 有하다 하고 又는 露國으로써 世界統一의 慾望을 抱한 것이라 하니라. 勿論 露國은 元來 東羅馬帝國의 後繼者로써 任하는 故로 스사로 羅馬的 帝國主義를 政略의 標榜으로 삼고 英人 中에셔도 世界로써 英國風의 思想과 英國風의 政治를 採用케 홀 時는 世界의 進步가 一層 著明하겟다고 唱導하는 者ㅣ 有하니라. 그러면 民族的 帝國主義에 熱中하는딕셔는 英露 兩國間에 殆히 大差가 無하다 可謂홀지오. 其他 德, 法과 如혼 者도 다 不然홈이 無하고 平和主義의 北米合衆國이라도 近時에 漸漸 그 傳來하던 宗敎的 主義를 脫하고 民族的 國家主義에 傾向이 有혼 中이니라.

此 民族的 國家主義는 列國을 驅하야 亞細亞 方面에 그 慾海를 注하는딕 至하니라. 如斯히 支那는 國際政略의 中心이 되니 然혼즉, 그 爭點되는 利益의 範圍가 頗히 廣大하야 世界文明의 未來에 大變動을 及케 홀 結果는 形勢에 不免홀 것이로다. 勿論 支那는 歐洲 諸國民의 食餌이라 彼等은 任意딕로 그 領土를 分割키 得다 홈은 元來 妄見이로다. 列國이 支那로붓허 得혼 讓與는 政治上 原因에 始하얏고 或 政治上 性質을 帶혼것 外에 그 範圍에 限定이 有하고 從하야 將來 그 地方에서 完全혼 政治上 權力을 樹立하랴 하는딕는 多額의 財貨를 費하고 多量의 血을 流치 아니치 못홀지라 然하야도 如斯히 成功홈과 否홈은 未來의

問題에 屬ᄒ니라.

　彼의 勢力範圍를 定ᄒ 政略은 반다시 門戶開放의 政略에 撞着ᄒ 것이 아니오 歐洲列强의 解釋ᄒ 바를 據ᄒ즉 勢力範圍란 句語ᄂ 그 方面에셔 生命財産의 安固를 保存ᄒ고 政治上 勢力으로써 經濟上 發達을 力助ᄒ랴 ᄒᄂ 意에 不外ᄒ니 萬一, 各國이 勢力範圍 內에셔 商業上 自由競爭을 許ᄒ고 쏘ᄒ 開港場을 不閉ᄒ 쓴 아니라 益益 其 數를 增加ᄒ 만ᄒ 事實이 잇슬ᄂ지 門戶開放을 곳 實際로 行ᄒᄂ 中이니라. 그러코 萬一 歐洲列强 中 支那의 內部에셔 完全ᄒ 政治上 權力을 布蔓ᄒ랴 ᄒᄂ지, 그 容易ᄒ 業이 아님은 帝國內部의 事情에 徵ᄒ야 明瞭ᄒ다 可謂ᄒ지라. 大蓋, 支那內部의 人民이 歐洲 資本家의 利益 占有事業을 默視ᄒ과 否ᄒ은 未定ᄒ 問題니라 現今 露國과 밋 德國과 如히 鐵道布設에 就ᄒ야 種種ᄒ 障害를 受ᄒᄂ 中이 아닌가.

　文明의 事業이 支那에 盛興ᄒ가 支那內部에셔 實業的 革命은 早晩間에 免치 못ᄒ지라. 是로 由ᄒ야 生ᄒᄂ 바 民間의 苦痛은 반다시 外國干涉의 結果로 認ᄒ에 至ᄒ리로다. 人 或 新事業이 支那에셔 發達될 時ᄂ 多數의 支那人에게 職業을 授與ᄒ이 可ᄒ다 說ᄒᄂ 者ㅣ 有ᄒ나, 그러나 從來의 家業은 此를 爲ᄒ야 不得不 廢頹ᄒ지어다. 鐵道工事와 如히 비록 一時 多數의 人民을 使用ᄒᄂᄃ 差異가 無ᄒ나 一朝에 布設을 終ᄒ에 至ᄒ야ᄂ 此等 工夫ᄂ 다, 그 職業을 不可不 失ᄒ 쓴 아니라 鐵道의 布設 完成을 告ᄒ 曉天에ᄂ 從來 種種의 運搬에 從事ᄒ던 多數 人夫도 쏘ᄒ 此를 爲ᄒ야 그 職業을 失ᄒ 것이오. 又ᄂ 文明의 機械도 繼續 輸入되ᄂ 時ᄂ 從來의 職工이 一時에 其 業을 失ᄒ 것은 形勢에 不免ᄒ 바이라. 그러면 支那에셔 事業을 經營ᄒ랴 ᄒᄂ 者ᄂ 預先, 此等에 就ᄒ야 覺悟ᄒ 바이 有ᄒ리라. 何者오 ᄒ면 如斯ᄒ 事態ᄂ 所謂 洋鬼의 所爲라 ᄒ야 土人의 憎惡ᄒᄂ 바이 될지로다.

要컨듸 各國의 干涉이 萬一 그 方法을 誤홀 時는 支那事件이 愈愈 紛糾의 度를 增滋ᄒ야 맛춤늬 不拯홀 境遇에 至홀쥴은 暸然ᄒ지라 萬一 支那를 發達進步코져 ᄒ자면 深히 支那人民의 感情을 硏究ᄒ야 그 外國人間에 衝突을 不起케 홈이 極히 肝要ᄒ니라. 此와 同時에 確實한 方法으로써 支那政府를 引導ᄒ야 行政司法의 改革을 不可不爲홀지라. 萬一 現今에 不安固한 狀況이 永續홀 時는 外國의 資本을 支那開發에 利用홀만한 方案은 到底히 立키 不能ᄒ리니라. 英國은 從來, 北京政府 가 强大國의 確實한 援助를 得ᄒ야는 改革事業에 從事홀만한 意思잇슴 을 認ᄒ야 中央政府의 權力을 增加ᄒ야 此 事에 當ᄒ기를 努力혼다 ᄒ나 北京에서는 國際間 猜忌가 日노 甚홈으로써 是를 改革ᄒ야 有機的 一大組織을 삼엄은 元來 不世出한 才能을 不可不須홀지라. 總理衙門은 對外約束을 締結ᄒ는듸 蹰躇치 아니ᄒ나 그러나 他諸列國의 故障을 不 拘ᄒ고 約束을 實行케 ᄒ는 威力이 無홈에는 毫末도 實效를 生홀 것이 아니라, 다못 支那에서는 地方官吏는 直接으로 人民에 接觸ᄒ야 法律執 行의 衝突에 當홀지라. 故로 支那의 改革은 此等의 手를 經ᄒ야 不可不 實行되ᄂ니라. 此에 反ᄒ야 中央政府될 것은 單으로 理想的 支那帝國의 一致를 代表ᄒ고, 쏘한 主權者의 名義를 維持키 得ᄒ면, 그 目的을 達한 다 ᄒ니라. 支那의 改革은 或 期望ᄒ나 그러나 武力에 依ᄒ야 支那領地 를 割取ᄒ야 歐洲列强의 所有物을 만달고자 홈은 專히 狂氣의 沙汰니 라. 想컨듸 支那의 秘密結社ᄲᆫ으로써도, 오히려 能히 歐洲列强의 此 計 劃을 足히 妨遏ᄒ리라. 支那人은 氣力잇는 人民이라 彼等은 幼時붓허 一日에 十二時 乃至 十四時間의 勞働을 例事로 知ᄒ며 그 過去를 尊重 히 녁이고 祖先을 崇拜ᄒ는 習慣이 깁히 社會의 根底에 蟠居홈으로써 萬一 外來人種이 急激한 改革을 그 社會組織上에 施用ᄒ는 者ㅣ 有ᄒ면 彼等은 문득 激烈한 抵抗을 與홈은 必然한 理勢라. <u>萬一 四億人民이 그 家族을 防禦ᄒ고, 그 文明을 維持홀 目的을 爲ᄒ야 一朝에 相率ᄒ야 秘 密結社에 入홈과 如한 事가 잇슬진듸 如何한 歐洲國民이라도 到底히 此를 征服키 不能ᄒ리라.</u> 그런고로 歐洲人으로써 그 勢力을 支那에 維

持코져 ㅎ자면 支那人의 習慣, 風俗, 感情을 傷흠이 無케 그 行政을 改革홀 方針을 不可不 執홀 것이라. 萬一 歐洲의 軍隊로뼈 法律의 維持, 秩序의 回復及叛逆者의 鎭壓에만 使用홀 者ㅣ 有홀가. 支那人民은 決코 此에ᄂ 抵抗치 아니ᄒ리로다. 支那人民의 多數ᄂ 平和를 愛ᄒ고 秩序를 重히 녁이ᄂ 人民이라. 그러면 歐洲의 國民은 危險을 冒치 아니ᄒ야도 支那貿易의 公道로 掃淸키 得ᄒ리라 然ᄒ고 此 目的을 達ᄒ기 爲ᄒ야 軍隊를 置홀 必要ᄂ 元來 自在ᄒ니라. 如何오 ᄒ면 支那에서 勢力을 得ᄒ랴 ᄒᄂ 時ᄂ 그 勢力範圍에 關ᄒ 貿易을 保護치 아니치 못홀지니라.

譯者 曰 吁ᄒ고 쏘 嗟흡다. 我韓 疆土ᄂ 亞細亞의 一部分이오 韓民族은 黃人種의 一派어늘 奈何今日에 如許ᄒ 地位를 占ᄒᄂ가. 以上 述ᄒ 바 黃白 兩人種의 競爭은 姑捨ᄒ고 同種 中에셔도 保護란이 壓制란이ᄒ니 常識이 有ᄒ 者야 誰가 憤激치 아니ᄒ리오. 余ᄂ 다만 一言으로써 決ᄒ건딕 우리 國權을 完全히 回復홀 期限은 盟誓코 우리 同胞의 二千萬 心이 一心이 되고 二千萬 體가 一體가 되ᄂ 日이 될줄 預信ᄒ노라.

22.

종교

순번	연대	학회보명	필자	제목	수록 권호	분야	세분야
1	1896	친목회회보	김기위	정치본원	제5호	종교	교화론
2	1906	태극학보	유승흠	종교 유지 방침이 재경학가 속선개화	제1, 2호(2회)	종교	
3	1907	대한유학생회 학보	조용은	신교론	제1호	종교	
4	1907	낙동친목회학보	임규	교육론	제2호	종교	
5	1908	대동학회월보	원영의	종교지구별	제3호	종교	종교학
6	1908	대동학회월보	김문연	종교와 한문	제19호	종교	국문론
7	1908	대한학회월보	강전	세계 3대 조를 논함	제3호	종교	
8	1908	대한학회월보	이한경	국가와 종교	제3호	종교	

◎ 政治本源(承前), 金基瑋, 〈친목회 회보〉 제5호, 1897.9.26.

*정치는 교화에 있다고 주장함＝교화(종교)의 의미를 고려해야

凡 政治가 二個의 要素를 有ᄒ니 一曰 勸善이오 二曰 懲惡이라. 勸善은 卽 敎化니 夏后質而不罰者類之ᄒ고 周*二代에 文이 郁郁ᄒᆫ 者ᄂᆫ 賞罰이 幷行흠이라. 朱熹曰 政은 ᄡᅥ 不正을 正ᄒᆫ 바라 ᄒ고 英儒曰[1] 政治ᄂᆫ 惡事의 子孫이라 世上에 惡事가 有흠으로ᄡᅥ 政治가 生ᄒ얏스니 만일 惡事가 無ᄒ면 政治의 必要가 無ᄒ리라 ᄒ니 此 亦 不正을 正흠으로ᄡᅥ 政이라 ᄒᄂᆫ 거시라. 此 二儒의 說이 東西가 同義ᄒ나 然이나 吾人은 此說이 正當ᄒ도ᄃ 可謂치 못ᄒᆯ 바ㅣ로다. 何에 由ᄒ야 然ᄒᆫ고. 曰 懲惡을 專以ᄒ야 政의 基本이라 ᄒᄂᆫ 者ᄂᆫ 敎化로ᄡᅥ 度外에 置ᄒᄂᆫ니 大抵 敎化라 ᄒᄂᆫ 거슨 善을 求ᄒᄂᆫ 地에 發ᄒ고 刑罰이라 ᄒᄂᆫ 거슨 惡을 除ᄒᄂᆫ 國에 起ᄒᄂᆫ니 此 二者가 비록 國政의 必要에 均出ᄒ얏스나 그 思念의 發ᄒᄂᆫ 바ᄂᆫ 自然이 不同ᄒᆫ지라. 堯舜의 天下를 治ᄒᆫ 바ᄂᆫ 無他라. 敎化로 治를 致흠이오 後世의 堯舜에 不及흠은 敎化가 不進흠이라. 차라리 惡을 懲흠이 人으로 ᄒ야곰 恐에 格지 아니케 흠만 ᄀᆺᄒᆫ 거시 업스니 진실노 惡이 無케 ᄒ고ᄌ ᄒ면 웃지 敎化로ᄡᅥ 不導ᄒ리오.

그러나 敎化를 度外에 두고 惡事를 罰ᄒ면 此ᄂᆫ 人의 食을 禁ᄒ면서 飢者의 不起흠을 撻흠과 ᄀᆺ지라. 或曰 敎치 아니ᄒ고 殺흠을 虐이라 ᄒ고 又曰 人이 刑罰에 犯ᄒᄂᆫ 者ᄂᆫ 敎育이 그 道를 得지 못흠이라 ᄒ니 不敎ᄒᆫ 者의 爲惡과 不育ᄒᆫ 者의 犯罪事勢의 然ᄒᆯ 바ㅣ라. 그 犯爲ᄒᆫ 者에 何責이 有ᄒ리오. 그 本이 亂ᄒ고 末이 治ᄒᆫ 者ㅣ 自古로 未有ᄒᆫ지라. <u>今 歐洲 諸國은 다 國敎가 有ᄒ고 東亞 露國은 國敎가 無ᄒ니 웃지 敎化로ᄡᅥ 政治의 郊에 貳ᄒ리오.</u> 然이나 歐洲 現象이 年年이 數十 億萬金을 軍事에 費ᄒᄂᆫ 故로 惡을 懲흠이 政事의 餘弊가 되는 거시오, 만일

---

1) 영유: 영국의 학자.

此 巨億萬金을 敎化에 用홀진된 數年을 不出ᄒ야 罪惡이 自然 消滅ᄒ고 그 政이 또ᄒ 仁善에 必返홀 거시어늘 時運이 此에 不絶ᄒ 거시 진실노 歎홀 바로다.

敎化ᄂ 德이라. 親和에 在ᄒ고 懲罰은 權이라 競爭에 在ᄒ지라. 司馬穰著(?)曰--

孔子曰 習與成性이라 ᄒ고 西人왈 習慣은 第二之天性이라 ᄒ니 如此ᄒ 陋習成俗의 社會ᄂ 비록 智ᄒ 者라도 其 罪를 不悟흠은 古今 萬國의 可히 免치 못홀 바라.

西人曰 王의 冠이 重ᄒ면 人民이 頭痛을 堪치 못ᄒᄂ다 ᄒ니 專制의 可厭흠을 謂흠이라. 故로 國政의 事이 實노 生存의 必要를 保護흠에 在ᄒ니 前號에 載ᄒ 바 所謂 <u>生禽</u>2), <u>自由, 名譽, 財産</u>이라 ᄒᄂ 四必要件이라. 만일 生禽을 不保ᄒ면---

民은 오직 邦의 本이라==애국심 관련

◎ 宗敎 維持 方針이 在經學家 速先開化, 麟皐生 柳承欽, 〈태극학보〉 제1호, 1906.08.24. (附 祝歌) (寄書)

(개화와 종교 / 완고 탈피)

▲ 제1호 宗敎維持方針이 在經學家 速先開化 附祝歌(寄書)

3대 종교: 공부자 급 야소씨 석가여래 씨

---

2) 전호에서는 '생명'이라고 표현했음.

余도 孔門者流의 一信徒요 東洋民族의 一分子라. 際此世級이 浸降ᄒ야 斯道가 微行ᄒ고 四隣이 竝强ᄒ야 外敎가 漸盛之時에 豈無慨然之痛歎이리오. 遡考我開闢以來 四千餘載間컨딕 典章法度와 衣冠文物이 燦亾具備ᄒ야 人倫이 明於上ᄒ고 敎化ㅣ 行於下ᄒ야 國泰於治安ᄒ고 民樂於昇平矣러니 何挽近以來로 國斃民困ᄒ야 反不齒於彼外疆之列哉아 基故安在오. 竊念及此에 非徒慨歎이라. 常中夜不寢ᄒ고 撫枕啜泣者ㅣ 屢矣러니 今因余黨僉士友之誠勤心熱ᄒ야 及此 太極學報之發刊也ㅣ 基欲學識之交換과 且爲民智之發達이 在余栢悅之同情ᄒ야 不無蕪句之攢祝일ᄉᆡ 玆將數條之愚見ᄒ야 敢贅爲粗荐之辭ᄒ노라.

夫宗敎者ᄂᆞᆫ 能令人心而仁弱ᄒ며 能令人性而强悍ᄒ야 謂之國民之精神頭腦ᄒ며 敎育根本이라도 不甚遠矣라. 故로 蒙古ᄂᆞᆫ 北淸雄大國으로 入於愛新覺羅氏之手段ᄒ야 遂衰於喇嘛敎之傳布ᄒ고 合衆國은 弗列顚之殖民地로 賴有華盛頓之英達ᄒ야 獨立於耶蘇敎之勢力ᄒ얏스니 彼兩國之興廢가 亦全以宗敎之如何耳라. 然則 其 宗敎之關係於國者가 果何等重歟아.

顧今論我東亞大勢者가 或以爲政體之不善ᄒ며 或以爲實業之未發ᄒ야 立憲法之策과 改良業之議가 遍滿於朝野ᄒ며 紛紜於上下ᄒ되 至若斯宗敎ᄒ야ᄂᆞᆫ 少無振興之漸ᄒ야 使獨善主義者로ᄂᆞᆫ 遯跡於佛門ᄒ며 使依勢主義者로ᄂᆞᆫ 趨向於西敎ᄒ고 近則有天道敎 淨土宗之新盛ᄒ야 已占全國勢力之半ᄒ얏스니 以余之不智로ᄂᆞᆫ 其孰善孰否와 何優何劣은 不可指定이오 亦不敢評判於其間이나 其是吾非他之黨論이 互相觝觸ᄒ야 貽弊民間ᄒ며 損傷國體가 種亾有之ᄒ고 論者ㅣ 又曰 我東之宗敎가 本是不美ᄒ야 不及於他敎오 又不可行於此世라 ᄒ니 豈其然哉아. 蓋世間에 以敎以道之有名稱者ᄂᆞᆫ 皆當時聖明賢哲之所自出也라. 其理會思量之周到處에 豈可汎論이리오. 但 吾後輩之墨守가 不達時宜故也라.

余嘗聞之先覺호니 凡今宇內에 有三大俗尙ᄒ니 卽世謂三大聖之立敎餘及也인딕 三大聖은 乃我孔夫子 及 耶蘇氏 釋迦如來氏也라. 然而 雖聖人이라도 因於形便ᄒ며 措於時勢ᄒ야 有正偏之論ᄒ며 有長短之所ᄒ니

若但信其正而不覺其偏則 有病俗之獘ㅎ고 但知其長而不審其短則有誤道之慮ㅎ나니 此를 爲今世學者者가 不可不 深究일새 請證而述之ㅎ노니

曰 孔氏는 卽 吾人所云天縱之聖이라. 與天地合其德ㅎ며 與日月合其明ㅎ고 秋陽以曝에 無以加之者而生於魯國ㅎ야 當周室衰微之時代ㅎ니 諸侯强大ㅎ야 干戈日爭에 王室이 存若無焉이라. 於是에 論其貴賤ㅎ며 正其名分ㅎ야 汲亡於宗周之義ㅎ니 此所以春秋作而亂臣賊子ㅣ懼者也요.

曰 耶蘇氏는 卽 世所云天主子也라 現宇內歐米列疆의 所謂 開明諸國이 無不信奉者而生於猶太國ㅎ야 當歐州草創之時代ㅎ니 民智가 未開ㅎ고 國紀가 不立ㅎ야 人類가 無以奠接이라. 於是에 去舊創新ㅎ며 推賢讓能ㅎ야 泊於救時主義ㅎ니 此所以有代吾民贖其罪之句者也오. (未完)

▲ 제2호 宗敎維持方針이 在經學家速先開化(寄書) 前號續

曰 釋氏는 卽世所云生佛也라. 其道가 無虛ㅎ야 非余黨所講究者也. 故로 未詳其實이나 蓋生於西域ㅎ야 當印度正盛之時代ㅎ니 國殷物豐ㅎ야 凡於人民生活에 不必更加營爲故로 乃以前生後生之理로 設爲修心之法ㅎ니 此所以有天堂地獄之說者也라.

於是乎 人爭慕而爲敎ㅎ니 曰 儒敎 曰耶 蘇敎 曰 佛敎ㅣ 是也요 民相尙而爲俗ㅎ니 曰 尙古俗 曰 好新俗 曰 厭世俗이 是也라. 然而尙古者ㅣ 漸衰ㅎ며 好新者ㅣ 進明ㅎ며 厭世者ㅣ 就廢는 理所當然而觀諸我韓淸之不振과 歐米之强盛과 印度之已廢에 可知矣라. 就中廢者는 己矣勿論이어니와 以其强盛者言之라도 考彼歐米之史컨뒤 雖功蓋一世ㅎ고 勢掀當時者라도 其 權位가 只止於自身하며 國從而無百年之治安ㅎ야 曰 英米戰爭이니 曰 普法戰爭이니 曰 聖彼得時代이니 曰 拿巴倫時代이니 ㅎ야 兵革이 式日未息ㅎ야시니 此果生活事業上何等殘念耶아. 嗚呼라. 此豈當初三聖之本意也哉리오. 蓋俗流之弊가 至于此境者也라. 假使三聖으로 易地易時而當이런딜 誰知耶蘇氏가 不爲釋氏之敎而釋氏가 不爲孔氏之敎며 抑孔氏가 亦不爲耶蘇氏之敎歟아. 然則 爲我後學者는 但知其爲弊

312

之所在而救其偏與短而已라.

論我宗教者가 或有曰 名分이 太過ᄒ고 壓制가 太甚하야 所以로 人才가 不得需用ᄒ고 新智가 不能發達이라 ᄒ니 似或其然이나 此亦流弊之所自也요 決非孔氏之本意也라 ᄒ노라. 現今 我邦이 雖曰宗教儒道나 幾百年泰平濡習으로 滔滔浮沈ᄒ야 喪失於名利之累慾而猶或可謂宗教家者는 只是山林經學之士而亦病於慕華之主義하며 偏於黨色之評論하야 當此外勢之漸盛하며 國權之日削하되 猶博帶廣袖로 拱手斂膝하고 不曰未聞用夷變夏也則輒曰天地運否하야 吾道衰矣라 하고 甚者則不止於此라 弄了筆舌하며 誘諸民心하야 少有意於扶斯道者난 討之以師門亂賊하며 有欲於存斯國者는 斥之以先王逆臣하고 且或憂時者로 槪然於敎育目的하야 欲設學校於校宮書院等 近地則乃曰先聖重地를 於此見奪이라 하며 先賢享祀를 從玆必絶이라 하야 百般設方에 期使不施하나니 以若不已면 從今十年後則雖欲敎之子孫이나 無賢師可聘之人이오 無書籍可購之處而民族이 從化爲野蠻이오 國步가 漸退於無位하리니 其在國無民込之時하야 有誰奉先聖之祀하며 與誰明斯道之本乎아.

其中에 有剛氣丈夫가 如宋淵齊之抗節과 崔勉庵之擧義가 聲播內外하며 名傳竹帛者ㅣ 非不無之나 其國弊民困에는 終無一助하야 不免以于羽之舞로 欲解平城圍之嘲하니 可勝歎哉아. 遂使我幾千年祖國精神之盡善盡美者斯道로 必込之於若習俗之胥溺이 可乎아. 於此에 抑有一言하야 勸告我經學家諸先生하노니.

夫經學家諸先生은 卽吾士庶之領袖요 人民之標準이라. 其 淵源也ㅣ 深하고 其 本根也ㅣ 久하야 能使斯民으로 右則右하고 能使民으로 左則左하리니 誠一主唱하야 先斯國之存而後斯道之扶가 不亦易乎아. 其 效應이 必事半功倍於我個人之千呼萬喚하리니 主唱之道는 無他라. 一發文於全國之士庶하야 家喩而戶說하고 次將國內之士林所力可及處校宮書院詩社約所等財與土ᄒ야 廣設學校ᄒ고 接來賓之餘에 參究外國事情ᄒ며 鄕飮禮之暇에 講明內地習俗ᄒ고 省略婚姻喪葬之禮ᄒ야 取事爲上便宜ᄒ며 痛除周比朋黨之議ᄒ야 富社會上團合ᄒ고 且使靑年弟子로 不須

拘束於區區禮節而齎而送之ᄒ야 使之遊學於疆外而吸收鮮明之新空氣ᄒ
면 其各歸之日에 非我宗敎之是尊而孰尊之리오. 且民庶之從而自新者가
其應이 果何如哉아. 至若出疆變服些少之關碍ᄒ야ᄂᆞᆫ 不必爲念矣니 孔子
之轍環天下와 程子之參佛十年이 不其先輩之有徵者乎아. 愚ᄂᆞᆫ 以爲斯道
之斯扶가 其在經學家之速先開化라 ᄒ노라. 繼而祝之曰

　　歲八月 丙午 秋에 太極學報 爲始로다
　　太極이 無極이라 會名부터 無窮無極
　　生兩儀劃八卦ᄂᆞᆫ 太極象 分明ᄒ네
　　仰觀天俯察地ᄂᆞᆫ 太極演數이 아닌가
　　太極玄妙無窮理로 우리 學識 發達ᄒ세
　　無極이 太極이라 報名조차 얼사 조타
　　太極殿 놉흔 곳에 우리 皇上 그 게신데
　　太極勳章斗大印은 報舘門에 두렷걸고
　　太極旗 빗난 늘노 우리 同胞 同樂ᄒ세
　　太極無極 無極太極 우리 學報 始終일세

　　評曰 夫社會ᄂᆞᆫ 勢力으로 維持ᄒᄂᆞᆫ 者라. 今宗敎도 亦一社會니 假令
外勢로 不爲侵逼ᄒ고 雖我自國而自强이라도 若非吾徒者로 先開而占有
勢力이면 亦未知斯道之持久니 其 經學家ᄂᆞᆫ 詳察於此哉어다. 孔子曰 行
夏之時ᄒ며 乘殷之輅ᄒ며 服周之冕이라 ᄒ샷시니 此其時宜를 從홈이
아닌가. 今에도 古今을 參考ᄒ며 東西를 斟酌홈이 何難이 有ᄒ리오.

◎ 信敎論, 趙鏞殷, 〈대한유학생회학보〉 제1호, 1907.3. (종교론)

　　*종교

　　信有自由之信ᄒ고 信有强制之信ᄒ며 敎有人間的之敎ᄒ고 敎有超人
間的之敎ᄒ고 且有唯一神之敎ᄒ니 奧在西曆第七世紀ᄒ야 回敎之弘布

也에 全以兵力으로 左衝右突ᄒ며 東强西脅ᄒ야 順者ᄂ 授之以經典ᄒ고 逆者ᄂ 剿之以劍戟이라. 當時歐洲人心이 靡然望風ᄒ야 莫敢誰何라. 所以東自印度로 西及西班ᄒ고 南至亞弗利加ᄒ니 於是乎東西大陸이 幾至回敎天地ᄒ니 此 其强制之例一也오. 近在西曆十七世紀ᄒ야 獨逸國內에셔 新舊敎徒가 互相紛爭터니 及丁抹端西가 自北派軍ᄒ고 佛蘭西國이 自南授助ᄒᆷ이 遂至獨佛兩國間直接政治上之開戰ᄒ니 所謂 西史有名之 三十年 戰爭이 是라. 此 其强制之例二也오 同其時에 英國則國民資格을 限於新敎信者ᄒ고 其外ᄂ 化外治之ᄒ며 近日露國은 以希臘敎爲國敎ᄒ야 不許異敎之慘酷手段으로 往往有慘殺猶太人之凶報ᄒ며 且於淸初에 欲杜西藏前進之路ᄒ야 强布喇嘛에 永絶進取之氣脈ᄒ니 此 其强制之例三也라. 以上數例ᄂ 小可以尋常宗敎로 觀之오. 皆可謂一種特別之政治手段也라.

宗敎之波 及 影響於國家者와 政治之利用宗敎之關係가 豈其淺淺哉아 然而挽近以來로 人智漸開ᄒ며 理想이 漸高ᄒ야 不可强之以敎며 化之以敎라. 於是信仰自由가 爲萬國之所共認ᄒ니 如今之英國은 雖無神論者라도 使得自由賣買結婚育兒ᄒ며 且夫演說著書ᄒ야 任唱其說이오 無復昔日之景況ᄒ니 是乃泰西一般之規라 不一其例로다. 此 其信之有殊而若夫敎之不同則我 孔夫子誕降於 二千四百五十八年前ᄒ시니 泰西無雙之大聖이시고 泰東惟一之素王也라. 易經焉是繫辭ᄒ시고 詩書焉是刪增ᄒ시고 春秋則自作之ᄒ사 明夫君君臣臣父父子子之道於後ᄒ시고 修理玉塵鏡於前ᄒ시니 肆我五倫三綱之光이 燦然復輝於後世ᄒ야 式至于今ᄒ니 忠孝之誠이 入心激髓ᄒᆷ은 是誰之德이며 東邦特徵으로 驚歐耳目은 是誰之賜오 孔夫子之巍巍功德은 不必多論이오.

淸國碩學康有爲ᄂ 嘗論孔敎曰 孔敎ᄂ 進步主義오 非保守主義며 孔敎ᄂ 汎愛主義오. 非獨善主義며 孔敎ᄂ 世界主義오 非國別主義라 ᄒ니 至當哉라 斯言이여 夫不深透孔敎之原理ᄒ고 徒摘遺俗之弊習과 及夫腐儒

之行動ᄒᆞ고 敢言孔教者면 烏可免井觀管見之責哉아 然而鬼蜮邪神은 子所罕言則斷之以人間的 教而庶無誤矣오. 釋迦氏則革去婆羅門教之積弊ᄒᆞ고 創立佛教於印度者ㅣ距今略 二千餘載而明修三德ᄒᆞ야 以致涅槃이 所謂 終極之佛果라. 徒是空閑寂滅ᄒᆞ야 少無進取主義ᄒᆞ니 印度人의 厭世悲觀的 思想之所由深入於腦者ㅣ良以此也라 此ᄂᆞᆫ 超人間的 教也오 耶蘇氏則生於 千九百十年 前ᄒᆞ야 立於天帝人類之間ᄒᆞ야 自當救贖之任ᄒᆞ니 曰 人類ᄂᆞᆫ 同胞也라 曰 人類ᄂᆞᆫ 平等也라 ᄒᆞ야 其義가 直捷ᄒᆞ고 深切着明ᄒᆞ야 原於眞理ᄒᆞ고 切於實用ᄒᆞ니 於救衆生에 有效不尠焉이나 知有上帝而不知有他ᄒᆞ니 故曰惟一神教也라. 蓋不問教之彼我ᄒᆞ고 苟以教字名之則其所以勸善懲惡之道ᄂᆞᆫ 必不相殊오. 且世既稱之曰 三聖云則胡敢言其長短得失於其間哉아 但 就信教之曰則不容不傾心研究ᄒᆞ야 其 於得失之及於一身者와 及夫利害之及於社會者를 當熟考深察이라. 余ᄂᆞᆫ 聞信教之要ㅣ有四ᄒᆞ니 一曰 實行主義오 二曰 任性自適이오. 三曰 宗教的 理想이오. 四曰 政治上 意味라 ᄒᆞ니 若以實行言之ᄒᆞ면 凡人之在於人間에 日用行爲ᄂᆞᆫ 其 範圍雖曰 至廣至大나 必不外乎五倫而五倫은 孔教所宗이어늘 不此之爲ᄒᆞ고 惟彼是願이면 何異於捨淵而求魚ᄒᆞ고 出山而求虎者乎아 且未嘗實踐於此者가 安敢至於彼哉아 徒勞無得에 反歸虛行이 必然之勢也오. 若以任性自適言之면 人之能力이 雖曰 稟賦於天이나 學問而後에 有知ᄒᆞ고 經驗而后에 有覺은 聖人도 亦然커든 況凡夫乎아 然則不學而徒信에 何異於無燭而夜行者乎아 且自由自由가 雖是有口者之所共說也오 舉世人之所同願也나 無知無覺者로 言之면 自由가 不如强制니 何者오 赤子入井에 任其自由可乎아 狂夫把釖에 許其自由可乎아 不察時代之如何ᄒᆞ고 不諒人民之智愚ᄒᆞ고 惟自由是許ᄒᆞ고 惟自由是尙이면 烏能免狂夫赤子之溺且傷乎아 徒戕其性과 徒取其禍가 理理所然이오 若以宗教的 理想言之면 必也使郡郡村村으로 信之無遺然後에 可爲國教니 捨諸國民之最所共願而共戴者와 咸悅而咸服者ᄒᆞ고 更求何處乎아 不可不溯究歷史上 及 習慣上ᄒᆞ야 可以順之오 不可使逆之니 我國은 由來 四千年 孔教之國也라 雖曰 目不識丁이라도 猶知倫理之不可悖ᄒᆞ고 手不書孔

이라도 猶知孔子之爲聖人ᄒ니 故로 唱之以孔ᄒ면 應之如期ᄒ고 導之以儒ᄒ면 來者如雲은 勢所必至오 理所難逃라. 若於一朝에 逆習慣溯風化ᄒ야 唱之以異ᄒ면 其所困難이 何特欲陸上行舟者乎아 此 非知事者之所可爲오. 若以政治上 言之면 敎之於國에 猶酒之於人ᄒ니 人若間諸空腹ᄒ야 痛飮無量則雖猛烏之壯이라도 難免酗倒忘覺ᄒ야 不成人事ᄂ 愚夫之所明知也니 今我國之腹이 其 飢乎아 其 飽乎아 國之腹은 非軍法政醫農工商이면 莫能飽之오. 且一盃一盃가 雖似多情이ᄂ 惟以多賣爲目的故로 念不可 及 於飮者之利害ᄂ 觀諸酒嫗而可驗이니 嗚呼라. 被勸者之量我飢飽ᄒ고 思我酒量ᄒ야 辭之亦可오. 絶之亦可니 未及成夢ᄒ야 更加思諒ᄒ여야 忘父忘君에 罔有其極ᄒᆯ 境遇도 能免이오. 四千載國性이 漸至衰喪ᄒᆯ 處地도 能免이니 財政軍權은 奪於强鄰ᄒ니 其復이 有日이어니와 哀此精神을 若喪於一卷書ᄒ면 其完其蘇가 永無其日이니 夫不論八間的 超人間的 及 惟一神的 之敎ᄒ고 信敎之不可泛忽을 論ᄒ노라.

◎ (논설) 敎育論,
　林圭(임규), 〈낙동친목회학보〉 제2호, 1907.11. (종교학)

　　*애국 정신 교육(종교론)
　　*미완 상태이나 더 이상 연재되지는 않음

◎ 宗敎之區別, 元泳義, 〈대동학회월보〉 제4호, 1908.4.
　(종교학)

　人也者宗敎之動物也ㅣ라 社會之內容實際와 及其發達之理法이 皆吾人之所講究者로ᄃᆡ 而其直射吾人之目前而來者ᄂ 惟宗敎也ㅣ라 然而惟是依賴ᄒ고 不能自立ᄒ야 暴露其衰憊之態ᄒ며 沮滯其進向之道者ᄂ 視

宗敎爲笻杖者也오 超脫範圍ᄒ고 濫用自由ᄒ야 天地之間에 任翺翔而獨
步者ᄂ 視宗敎爲羈軛者ㅣ오 朝聞甲派之說而和之ᄒ고 夕叩乙宗之門而
信之ᄒ야 翩翩然彷徨於五里霧中者ᄂ 視宗敎爲戱劇者也ㅣ라 視以笻杖
者ᄂ 奴隷性也ㅣ오 視以羈軛者ᄂ 浮浪性也ㅣ오 視以戱劇者ᄂ 丐乞性也
ㅣ니 是何足與語夫宗敎也哉아 其有以宗敎爲本領을 如衆本之有心과 萬
錢之有貫ᄒ야 應事而條暢ᄒ고 按物而活用ᄒ야 隨時制義ᄒ며 通理合變
者ㅣ 其庶幾乎爲人類資格矣라 然則世界各國之宗敎ㅣ不一而足ᄒ니 可
東可西에 其誰適從고 蓋其各國宗敎之不同이 如人種之別焉ᄒ야 不可混
也ㅣ審矣라 若責紅人以不黃ᄒ고 責黑奴以不白이면 豈非無理之甚乎아
不如各從其所好而不失其國粹而已也라 槪擧世界宗敎之區別而論之컨딕
西國之敎에 其大部分이 有二ᄒ니 曰一神敎也ㅣ며 曰多神敎也ㅣ라 一神
敎者ᄂ 舊敎新敎及回回敎之類ㅣ是也오 多神敎者ᄂ 日月星辰城隍山川
水火木石羽毛鱗介等類ㅣ 皆載祀典也ㅣ라 新敎者ᄂ 耶蘇敎也ㅣ니 西曆
紀元前四年에 摩西後裔耶蘇基督이 生於猶太國首府耶路撒冷ᄒ니 時卽
我東新羅赫居世五十四年也ㅣ라 耶蘇ᄂ 猶云神靈이오 基督은 蓋其名也
ㅣ라 耶蘇ㅣ 初就約翰而領洗禮ᄒ니 洗ᄂ 謂澡身이니 領洗禮ᄂ 蓋受業
之意也ㅣ라 其敎法이 大槪戒殺戒戒盜ᄒ고 重靈魂輕軀殼ᄒ고 視世界人
類爲同胞ㅣ라 受業者十二人이 以神術醫疾ᄒ야 手摩立 愈故로 所至에
男女老弱이 塡街隨之ᄒ야 喧傳耶蘇爲猶太之王ᄒ니 有該亞法者ㅣ 與衆
謀殺之ᄒᆞᆯ식 其門人猶大士ㅣ 受賄而導人執送於大吏彼拉多ᄒ야 釘死于
十字架而失其屍러니 其門人이 數數見形于空中云爾라 奉其敎者ㅣ 不祀
別神ᄒ며 不供祖先ᄒ고 惟以以耶蘇로 爲天父之獨子而信仰之ᄒ야 其敎
徒ㅣ 冒犯千難萬厄而弘布其敎러니 共後에 派分爲猶太希臘羅馬列佛顚
等敎ㅣ러라 舊敎者ᄂ 天主敎也ㅣ니 天主者ᄂ 謂上天之主宰也ㅣ라 支
那明初에 有日耳曼人路得者ㅣ 謂天主敎ᄂ 誤解耶蘇書ᄒ야 誘人以刑戮
入敎ᄒ니 乃異端邪說이오 非耶蘇本旨라ᄒ야 乃取耶蘇書而重加譯解ᄒ
야 別立敎規曰耶蘇敎라ᄒ고 稱耶蘇爲救世主而不稱天主ᄒ니 蓋其新敎
ᄂ 自路得始別也ㅣ라 其源이 出自摩西ᄒ니 西曆紀元前一千二百年에 摩

318

西託言受天神敎於西奈山이라ᄒ니 西奈山은 在阿剌伯西北境也ㅣ라 於
是에 垂十誡以敎世人ᄒ고 七日安息ᄒ니 一週日禮拜ㅣ 卽起於此也ㅣ라
逮至新舊敎之分에 邦國君臣이 分黨攻殺ᄒ야 爾來數百年에 西土之民이
肆市朝膏原野者ㅣ 不知爲幾千萬人ᄒ니 嗚呼慘矣로다 今從舊敎ᄂ 佛伊
比班葡等諸國也ㅣ오 從新敎者ᄂ 英荷嗹瑞普米等諸國也ㅣ오 此外에 兩敎
參雜者ᄂ 奧獨等諸國也ㅣ러라 回回敎者ᄂ 摩哈麥敎也ㅣ니 摩哈麥은 又
稱瑪哈穆特也ㅣ라 西曆紀元前五百七十年에 生於阿剌伯麥加地ᄒ니 時
卽我東新羅眞興王二十九年也ㅣ라.少年에 爲商致富ᄒ고 不識文字호ᄃ
性이 聰敏ᄒ야 方當耶蘇敎盛行之時에 思別創敎門ᄒ야 以自高異ᄒ야
入山讀書數年에 著書曰可蘭經이라 乃宣言於衆曰獨一眞主上帝ㅣ 命聖
救世ᄒ실ᄉ 初命摩西ᄒ고 次命耶蘇而其敎ㅣ 猶嫌未廣ᄒ야 復命摩哈麥
ᄒ야 立敎補缺이라 ᄒ고 於是에 令阿剌伯人으로 放棄偶像ᄒ고 信奉惟
一眞神ᄒᄃ 麥加人이 譁呼爲訴世라 ᄒ니 摩哈麥이 逃難於麥地拿어ᄂ
土人이 靡然從之ᄒ야 卽以是年으로 爲紀元ᄒ니 時卽我東新羅眞平王四
十二年也ㅣ라.其後에 徒黨이 日衆ᄒ야 不入敎者ᄂ 率衆攻之ᄒ니 四隣
이 皆畏而從이라 於是에 據阿非之北境ᄒ야 管阿剌伯全土ᄒ고 裂歐羅
巴西垂ᄒ야 創建一大帝國曰大食國이라 ᄒ고 自是로 有席捲天下之志而
病歿於馬太國ᄒ니 時年이 六十二라 其敎法이 大槩焚香禮拜念經ᄒ고
禁食猪肉也러라 統論以上諸敎則皆不外乎善心而回敎ᄂ 以兵力布之ᄒ
고 新舊敎ᄂ 以犯難冒死而布之ᄒ니 若使天下後世로 不有惑信之深이면
能如是乎아 或曰回敎與新舊敎ᄂ 其源이 皆出於佛敎라 ᄒ니 未知其果然
也ㅣ로다. 佛敎ᄂ 釋氏敎也ㅣ라 西曆紀元前六百二十一年에 釋迦牟尼ㅣ
生於天些迦比羅城ᄒ니 天竺은 卽印度也ㅣ라 釋氏ㅣ 創設一敎ᄒ야 制人
間之私欲ᄒ고 謀世界之靜穩ᄒ야 捨家入山ᄒ야 悟得眞理ᄒ니 其敎法이
念佛誦經ᄒ며 受持十誡라 五印度全部ㅣ 賴是而殺伐之風이 稍止ᄒ고 遂
使其敎로 流遍於西藏及亞洲東部諸國ᄒ니 蓋其布之也ㅣ 誘以功德也ㅣ
라 然而其言에 曰有福德心이면 便非福德也ㅣ라 ᄒ야ᄂ 世人이 以福德
心으로 求福德者ᄂ 誠是誤解其本旨也ㅣ로다. 大抵耶摩釋三人이 拔起一

身於億萬人世界中ᄒᆞ야 大鳴於天下後世ᄒᆞ니 耶摩ᄂᆞᆫ 眞可謂一世英傑而釋氏則一大哲人也로다. 儒敎則異諸是ᄒᆞ야 其所謂修齊治平正誠格致之學과 與夫仁義禮智孝悌忠信之道와 及其士農工商養生送死之事ㅣ 皆本於君臣父子兄弟夫婦長幼朋友之倫ᄒᆞ니 皆非高遠難行者而使世界人類로 自不能一日無此理故로 泰西諸國에 日用常行이 亦不越乎其間而凡奉一神敎者ㅣ 亦不能非之라 是敎ᄂᆞᆫ 不待强布誘入ᄒᆞ고 只因自然之理而同然ᄒᆞ니 此ᄂᆞᆫ 孔子所以爲大成至聖也ㅣ라. 孔子生於魯昌平縣ᄒᆞ니 時卽周靈王二十一年十一月也ㅣ라. 初有行道之心而終有歸歟之歎ᄒᆞ야 作春秋而托南面之權矣라 我東에 從孔子敎者千有餘年에 便爲國粹ᄒᆞ니 惟我一國之所學者ㅣ 宜若無有異同而奈之何派分之多也오 或甘爲隱淪ᄒᆞ며 或私立朋黨ᄒᆞ며 或固滯而不通ᄒᆞ며 或循己而不取於人ᄒᆞ니 皆非實從其敎者也ㅣ로다. 孔子ㅣ 轍環天下ᄒᆞ사 歎接與荷篠輩之長往不顧ᄒᆞ시니 何嘗甘爲隱淪也아 又謂毋意必固我而行仕遲速이 惟視時中ᄒᆞ사 以窮則變變則通으로 揭諸易繫ᄒᆞ시니 何嘗固滯而不通耶아 且問禮於老子ᄒᆞ시고 問官於郯子ᄒᆞ시고 學琴於師襄ᄒᆞ시니 何嘗循己而不取於人耶아 復謂君子ᄂᆞᆫ 周而不比라 ᄒᆞ시니 何嘗私立朋黨耶아 嗚呼라 凡我從孔子敎者ᄂᆞᆫ 過去之舊染을 滌洗於江漢之濯ᄒᆞ고 將進之新智를 啓發於時雨之化ᄒᆞ야 各究時變之通義ᄒᆞ고 共濟文明之化域이면 豈非宗敎中人格優等也哉아.

◎ 宗敎와 漢文, 金文演, 〈대동학회월보〉 제19호, 1909.8.
  (국문론, 한문, 종교)

物極必反ᄒᆞ고 人窮反本홈은 天然界의 定理오 人爲間의 常事이라. 十年求山ᄒᆞ다가 自家後園에 竟葬ᄒᆞ고 四處徙宅ᄒᆞ다가 舊日鄕里에 還居ᄒᆞᄂᆞ니 吾人의 常情이 近者ᄂᆞᆫ 是忽ᄒᆞ고 遠者ᄂᆞᆫ 是取ᄒᆞ며 舊者ᄂᆞᆫ 是厭ᄒᆞ고 新者ᄂᆞᆫ 是耽ᄒᆞᄂᆞᆫ 바이나 遠近이 無異ᄒᆞ고 新舊가 交換ᄒᆞᄂᆞᆫ 바이라. 自家後園을 推見홈에 天下의 千村萬壑이 皆 此 山과 同一ᄒᆞᆫ 바이오. 自

己鄉里를 推度흠에 世界의 千材萬落이 皆 此 里과 同一흔 바이니 同一
흔 此 山 此 里이오 同一흔 此 我 此 人이라 異樣新奇ᄒ고 分外快樂흔
境遇가 豈有흘 바이리오.

我韓의 一般人氏가 更張 以後로 別般心醉目眩ᄒ야 舊敎와 舊文을 高
閣에 束置ᄒ고 忘域에 渾付ᄒ얏더니 近間에 至ᄒ야 扶植ᄒ기로 主唱ᄒ
ᄂ 社會도 或 有ᄒ고 專門으로 講習ᄒ자ᄂ 言議도 或 有ᄒ니 前者의
腐敗無用ᄒ다 稱ᄒ던 바을 今日의 忽爾有用흠으로 認知ᄒ야 爲然흠인
가 浮花浪藥가 回淳返樸ᄒᄂ 傾向이 自有ᄒ고 簪履故物을 抛棄ᄒ기 不
能흔 思想이 寔切ᄒ야 爲然흠인가. 宇內萬國이 山出棋置ᄒ야 多數흔 敎
門中에 儒敎가 其 一을 占據ᄒ얏스니 儒敎ᄂ 我洲 四千年 傳來ᄒ던 宗
敎라 土地와 人民으로 基礎를 作ᄒ야 一國家를 成立흔 以上에ᄂ 宗敎
가 無흠이 不可흔 바이니 宗敎ᄂ 人心을 團結ᄒ고 風俗을 維持ᄒᄂ 바
이오. 人이 此 世에 出生흠에 孝親友兄ᄒᄂ 倫理와 忠國愛君ᄒᄂ 秉彝
ᄂ 建天地不悖ᄒ고 質鬼神無疑흘 바이라. 洋의 東西와 人의 古今을 無
論ᄒ고 此 心 此 理가 元無相異흔 바이니 儒敎ᄂ 此 倫理를 發展ᄒ고
此 秉彝를 擴充ᄒᄂ 法門이라. 人이 此 倫理를 違反ᄒ고 此 秉彝를 喪失
ᄒ면 엇지 其 家를 綜理ᄒ며 其 國을 保守흘 바이리오.

舊文은 我東亞三國의 通行ᄒᄂ 文字이라. 我 三國이 環海聯峙ᄒ야 鼎
足의 形勢가 寔有흠에 互相連絡ᄒ고 交相親愛흔 然後에야 此 生存競爭
ᄒᄂ 時代를 可以 過渡흘 바이오 此 東洋平和ᄒᄂ 幸福을 可以 享有흘
바이니 其 連絡親愛ᄒᄂ 方針은 合同흠에 在흔 바이라. 言語의 不同흔
者를 文으로 相同케 ᄒ고 風俗의 不同흔 者를 文으로 以同케 흠에 我
三國交際上의 必要不可缺흠은 智者를 不待ᄒ고 可知흘 바이라.

日本人 賴襄氏가 有言ᄒ되 我가 無文흠이 아니나 終是彼에 不及흔
바이니 資於彼ᄒ야 用於我흠이 豈是不可흔 바이리오. 是非利害를 辨別
ᄒ야 以言則 簡明ᄒ고 以傳則 不謬ᄒ니 漢文의 爲用흠을 豈其可廢흘
바이리오. 文은 漢文에셔 善良흔 바이 無ᄒ다 ᄒ얏스니 氏 所謂 彼라
흠은 卽 其本 出處를 指目흠이라. 我韓의 凡百事爲가 百不逮人ᄒ니 漢

文에 至ᄒ야ᄂ 優勝ᄋᆷ을 足誇ᄒᆯ 바이러니 今日에ᄂ 日本人의 漢文程度가 蒸蒸日上ᄒ야 同文局을 刱設ᄒ고 新字를 製增ᄒ니 此ᄂ 東亞國際間의 漢文이 必要ᄒᆷ으로 思量ᄒᄂ 所以라. 泰西人의 世界萬國 文學程度表를 比較的으로 叅究ᄒᆯ진ᄃᆡ 英 美 法 德은 尙矣라 勿論이어니와 東洋 諸 國中에 日本이 最高度를 占領ᄒ고 我韓과 支那ᄂ 最低度에 處ᄒ얏스니 此ᄂ 全國人民의 文學程度를 平均數로 總計算ᄒ야 爲然ᄒᆷ이라. 我韓과 支那ᄂ 每百人中의 識字ᄒᄂ 者가 一二人에 不過ᄒ니 엇지 優勝ᄒᆫ 地位를 得占ᄒᆯ 바이리오. 今에 富村이라 稱ᄒᆷ은 一里에 居生ᄒᄂ 人民이 總히 饒足ᄒᆷ을 謂ᄒᆷ이라. 貧寒ᄒᆫ 人이 大多數에 居ᄒᆯ진ᄃᆡ 雖或一二人의 巨富가 有ᄒᆯ지라도 富村이라 稱ᄒ기 不可ᄒᆫ 바이니 我韓人의 文學程度가 如是低劣ᄒᆷ은 엇지 慨歎ᄒᆯ 바 아니리오.

漢文이라 謂ᄒᆷ은 其 文字가 漢時에 至ᄒ야 克備ᄒᆫ 緣由이나 漢以後로 修補改良ᄒᆷ이 無ᄒᆫ 故로 今日에 至ᄒ야 其 字ᄂ 有ᄒ나 其 物은 無ᄒᆫ 者가 甚多ᄒ고 其 物은 有ᄒ나 其 字ᄂ 無ᄒᆫ 者가 亦多ᄒ니 叅考改良ᄒ야 其 無用의 字ᄂ 減削ᄒ고 其 有用ᄒᆯ 字ᄂ 造作ᄒ야 簡易便捷ᄋᆷ을 務圖ᄒᆯ 바이오. 漢文을 自來로 傳習ᄒ던 我韓國으로 各 學校 中에 完全ᄒᆫ 敎科書가 無ᄒᆷ은 一大 欠點이니 他隣에 使聞ᄒ기 不可ᄒᆫ 바이라. 我韓 言語間에 漢文을 引用ᄒᄂ 者가 十居八九이니 此 漢文을 一切 廢棄ᄒ기 不能ᄒᆯ 바이오. 旣 是 廢棄ᄒ기 不能ᄒᆯ 時ᄂ 完全ᄒᆫ 敎育을 是授ᄒᆯ 바이라. 東西人의 所著ᄒᆷ을 勿論ᄒ고 新思想을 可히 鼓吹ᄒᆯ 最近ᄒᆫ 文字와 經史 中의 良好ᄒᆫ 漢文을 精選ᄒ야 漢文專門學校를 另設ᄒ고 四五年으로 定期ᄒ야 我國 中學校 以上에서 卒業ᄒᆫ 學生과 外國大學校에셔 卒業ᄒᆫ 諸氏 中의 其 所學ᄒᆫ 바 冊子를 著述코자 ᄒ나 漢文에 嫺熟치 못ᄒᆷ으로 窒塞ᄒᄂ 歎이 有ᄒᆫ 者와 新學問을 譯載ᄒ야 上海 等地에서 出版ᄒᄂ 冊子를 購覽코자 ᄒ나 未能ᄒᄂ 者를 專力敎授ᄒ야 刮垢磨光ᄒ면 他日의 大學問家를 多數成就ᄒᆯ 바이니 大學問家가 多數 成立ᄒᆷ은 文明富强ᄒᆯ 前提이라.

然ᄒ나 漢文의 廣博淵深ᄒᆷ이 成功ᄒ기 最難ᄒᆫ 바이라. 經生學士가 數

十寒署를 逍受ᄒ나 充分ᄒ기 不能ᄒᆫ 歎이 每有홈으로 漢文은 厭薄ᄒᆫ 者가 常多ᄒᆫ 바이니 漢文의 本旨ᄂ 只是言事를 記載ᄒ고 辭意를 通達케 홈에 不過ᄒᆫ 바이오. 今日에 此 忙迫한 時期를 當ᄒ야 漢文을 讀習홈은 必要ᄒᆫ 範圍를 限度ᄒ야 可成的으로 期圖홀 바이니 豈必 人人이 韓柳歐蘇와 如ᄒᆫ 文章大家되기를 爲務홀 바이리오.

文章에 神境이 有ᄒᆫ 바이니 神境이라홈은 今世의 稱ᄒᆫ 바 哲學的 部分이 是已라. 孔子의 繫辭와 莊子의 南華經과 王實甫의 西廂曲과 其地 人口에 膾炙ᄒᆫ 詩文은 多是 哲學的 都分으로 流出홈이오. 近世 我韓의 行詩ᄂ 科第 以外에 百無可用홀 바이나 其 最著名ᄒᆫ 句語ᄂ 亦是 哲學的 思想이라. 六體中에 詩가 最難ᄒ니 其 最難ᄒᆫ 緣由ᄂ 我韓人이 哲學的이라 ᄒᆫ 名詞도 不知ᄒ고 只是苦心焦思ᄒ야 佳句를 搆獲홈이라. 詩를 能爲ᄒᆫ 以上에ᄂ 各體의 文章를 隨手拈出홀 바이니 此 哲學的 思想으로 神境에 優入홈은 人人이 自得홀 바이오. 他人이 傳授ᄒ기 不能홀 바이라. 一切學術과 技藝가 皆 其 妙入神ᄒᆫ 境遇에ᄂ 他人의 指導홈을 不要홀 바이니 何獨 漢文만 爲然홀 바이리오.

儒敎라 홈은 孔子의 敎를 云홈이니 孔子의 學을 傳授ᄒᆫ 者가 論語 一部書를 獨一無二ᄒᆫ 寶典으로 看做ᄒ나 論語가 只是 門弟子의 記載ᄒᆫ 바이라. 各尊所聞ᄒ고 各明一義ᄒ야 孔敎의 全體를 包括ᄒᆫ 바ㅣ 아니오. 六經은 雖是孔子의 編定ᄒᆫ 바이나 詩書禮樂을 因前損益ᄒᆫ 바이라. 孔敎의 精神이 大易과 春秋에 專在ᄒᆫ 바이니 大易은 靈魂界의 書이오 春秋ᄂ 人間世의 書이라. 大易의 眞理ᄂ 以元統天ᄒ얏스니 天人이 相與ᄒᆫ 學問인 故로 孔子가 繫易홈에 魂學을 推明ᄒ야 區區ᄒᆫ 軀殼이 此世間에 偶然幻現홈이라. 愛戀홀 바이 元無홈이니 勇猛ᄒᆫ 志氣를 能生ᄒ야 捨身救世홈이 當然 底道理이오. 孔子가 春秋를 作ᄒ심은 時俗의 癃痼홈을 憫憐ᄒ샤 一新改革ᄒ기를 思量ᄒᆫ 바이나 但 其 所遭ᄒᆫ 時勢와 所處ᄒᆫ 地位가 盧梭와 伯倫智理와 如ᄒᆫ 바이 아닌 故로 記事홈에 寓意ᄒ야 符號를 刱立ᄒ고 法律을 制定ᄒ야 後人에게 留贈ᄒ야스니 春秋ᄂ 卽 孔子의 所立ᄒᆫ 憲法이라. 春秋에 三世之義를 表明홈은 據亂世와 升

平世와 太平世이니 據亂과 升平은 小康이라 亦謂ᄒᄂ 바이오. 太平은 大同이라 亦稱ᄒᄂ 바이니 小康의 意義ᄂ 現在ᄒᆫ 世界를 以治ᄒᆷ이오. 大同의 意義ᄂ 將來의 世界를 以治코자 ᄒᆷ이라. 小康派의 學問은 子夏 와 荀卿를 由ᄒᆞ야 秦漢時에 最히 盛行ᄒᆷ에 宋 元 明 諸 儒가 皆是引繼ᄒᆫ 바이오. 大同派의 學問은 子遊와 孟子를 由ᄒᆞ야 其 統이 中絶ᄒᆞ얏스니 孔敎의 主義ᄂ 進步ᄒᆷ에 在ᄒᆷ이라 保守ᄒᆷ에 在ᄒᆷ이 아니오 兼愛ᄒᆷ에 在ᄒᆷ이라 獨善ᄒᆷ에 在ᄒᆷ이 아니오 平等ᄒᆷ에 在ᄒᆷ이라 壓制ᄒᆷ에 在ᄒᆷ이 아니니 我大韓에 生長ᄒᆞ야 我大韓의 危微ᄒᆷ을 救護코자 ᄒᆯ진ᄃᆡ 我韓人 의 歷史와 習慣을 根因ᄒᆞ야 因勢利導ᄒᆯ 바이오. 人民의 團體를 結合코 자 ᄒᆯ진ᄃᆡ 一國人의 信仰誠服ᄒᆞᄂ 學術을 選擇ᄒᆞ야 宗敎를 成立ᄒᆯ 바 이라.

今日에 儒敎를 扶植ᄒᆞ고 漢文을 舖張ᄒᆞᄂ 中에도 亦有可以捨短取長 ᄒᆞ고 去彼擇 此ᄒᆷ은 執端用中ᄒᆞᄂ 方策이오. 且 其 流獘ᄂ 儒敎와 漢文 의 眞面目을 確認치 못ᄒᆫ 緣故이라. 儒敎와 漢文을 擴張ᄒᆞ야 儒敎와 漢 文의 腐敗ᄒᆷ을 矯救ᄒᆷ이 엇지 不可한 바 有ᄒᆞ리오. 余ᄂ 儒敎를 是崇ᄒᆞ 야 格致ᄒᆞᄂ 新學問을 排擠코자 ᄒᆷ이 아니라 四千年 故國에 宗敎가 不 完ᄒᆷ을 是悶ᄒᆞᄂ 바이오. 漢文을 專主ᄒᆞ야 國文을 等棄코자 ᄒᆷ이 아니 라 漢文을 歇后ᄒᆞ야 得魚忘釜ᄒᆯ가 是盧ᄒᆞᄂ 바이로다.

◎ 世界의 三大潮를 論ᄒᆷ, 姜筌, 〈대한학회월보〉 제3호, 1908.4. (종교, 자유론)

*공자교, 기독교, 석가교＝종교 자유, ＝자국 헌신 사상, 동포 애정

凡 宗敎ᄂ 人類의 性靈을 陶冶ᄒᆞ고 品行을 高尙케 ᄒᆞᄂ 道德의 基礎 라. 然ᄒᆞᄂ 若 其 自國의 精神을 鼓動ᄒᆞ고 同胞의 義務를 實踐ᄒᆞᄂ 平日 의 講磨ᄒᆫ 效力이 無ᄒᆞ면 各種 敎門의 弊害를 因ᄒᆞ야 他人을 崇拜ᄒᆞ다

가 奴隷를 甘作ᄒ고 異類를 交通ᄒ다가 土地를 讓渡ᄒ야 國家도 顚覆ᄒ고 人種도 漸滅ᄒᄂ는 悲境에 陷入ᄒ미 比比相望ᄒᄂ는 故로 玆에 特히 現世界의 三大潮를 略擧ᄒ야 一言을 述ᄒ노라.

孔子敎ᄂ는 別件異事가 아니요 卽 吾人의 日用常行이니 君臣父子의 倫을 明ᄒ고 格致誠正과 修齊治平의 道를 講ᄒ며 禮樂射御書數의 法을 立ᄒ야 是로뼈 大本領를 作ᄒ고 又 其他 學識이 深透ᄒ즉 窮理盡性ᄒ고 樂天知命ᄒᄂ는 境에 至ᄒ느니 此ᄂ는 皆舜性을 導迪ᄒ고 綱常을 維持ᄒ미니 道德의 根底를 玆에 立ᄒ야 世를 扶ᄒ고 人을 敎ᄒ엿고

基督敎ᄂ는 宇宙 萬象을 創造ᄒ 上帝를 敬事ᄒ므로 宗旨를 立ᄒ고 人類를 博愛ᄒ야 自由 平等의 公理가 有ᄒ믈 唱道ᄒ며 人의 靈魂과 肉體의 區別을 辨ᄒ야 生前에 善을 修ᄒ던지 惡을 行ᄒ던지 畢竟은 肉體가 死後에ᄂ는 靈魂이 上帝의 前에서 審辦을 當ᄒ야 善ᄒ 者ᄂ는 天堂에 升ᄒ고 惡ᄒ 者ᄂ는 地獄에 陷ᄒᄂ는 處分을 受ᄒ다 提論ᄒ고 敎法의 初步ᄂ는 殺, 盜, 淫, 酒, 妄言, 偶像, 等을 禁ᄒ엿고

釋迦敎ᄂ는 大慈大悲로 衆生을 罪惡에 度케 ᄒ니 風水火土의 成形ᄒ 肉體와 三生輪回에 墮落ᄒᄂ는 靈魂을 辨別ᄒ야 肉體의 善惡ᄒ 原因으로 靈魂의 苦樂ᄒ 結果를 得ᄒ므로 胎濕卵化의 變態를 隨ᄒ야 移轉ᄒ미 善惡의 報應으로 來世에 降生ᄒ야 或 人도 되고 或 物도 된다ᄂ는 勸懲의 意를 示ᄒ며 妻子의 累를 避ᄒ고 葷羶의 味를 戒ᄒ며 虛無空寂의 性을 圓覺ᄒ고 不生不滅의 魂을 修鍊ᄒᄂ는지라.

以上 三大 宗敎國의 今日 現勢를 一覽ᄒ신ᄃ 印度와 猶太ᄂ는 旣往에 亡國의 墟를 遺ᄒ야 但 其 土地와 人民은 依然히 存在ᄒᄂ 其 國의 權力은 餘地가 無ᄒ고 其 民의 狀態ᄂ는 死境에 濱ᄒ엿스니 印度를 亡ᄒ믄 釋氏의 禍가 아니요 猶太의 亡ᄒ믄 耶氏의 禍가 아니라 皆 其 國民의

愛國的 思想이 劣度에 墜ㅎ야 自主의 能力을 保持치 못ㅎ야 國權을 失ㅎ고 人種이 滅ㅎ는 境遇를 遭ㅎ엿스며 쏘 支那의 現狀을 觀察홀진딕 幅員이 廣大ㅎ고 人口가 衆多ㅎ야 殷富膏沃ㅎ미 全世界의 第一位로 稱ㅎ깃스되 列國이 環視ㅎ야 耽耽히 其 肉을 食코즈 ㅎ고 其 血을 吮코즈 ㅎ야 其 國이 奄奄히 斃倒홈을 待홈과 如ㅎ니 是 엇지 孔子의 禍라 云ㅎ리요. 但 國民의 思想이 發達치 못ㅎ야 萬般 事業을 因循惰怠에 任ㅎ고 世界의 文明을 吸收치 못홈에 禍胎가 潛伏ㅎ엿도다. 此 三敎의 分據ㅎ 區域은 左와 如홈.

孔子敎의 區域 支那本部, 韓國, 日本, 安南, 基督敎의 區域 猶太國, 米國, 英國, 俄國, 法國, 德國, 韓國, 淸國, 日本, 印度, 安南(全世界에 敎區가 滿遍) 釋迦敎의 區域 印度 支那 韓國 日本 安南

此等 三敎가 世界 萬國에 廣佈ㅎ는 形勢가 譬컨딕 海波가 激揚ㅎ야 汪洋浩瀚홈과 如ㅎ 故로 三大潮라 稱ㅎ미라. 古代에는 何國이던지 但 自國의 宗敎만 信昴ㅎ기를 專務ㅎ야 人民으로 他敎에 服從홈을 大禁ㅎ야 黨同伐異의 習으로 殺戮의 禍를 橫任ㅎ야 伏尸流血의 慘이 恒 有ㅎ더니 今日은 卽 所謂 廿世紀(耶蘇降生紀年)라 ㅎ는 時代이니 萬國이 各種 宗敎의 信 不信을 人民의 自由에 許홈으로 敎門이 益廣ㅎ고 德義가 博施ㅎ야 安寧 幸福을 逐케 ㅎ니 此는 卽 天地가 有ㅎ고 人類가 生ㅎ 以來로 前無後無흔 時代라 云ㅎ깃도다. 然ㅎ느 更히 注意홀 바는 雖異種別門의 敎를 崇奉ㅎ더리도 自國에 獻身ㅎ는 思想과 同胞에 愛情을 表ㅎ는 義務를 晷刻이라도 忘치 勿ㅎ야 精神을 發揮ㅎ고 事業을 建樹ㅎ야 終始貫徹ㅎ미 大目的으로 認ㅎ기를 希望ㅎ노라.

◎ 國家와 宗敎, 李漢卿,〈대한학회월보〉제3호, 1908.4.
　(국가론, 종교)

　洋之東西와 時之古今을 勿論ᄒ고 어늬 國이던지 其 成立之基礎ᄂ 宗
敎的 偉大ᄒ 力으로뼈 其 成功홈은 世人의 熟知ᄒᄂ 빈라 何故오. 宗敎
者ᄂ 道德과 博愛로뼈 目的ᄒ 故로 敎를 信ᄒᄂ 者ᄂ 其 思想이 道心에
換染되야 相愛의 心이 生ᄒ즉 爲國의 心이 生ᄒ고 爲國의 心이 生ᄒ즉
箇人의 惡感이 無ᄒ고 箇人의 惡感이 無ᄒ즉 社會觀念이 生ᄒ고 社會觀
念이 生ᄒ즉 其 國은 自然黃金時代에 處ᄒ나니 故로 今日 歐洲諸國이
唱道ᄒ기를 耶蘇의 無限功德은 耶蘇國의 現實이니 國家와 宗敎ᄂ 實로
可히 相離치 못ᄒᆯ 關係가 有ᄒ다 ᄒ야 國敎制度와 敎國制度와 敎政幷行
制度 有ᄒ니 國敎制度ᄂ 國家로뼈 統治의 主體되고 宗敎로뼈 從屬ᄒ
事業의 一部로 認홈이오 敎國制度ᄂ 國家가 耶蘇敎의 指示ᄒᄂ 바에
從ᄒ야 其 目的을 達홈이오 敎政幷行制度ᄂ 國家가 敎會의 上에 位置되
야 能히 指揮監督지 못ᄒ고 敎會가 國家의 上의 位置되야 能히 指揮監
督지 못홈이 是라. 此 制度ᄂ 今日 歐洲에 一名詞가 되야 流唱되ᄂ 빈
라. 故로 古之聖賢도 敎로뼈 人類의 本源이라 ᄒ야 歐洲에도 希臘파비
로니아之敎로붓허 漸次 發轉되야 耶蘇敎에 至ᄒ야 世界的 宗敎가 되야
歐洲 諸國의 强大是也요 東洋에도 淸國堯舜禹湯으로 孔孟에 至ᄒ야 儒
道進興ᄒ야 列代에 文化를 傳ᄒ야스니 此 兩敎ᄂ 東亞의 有力ᄒ 敎이
라. 此 兩敎의 目的이 大同小異ᄒ야 崇天博愛로 爲本이니 東哲의 云홈
도 天은 萬物之本原이오 宇宙之主宰오 人事之模範이오 道德之根源이
니 天을 畏敬홀지라 ᄒ고 又 天은 人民을 監視ᄒ사 賞罰ᄒ시ᄂ 威力이
有ᄒ시다 하얏고 西哲의 云홈도 天은 萬物의 父母시오 世界의 救主시
니 衆生을 哀傷ᄒ사 天下群生에 對ᄒ사 親子갓치 博愛ᄒ신다 ᄒ야스니
東之鯀은 逆天홈으로 彜倫의 殛死를 受ᄒ얏고 禹ᄂ 順홈으로 洪水를
治ᄒ시고 洪疇를 得ᄒ얏스니 是ᄂ 東洋之昭然홈이오 西之馬合默이히
라 山上에서 天書를 得홈은 西洋之昭然이니 天의 神靈ᄒ심은 可히 알

빔로다.

嗚呼라 吾人은 事天의 思想이 無홈으로 事國의 思想이 無ᄒ고 博愛의 思想이 無홈으로 社會의 思想이 無ᄒ니 所謂 學問家라도 博愛의 思想과 道德의 心이 道心에 眞透된 後에야 社會上 活動을 得홀 것이오 所謂 下流無識人이라도 博愛의 心과 道德의 思想이 無ᄒ면 엇지 人民의 義務와 團體의 心이 生ᄒ리오. 故로 今日 吾人은 以上 兩敎 中에 時勢를 從ᄒ야 有力ᄒ고 團合에 容易ᄒ 敎를 擇信ᄒ면 國家의 黃金時代ᄂ 於中에 在ᄒ리라 ᄒ노라.

23.
지리

순번	연대	학회보명	필자	제목	수록 권호	분야	세분야
1	1896	대조선독립협회회보	편집국	지리초광	제17호	지리	지리학
2	1896	대조선독립협회회보	편집국	구라파론이라	제3호	지리	외국
3	1896	대조선독립협회회보	피제손(서재필)	동양론	제6호	지리	외국
4	1906	태극학보	학해주인	실업지리	제20호	지리	지리학
5	1906	태극학보	한명수	외국지리	제6, 7, 8, 10호	지리	외국
6	1907	대한유학생회학보	최생	지리학잡기	제2호	지리	지리학
7	1907	야뢰	현채	역사지리 = 지리	제1, 2, 3, 4, 5, 6호(6회)	지리	대한지리
8	1908	대동학회월보	원유객	지리학	제8, 12호(2회)	지리	지리학
9	1908	기호흥학회월보	김하정	대한 신지리학	제3호	지리	대한지리
10	1908	대한협회회보	현은	지지	제1호~12호(12회)	지리	대한지지
11	1908	대한협회회보	편집자	방국의 구별	제5호	지리	지명
12	1908	소년	편집실	鳳吉伊 地理 工夫	제1권 1, 2호, 제2권 1, 6, 10호(5회)	지리	지리
13	1908	소년	집필인	初等大韓地理稿本: 第一編 發端, 第二編 總說, 第三編 地方誌	제3권 제4호	지리	지리
14	1908	대한협회회보	이종린	세계의 최고산	제8, 9호	지리	외국

◎ 地理初桄,〈대조선독립협회회보〉제17호, 1897.07.31.
　(한문)

地理初桄

　第一章 論地形及 造法

　地之所以爲地其成以漸非頃刻可就欲明地理者必先知之如五穀之種其
生也必由芹而苗而秀而實以漸而成地球亦類是又如雞蛋其中之黃白本係
流質得母雞之熱漸成小鷄地球之逐漸結成亦若是也故地之始成至成今日
之地球必歷千萬年之久
　地之本形 地球未成之先本與日球爲一因旋轉之勢而分始分時爲極熱之
氣質漸凉而成甚熱之流質再凉而凝成定質卽地球之外殼是也殼外皆水水
上皆氣其氣較今之空氣更爲濃厚
　地殼分水陸成土石 地球初成外殼皆水本無陸地然殼雖成定質而其內仍
爲甚熱之 流質外殼漸凉漸縮流質被其擠壓因將外殼湧起高出水面卽成陸
地其地甚小如海島然陸地初成皆係石質並無泥沙其後歷受波浪之冲擊空
氣之侵蝕與冷熱之漲縮雖極堅之石變爲石子石子漸變細沙細沙漸變成泥
　植物來歷 陸地旣有泥土方生植物而海中亦生海藻惟植物之初生者皆非
貴重之品如苔類及木賊鳳尾大葦絲芒等是嗣後其種漸變其品亦漸尊生松
柏檀楠等貴重之物
　動物來歷 地上一切動物飛潛行走合之共數萬種而其生也亦先賤而後貴
水中先有珊瑚蛤螺之類而後有魚陸地先有蛙與鼉之類而後生飛禽再後生
走獸最後是生人而人爲萬物之靈證動植之生先賤後貴 地學家之查考地殼
者知土石皆有層累最高者在底漸近則漸上在底層所留之物迹動物則肢體
未分植物則枝幹未備而品亦極賤漸上則動物之迹肢體漸分植物之迹枝幹
漸備而品亦漸貴故地上所生之物皆由賤而漸貴非臆說也
　總論 總之天地之成有一定不易之理亦有一定不易之例皆是無所不能之

上帝于天地未有之先匠心獨運默定權衡故天地皆依次而成先爲氣質繼成流質因旋轉而成球形其後流質又成定質再後則地殼分水陸水陸成泥土而植物生焉植物既生方生動　物最後而人類出苟非無所不能之　上帝主持乎其間安能若此之有條不紊哉

第二章　論地殼

世之掘井者愈深愈冷意謂如掘井九仞其冷當不可耐豈知不然地學家云地中仍是甚熱之流質人殆不覺耳蓋地面五丈以上仍是太陽所透入之熱故愈深則愈冷若五丈以下則反是乃愈深而愈熱每深五丈寒暑表上升一度苟掘至一百五十里之下無論何物皆成流質万不能更有定質試觀火山所噴吐者甚熱之流質也卽地中之流質也且地震者亦爲地中流質所震動也故地中仍爲甚熱之流質此非確據乎

地殼之厚薄　地學家論地殼之厚其說不一或謂六十里卽英里二十里或謂六百里卽英里二百里而人祗能掘深三里故未能得其確數若地殼爲六十里厚則較之地中流質固爲甚薄猶蛋殼之與黃白蓋地球對徑共二萬四千里卽英里八千里其殼祗得四百分徑之一若地球與蛋同大則殼較蛋爲愈薄矣

地殼之質與其變遷

地殼中石類甚繁有堅硬者亦有柔脆者水中所成之石其堅脆以質而定因地中火力而成之石其堅脆以減熱之遲速而定然不論堅硬與柔脆皆有變遷蓋空氣中養氣最易化　合別質經其侵蝕而石質漸爛波浪沖擊之處則雖極堅之石崖亦能沖倒加以冷熱之漲力縮而剝落冰雪之漲壓而坍卸其形狀位置其豈能亘古不易耳

累石分二大類　上言石有水中所成者亦有因地中火力而成者名曰水成石因地中火甲而成者名曰火成石水成石則排列齊整層累井然故亦名有層累石火成石則並無層亦無次序或凸如山或沖入水成石中如樹之枝故亦名無

層累石若觀其圖形可知其狀爲水成石乙爲火成石丙爲火成石沖入水成石中所成之樹枝形地學家于成石中覓得動植物之迹而其獸與菓已成石質蓋其本質漸腐而地中之石質漸入以補其缺迨本質腐盡而石質恰肖其本形矣而煤亦爲太古之植物經秋凋謝臨春復生逐年遞增積累漸厚適遇地面之變遷致陷于地中下受地中之熱上受他物之壓歷年既久而成煤焉故煤之産當在生人之先其礦最旺處在清國英國北亞美利加洲及歐羅巴洲之西凡人衆處産煤亦旺可見造物主之儲材備用其加益於人誠非淺鮮矣

水成石之行列 地球初成其外皆水成石平列地面毫無欹側然地中之流質時有變動地殼亦從而改易高者忽被塌下低者忽被湧上故水成石有時豎列有時斜列有時平列其行列雖有不同而層累則仍秩然不紊也更有地殼之兩處同時忽被湧起水成石被擠 在中其上更有壓力壓之而成波浪之形者

第三章 論地形

地係圓形 古人以地爲方而平徑地學家細爲考察而知其不然蓋地係圓形狀如福橘上下雖微平而終不得謂其非圓也如有人從釜山起行一直向東雖航海梯山母稍易向則其後仍回上海地非苟圓何能若此又如一人在平地遠眺一人在高山遠眺在高山所見必自較平地更遠地苟非圓又何能若此或曰地面高山深谷高下懸殊安能成爲圓刑不知天下極高之山祗高十五里而自海面量至地心共有一萬二千里則雖極高山祗得地半經八百分之一與福橘之粗皮無異若地與福橘同大則其面當較福橘之皮爲更平矣又安能礙其圓那

地面水多陸少 諺曰三山六水一分田則陸當居十分之四抑知陸地並無十分之四祗得四分之一焉蓋全地大洋有五而海則十餘更有海灣海股及江河等類甚多陸地雖有六大洲萬不能如水之多然陸地初成尙不及今日之多以後漸長漸多水卽漸少若水漸多則陸地亦必漸少此定理也再海洋之底亦有高山深谷且亦有平原與陸地無理故海洋之深淺不等大洲與海島之邊除珊瑚島外海之近邊者甚淺漸遠則漸深可知大洲與 海島卽海中之高山也海之利用海之用極廣除魚鹽之利外其至大之用有三一使陸地

不至甚冷日光照于地面水陸均得其熱然陸地受熱甚易而散熱亦甚易水
之受熱甚難而日間陸地所受之熱至夜而發散甚速而水中之熱尚未散盡空
氣卽傳其熱故陸地可不甚冷二爲雲爲雨者水氣之作用也海水受太陽之熱
而化氣水氣較輕於空氣故上升在空中遇冷而成雲再冷則其細點並合而成
雨以滋生禾稼則作霖作雨皆水氣之用也若無海水則安得如許之地氣哉三
地之總滙雨降於地或回於海或入於地入於地者成爲泉源源泉混混爲江爲
河若無海以滙其流則泛濫擴流陸地胥成澤國而況海水可以利舟楫便商賈
俾國勢振興其利於人誠無窮焉

◎ 구라파 론이라, 〈대조선독립협회 회보〉 제3호, 1896.12.31. (국문)

구라파 속에 잇는 나라들은 등분을 맛겟는듸 나라 대쇼와 부강흔 거
슬 가지고 이등분을 믄드럿는지라. 뎨일등 나라는 영길리 불란셔 덕국
아라사요, 뎨이등 나라는 오지리 리틸리 셔반아요, 뎨삼등 나라는 토이
긔 스위든 노웨 하란 별짐 그리스 셔샤 포도아 정말이라. 구라파 각국
이 모도 군민공치국인듸 불란셔와 셔샤만 민쥬국이요, 아라샤와 토이
긔는 군쥬국이라. 일쳔팔빅칠십년에 덕국과 불란셔가 싸홈ᄒ야 덕국
총리대신 비스쁵 공과 륙군 대장 몰게 씨가 덕국 노황뎨 윌림 폐하를
도와 그 싸홈을 익인 후 불란셔가 그 원슈를 갑흐량으로 미년 싱비병을
륙십만 명 가량을 준비ᄒ야 두고 희군을 점점 확장ᄒ니 덕국셔도 굿치
륙군을 오십만 명 가량을 두고 히마다 희군을 확장ᄒᄂᆞᆫ지라. 그리ᄒ기
에 이런 나라에셔들 일년에 희륙군 싱듭에 쓰는 돈이 젼국 셰립에 거즌
반이나 들고, 오늘날ᄭᆞ지 싸홈 업는 거슨 셔로 두려워ᄒ야 못ᄒᄂᆞᆫ 거시
라. 그런 고로 덕국이 오지리와 이틸리와 동밍ᄒ야 언제던지 이 세 나
라 즁에 ᄒ나를 다른 나라히 침범ᄒ면 이 세 동밍국들이 합력ᄒ야 방어
ᄒ자 흔즉---

◎ 동양론, 피 제손, 〈대조선독립협회회보〉 제6호, 1897.2.15.
(국문)

동양은 세계 오대쥬 안에 졔일 큰 대륙이요 그 즁에 큰 셔음들도 만
히 잇고 인구도 졔일 만흐나 지금 동양 경계는 대단히 참혹흔지라. 아셰
아 셔쏙은 지금 토이긔 속국인듸 그져 야만의 풍속이 만히 잇셔 빅셩이
도탄에 잇고 도적이 수면에 횡힝흐며 악형과 고약흔 풍속이 셩흐야 인
민의 목숨과 지산이 튼튼치 아니흐고 그 다음은 파샤국인듸 그 나라도
역시 토이긔 속디와 굿하 나라이 졈졈 못되야 가고 아라샤와 영국 권리
가 대단히 셩흐야 독립흐는 권리를 거의 다 쎗기게 되고 인푸간니스듼
은 영국 아라샤 틈에셔 희마다 졈졈 업셔져 가고 인도는 발셔 영국 속
디가 되야 일억만 명 인구가 오날놀 영국 관활이 되여 지느니 나라는
동양 나라나 실샹인즉 영국 속디라 말흐잘 것 업고 면젼국은 청국 속국
으로 몃히를 잇다가 년젼에 영국 속국이 되얏고 안남도 이왕에는 청국
속국이더니 년젼에 불난셔 속국이 되엿고 셤나는 청국 속국을 면흐야
오날놀신지 주쥬독립은 흐나 년젼에 불난셔의게 싸홀 삼분지 일을 빗
기고 또 영국에 그만쑴 쎗겻는지라 나라 형셰가 믜우 약흐나 셤나 졍부
에 긔화흔 사롬이 만히 잇셔 외국 졍치를 힘드려 본밧는 신닭에 오날놀
신지 자쥬 독립을 보존흐고 청국은 디면이 크고 인구가 삼억만 명이
되나 졍치가 고약흐고 인민이 완고흐야 지금 약흐기가 죠션에셔 못지
안코 빅셩이 도탄에 잇스며 졍부에 완고당이 셩흐야 야만에 복식과 야
만의 풍속을 지금신지 슝샹흐는 신닭에 영국이 향항을 차지흐고 아라
샤가 아셰아 북편을 모도 차지흐고 지금 만쥬와 요동이 아라샤 손 속에
들엇고 청국 남방 디방을 불난셔에 쎗기고 일본흐고 싸홈흐야 셰계에
망신을 흐고 죠션을 일허버리며 듸만을 일본에 쎗기고 또 년젼에 유구
국을 일본에 쎗기며 젼국 형셰가 대단히 위틱흐게 되얏스나 청국 졍부
안에셔는 밤낫 협잡이요 구습을 바리지 못흐야 문구와 허탄흔 일에 돈
을 쓰고 셰력 잇는 사롬이 약흔 사롬을 무리흐게 대졉흐는 고로 졍부와

인민이 원슈굿치 지나고 인민씰이 셔로 의심ᄒ며 셔로 쇽히며 셔로 ᄒ
ᄒ랴고 ᄒ야 국즁에 삼억만 명이 잇스나 합심이 아니되고 이국ᄒᄂᆞᆫ ᄆᆞ
음이 업ᄂᆞᆫ 신듥에 실샹인즉 약ᄒ기가 죠션에셔 못지 아니ᄒᆞᆫ지라. 엇지
ᄒ심치 아니ᄒᆞ리요. <u>일본</u>은 근년에 구습을 모다 바리고 태셔 각국에
죠흔 법과 학문을 힘딀여 비혼 신듥에 오날늘 동양 안에 졔일 강ᄒ고
졔일 부요ᄒ며 셰계에 딕졉 밧기를 긔화흔 동등국으로 밧으니 치하ᄒᆞᆯ
만ᄒ고 층찬ᄒᆞᆯ 만ᄒ더라. 그러ᄒ나 일본도 아즉 구라파 각국과ᄂᆞᆫ 결위
보기 어려워 죠심을 ᄒ고 더 비호며 더 진보를 ᄒ여야 아죠 독립권을
차질 터일너라. <u>청국 남쪽에 잇ᄂᆞᆫ 셔음</u>들은 지금 셔반아 쇽디인딕 독립
을 ᄒᆞᆯ 양으로 근일에 닉란이 나셔 지금신지 싸홈이 씃치지 아니ᄒ엿더
라. <u>죠션</u>은 청국 학문을 비혼 신듥에 각식 일이 청국과 굿흔 일이 만코
나라 형셰가 청국가 굿ᄒ니 엇지 셟고 분치 아니ᄒ리요. 그러ᄒ나 국즁
에 잇ᄂᆞᆫ 인민들이 죵시 구습을 죠하ᄒ고 싱각ᄒ기를 청국 학문들을 가
지고 싱각흔즉 이거슬 변치 아니ᄒ고 청국 모양으로 완고ᄒ게 잇스면
후ᄉᄂᆞᆫ 엇더케 될ᄂᆞᆫ지 우리가 말ᄒ기ᄂᆞᆫ 어렵더라. 이 칙을 보ᄂᆞᆫ 사람들
이 싱각이 잇고 지혜가 잇스면 나라를 ᄉᆞ랑ᄒ고 빅셩을 구완ᄒᆞᆯ ᄯᅳᆺᄉᆡ
잇스며 슬여도 구습을 버리고 문명 진보ᄒᆞᄂᆞᆫ 흑문을 힘쓰며 ᄆᆞ음을 합
ᄒ야 나라일를 ᄒᆞ며 올코 졍직ᄒ고 공변되고 편리ᄒ고 실샹으로 유익
ᄒ고 ᄌᆞ쥬독립ᄒᆞᆯ ᄆᆞ음을 가지고 일을 ᄒᆞ며 사샤와 쳥과 비루흔 것과
완고흔 ᄯᅳᆺ을 내여버려 나라를 속히 셰계에 딕졉밧도 농샹공무와 교휵
과 법률과 각식 졍치를 유신케 ᄒᆞᄂᆞᆫ 거시 다믄 나라믄 보호ᄒᆞᆯ ᄲᅮᆫ만 아
니라 몸과 집을 보호ᄒᆞᄂᆞᆫ 양칙이니 안남이나 면젼이 되랴면 될 터이요
동양에 ᄌᆞ쥬 독립ᄒᆞᄂᆞᆫ 부강흔 나라히 되랴면 될 권리가 죠션 사름의
손 속에 잇더라. 이거시 동양 형셰이니 참쟉ᄒ야 졔군은 읽어 보시오.

實業地理, 學海主人, 〈태극학보〉 제20호, 1906.

地球總論

　地球는 吾人의 通常 知悉ᄒᆞ는 바와 如히 圓形을 成ᄒᆞᆫ 故로 其 名稱을 地球라 命ᄒᆞ엿ᄂᆞ니라.

　地球의 表面은 陸과 水로 成立되엿스나 水가 거의 陸地의 三分之二를 占有ᄒᆞ엿ᄂᆞ니라.

　地球는 吾人의 目見ᄒᆞ는 바 一般 遊星과 如히 太陽의 周圍를 廻轉ᄒᆞ는 一遊星이니라.

　地球의 直經은 三萬 二千餘里요 周圍는 凡 十萬 二千餘里니라.

　地球의 陸上에는 山이 高聳ᄒᆞ며 谷이 低凹ᄒᆞᆫᄃᆡ 地球上의 最上 高峰이 二萬 九千尺이니라. 陸地는 海水에 包在ᄒᆞ엿ᄂᆞᆫᄃᆡ 其 小者를 島라 稱ᄒᆞ고 大者를 大陸이라 云ᄒᆞ나니라.

　地球는 東西 兩大部로 分割ᄒᆞ야 東에 在ᄒᆞᆫ 者는 東半球라 云ᄒᆞ고 西에 在ᄒᆞᆫ 者는 西半球라 云ᄒᆞ니 東半球에는 亞細亞洲 歐羅巴洲, 亞非利加洲, 大洋洲의 五大洲가 有ᄒᆞ고 西半球에는 南亞美利加洲, 北亞美利加의 兩大洲가 有ᄒᆞ니 故로 世界 六大洲라 稱ᄒᆞ나니라.

　水의 大部分을 點有ᄒᆞᆫ 者는 海水니 何處의셔 何處ᄭᅡ지라는 際限은 原無ᄒᆞᄃᆡ 其 水幅의 廣狹을 區別ᄒᆞ야 小ᄒᆞᆫ 者를 海 或 灣이라 云ᄒᆞ고 大ᄒᆞᆫ 者를 大洋이라 云ᄒᆞ니 海와 灣은 其 數 不億이로ᄃᆡ 大洋은 五洋으로 分稱ᄒᆞ야 太平洋, 太西洋, 印度洋, 北氷洋, 南氷洋이라 云ᄒᆞ나니라.

　地球 表面의 氣候는 大蓋 不同ᄒᆞ니 其 中央 卽 太陽에 最近ᄒᆞᆫ 地는 極熱ᄒᆞ고 其 南北으로 遠離흠을 從ᄒᆞ야 漸次 寒帶에 至ᄒᆞ야 畢竟 生物의 生活이 不能ᄒᆞᄂᆞ니 其 寒暖의 大體를 三大帶로 分別ᄒᆞ되 몬져 地球表面 南北中央의 一線을 假設ᄒᆞ야 赤道라 稱ᄒᆞ고 其 次는 南極北極에 至ᄒᆞ기까지 各各 九十度에 分ᄒᆞ고 赤道로브터 南北 各 二十三度 半線을 南北의 回歸線이라 云ᄒᆞ며 南北 兩端에서 各 二十三度 半線을 南北의 極圈이라

337

云ᄒᆞ며 赤道로 中心을 作ᄒᆞ고 兩回歸線 間을 熱帶라 ᄒᆞ고 兩回歸線과 兩極圈 間을 溫帶라 ᄒᆞ고 兩極圈과 兩極 間을 寒帶라 ᄒᆞᄂᆞ니라.

世界의 人口

廣漠ᄒᆞᆫ 世界 中에 亞細亞와 亞非利加의 大沙漠과 如ᄒᆞᆫ 處와 一人의 住居도 無ᄒᆞᆫ 處가 有ᄒᆞ나 如此ᄒᆞᆫ 等處ᄂᆞᆫ 除去ᄒᆞ고 現今 吾人의 住居處만 擧言ᄒᆞ면 農業으로 主務를 作ᄒᆞᄂᆞᆫ 國은 人口가 稀薄ᄒᆞ고 工業으로 主務를 作ᄒᆞᄂᆞᆫ 國은 人口가 溜集ᄒᆞᄂᆞᆫᄃᆡ 未開國은 人口가 次第로 減少ᄒᆞ고 文明國은 人口가 急劇 增加ᄒᆞᄂᆞ니 歐洲ᄂᆞᆫ 世界 文明國이라 云ᄒᆞᄂᆞᆫ 者일ᄉᆞ록 人口의 密集이 劇甚ᄒᆞᆫ 中에 惟獨 異常ᄒᆞᆫ 現象은 佛國이 何故로 人口가 增加치 못ᄒᆞ고 年年히 減少ᄒᆞᄂᆞᆫ지 吾人의 一大 注意處가 되엿거니와 何如間 一變狀이오. 其他의 歐洲 諸國은 年年히 增加되ᄂᆞᆫᄃᆡ 其中 其 度가 甚劇ᄒᆞᆫ 者ᄂᆞᆫ 北米合衆國이니 此ᄂᆞᆫ 其 文明의 速度가 甚速ᄒᆞᆫ 正比例를 表示ᄒᆞᄂᆞᆫ 者요 亞細亞 諸國은 文明 速度가 大槪 遲緩ᄒᆞᆷ을 因ᄒᆞ야 人口의 增殖도 大槪 遲緩ᄒᆞ되 左右間 人口가 漸次 繁殖ᄒᆞᆷ은 無疑ᄒᆞᆫ 事實이니 然則 全世界 人口의 總數가 現今 幾許인지 由來 統計가 不確ᄒᆞ야 到底히 精微ᄒᆞᆫ 數를 定算치 못ᄒᆞ엿스되 大綱 十六億 以上으로 計算ᄒᆞ니 土地의 廣大를 從ᄒᆞ야 亞細亞 人口가 最多ᄒᆞ야 總數의 半分 以上을 占有ᄒᆞ고 其 次ᄂᆞᆫ 歐洲니 總數의 四分之一 可量이 되ᄂᆞ니라.

世界의 人種

世界 住民의 言語 風俗과 宗敎 道德이며 文明의 度數와 立國의 國是며 其他 萬般事가 無非有異ᄒᆞ되 生理學上으로 人體組織을 論究ᄒᆞ건ᄃᆡ 差異의 點이 殆無ᄒᆞ고 但止 皮膚 毛髮이 各有不同이라. 此를 五派에 分系ᄒᆞ니

一曰 蒙古人種, 蒙古人種은 一名 黃人種이라 又 稱ᄒᆞ니 皮膚가 黃色이

오 顔面은 廣扁ᄒ고 顴骨이 出秀ᄒ며 眼이 小ᄒ고 目眦가 擧裂ᄒ며 頭髮은 硬黑ᄒ고 鬚髥이 槪少ᄒᄃ 此 人種의 人口가 凡 五億이오.

二曰 古加索人種, 一名은 白人種이라 又 稱ᄒ니 皮膚가 白色을 帶ᄒ고 額은 廣ᄒ고 長ᄒ며 顔은 細長ᄒ고 鼻는 隆高ᄒ며 目眦는 不擧ᄒ고 頭髮은 鳶色을 帶ᄒ고 鬚髥은 茁多ᄒᄂ니 此 人種의 人口가 凡 五億이요.

三曰 亞非利加人種, 一名은 黑人種이라 又 稱ᄒ니 皮膚는 黑色을 帶ᄒ고 鼻는 肥大ᄒ며 領이 擧前ᄒ고 唇이 太厚ᄒ며 額은 扁平ᄒ고 頭髮은 黑短ᄒ여 鬚髥은 少ᄒ나니 此 人種의 人口가 凡 一億 五千萬이오.

四曰 馬來種이니 皮膚가 鳶色을 帶하고 外容은 蒙古人과 殆同ᄒ고 頭蓋와 眼目은 古加索人種과 恰似ᄒᄃ 此 人種과 但 리네시아人種을 合倂ᄒ야 其 人口가 四千五百萬이오.

五曰 亞美리加人種이니 皮膚가 赤銅色을 帶ᄒ고 頭髮은 黑色이며 鬚髥은 少ᄒ니 此 人種과 他 雜種을 合ᄒ야 其 人口가 凡 三千四百萬이오.

其 外에 印度쓰라세타人種과 파쑤 及 오스트랄리아 土人種이 更有ᄒ니 前者는 凡 六千萬 人口요 後者는 凡 三百萬 人口니라.

世界의 言語

言語의 種類가 千百其數로 各自의 差異가 有ᄒᄃ 廣用與否를 論據ᄒ쟈면 學術上으로는 羅甸 希臘 等 國語가 其 先을 占有ᄒ고 工商 及 實業上 語는 英語 及 支那語가 其 先을 占有ᄒ며 其 次는 西班牙 國語요 外交 國際上과 上流社會에 多數 通用되는 者는 佛蘭西 國語니라.

世界 各國이 大槪 特殊의 國語를 持有ᄒ되 스위스(瑞士) 國民은 佛, 德, 以, 諸國 語를 用ᄒ고 오스트리아헝가리國 國民도 一國民이 數多의 言語를 用ᄒ나니라.

世界의 宗敎

世界 宗教 中에 重흔 者가 四種이 有ᄒ니 其 源은 皆是 亞細亞로 從出흔 者인디 其 中 佛敎ᄂ 釋迦의 敎旨니 發元地 卽 印度에ᄂ 今日의 發達이 無ᄒ나 日本에ᄂ 信奉ᄒᄂ 者가 多ᄒ며 波羅門敎ᄂ 佛敎와 如히 印度에셔 起흔 者인디 印度人이 信奉ᄒᄂ 바오. 基督敎ᄂ 耶蘇基督을 救世主로 信奉ᄒᄂ 一神敎니 新敎, 舊敎, 希臘의 三大派로 分ᄒ엿고 回回敎ᄂ 마호멧드를 最大 豫言者로 信奉ᄒᄂ 者인디 亞細亞 西部 及 亞弗利加에 現行ᄒᄂ니라.

各 邦土의 領域

現今 世界의 獨立國이 凡 五十인디 其 中 强國의 班列을 參得ᄒᄂ 者 五分一에 不過ᄒᄂ디 國土의 面積은 廣大흘지라도 國勢ᄂ 微弱흔 者도 有ᄒ고 國土ᄂ 偏小흘지라도 列强과 位置를 同齊히 ᄒᄂ 者가 有ᄒ니 國土가 廣大ᄒ고 强흔 者ᄂ 露國과 美國이오 本土ᄂ 偏少ᄒ되 列邦의 强名을 同受ᄒ 者ᄂ 英國, 佛國, 德國, 葡萄牙國, 和蘭國이니 此等 諸國은 本土ᄂ 雖小ᄒᄂ 其 領土가 本土의 幾百倍 或 幾十倍式됨으로 世上이 列强이라 稱ᄒ나니라.

世界의 主要흔 物産, 世界의 物産을 大別ᄒ면 鑛, 植, 動 三者인디 鑛物 中에 最必要者ᄂ 鐵 金 石炭의 三種이오 植物 中의 最必要者ᄂ 穀類와 棉花의 二種이오 動物 中의 最必要흔 者ᄂ 羊과 蠶絲니라.

鐵, 石炭의 産額은 美國이 第一 高位를 占據ᄒ고 其 次ᄂ 英國이오 其 次ᄂ 德國이며 金은 澳國과 南非트란스발, 北美合衆國이 主要흔 産地니라.

穀物 中 白米의 産地ᄂ 東洋이요 小麥의 産地ᄂ 西洋이니 北米合衆國이 小麥의 多産地가 되여 世界 産額의 四分之一을 産出ᄒ고 英國은 穀物産額이 不足ᄒ야 每年 外國에셔 輸入ᄒ나니라. 羊毛ᄂ 歐羅巴, 澳國, 南部亞非利加, 알헨지ᄂ가 主要흔 産地요 蠶絲ᄂ 歐洲 南部와 亞細亞 諸邦이 其 主要흔 産地며 諸般 關係上에 大要흔 者ᄂ 牛馬니라.

世界의 貿易

各 國이 貿易上에 皆是 年年의 進步를 致ᄒᆞᄂᆞᆫ 中에 英國이 第一 先位를 點有ᄒᆞ고 其 次ᄂᆞᆫ 北美合衆國과 德國이 發展度數가 非常히 甚速ᄒᆞ고 其 次ᄂᆞᆫ 人口 一人에 付ᄒᆞᆫ 輸出入額을 考見ᄒᆞ니 和蘭, 白耳義, 瑞西 等 諸國은 其 額이 甚低ᄒᆞ니라. 左에 輸出入額表를 列擧ᄒᆞ노니(單位ᄂᆞᆫ 磅)

人口 一人에 對ᄒᆞ야 輸出入ᄒᆞᄂᆞᆫ 額表

各國	輸出額	輸入額
和蘭	二七.七	三二.五
瑞西	一0.四	三.五
白耳義	一一.0	一三.三
英國	六.八	一二.六
德國	四.0	五.一
美國	三.七	二.五
伊太利	一.七	二.一
西班牙	一.五	一.八
凶牙利	一.八	一.五
露國	0.七	0.六

世界의 交通

世界 交通上에 特別히 注意ᄒᆞᆯ 者ㅣ 三이 有ᄒᆞ니 一은 大陸을 橫斷ᄒᆞᄂᆞᆫ 鐵路오 二ᄂᆞᆫ 大洋을 橫斷ᄒᆞᄂᆞᆫ 海底線이오 三은 海洋을 聯絡ᄒᆞᄂᆞᆫ 大運河니라.

北美洲를 橫斷ᄒᆞᄂᆞᆫ 數多의 鐵道가 同大陸 開發上에 重要ᄒᆞᆫ 關係가 有ᄒᆞ고 西伯利亞 鐵路의 開通은 世界 交通에 多大ᄒᆞᆫ 變化를 與ᄒᆞᆫ 者로다. 만일 此後 亞弗利加를 橫斷ᄒᆞᄂᆞᆫ 鐵道와 中央亞細亞를 橫斷ᄒᆞᄂᆞᆫ 二

鐵道가 完成ᄒ면 世界 陸上의 交通이 全新의 興味를 與ᄒ리로다.

海底線은 太西洋을 橫斷ᄒ야 新舊 兩大陸間을 聯通ᄒ고 太平洋도 已爲橫斷線이 有ᄒ니 通信上 便利ᄂ 更言ᄒ 必要가 無ᄒ며

北米合衆國에 經營始役ᄒ 쌔ᄂ마運河가 開鑿을 竣畢ᄒ면 世界 交通上에 新福音을 作ᄒ리로다.

◎ 外國地理, 韓明洙,〈태극학보〉제6호, 1907.1; 제7호

*학교에서 배운 것과 교과서를 참고하여 간략히 기록함

▲ 제6호

엇던 鄕客이 京師로 구경 오사다가 鐘路 갓흔 곳에셔 路를 失ᄒ야 躊躇(주저)홈을 巡檢이 見ᄒ고 親切히 引導ᄒ려 ᄒ야 問曰 君의 住所가 何處뇨. 其鄕人이 答曰 仔細不知ᄒ노라. 巡檢이 曰 그러면 住所 近傍에 무슨 塵이 有ᄒ며 洞口에 巡檢幕(순검막)이 有ᄒ더냐. 又 答曰 그런 것도 不知ᄒ고, 但 吾의 住所ᄂ 瓦家오딕 後庭이 廣濶ᄒ고 庭中에 小池가 有ᄒ야 鵝鴨(아압) 四首가 終日 水中에 游泳ᄒ면셔 菜葉만 食ᄒ니 畢竟 吐泄(토설)홀 듯흡듸다. 其 巡檢이 啞笑(아소)ᄒ고 其 住所를 探知ᄒ야 還歸ᄒ얏다 ᄒ니 此等 人物은 誰某라도 愚氓(우맹)이라 謂홀지라. 然이ᄂ 諸君도 其 愚氓과 智識이 如ᄒ다 ᄒ오.

諸君이 地球上의 生ᄒ야 一生을 住居ᄒ는 處所라 其 住居ᄂ 地球上 事實을 不知ᄒ면 其 愚氓이 其 地名과 統戶數를 不知홈과 不異ᄒ며 池中에 鵝鴨이 游泳하는 것만 記憶ᄒ는 것과 갓치 諸君이 野의 花가 發ᄒ다 山에 鳥가 鳴ᄒ다, 江에 滄波가 潺湲(잔원)ᄒ다, 山에 峰巒(봉만)이 凌層(능층)ᄒ다, 此等 無用件만 記憶ᄒ나, 其野에 土理가 如何ᄒ니, 彼 花樹의 性質이 如何ᄒ며, 此 江의 根源과 此 産의 山脈이 何處로 從來ᄒ

야스며, 亞細亞 地方은 엇더ᄒ고, 歐羅巴 諸國은 何方의 在ᄒ고, 亞米利加 山川은 如何ᄒ 것슬 不知ᄒ면 其 愚氓보다 賢明ᄒ 것시 無ᄒ지라. **故로 余가 餘暇를 乘ᄒ야 學校에서 講師게 聞ᄒ 것과 敎科書의셔 讀ᄒ 바를 略記ᄒ오니, 愛讀ᄒ심을 希望ᄒ노라.** 吾輩의 住居ᄒᄂ 地球를 五大洲로 分ᄒ야 亞細亞, 歐羅巴, 亞弗利加, 大洋, 亞米利加라 稱ᄒ니 몬져 亞細亞洲의 地勢와 氣候를 略述ᄒ고 諸國의 風土를 記ᄒ게슴.

亞細亞洲ᄂ 五大洲 中에 最大ᄒ지라. 其 大部分은 北溫帶에 在ᄒ야 ---

▲ 제7호

海岸과 及 海面: 本洲 西方 一端 外에는 皆 海濱(해빈)이ᄂ 沿岸에 出入이 乏少ᄒ고, 海岸線의 延長은 約 二万千餘里니라.

東海岸: 東海岸 一帶는 一條 大火山으로붓터 貫通ᄒ 島脈이 有ᄒ며 本洲 北東南邊에 突出ᄒ 캄작크 半島로붓터 大陸의 地勢를 從ᄒ야--

南海岸:

西海岸:

北海岸:

氣候:

邦制: 本洲는 亞細亞 系統 人民의 本據地니 東部, 中央部, 北部에는 其 黃人의 諸種이 住居ᄒ고, 西部, 南部ᄭ지는 歐羅巴와 亞弗利加 系統 人

民이 住居ᄒ니라. 世界 四大 宗敎의 敎祖 耶蘇, 釋迦, 孔子, 마ᄒ밋도가 皆 本洲에셔 誕生ᄒ얏고 又 中古에 二大 帝國을 創建者, 成吉汗[1], 帖木兒는 本洲로븟터 四方을 征服ᄒ얏스ᄂ 現今에 至ᄒ야 歐米人의 勢力이 漸次로 浸入ᄒ야 本洲 各處를 分割ᄒ야 屬地와 租借地가 星宿갓ᄒ니라. 大陸에 最大ᄒ 邦制區劃이 三이니 (一) 支那, 本洲 東部 平原을 本據ᄒ야 滿洲, 蒙古, 西藏 等地方을 包有ᄒ 大帝國이요, (二) 露國領地, 시베리아 平原과 中央 亞細亞를 領有ᄒ얏고, (三) 英國領地, 本洲 南部 平原을 根據함아 東으로 쎄루마, 西으로 쎄루지스틴 等 地方을 領有ᄒ얏고, 其外 本洲 東端의 我帝國이 有ᄒ고, 又 其東에 日本國이 有ᄒ고, 支那 南에 섬羅國과 쎄루시아도 國과 돌코 國의 領土가 有ᄒ고, 其他ᄂ 히마라야 山下에 네팔 國과 쌱-탄 國과 아라비아의 오믄 國이 有ᄒ니 小獨立國이니라. 島嶼에는 東으로 日本과 北亞米利加合衆國의 領地 비률빈 群島가 有ᄒ고 南東에는 네데란드 國의 領地 마라이 群島가 有ᄒ니라.

▲ 제8호＝支那 地理

地勢:

海岸:

支那本部:

北支那:

直隷는 王畿地方이니--

---

1) 성길한: 징기스칸.

344

國都 北京은--

黃河 水流 地域:

▲ 제10호＝지나지리(속)

(9호에는 연재되지 않음)

長江 下流域에--

長江 中流域에--

長江 上流域에--

珠江 流域에--

滿洲는--

蒙古는--

西藏은--

(이하 연재되지 않음)

◎ (학해) 地理學雜記,
崔生(?), 〈대한유학생회학보〉 제2호, 1907.4. (지리학)

*최생은 최남선일 가능성이 있음

▲ 제2호

地理學이라ᄒ면 古老人中或, 傳來ᄒ든 風水之書와 同視홀 者도 有홀
디 未知ᄒ거니와, 此는 決코 靑囊赤霓之說을 査究ᄒ고 玉尺金斗之書을
引照ᄒ야 讀者僉彦으로 더브러 卻月覆舟之勢와 鷄棲牛眠之形을 談說
코댜 홈이 아니라 다만 吾人의 現方棲息ᄒᄂ 地球上 現象에 就ᄒ야 吾
人이 不可不 知홀 事項을 記述ᄒ야 姑且未悉ᄒᄂ 人士의게 頒示코댜
홈이니, 卽靑鳥子餘流의 地埋談이 아니라 古今幾多學者가 積年討究ᄒ
야 精確驗算ᄒ 事實이니라.

本篇이 原來, 雜鈔中에셔 隨意摘錄ᄒ 것인則 自然히 次序도 不有ᄒ고
詳略이 不同ᄒ야 他人의 眼에 掛ᄒ기 實노 愧ᄒᄂ 모르ᄂ 스람이면 보
디 안ᄂ 것보다 나을ᄯ ᄒ야 敢히 本報의 餘白을 됴곰식 點汚ᄒ려 홈이
니 讀者ᄂ 恕諒ᄒ시읍

[一]2) 地理學의 分類

디금 世上은 專業時代라 入則相出則將ᄒ고 在朝則廊廟宰오 在野則
學問家ᄒ야 一人의 身으로 依例히 修齊治平, 學問訓導에 無一不宜ᄒ든
古時와ᄂ 迥異ᄒ니, 政治家와 學者가 其澤은 相蒙홀디 언뎡 其 途ᄂ 各
別홀 ᄲᅮᆫ더러 學者라 ᄒ여 萬有科學卽 온 ᄭᅩ 學問을 統히 修習硏究ᄒᄂ

---

2) 원문에서는 二이지만 一의 오식.

것이 아니라 文學은 文學家, 理學은 理學家ᄒ야 各各專門家가 有ᄒ고. 쏘흔 日精日密ᄒᄂ 學問을 硏修ᄒᄂ데 이러케만 ᄒ야션 滿足타 홀수 업슴으로, 假令 文學一科라도 就中에 或 史學을 專究ᄒ고 或 哲學을 專修ᄒ며 或 言語學을 主ᄒ고 或 純文學을 主ᄒ야 一部一分을 各分窮究ᄒ되 此猶未治ᄒ민 드듸여 哲學 一科中에셔도 純正哲學, 心理學, 論理學, 生理學. 倫理學, 宗敎學, 社會學等을 更分硏修ᄒ고 此 中에셔도 心理學의 兒童心理와 病的心理며 論理學의 演繹과 歸納等과 갓흔것을 細分分掌ᄒᄂ니 此蓋精益求精ᄒᄂ 底意라 以上은 言論이 橫出ᄒ야 客股를 搔ᄒ얏거니와 今此 地理學은 如何흔 科學에 隷屬되고 如何흔 分戶가 有ᄒ뇨홀딘듸 多言홀 것업시 理學의 一分身으로 更히 如左흔 分學이 有ᄒ니.

地理學分類表

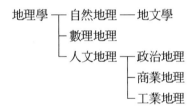

라.

以下에 各分學의 定義를 簡約히 說明ᄒ又노 노라.

[二] 地理學定義

地理學은 地球의 表面, 各國의 廣袤, 人口, 産物及 住民에 關흔 事項等을 人類生活의 方面으로셔 考察ᄒᄂ 것이니 卽 地球에 關흔 萬般現象을 考究ᄒᄂ 學問이니라. 近世學問의 進步로 地理學硏究도 쏘흔 細微ᄒ

게 되야 許多훈 分科를 生훈 것은 前節에 擧示ᄒ얏 거거니와 今에 其 定義를 別錄홀딘딕.

(一) 自然地理 地球表面에 起훈 天然現象을 考究ᄒᄂᆫ 者 ㅣ니 卽水陸氣界의 區別,水陸의 位置, 形勢, 廣狹, 分布, 水와 空氣의 運動, 地球上 各地의 氣候, 生物과 鑛物의 分布, 地球上의 變動[火山地震等]의 理法, 困果, 關係 等을 研究ᄒᄂᆫ 者라. 一層詳言홀딘딕 潮流의 寒暖의 別이며, 節候에 四時의 變化가 有홈이며 桑田碧海가 迭相變化홈이며, 陸地에 千態萬象의 山岳原野가 起伏홈이며, 海洋에 各種 生物이 分布홈이며, 大地가 震動ᄒ고 火山이 爆發ᄒ야 無數훈 生靈을 害홈이며, 地殼이 崩壞破裂ᄒ 홈이며, 地上으로 滾流ᄒᄂᆫ 江河水와 地下로 伏流ᄒᄂᆫ 地下水의 地球에及ᄒᄂᆫ 影響 如何며, 風의 方向과 밋 節候風의 影響等을 審究ᄒᄂᆫ 分學이오.

(二) 數理地理 或天文地理라 ᄒᄂᆫ니 地球를 一箇星을 合아, 宇宙間地球의 位置와밋 外地天體間의 關係, 地球의 形狀. 運動. 經緯線, 地球上 各地의 位置. 五帶, 地圖上에 表出ᄒᄂᆫ 地位의 測定法等, 天文學과 地理學이셔로 關聯된 地理의 解說을 研究ᄒᄂᆫ 者라. 或 自然地理와 數理地理에 地質學(見註解)을 合ᄒ야 地文學이라 稱ᄒᄂᆫ니 此卽廣義의 地文學이오. 狹義의 地文學은 卽 自然地理며

　　[註] 地理學, 星霧說의 所言과 如히 吾人의 棲息ᄒᄂᆫ 地球ᄂᆫ 原來, 宇
　　　宙에 存在훈 高熱瓦斯體가 分離ᄒ야 幾多의 集團을 成훈 後, 放
　　　熱冷却ᄒ야 液體가 되고 更히 液體面이 放冷홈으로, 맛춤닉 擬
　　　固ᄒ야 地皮를 作ᄒ고 岩石을 沈澱ᄒ며, 地熱冷却과 밋 其他 內
　　　外作用으로 因ᄒ야 山岳이 掘起되고 海洋이 澄碧되며, 空氣及水
　　　의 侵蝕作用이 始作ᄒ여, 岩石을 崩壞ᄒ야 土砂를 作ᄒ고, 土砂
　　　가 轉移沈積ᄒ야 層狀岩이 되고, 火成岩이 此를 中貫ᄒ야 迸發
　　　식히ᄂᆫ 等事와 如히, 頗히 複雜훈 變遷을 經歷ᄒ고 幾億万年의

歲月을 閱過ᄒ야 今日에 至ᄒ얏스되, 現今 地球의 狀態ᄂ 尙且 終局의 時期가 아니라 時時刻刻으로 變化不息ᄒ야, 無限ᄒ 歷史 를 作去ᄒᄂ 中이니, 地球가 前述과 如ᄒ 變遷을 經ᄒ야 今日에 至ᄒ 歷史를 講ᄒ고, 其原因을 尋ᄒ야 現狀을 推究ᄒᄂ 學科를 地質學이라 ᄒᄂ니, 地球로 ᄒ여곰 如斯ᄒ 變化를 起케 ᄒᄂ 動 力과, 結果로브터, 形成된 構造, 變狀의 歷史, 又ᄂ 現今 地球의 具備ᄒ 地貌等이다. 地質學의 講究ᄒ 範圍니라.

(三) 人文地理 地球를 人類의 住所로 看做ᄒ야 地球上의 諸國民, 人爲의 區分, 各國의 人情風俗, 開化의 程度, 社會의 組織. 活動(卽 政治, 宗敎, 敎育, 生業, 軍事, 交通 等), 物産 等을 敍述ᄒᄂ 것이니, 政治地理와 商工地理가 此에 屬ᄒ얏 ᄂ니라.

[三] 地球의 成因

吾人이 此節에 至ᄒ얀 아모리 張皇ᄒ게 될弊가 有ᄒ여도, 不可不詳 細히 論述ᄒ야 盤古氏가 開天闢地ᄒ얏다ᄂ 陋說에 浸染된 俗耳를 淨洗 ᄒ 必要가 有ᄒᄂ 이믜 前號브터 揭載ᄒ여오ᄂ 「地球之過去及未來」에 詳略間說示ᄒ 것이 有ᄒ고, 또ᄒ 前節註解中에 大綱提及ᄒ얏슨 則此에 ᄂ 姑爲省略ᄒ고 他日更히 칸트氏의 星霧說 槪要를 紹介ᄒ깃노라.

[四] 太陽系

太陽이 主星된 一星辰系統이니, 太陽의 周圍에ᄂ 八箇의 大遊星과 四 百有餘의 小遊星과 二十有餘의 衛星이 有ᄒ니.

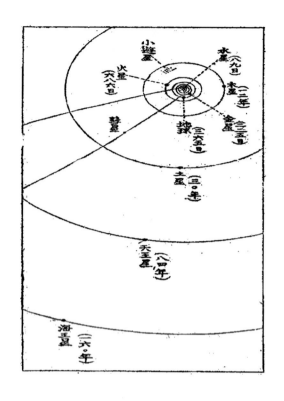

(一) <u>太陽</u>은 本系의 中心에 處ᄒ야 光熱을 放ᄒ야 附屬星群을 照ᄒ고 自家의 引力으로 諸星의 運動을 管理ᄒ며, 地球와 相距ᄂ 九千百四十三 萬哩오 其 直經은 八十六葛五千哩이니 地球의 直徑에 比ᄒ면 百九, 五 倍ᄂ 되며, 陽面의 黑點出沒노 因ᄒ야 太陽은 靜定不動ᄒᄂ 것이 아니 라 我地球의 二十五日半으로 一自轉ᄒᄂ 들을 覺知ᄒ얏스며.

[附記] 太陽의 光熱은 非常히 大ᄒᄂ 地球의 受ᄒᄂ 바ᄂ 其二十二億 分之一에 不過ᄒ고. 太陽과 地球의 距離ᄂ 前記홈과 如히 約九千 二 百萬哩인즉 假使太陽ᄭ디 鐵道가 有ᄒ야 一時間二十哩의 速力으로 馳行ᄒᄂ 汽車를 乘搭ᄒ다 ᄒ여도 三百年後가 아니면 得達티 못홀 것이오. 太陽系에 屬ᄒ 諸遊星 衛星 彗星 流星을 合ᄒ야 一塊로 打作 ᄒ다 ᄒ여도 其大가 겨오 太陽의 七百分之一에 不過ᄒ니라.

(二) <u>大遊星</u>

星名	衛星	直徑(哩)	太陽距離(哩)	公轉日數	自轉時數 (時, 分, 秒)	軸의 傾斜 (度, 分, 秒)
水星		二,九六二	三五三九,三00	八七,九六九二	二四, 0五,二八	
金星	一	七,五七0	六六一三,一00	二二四,七00七	二三, 一六,一九	四九, 五八,00
地球	一	七,九二六	九一四三,000	三六五,二五六三	二三, 五六,0四	二三, 二七,二四
火星	二	四, 000	一三九二一,二00	六八六,九七九四	二四, 三七,二三	二八, 五一,00
木星	五	八五,三九0	四七五六九,三00	四三二二,五八四八	九, 五五,二八	三, 0四, 00
土星	八	七一,九0四	八七二三,五00	一0七五九,三九七	一0, 二九,一七	二六, 四九,00
天王星	四	三三,0二四	一七五三八一, 五00	五0六八六,八二0五	-0, 00, 00	
海王星	一	三六,六二0	二七四六三七, 一00	六0一二六,七二0		

(三) <u>小遊星</u> 火星과 木星間에 在ᄒ니 其數는 「세레스」「파라스」「씌유스」 等 大小四百有餘에 及ᄒ며, 大者라도 三百餘哩에 不過ᄒ고 小ᄒ 者에 至ᄒ야 二十哩에 未及ᄒ며

(四) <u>彗星</u> (前號 「彗星說」에 詳記ᄒ얏기 略之)

(五) <u>流星</u> 晴夜에 忽然히 現出ᄒ야 此邊에셔 彼邊으로 長線의 光을 放ᄒ면서 運行ᄒ다가, 條然히 消滅ᄒᄂ 것이니, 그 光을 放흠은 該星이 地球에 近着ᄒ야 空氣로 더브러 磨擦됨으로 因ᄒ야 發熱ᄒᄂ 所致니라.

(六) 隕星 流星이 甚히 埋球에 接近홀 時에는 地球引力의 吸引흐빈 되야 맛츰니 轟然흔 音響을 發흐면셔 地上에 落下흐느니 此卽隕星이라, 其成分如何를 隨흐야 隕鐵과 隕石의 別이 有흐니, 鬼火의 一種이라 흐야 古人의 恐怖흐는 빈니라.

(제3호에는 실리지 않음)

◎ (역사지리) 撒水大捷, 玄采, 〈야뢰〉 제1호, 1907.1.

*〈유년필독〉, 〈유년필독석의〉 등과 내용상 같으나 문체는 다름
*다수의 삽화 삽입

▲ 제1호＝살수대첩

▲ 제2호＝唐主 李世民 中 矢傷

▲ 제3호＝이순신전

▲ 제4호＝강감찬

▲ 제5호

(6호에는 역사 관련 자료 없음)

◎ 地理學, 遠遊客, 〈대동학회월보〉 제8호, 1908.9. (지리학)

*지리학은 제12호에 백양산인 명의 지리학이 등장한다. 백양산인은 이유응의 필명이었을 가능성이 높은데, 이유응은 제18호에 '생리학'(속), '화학'(속), '식물학' 등을 발표하였다. 제17호가 결호여서 인과관계를 추론하기 어려우나, 백양산인, 백악산인, 원유객 등의 필명이 모두 그의 글일 가능성이 높다. (같은 분과로 한 곳에 편집한다)

▲ 제8호＝원유객

地球의 形狀及大

地球는 太陽系에 屬흔 八大遊星中 第三이니 太陽과 地球의 距離는 大略 九千三百二十萬里오 地球의 從星의 又有ㅎ니 太陰月球가 是니 此 兩間의 距離는 大略二十三萬八千八百里니라 大凡地球의 形狀은 圓ㅎ야 球와 如흔 故로 地球라 稱흠이라 然이나 自古로 地形이 方ㅎ다 主唱ㅎ얏나니 此는 未開時代의 推測想으로 做出흠이니 蓋吾人이 地上에 立ㅎ야 四方을 觀望ㅎ면 地球는 不圓ㅎ고 四邊이 茫茫흔 一大 平原과 如흘 쑨이니 是는 地球의 大흠이 吾人의 眼目에 及ㅎ는 바 보다 極大흔 故로 地球의 形狀이 實際 平便흠으로 認흔 所以나 然이나 今에 地球의 圓體되는 証據를 略擧ㅎ건듸 如左흠.

一. 今에 吾人이 地上에 立ㅎ야 四方을 觀望ㅎ는 時는 天空은 漸漸四方에 低下ㅎ야 문득 非天非地에 天地가 相接흠과 如흘을 可見ㅎㄴ니 此 天과 地의 相接흠과 如흔 點을 相連ㅎ면 吾人을 中心삼는 一圈線을 劃成ㅎㄴ니 此圈線은 卽 地平線이라 地平線은 吾人의 觀望ㅎ는 位置가 高흘사록 漸次 遠方에 退ㅎㄴ니라.

二. 海邊에 立ㅎ야 般舶이 海에 出航흠을 見ㅎ면 其始는 船體의 下部가 沈沒不現ㅎ다가 漸次로 檣頭가 現ㅎ다가 맛춤늬 船體ᄭ지 全然不現ㅎ

ᄂ니라 然이나 若 又船舶이 海로브터 入港홈을 見ᄒ면 檣頭가 先現ᄒ고 最後에 船体에 及ᄒᄂ니 此等은 地球의 表面이 水平이 아니오 圓形됨에 因홈이니라.

三. 吾人이 某港에서 船을 乘ᄒ고 東或西의 一定ᄒ 方向으로 休치아니ᄒ고 航行ᄒ면 出發地에 還到홈을 可得ᄒᄂ니라.

四. 月食홀 時에 月面에 映ᄒᄂ 地球의 影은 恒圓ᄒ니 大抵圓形의 影을 映ᄒᄂ 物体ᄂ 球體에 不外홈으로 此點에 因ᄒ야도 地球의 圓形됨이 明白ᄒ니라.

地球의 圓形은 正圓形이 아니오 橢圓形이됨으로 兩極이 少平ᄒ고 中部가 稍히 高膨ᄒ지라 故로 地球의 直徑은 何部分이든지 同一치 못ᄒ고 多少의 長短이 有ᄒ니라 故로 地球의 最短直徑은 南北의 長이라 所謂地軸이니 其長이 七千八百九十九里오 地軸의 兩端을 兩極이라 稱ᄒ고 兩極에서 同一의 距離되ᄂ 處를 相連ᄒ 一圈線을 赤道라 稱ᄒ니 地球上의 最大ᄒ 圈線이라 大略二萬四千八百九十九里니라 地球의 最長直徑은 東西의 長이라 即 赤道에 因定ᄒᄂ니 凡七千九百二十五里니 最短直徑보다 二十六里가 長ᄒ니라 大盖地球의 總面積은 凡一億九千六百九十萬里니라 大凡地球ᄂ 其 太陽을 距ᄒ 次序로 言ᄒ면 八大遊星中에 位置가 第三에 居ᄒ나 其大ᄂ 第五가 되ᄂ니라.

▲ 제12호 = 地理學, 白陽山人

海의 運動 及 風向

潮汐은 日과 月의 引力에 基因ᄒ야 一定ᄒ 時間에 海水의 干滿을 生ᄒ야 運動을 成ᄒᄂ니 大抵 月과 地球의 距離ᄂ 太陽보다 最近홈으로 其 引力이 太陽의 二倍에 過ᄒᄂ 故로 潮汐은 月球의 引力에 關ᄒ지라. 其 滿月과 新月의 際에ᄂ 潮汐의 度가 最高ᄒ니 是時ᄂ 太陽과 月이 并히 地球의 反對側 又ᄂ 同側에 在호되 其 結合ᄒᄂ 引力은 同一線上

에 在홈이니 此를 大潮라 稱ㅎ고 弦月의 時에는 太陽 及 月이 地球에 對호 引力이 直角을 互成홈으로 兩者의 潮汐이 互相消退홈이 其 高度가 稍減ㅎ니 此를 小潮라 稱ㅎ느니라. 又 潮의 運動은 東으로 自ㅎ야 西로 向ㅎ느니 其 波動이 海底의 深處에도 影響이 及ㅎ는지라. 故로 此波의 最高호 時는 卽 滿潮오 最低호 時는 干潮라 稱ㅎ느니라. 其 滿潮와 干潮가 各 十二時間을 隔來ㅎ는 者니 地球表面上에 東西가 全相反對ㅎ는 位置에는 其 時刻이 全然 相同ㅎ니라. 然而 島嶼巷灣 等의 諸般 障碍物을 因ㅎ야 實際에는 時刻의 差別이 多少間 有ㅎ니라.

洋流는 靜水中을 貫穿ㅎ야 一定호 方面으로 流ㅎ는 海水의 運動이라. 蓋其 原因은 海水가 熱을 受홈의 多寡에 因生ㅎ니 故로 熱을 多受ㅎ는 赤道地方의 海水는 澎漲ㅎ야 輕ㅎ고 熱을 極小히 受ㅎ는 兩極 寒帶 地方의 海水는 收縮ㅎ야 重홈이 重호 者는 海의 下部로 赤道地方에 向流ㅎ고 輕호 者는 海의 表面으로 兩極 地方에 向流ㅎ야 暖流와 寒流의 區別을 生ㅎ느니 地球上에 重要호 洋流가 三種이 有ㅎ니 赤道流와 極流와 回歸流니 赤道流는 赤道地方의 溫暖호 海水가 東으로 自ㅎ야 西으로 向流ㅎ느니 赤道北에 在호 者는 北赤道流, 赤道南에 在호 者는 南赤道流라 稱ㅎ느니 洋流中 最廣 最長호 者오. 極流는 兩極 地方의 寒冷호 海水가 赤道地方에 向流호딕 北으로 自ㅎ야 流ㅎ는 者는 南西方向이오 南極으로 自ㅎ는 者는 北東方向으로 流ㅎ며 回歸流는 東으로 自ㅎ야 西으로 向流ㅎ는 赤道가 大陸의 遮호 바가 되야 更其 方向을 轉移ㅎ야 兩極 地方으로 向流ㅎ느니 北半球에는 北東으로 向流ㅎ고 南半球에는 南西로 向流ㅎ느니라.

地球는 空氣로써 包圍ㅎ니 卽 此 空氣의 流運을 風을 起ㅎ느니 空氣가 熱을 遇호 則 膨脹ㅎ야 延容積이 稀薄ㅎ야 上升ㅎ고 冷을 受ㅎ면 收縮홈이 濃密ㅎ야 下降ㅎ느니 若 空氣의 一部가 上升ㅎ는 時는 他濃密호 空氣가 其 空處를 塡充ㅎ기 爲ㅎ야 流來ㅎ느니 此 卽 風을 生ㅎ는

原因이니라. 且風은 其 空氣流動의 緩急에 因ㅎ야 軟風 和風, 疾風, 强風, 颶風 等의 區別이 有ㅎ니라. 蓋其 空氣의 運動은 太陽의 熱에 依ㅎ는 者니 地球上 熱帶地方은 太陽의 熱을 多受ㅎ야 空氣가 輕淸上昇ㅎ고 寒帶地方의 空氣는 濃厚下沈ㅎ야 其 處所를 充코자 流來ㅎㄴ니라. 然이나 熱帶地方에서 輕ㅎ야 上升혼 空氣는 上에서 更히 二分ㅎ야 南北에 向ㅎ야 流動혼 則 其 熱을 漸失ㅎ야 再次 重密홈이 地面에 降ㅎ야 更히 熱帶에 歸來ㅎ고 殘餘의 一部만 兩極으로 向ㅎㄴ니 其 下層에서 赤道로 向流ㅎ는 風을 貿易風이라 云ㅎㄴ니(蓋 貿易者가 航海홀 際에 其 助를 得ㅎ야 甚히 便利혼 故로 云홈) 然ㅎ나 其 方向은 地球自轉의 結果로 南半球에는 北西로 向吹ㅎ고 北半球에는 南西로 向ㅎ야 吹ㅎㄴ니라.

又 風은 陸風과 海風의 區別이 有ㅎ니 蓋陸은 水보다 熱을 早受ㅎ는 故로 陸上의 空氣가 海上의 空氣보다 稀薄ㅎ야 上升혼 則 海上의 寒冷혼 空氣가 陸上에 吹來ㅎㄴ니 此는 海風이오 陸風은 夜間에 吹ㅎ는 風이니 卽 陸은 其 冷홈이 水보다 早혼 故로 夜間에는 陸上의 空氣가 先冷ㅎ야 海上으로 吹去ㅎㄴ니라.

*단재 이중하, 양원 신기선, 동농 김가진

◎ 大韓 新地理學, 金夏鼎, 〈기호흥학회월보〉 제3호, 1908.10.
(지리학)

*김하정은 〈중등생리학〉(보성관, 1907)을 저술하였음 = 국립중앙도서관 소장본

▲ 제3호

第一編 地文 地理

第一章 名稱

我國이 原住民族 時代에ᄂ 一定ᄒ 名稱이 無ᄒ더니 檀君이 起ᄒ샤 平壤에 定都ᄒ시고 國號를 朝鮮이라 定ᄒ시다. 此 時代 我國의 區域은 滿洲 奉天省의 東部로브터 現今 黃海道 江原道 以北의 地며, 京畿道 以南에ᄂ 馬韓 辰韓 弁韓(所謂 三韓)의 三國이 有ᄒ더니 高麗 太祖 王建이 此를 統合ᄒ야 今 開城에 定都ᄒ고 國號를 高麗라 改稱(西曆 九四二年) ᄒ다가 王氏가 亾ᄒ 後에 我 太祖 高皇帝ᄭ셔 繼天立極ᄒ사 今 漢陽에 定都ᄒ시고, 國號를 夐히 朝鮮(朝日이 鮮明ᄒ다ᄂ 意義를 取ᄒ이라) 이라 稱ᄒ시니 其後 聖子神孫이 繼繼承承ᄒ시고, 現 我 聖天子ㅣ 卽位 ᄒ사 萬國과 獨立을 會盟ᄒ시고 夐히 (一八九七年) 國號를 改ᄒ사 大韓 (韓은 方言에 一이니 統一ᄒ다ᄂ 意義를 取ᄒ이라)이라 稱ᄒ시니라.

此外에도 上古에ᄂ 新羅 或 高句麗 等의 各種 名稱이 有ᄒ얏스나 記 載ᄒ 必要가 無ᄒᄆ으로 本書에ᄂ 省略ᄒ나 現今 歐米人 等은 我國을 '코 리아'라 名稱ᄒᄂ니 此ᄂ 高麗라 云ᄒᄂ 言이니라.

第二章 位置

我 大韓國 位置는 亞細亞洲의 東部에 在ㅎ야 支那 大陸의 東南端에셔 南方으로 狹長ㅎ게 突出흔 半島國이라. 其極南의 地는 濟州道 毛瑟瑟浦 (모슬포)니 北緯 三十三度 四十六分(六十秒를 一分이라 云ㅎ고 六十分 을 一度라 云ㅎㄴ니 一度의 長은 約 二百二十里라)에 當ㅎ고 北極의 地 는 豆滿江 沿岸의 水遠 近方이니 北緯 四十三度 二分에 當ㅎ며, 極西는 黃海道 長淵郡의 長山串(或 平安道 龍川郡의 龍川浦라 云홈)이니 東經 百二十五度 五分에 當ㅎ고, 極東은 露國과 境界되는 豆滿江口니 東經 百三十五度 五十八分에 當ㅎ지라. 故로 我國은 其 全域이 此 溫帶中에 在ㅎ니라. (我國 大陸의 極南은 全羅道 莞島의 西南에 在흔 達陵角이니 北緯 三十四度 五十五分에 當ㅎ니라.)

第三章 境界

我國은 東西 及 南面이 日本海에 臨ㅎ고, 其 南端의 海角이 日本 對馬 島와 相對ㅎ야 海峽을 成흔 處는 卽 朝鮮海峽이라. 此를 日本人이 西水 道(부룽돈 海峽)라 云ㅎㄴ니 此間의 距離는 二百十四里에 不過ㅎ며, 西 南은 黃海에 枕ㅎ야 支那에 山東省, 江蘇省과 遙遙 相對ㅎ고, 北方 大陸 에 連흔 部分은 河流 及 山脈을 因ㅎ야 自然的 境界를 成ㅎ니 卽 支那와 는 鴨綠江 及 長白山(不咸山)脉을 因ㅎ야 劃界되얏스며, 露領 鳥蘇里와 는 豆滿江을 因ㅎ야 劃界되얏ㄴ니라. (未完)

◎ 地誌, 玄櫟, 〈대한협회회보〉 제1호, 1908.4. (지리학)

*대한협회회보의 '지지 역사' 분야에 수록된 것/ 현은은 집필자라기보다 편집 자였을 가능성도 있음＝이 시기 〈대한지지〉류와 비교해야 함

▲ 제1호

檀君朝鮮檀君時代의 彊域은 攷據가 無ᄒ나 古史에 云ᄒ되 檀君은 堯로 幷立ᄒ신 神聖이라 ᄒ고 書에 曰ᄒ되 舜이 十三州를 肇ᄒ실시 幽幷營 三州는 東北에 在ᄒ 地라 ᄒ니 旣曰 肇라 ᄒ면 三州가 堯時에는 未有ᄒ이 明確ᄒ 샌 不是라. 舜이 諸馮에서 生ᄒ야 東夷人이라 稱ᄒ얏시니 然 則 諸馮은 遼瀋等地에 接近ᄒ고 遼瀋等地는 朝鮮舊彊이 無疑ᄒ도다. 故로 安順福綱目에 曰ᄒ되 檀君彊域은 可攷가 無ᄒ나 箕子ㅣ 檀君을 代ᄒ야 遼瀋等地를 統治ᄒ얏신즉 檀君時에도 同然ᄒ 것시오. 後에 檀君子孫이 箕子를 避ᄒ야 北遷ᄒ고 舊彊은 箕子版圖에 入ᄒ다 ᄒ니 檀君子孫의 北遷ᄒ얏든 北扶餘는 遼東의 北 千餘里에 在ᄒ즉 遼瀋等地가 檀君彊域에 屬ᄒ은 明確ᄒ도다.

▲ 제2호＝大韓地誌, 玄櫟

箕子朝鮮 殷道旣衰에 箕子ㅣ 殷人 五千을 率ᄒ시고 東渡遼水ᄒ야 避入朝鮮ᄒ샤 平壤에 定都ᄒ시니 其 彊域은 漢水 以北으로 遼河以東을 包含ᄒ지라. 故로 唐書에 溫彦博이曰 遼東은 本 箕子國이라ᄒ고 裴矩ㅣ 曰 高麗는 本 孤竹國으로 箕子ㅣ 以爲朝鮮이라 ᄒ고 遼金史에 曰 遼東 廣寧은 皆箕子古地라ᄒ고 涵虛子의 天運紹統에 曰 朝鮮은 在安東國之東ᄒ니 古肅愼氏地라ᄒ고 文獻通攷에曰 咸平路는 古箕子地라 ᄒ고 盛京誌에 曰 瀋陽奉天府와 義州廣寧等地가 皆朝鮮界라ᄒ고 廣寧城 北五里地에 箕子井이 有ᄒ니 井傍에 箕子廟가 有ᄒ야 冔冠을 戴ᄒ신 塑像으

로 奉安호얏더니 我明宗朝時[明國 嘉靖年間]에 爲兵火所燒호니라. 然則 遼東의 太半이 箕子 疆域은 明確호거늘 後孫이 驕虐無道호기로 燕人 秦開의 侵奪을 被호야 西界千餘里를 失호고 滿潘汗으로 爲界호니 朝鮮이 遂弱호니라.

▲ 제3호 = 大韓地誌, 玄蟇

衛滿朝鮮箕子二十五世孫 哀王[準]時에 燕人 衛滿이 聚黨千餘人호야 藩屛되기를 求호거늘 王이 信호야 博士를 拜호고 百里의 地로 封호야 西鄙를 守케 호얏더니 哀王 二十八年 丁未에 滿이 王에게 詐告호되 漢 [惠帝時]兵이 十道로 來侵호니 請入宿衛라 호고 襲擊호거늘 哀王이 戰하야 不敵홈으로 國人 數千을 率호고 浮海南遷호야 馬韓地에 居호니라. 衛滿이 箕氏 舊邦을 誘奪호야 朝鮮王이라 自稱호고 平壤에 都호니 其 疆域은 西北으로 滿潘汗에 至호고 其 傍에 在호 眞蕃臨屯 等 地를 侵幷 호니 今에 東北塞外와 關北嶺東이 皆 其 版圖이오 南으로 漢水에 至호 야 三韓[馬韓辰韓卞韓]으로 接壤호야 地方이 數千里러니 其 孫 右渠가 恃强驕橫호다가 漢武帝에게 滅호 빈 되고 其 地는 四郡을 分寘호니라.

濊國 濊는 或 作獩호며 或 作薉호고 又 名은 藥國이라 鐵國이라 호니 今에 江陵郡이 是니라.
按江陵郡 東에 濊時所築의 古城遺址가 尙存호고 古史에 云호되 新羅 南解王時에 溟州[江陵]人이 耕田호다가 濊王 印을 得獻호다 호고 三國 史에 曰 東暆[江陵]는 濊國의 都라 호고 後漢書에 曰 濊國은 南으로 辰 韓과 接호고 東은 大海에 窮호고 西으로 樂浪에 至호다 호고 賈耽의 古今郡國志에 曰 新羅北界는 古 濊國이라 호니라.

貊國 貊國의 都는 春川郡 北十三里 昭陽江北에 在호니라.
按貊國始末은 文獻이 無考호야 昭詳치 못호거니와 高麗史 地理志에

360

曰 春州[春川]는 本貊國이라 ᄒᆞ고 韻會에 曰 濊貊은 東夷國名이라 ᄒᆞ고
貨殖傳에 曰 東으로 濊貊朝鮮을 縮흠은 眞蕃의 利라 ᄒᆞ며 又 曰 濊貊은
朝鮮과 連界흔 國名이니 國은 异ᄒᆞ다 ᄒᆞ니라.

沃沮東沃沮는 今의 咸鏡道이오 北沃沮의 一名은 置溝婁니 南으로 南
沃沮와 相距 八百餘里오 南沃沮의 疆域은 文獻이 無ᄒᆞ니라.

按東史會網에 曰 東沃沮는 今 咸鏡道라 ᄒᆞ고 後漢魏書에 曰 東沃沮는
高句麗國 蓋[音合]馬大山의 東, 東海濱에 在ᄒᆞ되 東西는 狹ᄒᆞ고 南北은
長ᄒᆞ야 北으로 挹婁扶餘와 接ᄒᆞ고 南으로 濊貊과 界ᄒᆞ다 ᄒᆞ고 三韓會
土記에 曰 本國山脈이 蒙羅骨嶺으로셔 長嶺山이 되고 頭里山이 되고
白頭山이 되고 蓋馬山이 되니 其下에 東沃沮가 有ᄒᆞ다 ᄒᆞ고 又 云ᄒᆞ되
蓋馬山脈은 回ᄒᆞ야 鐵嶺이 되고 西南脈이 劍池山으로 松嶽이 되야시니
今에 咸鏡平安 兩道間에 嶺賚이 數百里를 連亘흔 者ㅣ 蓋馬山이라 ᄒᆞ니
今에 咸鏡道가 東沃沮 疆域이 됨은 無疑ᄒᆞ고 魏書에 曰 毌丘儉이 高句
麗를 討ᄒᆞ되 王[東川王]이 南沃沮로 奔ᄒᆞ거늘 進擊大破ᄒᆞ니 王이 北沃
沮로 又 奔ᄒᆞ다 ᄒᆞ고 又 云ᄒᆞ되 北沃沮의 一名은 置溝婁니 南沃沮와
相距 八百餘里라 ᄒᆞ고 高句麗 本記에 曰 東明王 十年에 扶慰厭을 命ᄒᆞ
야 沃沮를 滅ᄒᆞ고 其 地에 城邑을 實ᄒᆞ니 今에 咸鏡北道에 在ᄒᆞ다 ᄒᆞ고
南沃沮의 疆域은 可攷가 無ᄒᆞ니라.

扶餘 東北 兩扶餘의 稱이 有ᄒᆞ니 遼東의 北에 在ᄒᆞ니라.

按安鼎福綱目에 曰 北扶餘는 遼東의 北千餘里에 在ᄒᆞ니 檀君이 世衰
흠이 子孫이 北遷ᄒᆞ다 ᄒᆞ고 三韓古記에 曰 檀君의 後孫이 箕子를 避ᄒᆞ
야 扶餘에 立國ᄒᆞ고 北扶餘라 號ᄒᆞ얏다가 後에 迦葉原으로 徙ᄒᆞ야 東
扶餘라 稱ᄒᆞ다 ᄒᆞ고 後漢書에 曰 扶餘는 玄菟의 北千里에 在ᄒᆞ니 南은
高句麗오 東은 挹婁오 西는 鮮卑로 接界ᄒᆞ다 ᄒᆞ니라.

▲ 제4호

四郡 馬韓 孝王(亨) 六年 癸酉에 漢武帝가 衛右渠를 滅ᄒᆞ고 其 地를

分ㅎ야 四郡을 寘ㅎ니 一曰 樂浪이니 郡治는 朝鮮縣(今 平壤)에 在ㅎ야 二十五縣을 領ㅎ고 一曰 臨屯이니 郡治는 東暆縣(今 江陵)에 在ㅎ야 十五縣을 領ㅎ고 一曰 玄菟니 郡治는 東沃沮城(今 咸興)에 在ㅎ야 三縣을 領ㅎ고 一曰 眞蕃이니 郡治는 霅縣(今 遼東地로되 確據가 無ㅎ고 金崙이 曰 寧古塔近處가 似是ㅎ다 ㅎ니라)에 在ㅎ야 十五縣을 領ㅎ니라.

二府 馬韓 孝王(亭) 三十二年 己亥에 漢昭帝가 四郡은 邈遠難治ㅎ다 ㅎ고 平那(卽 眞蕃) 玄菟 等 郡을 合ㅎ야 平州都督府를 高句麗縣(淸統志에 云ㅎ되 咸興府 東北에 在ㅎ니 西南으로 洛陽과 相距 四千里라 ㅎ니라)에 寘ㅎ고 臨屯樂浪 等 郡을 合ㅎ야 東部都督府를 不耐城(淸統志에 云ㅎ되 咸興府 北에 在ㅎ니 西南으로 洛陽과 相距 五千里라 ㅎ니라)에 寘ㅎ얏다가 馬韓元王 箕勳 二十二年 甲申(漢元帝 建昭 二年)에 高句麗 東明王高朱蒙이 二府의 地를 幷奪ㅎ니라.

馬韓朝鮮哀王(箕準) 二十八年 丁未에 王이 衛滿을 避ㅎ야 南으로 金馬渚(今 益山)에 至ㅎ야 都를 定흔 後에 國號를 馬韓이라 ㅎ고 五十四國을 統治ㅎ더니 稽王(箕貞) 四十一年 己巳에 百濟溫祚王에게 滅흔 빈 되니라.

按益山郡龍華山(一名 彌勒山)에 石城이 有ㅎ되 周廻가 三千九百尺이니 世傳ㅎ되 箕準의 築흔 빈라 ㅎ고 古史에 曰 馬韓의 統治는 五十四國이니 爰襄國과 牟水國과 桑外國과 小石索國과 大石索國과 優休牟涿國과 臣濆活國과 伯濟國과 速盧不斯國과 日華國과 古誕者國과 古離國과 怒藍國과 月支國과 咨離牟盧國과 素謂乾國과 古爰國과 莫盧國과 卑離國과 占卑離國과 臣釁國과 支侵國과 狗盧國과 卑彌國과 監奚俾離國과 古蒲國과 致利鞠國과 冉路國과 兒林國과 馴盧國과 內卑離國과 感奚國과 萬盧國과 辟卑離國과 舊斯烏朝國과 一離國과 不離國과 支半國과 狗素國과 捷盧國과 牟盧卑離國과 臣蘇塗國과 古臘國과 臨素半國과 臣雲新國과 如來卑離國과 楚山塗卑離國과 一難國과 狗奚國과 不斯濆邪國과 爰池國과 乾馬國과 楚離國과 不雲國이라 ㅎ니라.

辰韓 秦人이 苦役을 避ᄒ야 馬韓에 入ᄒ거늘 馬韓이 其 東界地를 割與ᄒ야 馬韓으로 同時 立國ᄒ니 慶州에 都를 定ᄒ고 十二國을 統治ᄒ더니 馬韓 元王(箕勳) 二年 甲子에 新羅赫居世에게 有ᄒ 빅 되나라.

按興地勝覽에 曰 朝鮮遺民이 山谷間에 分居ᄒ야 六村을 成ᄒ니 一曰 關用楊山村이오 二曰 突山高墟村이오 三曰 茂山大樹村이오 四曰 觜山珍支村이오 五曰 金山加里村이오 六曰 明活山高耶村이니 此를 辰韓六部라 ᄒ고 同文廣考에 曰 初의 朝鮮王 右渠가 未敗ᄒ 時에 其 相歷谿卿이 諫言을 不用ᄒᄂ 故로 東으로 辰國에 入ᄒ니 人民의 隨去ᄒ 者ㅣ 二千餘戶라 ᄒ고 杜佑通典에 曰 辰韓地에 六國이 始有ᄒ야 楊山과 高墟와 珍支와 大樹와 加利와 高耶로 辰韓六部라 稱ᄒ더니 後에 稍稍益分ᄒ야 十二國이 되다 ᄒ고 魏書에 曰 辰韓의 王은 自立치 못ᄒ고 馬韓人으로 世世相繼ᄒᆷ은 流寓ᄒ 人인 故로 馬韓의 節制ᄒ 빅 되다 ᄒ고 古史에 曰 辰韓의 統治ᄂ 十二國이니 己秖國과 不斯國과 弁辰彌離彌凍國과 弁辰接塗國과 勤耆國과 難彌離彌凍國과 弁辰古資彌凍國과 弁辰古淳是國과 弁辰半路國과 冉奚國과 弁樂奴國과 軍彌國이라 ᄒ나라.

弁韓 一名은 卞韓이니 馬韓辰韓으로 同時 立國ᄒ야 金海郡境에 都를 定ᄒ고 十三國을 統治ᄒ다 ᄒ나 其 區域은 未詳ᄒ고 百濟元王(箕勳) 二十年壬午에 新羅에 降ᄒ나라.

按唐書에 曰 弁韓은 樂浪地에 在ᄒ다 ᄒ고 許穆이 曰 弁韓은 樂浪의 苗裔라 ᄒ니 兩說에ᄂ 四郡의 樂浪으로 皆 稱ᄒ야시나 慶州郡의 古號가 樂浪인즉 確言키 難ᄒ고 古史에 曰 弁韓의 統治ᄂ 十三國이니 弁軍彌國과 弁辰彌島邪馬國과 如湛國과 弁辰甘露國과 州鮮國과 戶路國과 馬延國과 弁辰狗邪國과 弁辰走漕馬國과 弁辰安邪國과 弁辰瀆廬國과 斯盧國과 優中國이라 ᄒ나라.

右의 見ᄒ 바 馬韓辰韓弁韓을 三韓이라 稱ᄒ나니 大抵 三朝鮮時에ᄂ 漢水以南에 無數ᄒ 部落이 有호딕 大者ᄂ 萬戶와 小者ᄂ 六七百戶로

城郭이 無ᄒ고 山海間에 散處ᄒ야 各其 渠帥의 稱號가 不同ᄒ니 大者ᄂ 臣智라 ᄒ며 其 次ᄂ 險側이라 ᄒ며 其 次ᄂ 焚濊라 ᄒ며 其 次ᄂ 殺奚라 ᄒ며 其 次ᄂ 邑次라 ᄒ고 統率ᄒᄂ 君長이 無ᄒ더니 哀王箕準이 南遷ᄒᆫ 後로 三韓이 鼎峙ᄒ야 七十九國을 分割統治ᄒ고 三韓 外에도 諸小邑이 又 有ᄒ야 渠帥가 各 據ᄒ니라. 徐居正이 曰 三韓에 統ᄒᆫ 바 七十餘國이 陳壽三國誌에 見ᄒ얏신 즉 必是鑿空ᄒᆫ 造語가 아니로딕 東 史에 失傳ᄒ야 可考가 無ᄒ다 ᄒ고 新羅崔致遠이 曰 馬韓은 今의 高句 麗오 辰韓은 今의 新羅오 弁韓은 今의 百濟라 ᄒ고 魏書에 曰 諸韓은 帶方郡의 南에 在ᄒ니 東西ᄂ 海를 距ᄒ고 南은 倭를 接ᄒ야 地方이 四千里오 馬韓辰韓弁韓의 三國이 有ᄒ니 馬韓은 箕準의 故國이오 辰韓 은 帶方의 辰方에 在ᄒᆫ 故로 名稱흠이오 或은 曰 秦時亡人이 來居ᄒᆫ 故로 秦韓이라. 亦 稱ᄒ니 大抵 馬韓은 西에 在ᄒ고 辰韓은 東에 在ᄒ거 니와 弁韓은 兩韓間에 介ᄒ야 辰韓과 雜處ᄒ다 ᄒ나 其 區域은 莫知라 ᄒ니라.

▲ 제6호

新羅漢水以南은 三韓이 分據ᄒ야 干戈를 日尋ᄒ더니 馬韓元王(箕勳) 二年 甲子에 辰韓 六部가 朴赫居世를 推立ᄒ야 徐耶伐(國號) 居西干(方 言에 王이라)을 爲ᄒ고 慶州에 都를 定ᄒ야 初起時에ᄂ 其 地가 甚小ᄒ 더니 後來에 隣近小國을 倂合ᄒ고 漸益開拓ᄒ야 西으로 智異山에 至ᄒ 니 百濟와 接界ᄒ고 西北으로 漢江에 至ᄒ니 高句麗와 接界ᄒ고 東南은 大海에 至ᄒ야 倭國과 相通ᄒ니 此ᄂ 其 區域의 大槪어니와 麗濟 兩國 과 侵奪이 互相 無常ᄒ야 眞興王(金深麥夫 時에ᄂ 完山州(今 全州)와 北漢山州(今 漢城)을 實ᄒ야신즉 百濟와 高句麗의 郡邑이 版圖에 多入 ᄒ얏고 基臨王(昔氏) 十年 丁卯에 國號를 改ᄒ야 新羅라 ᄒ고 武烈王 (金春秋) 七年 庚申에 百濟를 討滅ᄒ고 文武王(金法敏) 八年 戊辰에 高 句麗를 攻破ᄒ야 三國을 統合ᄒ얏더니 眞聖王(女主 四年 辛亥에 弓裔

는 北原(今 原州)에셔 叛ᄒ야 泰封國이라 稱ᄒ고 五年 壬子에 甄萱은 完山(今 全州)에셔 叛ᄒ야 後百濟라 稱ᄒ야 東西에 分據ᄒ고 景明王(朴 昇英) 二年 戊寅에 高麗王建가 又 起ᄒ야 三年 己卯에 松岳에 移都ᄒ니 國勢가 漸弊ᄒ지라. 敬順王(金薄)이 能히 自安치 못ᄒ야 九年 乙未에 高麗에 降흠이 高麗가 新羅 國號를 除去ᄒ고 慶州를 寘ᄒ니라.

按輿地勝覽에 曰 駕洛國(今 金海) 王 金仇衡이 新羅法興王 十九年에 來降ᄒ다 ᄒ고 大伽倻國(今 高靈)은 新羅眞興王이 滅ᄒ다 ᄒ고 小伽倻 國(今 固城)은 新羅가 取ᄒ야 古自郡을 置ᄒ다 ᄒ고 古寧伽倻國(今 咸 昌)은 新羅가 取ᄒ야 古冬攬郡을 寘ᄒ다 ᄒ고 阿那伽倻國(今 咸安)은 新羅法興王이 滅ᄒ야 阿尸良郡을 寘ᄒ다 ᄒ고 星山伽倻國(今 星州)은 新羅가 取ᄒ야 本彼縣을 寘ᄒ다 ᄒ고 伊西國(今 淸道)은 新羅儒理王이 伐取흔 後에 仇刀城 境內에 在흔 率伊山과 驚山과 烏刀山 等 三城을 合ᄒ야 大城郡을 寘ᄒ다 ᄒ고 押督國(今 慶山)은 新羅祇昧王이 取ᄒ야 郡을 寘ᄒ다 ᄒ고 召文國(今 義城)은 新羅가 取ᄒ다 ᄒ고 甘文國(今 開 寧)은 新羅가 取ᄒ다 ᄒ고 沙伐國(今 尙州)은 新羅沾斛王이 取ᄒ야 州 를 爲ᄒ다 ᄒ고 悉直國(今 三陟)은 新羅 婆娑王時에 降ᄒ다 ᄒ고 于山國 (今 鬱島)은 新羅智證王十二年에 滅ᄒ다 ᄒ고 東國通鑑에 曰 于尸山國 (今 寧海)과 居漆山國(今 東萊)은 新羅解脫王 二十三年 己卯에 滅ᄒ다 ᄒ고 音汁伐國(今 慶州에 屬흔 安康縣이라)과 比只國(未詳)과 多伐國 (未詳)과 草八國(今 草溪)은 新羅 婆娑王時에 滅ᄒ다 ᄒ고 骨伐國(今 永 川에 屬흔 臨川縣이라)은 新羅助賁王 七年에 降ᄒ다 ᄒ고 樂浪國(未詳) 과 帶方國(今 南原)은 新羅 基臨王時에 降ᄒ다 ᄒ고 耽羅國(今 濟州)은 新羅 文武王 二年에 降ᄒ다 ᄒ고 新羅 奈解王時에 浦上의 保羅(未詳) 史勿(今 泗川) 等 八國이 來侵ᄒ거늘 六部兵을 發ᄒ야 八國을 擊破ᄒ다 ᄒ고 同王 十七年에 骨浦(今 昌原所合浦縣) 漆浦(未詳) 古浦(未詳) 等 三國이 來侵ᄒ거늘 王이 親征 大破ᄒ다 ᄒ고 東史遺記에 曰 駒令國과 召羅國은(今 安東郡春陽縣北 三十里에 二國 故址가 有호ᄃㅣ 覺華寺 洞口 의 右峴으로 國界를 爲ᄒ니) 新羅 屬國이라 ᄒ고 新羅史에 曰 加羅(未

詳) 任那(未詳) 二國은 新羅 眞平王時에 滅ᄒ다 ᄒ고 文獻備考에 曰 萇山國(今 東萊)은 新羅가 取ᄒ다 ᄒ니라.

▲ 제7호 地誌, 玄墨

高句麗東明王高朱蒙이 馬韓元王(箕勳) 二十二年 甲申에 卒本(卽 渤海率賓府)에서 始起ᄒ야 卒本에 定都ᄒ더니 琉璃王時에 國內城(今의 楚山江北에 在ᄒ 凡 刺山城)으로 遷ᄒ고 山上王時에 丸都城(今의 遼東桓州)으로 遷ᄒ고 東川王時에 平壤오로 遷ᄒ고 故國原王時에 丸都로 復還ᄒ얏다가 東黃城(平의 北木覓山에 古址가 有ᄒ니라)으로 遷ᄒ고 平原王時에 長安城(平壤의 北二十里 大城山 東北에 古址가 有ᄒ니라)으로 遷ᄒ니 始起時에ᄂ 華益建三州(今의 藩陽奉天興京 等地)를 置ᄒ야 東北으로 靺鞨을 接ᄒ고 東으로 沃沮를 接ᄒ고 東南으로 穢貊을 接ᄒ고 南으로 樂浪을 接하고 西으로 遼東을 接ᄒ고 北으로 扶餘를 接ᄒ얏더니 其 後에 南으로 樂浪을 滅ᄒ야 新羅와 百濟의 地를 侵奪ᄒ며 東北으로 諸小國을 倂呑ᄒ며 西으로 遼水를 渡ᄒ야 支那의 右北平(今의 順天府니 卽 北京)과 漁陽太原等地를 接ᄒ야 幅圓이 極히 廣大ᄒ더니 其 衰世에 至ᄒ야 隨兵은 西鄙를 侵擾ᄒ고 新羅ᄂ 南境을 蠶食ᄒ야 地方이 日縮ᄒ다가 寶藏王 二十七年에 新羅와 唐國이 合兵來攻ᄒ야 高句麗가 遂亡ᄒ니 平壤은 唐의 安東都護府가 되고 德源中和의 以南은 新羅의 漢明朔三州가 되니라.

按東史綱目에 曰 高句麗가 北은 舊扶餘地에 至ᄒ고 南은 浿水(浿水下流ᄂ 今의 碧瀾渡이니 平山郡地라)로 境界를 作ᄒ야 百濟와 接ᄒ얏더니 其 後에 土地를 開拓ᄒ야 國內城과 平壤과 漢城으로 三京이라 稱ᄒ고 東과 西ᄂ 海에 抵ᄒ고 東南으로 嶺을 踰ᄒ야 新羅를 接ᄒ고 南으로 漢水를 渡ᄒ야 數百里 外에 百濟를 接ᄒ고 東北으로 靺鞨에 至ᄒ고 西北으로 遼水를 渡ᄒ야 凶奴를 驅逐ᄒ야 幅圓이 廣大ᄒ다가 衰世에 至ᄒ야 七重城(今의 積城)과 北漢山州(今의 漢城) 以南은 新羅에 陷入ᄒ

고 遼東은 唐國에 陷入ᄒᆞᆫ지 未幾에 國이 遂亡ᄒᆞ야 唐의 屬地가 되얏다가 其 後에 大洞江 以北은 渤海國이 占據ᄒᆞ고 以南은 新羅國이 統治ᄒᆞ니라.

高句麗本紀에 曰 東明王 二年에 松讓國이 來降ᄒᆞ고 六年에 荇人國(太白山 東南에 在ᄒᆞ니라)을 滅ᄒᆞ고 十年에 北沃沮國(今의 咸鏡北道)을 滅ᄒᆞ니 挹婁國이 懼ᄒᆞ야 來滅降ᄒᆞ고 琉璃王 十一年에 鮮卑國(扶餘國西에 在ᄒᆞ니라)을 擊降ᄒᆞ고 三十三年에 貊國(高句麗國 西에 在ᄒᆞ니라)을 滅ᄒᆞ고 因ᄒᆞ야 漢國의 高句麗縣을 襲取ᄒᆞ고 大武神王 五年에 椽那國이 降ᄒᆞ고 八年에 蓋馬國(東沃沮國 西에 在ᄒᆞ니라)을 滅ᄒᆞ니 勾恭國이 懼ᄒᆞ야 來降ᄒᆞ고 十五年에 樂浪國(高句麗國 南에 在ᄒᆞ니라)을 襲滅ᄒᆞ고 太祖王 四年에 東沃沮國(今의 咸鏡南道와 江原道東海邊이라)을 滅ᄒᆞ야 東으로 滄海에 至ᄒᆞ고 十六年에 曷思國(鴨綠江北에 在ᄒᆞ니라)이 來降ᄒᆞ고 二十年에 藻那國을 滅ᄒᆞ고 二十二年에 朱那國을 滅ᄒᆞ고 西川王 十一年에 肅愼國을 擊降ᄒᆞ고 美川王 十六年에 遼東西安平을 襲取ᄒᆞ고 廣開土王 元年에 南으로 漢水以北의 諸城을 取ᄒᆞ며 北으로 契丹을 伐克ᄒᆞ고 長壽王 五十六年에 靺鞨兵을 徵發ᄒᆞ야 新羅國悉直州를 取ᄒᆞ다 ᄒᆞ니라.

輿地勝覽에 曰 忠州ᄂᆞᆫ 高句麗의 未乙城이라 ᄒᆞ고 淸風은 高句麗의 沙熱伊縣이라 ᄒᆞ고 丹陽은 高句麗의 赤山縣이라 ᄒᆞ고 塊山은 高句麗의 仍斤內郡이라 ᄒᆞ고 延豐은 高句麗의 上芼縣이라 ᄒᆞ고 陰城은 高句麗의 仍忽縣이라 ᄒᆞ고 永春은 高句麗의 乙阿旦縣이라 ᄒᆞ고 堤川은 高句麗의 奈吐郡이라 ᄒᆞ고 稷山은 高句麗의 蛇山縣이라 ᄒᆞ고 鎭川은 高句麗의 萬弩郡이라 ᄒᆞ고 安東屬地의 臨河縣은 高句麗의 屈火縣이라 ᄒᆞ고 寧海ᄂᆞᆫ 高句麗의 于尸郡이라 ᄒᆞ고 靑松은 高句麗의 靑己縣이라 ᄒᆞ고 順興은 高句麗의 及伐山郡이라 ᄒᆞ고 榮川은 高句麗의 奈己郡이라 ᄒᆞ고 盈德은 高句麗의 也尸摠郡이라 ᄒᆞ고 奉化ᄂᆞᆫ 高句麗의 古斯馬縣이라 ᄒᆞ고 淸河ᄂᆞᆫ 高句麗의 阿兮縣이라 ᄒᆞ고 禮安은 高句麗의 買谷縣이라 ᄒᆞ니라.

百濟 始祖 高溫祚가 馬韓稽王(箕貞) 十五年 癸卯에 河南慰禮城(今의 稷山聖居山에 土城古址가 有ᄒᆞ니라)에 定都ᄒᆞ야 國號를 十濟 稱ᄒᆞ더니 後에 百姓이 樂從ᄒᆞ다 ᄒᆞ야 百濟라 改稱ᄒᆞ고 因ᄒᆞ야 南漢山(今의 廣州)으로 移都ᄒᆞ고 近肖古王時에 北漢山(今의 漢城)으로 移都ᄒᆞ고 文周王時에 熊津(今의 公州)으로 移都ᄒᆞ고 聖王時에 泗沘(今의 扶餘)로 移都ᄒᆞ야 國號를 南扶餘라 改稱ᄒᆞ니라. 初起時의 疆城은 南으로 熊川에 至ᄒᆞ야 馬韓과 接ᄒᆞ고 西으로 大海에 窮ᄒᆞ고 東으로 走壤에 至ᄒᆞ고 北으로 浿河(今의 平山猪灘)에 至ᄒᆞ더니 日로 强盛ᄒᆞ야 隣近 小國을 倂呑ᄒᆞ며 馬韓을 襲取ᄒᆞ니 東은 智異山에 至ᄒᆞ야 新羅와 接ᄒᆞ고 西南은 大海에 抵ᄒᆞ얏스나 羅麗 兩國과 互相 侵奪ᄒᆞ야 伸縮이 無常ᄒᆞ더니 義慈王時에 新羅가 唐國과 合兵ᄒᆞ야 水陸來攻ᄒᆞ야 國이 遂亡ᄒᆞ고 其 地는 唐이 熊津, 馬韓, 東明, 德安, 金漣, 五都督府를 寘ᄒᆞ얏다가 後에 新羅가 倂呑ᄒᆞ니라.

按百濟本記에 曰 扶餘王子 沸流와 溫祚가 烏干, 馬黎 等 十臣으로 南行ᄒᆞ야 沸流는 彌鄒忽(今의 仁川)에 定都ᄒᆞ고 溫祚는 慰禮城에 定都ᄒᆞ얏더니 彌鄒忽은 土濕水鹹ᄒᆞ야 安居치 못ᄒᆞ고 慰禮城은 都邑이 鼎定ᄒᆞᆫ지라. 沸流가 來見ᄒᆞ고 慙悔ᄒᆞ야 死ᄒᆞ니 其 臣民이 慰禮城으로 歸附ᄒᆞ다 ᄒᆞ니라.

明一統誌에 曰 休忍國은 三韓의 屬이러니 後에 百濟가 合幷ᄒᆞ다 ᄒᆞ얏스나 今에 其 地는 未詳ᄒᆞ니라.

同文廣告에 曰 州胡國은 馬韓 西海島 中에 在ᄒᆞ얏다 ᄒᆞ얏스나 今에 其 地는 未詳ᄒᆞ니라.

興地勝覽에 曰 今의 全羅道는 三國時에 百濟 所有라 ᄒᆞ고 耽羅國(今의 濟州)은 百濟에 服屬ᄒᆞ다 ᄒᆞ고 淸州는 百濟의 上黨縣이라 ᄒᆞ고 天安은 百濟의 慰禮城과 湯井, 大木岳二郡地라 ᄒᆞ고 文義는 百濟의 一牟山郡이라 ᄒᆞ고 稷山은 百濟의 慰禮城地라 ᄒᆞ고 木川은 百濟의 大木岳郡이

라 ᄒ고 懷仁은 百濟의 未谷縣이라 ᄒ고 淸安, 鎭川, 洪州는 百濟의 地
라 ᄒ고 公州는 百濟의 熊川이라 ᄒ고 林川은 百濟의 加林郡이라 ᄒ고
韓山은 百濟의 馬山縣이라 ᄒ고 全義는 百濟의 仇知縣이라 ᄒ고 定山은
百濟의 悅己縣이라 ᄒ고 恩津은 百濟의 德近郡이라 ᄒ고 鎭岑은 百濟의
眞峴縣이라 ᄒ고 連山은 百濟의 黃等也山郡이라 ᄒ고 扶餘는 百濟의
泗沘郡이라 ᄒ고 石城은 百濟의 珍惡山縣이라 ᄒ고 燕岐는 百濟의 豆仍
只縣이라 ᄒ고 舒川은 百濟의 舌林郡이라 ᄒ고 瑞山은 百濟의 基郡이라
ᄒ고 泰安은 百濟의 省大分縣이라 ᄒ고 沔川은 百濟의 槥郡이라 ᄒ고
溫陽은 百濟의 湯井郡이라 ᄒ고 平澤牙山은 百濟의 牙述縣이라 ᄒ고
鴻山은 百濟의 大山縣이라 ᄒ고 德山은 百濟의 馬尸山郡이라ᄒ고 靑陽
은 百濟의 古良夫里縣이라 ᄒ고 大興은 百濟의 任存城이라 ᄒ고 庇仁은
百濟의 比衆縣이라 ᄒ고 藍浦는 百濟의 寺浦縣이라 ᄒ고 結城은 百濟의
結已縣이라ᄒ고 保寧은 百濟의 新村縣이라 ᄒ고 新昌은 百濟의 屈直縣
이라 ᄒ고 禮山은 百濟의 烏山縣이라 하고 海美는 百濟의 牛見縣이라
ᄒ고 唐津은 百濟의 伐首只縣이라 ᄒ고 廣州는 百濟의 南漢山城이라
ᄒ고 富平仁川은 百濟의 彌趨忽이라 ᄒ고 驪州利川, 竹山, 陰竹, 果川,
水原, 南陽, 安山, 安城, 振威, 陽川, 龍仁, 金浦, 矜川(今의 始興) 陽城,
通津은 皆 百濟의 地라 ᄒ고 晉州는 百濟의 居烈城이라 ᄒ니라.

▲ 제9호=地誌, 玄隰

後百濟沙伐國(卽 今 尙州) 加恩縣의 農家 阿慈介의 子 甄萱은 本姓이
李氏로 後에 甄이라 改稱ᄒ니 志氣가 倜儻ᄒ고 狀貌가 雄偉ᄒ더라. 新
羅 末年에 裨將이 되야 戰陣에 從事ᄒ더니 眞聖女王時에 國政이 紊亂ᄒ
고 饑饉이 荐至ᄒ야 盜賊이 蜂起ᄒ거늘 萱이 徒黨 五千餘人을 嘯聚ᄒ고
武珍州(卽 今 光州)를 襲據ᄒ야 號를 都督全武公三州軍事行全州刺史漢
南郡公이라 自稱ᄒ고 附近地方을 掠取ᄒ더니 孝恭王 四年 庚申에 都를
全州에 建ᄒ고 國號를 後百濟라 稱ᄒ니라.

萱의 子 神劒이 萱을 金山 佛寺에 囚ㅎ며 其 弟 金剛을 殺ㅎ고 自立ㅎ거늘 高麗 太祖 十九年에 十三萬의 大兵을 發ㅎ야 全州를 親征大破ㅎ니 後百濟가 遂亡ㅎ니라.

按新羅本記에 曰 眞聖女主 六年에 完山賊 甄萱이 後百濟라 自稱ㅎ니 武州(即 今 光州)의 東南郡縣이 降屬ㅎ다 ㅎ고 孝恭王 五年에 甄萱이 大耶城(即 今 陜川)을 來侵ㅎ야 不克ㅎ고 錦城(即 今 羅州) 以南의 沿邊 部落을 奪掠ㅎ다 ㅎ고 十四年에 甄萱이 步騎 三千으로 羅州城을 圍攻ㅎ다 ㅎ고 景明王 四年에 甄萱이 步騎 一萬을 率ㅎ고 大耶城을 攻陷ㅎ다 ㅎ고 景哀王 三年에 甄萱의 姪 眞虎가 高麗에 質ㅎ얏다가 暴死ㅎᄆ이 萱이 謂ㅎ되 麗人이 故殺이라 ㅎ고 擧兵ㅎ야 熊津(即 今 公主)에 進軍ㅎ다 ㅎ고 敬順王 二年에 康州(即 今 晉州) 將軍 有文이 甄萱에게 降ㅎ다 ㅎ고 三年에 高麗 順州將軍 元逢이 甄萱에게 降ㅎ다 ㅎ니라.

東國通鑑에 曰 孝泰王 四年에 甄萱이 西으로 完山州에 臣ㅎ니 人民이 迎勞ㅎᄂ지라. 萱이 曰 百濟는 六百餘年의 舊國이어늘 唐, 羅가 合兵ㅎ야 滅ㅎ얏스니 吾가 義慈王을 爲ㅎ야 雪恥ㅎ리라 ㅎ고 完山에 都를 定ㅎ야 國號를 後百濟라 ㅎ다 ㅎ고 十一年에 甄萱이 入寇ㅎ야 一善(即 今 善山) 以南의 十餘郡을 取ㅎ다 ㅎ고 景哀王 四年에 甄萱이 王京에 猝入ㅎ야 王을 弑ㅎ고 王妃를 强辱ㅎ며 高麗碧珍郡(即 今 星州)을 侵掠ㅎ야 正朝와 索湘이 戰死ㅎ다 ㅎ고 景順王 三年에 甄萱이 甲士 五千으로 高麗義城을 侵掠ㅎ야 城主洪術이 戰死ㅎ다 ㅎ니라.

輿地勝覽에 曰 全羅道는 新羅 景德王時에 全武 二州를 置ㅎ야 郡縣을 分領케 ㅎ얏더니 羅末에 甄萱의 占據ㅎᄂ 빈 되다 ㅎ고 全州城北 五里에 甄萱時에 築ㅎ 頹城古址가 有ㅎ야 俗稱에 古土城이라 ㅎ다 ㅎ고 金溝母岳山에 金山寺가 有ㅎ니 甄萱이 創ㅎ 寺이라. 萱의 幼子 金剛이 身長多智ㅎ거늘 萱이 特愛ㅎ야 傳位코자 ㅎ더니 長子 神劒이 萱을 此 寺에 囚ㅎ다 ㅎ고 光州는 新羅 眞興王時에 甄萱이 襲據ㅎ야 後百濟라 稱ㅎ다가 全州로 移都ㅎ다 ㅎ니라.

泰封弓裔는 新羅 憲安王의 子이니 生ㅎ 時에 白氣가 屋上에 亘ㅎ고

370

生ᄒ며 齒가 有ᄒᆫ지라. 日官이 奏ᄒᄃᆡ 此 兒가 怪異ᄒᆫ 氣狀이 有ᄒᆯ ᄲᆫ 不是라. 重午日에 生ᄒ얏ᄉᆞᆨ則 國家에 不利ᄒ리라 ᄒ거ᄂᆞᆯ 王이 勅命으로 殺ᄒ라 ᄒ야 樓下에 投ᄒ니 其 乳媼이 竊奉ᄒ다기 手指가 觸ᄒ야 一目이 眇ᄒ니라. 因ᄒ야 逃走潛養ᄒ야 年이 十餘歲에 至ᄒᆷ이 祝髮爲僧ᄒ고 善宗이라 自號ᄒ나 器宇가 軒輊ᄒ고 膽氣가 過人ᄒ야 恒常 僧律에 檢束치 안이ᄒ더라. 一日은 食齋에 將赴ᄒᆯᄉᆡ 飛鳥가 牙籤을 含來ᄒ야 所持ᄒᆫ 鉢中에 落ᄒ거ᄂᆞᆯ 詳視ᄒ니 王字를 書ᄒᆫ지라. 此로 從ᄒ야 自負의 心이 有ᄒ더니 此 時ᄂᆞᆫ 新羅 末年의 國政의 大亂ᄒᆯ 時라. 弓裔가 盜賊이 蜂起ᄒᆷ을 乘ᄒ야 徒黨을 嘯聚ᄒ고 眞聖女主 五年에 竹州賊이 甄萱에게 往投ᄒᄃᆡ 萱이 禮待치 안이커ᄂᆞᆯ 更히 北原에 往ᄒ야 梁吉에게 投ᄒ니 梁吉이 待遇甚厚ᄒ고 兵을 分與ᄒ야 地方을 略取케 ᄒ니 弓裔가 士卒로 甘苦를 共히 同ᄒ며 與奪을 公正케 ᄒ니 衆心이 悅服ᄒ야 將軍이라 推尊ᄒ더라. 戊午에 松嶽에 定都ᄒ고 國號를 摩震이라 ᄒ며 年號를 武泰라 稱ᄒ니 梁吉이 聞ᄒ고 大怒ᄒ야 襲擊ᄒ기를 謀ᄒ다가 弓裔가 先認擊破ᄒ고 鐵圓(卽 今 鐵原楓川原)에 移都ᄒ야 王을 稱ᄒ더니 辛未에 國號를 泰封이라 改ᄒ고 王建을 遣ᄒ야 廣州尙州 等 五十餘邑을 略取ᄒ며 水路로 從ᄒ야 羅州 等 十邑을 擊取ᄒ야 地方이 漸廣ᄒ더니 弓裔가 晩年에 至ᄒ야 心性이 狂悖ᄒ고 佛法으로 治國ᄒᄃᆡ 部下를 猜疑ᄒ야 不辜를 多殺ᄒ거ᄂᆞᆯ 夫人 康氏가 切諫ᄒ니 火鐵杵로 陰戶를 撞殺ᄒ니라. 景明王 二年 戊寅에 高麗를 避ᄒ야 斧壤(卽 今 平康)으로 出奔ᄒ다가 人民에 害ᄒ 빅 되여 國이 遂亡ᄒ니라.

▲ 제10호 地誌(續), 玄菟

肅愼氏 一名은 挹婁ㅣ니 不咸山北에 在ᄒᄃᆡ 東으로 大海에 濱ᄒ고 西으로 寇漫汗에 接ᄒ고 北으로 弱水에 至ᄒ야 車馬가 不通ᄒᄂᆞᆫ 深山窮谷에 居處ᄒ니 夏에ᄂᆞᆫ 巢居ᄒ고 冬에ᄂᆞᆫ 穴處ᄒ며 其 君長은 父子世傳ᄒ더라. 風俗은 猪를 畜ᄒ야 食ᄒ며 毛를 織ᄒ야 衣ᄒ고 習性이 凶悍ᄒ야

勇力을 是尙ㅎ니 石砮皮骨의 堅甲이 有ㅎ며 三尺五寸의 檀弓과 尺이 過흔 楛矢가 有ㅎ니 其 國의 興亡年代는 未詳ㅎ나 渤海國의 龍泉府가 肅愼古地라 ㅎ니라.

靺鞨 今의 六鎭의 地ㅣ라. 然이나 百濟開國흔 河南은 卽 今 廣州어늘 史에 云호딕 靺鞨이 百濟 北境을 連ㅎ다 ㅎ고 又 云호딕 百濟境을 屢侵 ㅎ야 都城을 圍ㅎ다 ㅎ니 此로 推想ㅎ면 江原道濊貊古地도 雜據흔 듯 ㅎ도다.

渤海高句麗가 亡ㅎ거늘 舊將 乞乞仲象이 餘衆을 率ㅎ고 遼水를 渡ㅎ 야 太白山의 東을 保有ㅎ얏더니 其 子 祚榮이 土宇를 大斥ㅎ고 震國王 이라 自號ㅎ다가 新羅 聖德王 十一年에 國號를 渤海라 改稱ㅎ니라. 祚 榮이 死ㅎ믜 諡를 高王이라 ㅎ고 子 武藝가 嗣位ㅎ니 此는 武王이라 相傳흔지 十四世王諲譔(新羅 景哀王 二年) 時에 至ㅎ야 契丹에게 滅흔 빅 되니 王子 光顯이 餘衆數萬戶를 率ㅎ고 高麗로 來附ㅎ니라.

按文獻通考에 曰 渤海國의 姓은 大氏요 初에 粟米靺鞨로 高句麗에 附ㅎ얏든 者이니 南으로 泥河(德源境에 在ㅎ다 ㅎ니라)를 界ㅎ고 東으 로 海에 至ㅎ고 西으로 契丹과 接ㅎ야 地方이 五千里니 扶餘沃沮와 朝 鮮海北 諸小國의 地를 盡得ㅎ다 ㅎ니라.

唐書에 曰 渤海國에 五京과 十五府와 六十州가 有ㅎ니 肅愼古地에 上京을 實ㅎ고 龍泉府라 稱ㅎ야 三州를 領케 ㅎ며 其 南에 中京을 實ㅎ 고 顯德府라 稱ㅎ야 六州를 領케 ㅎ며 濊貊古地에 東京을 實ㅎ고 龍原府 (亦 曰 柵城府)라 稱ㅎ야 四州를 領케 ㅎ며 沃沮古地에 南京을 實ㅎ고 南海府라 稱ㅎ야 三州를 領케 ㅎ며 高句麗古地에 西京을 實ㅎ고 鴨綠府 라 稱ㅎ야 四州를 領케 ㅎ며 長領府를 實ㅎ야 二州를 領케 ㅎ며 扶餘古 地에 扶餘府를 實ㅎ야 二州를 領케ㅎ고 鄭頡府를 實ㅎ야 二州를 領케 ㅎ며 挹婁古地에 定理府를 實ㅎ야 二州를 領케 ㅎ고 安邊府를 實ㅎ야 二州를 領케 ㅎ며 率賓古地에 率賓府를 實ㅎ야 三州를 領케 ㅎ며 拂涅古 地에 東平府를 實ㅎ야 五州를 領케 ㅎ며 鐵利古地에 鐵利府를 實ㅎ야 六州를 領케 ㅎ며 越喜古地에 懷遠府를 實ㅎ야 九州를 領케 ㅎ고 安遠府

를 實ᄒ야 四州를 領케 ᄒ며 郢, 銅, 陳 三州는 獨奏州를 爲ᄒ다 ᄒ니라.

淸統志에 曰 渤海國 州郡이 吉林島喇寧古塔과 朝鮮界 內에 多在ᄒ다 ᄒ니라.

▲ 제11호 地誌, 玄菟

高麗 太祖 王建은 松岳郡王隆의 子로 泰封國王 弓裔를 事ᄒ야 德望이 隆高ᄒ더니 弓裔의 殘暴無道가 日甚ᄒ 故로 新羅景明王 戊寅에 將軍 裴玄卿 等이 王建을 推戴ᄒ야 王位에 卽ᄒ고 國號를 高麗라 ᄒ야 都를 開州(卽 今 開城)에 定ᄒ 後에 新羅를 受降ᄒ고 後百濟를 討滅ᄒ며 西北으로 疆土를 開拓ᄒ야 東南西는 大海에 窮ᄒ고 西는 鴨綠에 至ᄒ고 北은 先春嶺에 至ᄒ얏스나 北으로 定州(卽 今 定平) 都連浦以北은 女眞과 元國의 侵奪을 頻被ᄒ더니 其 衰世에 至ᄒ야 昏君强臣이 國政을 濁亂ᄒ야 黎民이 塗炭에 陷ᄒ그늘 天命人心이 維我 太祖高皇帝께 歸ᄒ지라 距今 五百十八年前 壬申에 恭讓王(王瑤)이 大位를 太祖께 禪讓ᄒ니 高麗가 遂亡ᄒ니라.

高麗史에 曰 高麗 成宗 十四年 乙未에 國境을 十道에 分ᄒ니 開城府는 赤縣六과 畿縣七을 領ᄒ고 關內道는 楊州黃州海州 等의 所屬ᄒ 二十九州와 八十二縣을 領ᄒ고 中原道는 忠州淸州 等의 所屬ᄒ 三十州와 四十二縣을 領ᄒ고 河南道는 公州運州(卽 今 洪州) 等의 所屬ᄒ 十一州와 三十四縣을 領ᄒ고 江南道는 全州瀛州(卽 今 告阜) 淳州(卽今) 馬州(■■) 等의 所屬ᄒ 九州와 四十九縣을 領ᄒ고 嶺南道는 尙州의 所屬ᄒ 十二州와 四十八縣을 領ᄒ고 嶺東道는 慶州金州(卽 今 金海) 等의 所屬ᄒ 九州와 四十八縣을 領ᄒ고 山南道는 晉州의 所屬ᄒ 十州와 三十七縣을 領ᄒ고 海陽道는 羅州光州靜州(卽 今 靈光) 昇州(卽 今 順天) 浿州(卽 今 寶城) 潭州(卽 今 潭陽) 朗州(卽 今 靈岩) 等의 所屬ᄒ 十四州와 六十二縣을 領ᄒ고 朔方道는 春州(卽 今 春川) 和州(卽 今 永興) 溟州(卽 今 江陵) 等의 所屬ᄒ 七州와 七十二縣을 領ᄒ고 浿西道는 西京(卽 今 平

壤)의 所屬호 十四州와 四縣과 七鎭을 領케 호니라.

又 曰 高麗 顯宗 三年 壬子에 州縣을 增損호야 八道를 爲호니 開城府
는 一郡과 十二縣을 領호고 楊廣道는 一京과 一小京과 五牧과 六府와
十六郡과 七十五縣을 領호고 忠淸道는 忠州淸州에 屬호얏는 一小京과
五牧과 三府와 十四郡과 七十縣을 領호고 慶尙道는 一京과 七府와 二牧
과 十六郡과 一百五縣을 領호고 全羅道는 五府와 二牧과 十二郡과 八十
五縣을 領호고 交州道는 二府와 三郡과 二十二縣을 領호고 西海道는
一牧과 一府와 八郡과 十三縣과 一鎭을 領호고 東界는 六府와 一牧과
十二郡과 二十四縣과 九鎭을 領호고 北界는 一京과 六府와 一牧과 十二
郡과 十八縣과 九鎭을 領케 호니라.

興地勝覽에 曰 高麗初에 平壤城을 收築호야 西京이라 稱호고 成宗時
에 西京의 所管州鎭으로 浿西道를 爲호고 後에 北界라 稱호고 肅宗時에
西北面이라 改호더니 元宗時에 西京과 諸城이 元國에 叛附호미 元國이
東寧路라 稱호야 慈悲嶺으로 國界를 劃定호얏다가 忠烈王時에 元國이
東寧 諸域을 高麗에 還호는지라 復號호야 西北面이라 호니라.

又 曰 高麗 睿宗 二年에 尹瓘을 遣호야 女眞을 逐호고 九城(卽 今 咸
鏡道)을 置호얏다가 四年에 其 地를 女眞에 還附호야 都連浦로 復界호
고 高宗時에 和州(卽 今 永興) 以北이 元國에 叛附호미 元國이 雙城摠管
府를 置호얏더니 恭愍時에 雙城府를 擊破호고 舊疆을 恢復호니라.

▲ 제12호 地誌

大韓 維我 太祖高帝씌셔 距今 五百十八年 前壬申에 天命人心을 膺호
샤 高麗를 代興호시고 都를 漢陽에 定호시니라. 西北疆土를 漸益開拓호
야 鴨綠土門兩江으로 國界를 限호며 東南西는 大海로 環호야 于山(卽
今 鬱島郡) 耽羅(卽 今 濟州, 旌義, 大靜三郡)는 鯨波 中에 遠朝호고 西
南沿岸의 大小群島는 星羅碁布호니 極南(濟州島毛瑟浦은 北緯三十三
度 十五分에 起호야 極北(咸鏡北道慶源府)은 四十二度二十五分에 止호

374

고 極西(黃海道長淵郡長山串)ᄂᆞᆫ 東經(英國綠威司天臺의 線) 百二十四度三十分에 起ᄒᆞ야 極東(俄國과 接界ᄒᆞᆫ 豆滿江口)은 百三十度三十五分에 止ᄒᆞ고 渤海黃海와 日本海에 突出ᄒᆞᆫ 半島國이라. 開國初에 國號를 朝鮮이라 定ᄒᆞ야 五百餘年을 遵行ᄒᆞ더니 維我 太皇帝 陛下 光武元年(距今 十三年 前)에 大韓으로 改稱ᄒᆞ니라.

按興地勝覽에 曰 慶源郡에서 北으로 九十里되ᄂᆞᆫ 山上에 石城이 有ᄒᆞ야 名을 於羅孫站이라ᄒᆞ고 又 其北三十里에 於乙孫站이 有ᄒᆞ고 又 其北六十里에 留善站이 有ᄒᆞ고 又 其東北七十里에 土城古基가 有ᄒᆞ니 此ᄂᆞᆫ 巨陽城이라. 此 城內에 圓徑이 四尺되ᄂᆞᆫ 兩個石柱가 有ᄒᆞ니 大鐘을 懸ᄒᆞ얏든 處이라. 慶源人 庾誠이 其 鍾을 碎去ᄒᆞ고 其 遺鐵이 草中에 尙在ᄒᆞ니 世人이 傳ᄒᆞ되 此 城은 高麗尹瓘의 築ᄒᆞᆫ 비라 ᄒᆞ니라.

又 曰 義州威化島ᄂᆞᆫ 土地가 沃腴ᄒᆞᆷ으로 民多耕墾ᄒᆞ더니 世祖朝時에 農民이 建州衛野人에게 劫掠을 被ᄒᆞᄂᆞᆫ 故로 官으로셔 其 耕墾을 禁止ᄒᆞ니라.

廢四郡故事에 曰 三國末年에 平壤以北은 野人의 遊獵處를 作ᄒᆞᆫ지라. 高麗時에 南民을 徙居케 ᄒᆞ고 義州로셔 陽德까지 長城을 亘築ᄒᆞ야 封疆을 堅固케 ᄒᆞ얏스나 畔亂이 頻作ᄒᆞ고 義州 土豪 張氏ᄂᆞᆫ 朝命을 不遵ᄒᆞ더니 維我 太祖ᄭᅴ셔 受命ᄒᆞ신 後로 聲教가 遠被ᄒᆞ야 人民이 安堵ᄒᆞ고 田野가 日闢ᄒᆞ며 義州張思吉은 開國功臣에 參列ᄒᆞ니 義州로셔 閭延까지 沿江千里가 版圖에 盡入ᄒᆞ야 郡邑을 設置ᄒᆞ고 鴨綠江으로 國界를 限ᄒᆞ니라.

通文館志에 曰 肅宗朝時에 慶源越邊二里許와 訓戎(鎭名) 越邊三里許에 淸人이 作舍來居ᄒᆞ거늘 淸國政府와 交涉ᄒᆞ야 毁撤逐送ᄒᆞ니라.

又 曰 肅宗三十八年 壬辰에 淸國은 烏喇總管 穆克登을 派遣ᄒᆞ고 我國은 朴權李善溥金應瀗金慶門 等을 派遣ᄒᆞ야 白頭山頂에 上ᄒᆞ야 國界를 定ᄒᆞᆯ셰 分水嶺에 刻石立碑ᄒᆞ니 碑에 曰 烏喇總管 穆克登 奉旨查邊至此 審視西爲鴨綠東爲土門故於分水嶺上勒石爲記라 ᄒᆞ니라.

又 曰 義州의 蘭子, 贊子 二島ᄂᆞᆫ 遼東人이 每與相爭ᄒᆞ더니 宣祖朝時에

遼東人 孫得春 等이 渠의 官府에 瞞告ᄒ고 耕種을 冒行ᄒ거늘 遼東巡察
과 爭辯ᄒ야 孫得春, 解國松等은 徒五年에 處罰ᄒ고 立碑定界ᄒ니라.

◎ 邦國의 區別, 〈대한협회회보〉 제5호, 1908.8. (지리학)

　　*국명 차자 표기

　地球를 兩部에 分ᄒ야 東曰 東半球오 西曰 西半球니 各其 大陸을 區
分ᄒ야 東半球에는 亞細亞洲와 歐羅巴洲와 阿弗利加洲와 大洋洲(一名
은 隩大利亞洲)의 四大洲가 有ᄒ고 西半球에는 南阿米利加洲와 北阿米
利加洲의 兩大洲가 有ᄒ니 此를 世界에 六大洲라 稱ᄒ고 各 大洲 中에
建在ᄒ 邦國을 論列ᄒ건ᄃᆡ

▲ 亞細亞洲에는 大韓 淸國(支那) 日本 安南 暹羅 緬甸 阿富汗 印度 醴
八 西藏 波斯 等國이 有ᄒ고, 此 外에도 驚累稚斯坦과 古親支那와 土耳
基斯坦과 親嘉坡의 諸島와 甘保斯野와 葛南非野며 又 他諸小島의 多數
를 不遑枚擧어니와 其 中에 僅自主ᄒ는 者도 有ᄒ며 他人에게 附庸ᄒ
는 者도 有ᄒ지라. 印度는 英國의 屬地로ᄃᆡ 諸他國과 同列ᄒ야 登載ᄒ
者는 英屬印度外에도 其 中立國ᄒ 者ㅣ 亦 有ᄒ 故로 分言ᄒ기 極難ᄒ
야 然ᄒ이오 又 土耳基國의 附屬ᄒ 地方이 有ᄒ니 曰 小亞細亞 曰 世界
野 曰 巨馬斯坦 曰 巴禮斯坦 曰 美昭布太糜亞 曰 亞羅比亞 曰 阿美尼亞
曰 台丹이오 俄羅斯에 附屬ᄒ 地方은 曰 鉅蓋時亞 曰 西伯利亞 曰 中亞
細亞의 全幅이오 又 安南과 緬甸은 帝王의 名이 僅有ᄒ나 安南은 法國
領地며 緬甸은 英國領地나 無異ᄒ고 西藏과 蒙古는 淸國의 附庸이니
亞細亞의 獨立國은 日淸暹 三國에 不過ᄒ고
▲ 歐羅巴洲에는 英國(英吉利) 佛蘭西(法國) 日耳曼(一名 德國 一名 獨
逸) 墺地利匈牙利義太利荷蘭白耳義(一名 比國 卽 比利時) 馬利路丁抹安

道羅葡萄牙瑞西諾威西班牙土耳基希臘瑞典樓禰尼亞俄國(露西亞 一云俄羅斯) 西比亞 等國이니 擧皆 獨立이오 日耳曼은 二十四國이 聯邦을 作호 者오.

▲ 阿弗利加洲에논 埃及杜尼斯摩洛哥阿排時尼亞杜利八利羅伊比賴亞土蘭斯拔馬哥塞烏滿屛支排蘇丹 等 國이오 此 外에도 謁支累亞논 佛蘭西에 屬호고 瞿樂果 等地논 英吉利의 版圖에 入호고 模潛伯은 葡萄牙에 歸호고 土蘭斯拔은 十年前 戰爭에 敗홈으로 英國의 領土가 되고

▲ 南北阿美利加洲에논 合衆國(一名 花祈國俗稱 美國) 墨西哥(麥時古) 瓜多磨羅 混斗羅斯 聖撤排多尼可羅 果巴西 哥倫比 彬崖未越那 高斯太樓哥 厄果多秘魯 拔利比亞 智利亞然丁猶羅貴 許太伊 山道明澳把羅貴 等 諸共和國이 有호며

此 外에도 北阿美利加洲에 佳那多라 호논 地方은 全혀 英國에 屬호고 謁那斯哥라 호논 地方은 美國에 歸호며 南阿美利加洲에 貴崖那라 호논 地方은 法國과 荷蘭과 英國에 分屬호고 赳排島논 西班牙에 歸호고 此 外 諸小 小地方은 不遑枚擧호 者며

▲ 大洋洲에논 立國호 者가 無호고 呂宋(比律賓)은 西班牙 領地로셔 八九年前에 合衆國領地로 移屬호고 其外 地方은 英國에 全屬호고 其 隣比에 大小島嶼가 無數호 中立國호 者논 布哇一島쑨이더니 九年前에 合衆國領地도 歸호니라.

편집실	제1권 1, 2호, 제2권 1, 6, 10호(5회)	鳳吉伊 地理 工夫	지리	지리
집필인	제3권 제4호	初等 大韓地理 稿本: 第一編 發端, 第二編 總說, 第三編 地方誌	지리	지리

◎ 世界의 最高山, 李鍾麟, 〈대한협회회보〉 제8호, 1908.11.
(지리학)

*지명 차자 표기 사례

▲ 제8호=산명

今 夫 世界의 最高흔 山을 記흘진딘 各 其 占據흔 大洲를 區別홈.

亞細亞洲 一等山
喜馬拉(崑崙山) 哥羅高覽, 趒越蘭, 陽屈仍, 此 四山은 西藏의 高原이
라 稱ᄒᄂ니 天下의 最高흔 處라. 故로 曰 世界의 脊이라 ᄒᄂ니라. 此
等 諸山의 峯高가 如左ᄒ니
喜馬拉에ᄂ 崖排賴土 二萬九千二尺
君親眞佳 二萬八千一百五十六尺
詩瑞 二萬七千七百九十九尺
多越禮智利 二萬六千八百二十六尺
蘭茶大比 二萬五千七百九十七尺
哥羅高覽에ᄂ 笒長 二萬八千一百八尺
其他 諸山은 略

歐羅巴洲 一等山
埃乙布앨프 此 山은 谷邃壑長흔지라. 其 四圍에 散處諸邦의 相通道路
가 無阻險之艱ᄒ고 其 絶頂엔 四時 雪氷이 不消ᄒ야 飾歐洲之一奇오
擅世界之稀盛이러라. 其 峰高가 如左ᄒ니
第冷求 一萬五千七百四十四尺
老沙 一萬五千一百七十四尺
愛攄本 一萬四千八百三十六尺

阿弗利加洲 一等山

陀排時尼亞의 高原과 及東方의 山脈 此 諸山은 阿弗利加洲의 東方에
在혼 者라. 大概 此 洲地形은 四環其山이라 其 中 全幅은 低下 平地니
今 此 二山의 名은 其 地名을 因홈이라 其 峯高가 各 如左호니

阿排時尼亞의 高原

抑排亞禮社 一萬二百尺

東方의 山脈

吉利馬累周羅 一萬尺

鷄尼亞 一萬八千尺

北阿美利加洲 一等山

中阿美利加의 高原과 及墨西哥의 高原과 北地 此는 皆 非山名이오
因其占據地名이니 合三條大脈호야 或稱佩時弊久脈이라. 其羅ㅣ 從北極
海호야 抵斷波羅馬地腰호니 大概 阿美利加洲 西에 在호야 其 行龍支脈
이 蜿轉 磅礡히 馳至 一萬七千一百里러라. 其 峯高가 各 如左호니

中阿美利加의 高原 達鋪崖古 一萬三千八百尺

達菸哥 一萬三千五百尺

伊羅秀 一萬一千一百九十六尺

哲伊貴一萬一千二百六十六尺

此 山은 皆 火山이오 又 此 外에 高峯이 雖多나 萬尺以下者라. 故로 略

墨西哥의 高原

五利支排 一萬七千三百七十四尺

布薄哥他弊突一萬七千七百十七尺

伊朱托時虛突 一萬五千七百八尺

突黑哥 一萬五千五百九十四尺

此 諸山도 伊朱托時虛突外는 皆 火山이오 且不滿萬尺者多호고

北地

富羅雲 一萬六千尺

黑鉅 一萬五千七百尺

　此 二山은 祿鷄山의 脈이며

聖歇利峨秀 一萬七千九百尺

聖歇論斯 一萬五千七百尺

　此 二山은 海邊山과 哥斯几利社山의 脈이라

南阿美利加洲 一等山

　安秀道此山은 極大而包括列國故로 各 其 地方의 名號를 隨稱홈이니 起自馬質蘭海口ㅎ야 抵斷波羅馬地腰ㅎ니 或曰 貝澤遨尼亞의 安道秀라 ㅎ며 又 曰 智利와 拔利比亞와 秘魯의 安道秀라 ㅎ며 又 曰 厄瓜多와 哥倫比의 安道秀라 ㅎ나니라. 此 諸山의 峯高가 各 如左ㅎ니

貝澤遨尼亞의 安道秀

高菸高排道 一萬六千尺

智利의 安道秀

拔那利哥 一萬六千尺

斗門哥土 二萬二千十六尺

愛昆哥果 二萬三千四百二十一尺

拔利比亞와 秘魯의 安道秀

律累赭古 二萬尺

闕那太利 二萬一千九百六十尺

蛇駕馬 二萬二千三百六十尺

阿利貴巴 二萬三百二十尺

逸尼馬尼 二萬一千一百五十尺

蘇羅他 二萬一千三百四十尺

尼爪多와 哥倫比의 安道秀

被新沙 一萬五千九百二十四尺

深保羅卓 二萬五百十七尺

戒巖排 一萬九千五百三十五尺

古道博施 一萬九千五百三十尺

安妬時那 一萬九千一百三十七尺

突利馬 一萬八千二十尺

大洋洲 一等山

　大洋洲의 埃乙布 此山은 此 洲 東方에 在ᄒᆞ니 大洋洲의 埃乙布라 稱
홈은 歐羅巴에 埃乙布山이 最高ᄒᆞ고 大洋洲의 此 山이 最高ᄒᆞ야 山形이
相同ᄒᆞᆫ 故로 此 名을 得ᄒᆞ니라. 其 峯高가 如左ᄒᆞ니
越仍敦 七千五百尺

越利巖 四千尺

▲ 제9호＝해(海)/世界의 海, 李鐘麟 述

　海於天地之間에 爲物이 最鉅ㅣ라. 百川이 盡歸而不見其溢ᄒᆞ며 萬物
이 吸取而不見其減ᄒᆞ야 浩浩蕩蕩에 莫之端倪ᄒᆞ며 渺渺汪汪에 莫之槪
形이나 或 以分割度線ᄒᆞ며 斷隔大陸으로 言之ᄒᆞ면 水實一水나 其名有
五ᄒᆞ니 曰 北極海, 南極海, 大西洋, 太平洋, 印度海라. 欲論其深인ᄃᆡ 海
底도 亦如地面ᄒᆞ야 高低凸凹ㅣ 參差不一이라. 故로 太平洋의 最深處ᄂᆞᆫ
至有四萬三千尺ᄒᆞ며 大西洋의 最深處ᄂᆞᆫ 二萬五千尺이오 其 淺處ᄂᆞᆫ 一
萬二千七百尺 或 四千尺이라. 今以測器之未盡善으로 姑未逐處知得ᄒᆞ니
是爲地學家之一恨也로다. 今 夫 五海의 占據ᄒᆞᆫ 地位와 連亘ᄒᆞᆫ 方里를
略記ᄒᆞᆯ진ᄃᆡ 左와 如ᄒᆞ니

　北極海ᄂᆞᆫ 環諸北極ᄒᆞ야 亞細亞, 歐羅巴, 北阿美利加의 三洲之北으로
以定界限ᄒᆞ니 南接太平大西兩洋ᄒᆞ니라.

　南極海ᄂᆞᆫ 環諸南極ᄒᆞ야 太平, 大西, 兩洋 及 印度海를 相接互環ᄒᆞᆫ 者
라. 浩蕩茫漠ᄒᆞ야 其所界限은 難以大地之境域이오 姑定水上經線而爲限
ᄒᆞ니라.

　大西洋은 自北極海로 至南極海北盡處ᄒᆞ야 西界南北阿利加兩洲ᄒᆞ고

東限歐羅巴阿弗利加兩洲나 然四洲之地ㅣ 一無抵到南極海者라. 故로 以浩渺瞿合의 兩海嘴로 爲界限ᄒᆞ니 南無佳港ᄒᆞ고 北多良灣ᄒᆞ니라.

太平洋은 北自排仍海項而起ᄒᆞ야 南抵南極海而周圍ᄒᆞ니 西界亞細亞, 大洋兩洲ᄒᆞ고 東限南北阿美利加兩洲ᄒᆞ니라.

印度海ᄂᆞᆫ 起自南極海의 北盡處로 抵到亞細亞洲ᄒᆞ니 西界瞿合, 阿美利加洲ᄒᆞ고 南限陀斯馬尼亞의 南海嘴大洋洲ᄒᆞ며 其 北에 多佳良港灣ᄒᆞ니 紅海, 亞羅比亞海, 波斯海項, 房傑海臂가 最其著者也니라.

以上 五海之大를 相較而合計ᄒᆞ야 每 一海의 幾分之幾를 記ᄒᆞ노라.

太平洋 八億四百八十萬方里, 二分之一

大西洋 三億八千一百十五萬方里, 四分之一

印度海 三億四百九十二萬方里, 五分之一

南極海 九千二百八十五萬方里, 十七分之一

北極海 四千六百二十八萬二千五百方里, 四十三分之一

以上 五海之面積을 但 其成數而打算ᄒᆞ면 合十六億三千萬二千五百方里라. 比諸大陸全面ᄒᆞ면 海之大ㅣ 居四分之三ᄒᆞ니 海於天地之間에 爲物最鉅者ㅣ 儘然矣로다.

且海有回旋寒熱水ᄒᆞ니 五海之中에 寒者其二오 熱者其三이라. 北極海, 南極海ᄂᆞᆫ 寒水ㅣ 回旋ᄒᆞ고 印度海, 太平洋, 大西洋은 熱水ㅣ 回旋ᄒᆞᄂᆞ니 大槪 寒水ᄂᆞᆫ 起於黑道ᄒᆞ고 熱水ᄂᆞᆫ 起於赤道者也라. 其所回旋은 風雨以震蕩之ᄒᆞ며 山嶽以沮激之ᄒᆞ야 洶洶湧湧에 勢不可當이나 地球의 轉旋氣力은 終不能抵敵ᄒᆞ야 地球ㅣ 東轉則東流西回ᄒᆞ고 地球ㅣ 北旋則南流北回ᄒᆞ니라.